Andreas Kappeler

Geschichte der Ukraine

Schriftenreihe Band 1592

Andreas Kappeler

Geschichte der Ukraine

bpb:
Bundeszentrale für
politische Bildung

Andreas Kappeler ist emeritierter Professor für Osteuropäische Geschichte an der Universität Wien. Er hat mehrere Bücher zur Geschichte Russlands und der Ukraine verfasst.

Bonn 2015
Lizenzausgabe für die Bundeszentrale für politische Bildung
Adenauerallee 86, 53113 Bonn

4., überarbeitete und aktualisierte Auflage, 2014

Umschlaggestaltung: Naumilkat – Agentur für Kommunikation und Design, Düsseldorf
Umschlagfoto: © Prisma/Luis Davilla. Sophienkathedrale in Kiew.
Satz, Druck und Bindung: Druckerei C.H. Beck, Nördlingen
ISBN 978-3-8389-0592-1
www.bpb.de

Inhalt

Einleitung

Am 24. August 1991, nach dem Scheitern des Moskauer Putsches, erklärte das ukrainische Parlament die Unabhängigkeit der Ukraine. Am 1. Dezember 1991 sprachen sich in einer Volksabstimmung 90 Prozent der Bevölkerung der Ukraine für die Unabhängigkeit aus. Der Abfall der Ukraine, der nach ihrer Einwohnerzahl und Wirtschaftskraft hinter der Russischen Föderation wichtigsten Republik, versetzte der Sowjetunion den Todesstoß. Noch im selben Monat lösten die Präsidenten Russlands, der Ukraine und Weißrusslands die UdSSR auf und ersetzten sie durch die lose Gemeinschaft unabhängiger Staaten.

Die Ukraine, der hinter Russland territorial zweitgrößte Staat Europas, wurde mit ihrem Eintritt in die europäische Staatenwelt also gleich zu einem wichtigen politischen Akteur. Zwar vollzieht sich die Staatsbildung unter großen Schwierigkeiten, doch muss mit der Ukraine, die mit etwa 45 Millionen ungefähr gleich viele Einwohner hat wie Spanien, gerechnet werden.

Das plötzliche Auftreten der Ukraine in der europäischen Politik kam für den Westen überraschend. Man hatte das große Land im Südwesten der Sowjetunion während Jahrzehnten kaum wahrgenommen. Die über 40 Millionen ethnischen Ukrainer, die an Bevölkerungszahl unter den europäischen Nationen hinter Russen, Deutschen, Briten, Franzosen und Italienern an sechster Stelle stehen, wurden in der Regel als regionale Sondergruppe der Russen betrachtet. Im öffentlichen Bewusstsein, in Medien, Politik und Wissenschaft waren die Ukrainer und ihr Land kaum präsent. Das gilt auch für die ukrainische Geschichte, die in Mittel- und Westeuropa als Gegenstand von Forschung und Lehre nur ein bescheidenes Dasein fristete.

Weshalb sind die Ukrainer und die Ukraine im westlichen Ausland und ganz besonders in Deutschland kaum zur Kenntnis genommen worden? Antworten darauf gibt die Geschichte.

Die Ukrainer standen über weite Strecken ihrer Geschichte im Schatten der benachbarten Staatsvölker, zunächst der Polen, dann der Russen. Mit Ausnahme einiger kurzer Perioden hatten sie keinen eigenen Staat. Die dominanten Gesellschaften, Kulturen und Sprachen übten große Anziehungskraft auf Oberschichten und sozial aufsteigende Gruppen der Ukrainer aus. Dieser Prozess wurde im 19. und 20. Jahrhundert verstärkt durch mehrere Wellen einer bewussten Russifizierungspolitik vonseiten der zarischen und sowjetischen Regierung. Große Teile der ukrainischen Eliten wurden deshalb seit dem 16. Jahrhundert polonisiert, seit dem 18. Jahrhundert russifiziert, und die Entwicklung der ukrainischen Literatursprache und Hochkultur wurde mehrfach unterbrochen.

Polen und Russen anerkannten die Ukrainer nicht als eigenständige Nation, sondern betrachteten sie meistens als Bestandteil ihrer eigenen Nation. Wie Äußerungen von Persönlichkeiten aus allen politischen Lagern von Solženicyn über Gorbačev bis zum Moskauer Bürgermeister Lužkov belegen, fanden sich die meisten Russen nicht damit ab, dass die Ukraine ein unabhängiger Staat geworden war, der Anspruch auf Gleichberechtigung mit Russland erhob. Diese Haltung hat das Ausland im Wesentlichen übernommen: Die Ukrainer galten bis vor Kurzem auch in Deutschland als Russen, ihre Sprache als russischer Dialekt, ihre Geschichte als russische, polnische oder sowjetische Geschichte.

Wenn die staatliche Kontinuität fehlt und die Existenz der Nation umstritten ist: Welches kann dann der Gegenstand einer ukrainischen Geschichte sein? Die Geschichte eines Raumes, eines Volkes oder doch die Geschichte von Staaten? Fragen, die sich nicht nur für die Ukrainer stellen, sondern auch für die Geschichte anderer junger Nationen wie der Tschechen, Letten, Italiener oder Deutschen, während sie für alte staatstragende Nationen wie die Franzosen oder Russen weniger akut sind.

Geschichte wird aus der jeweiligen Gegenwart heraus geschrieben. So kann sich eine heute verfasste ukrainische Geschichte auf den neuen ukrainischen Staat beziehen. In der Unabhängigkeitserklärung vom August 1991 beruft sich das ukrainische Parlament auf eine tausendjährige staatliche Tradition der Ukraine. Gemeint ist die Stufenfolge vom Kiever Reich des 10. bis 13. Jahrhunderts über das Fürstentum Galizien-Wolhynien des 13. und 14. Jahrhunderts, das als teilweise ukrainisch interpretierte Großfürstentum Litauen des 14. bis 16. Jahrhunderts und das Hetmanat der Dnjepr-Kosaken im 17. Jahrhundert bis zum kurzlebigen Hetmanat von 1918 und der Ukrainischen Volksrepublik der Jahre 1918–1920.

Eine Geschichte des ukrainischen Staates bezöge sich auf das heutige Territorium, das mit dem der ehemaligen Ukrainischen Sowjetrepublik identisch ist. Folgte man diesem Kriterium konsequent, so müsste man die Geschichte dieses Raumes durch alle Epochen bis zurück zur Urgeschichte verfolgen. Damit würden die antiken griechisch-römischen Kolonien am Schwarzen Meer und die Steppenkulturen von den Skythen bis zu den Tataren Bestandteile der ukrainischen Geschichte. Diesen Richtlinien folgen zahlreiche Gesamtdarstellungen, die inner- und außerhalb der Ukraine geschrieben worden sind.

Die tausendjährige staatliche Tradition ist allerdings ein nationaler Mythos. Über lange Perioden ihrer Geschichte war die Ukraine Bestandteil fremder Staaten. Die wichtigsten dieser Staaten waren das Großfürstentum Litauen, das Königreich Polen (ab 1569 vereint als Polen-Litauen), dann das Russische Reich, das Habsburger Reich, im 20. Jahrhundert Polen und die Sowjetunion. Seit dem 17. Jahrhundert war die Ukraine auf mehrere Herrschafts- und Kulturräume aufgeteilt, was wesentlich dazu beigetragen hat, dass sich ihre Teilregionen unterschiedlich entwickelt haben. Erst die gewaltsame Stalin'sche Expansionspolitik im Zweiten Weltkrieg führte zur Vereinigung praktisch aller ukrainischen Gebiete in einem, im sowjetischen Staat.

Aus der staatslosen Situation des 19. und frühen 20. Jahrhunderts heraus sah die junge ukrainische Historiographie nicht den Staat, sondern das ukrainische Volk als ihren wichtigsten Untersuchungsgegenstand. Andere in der Ukraine lebende ethnische Gruppen wie Juden, Polen oder Russen wurden damit aus der ukrainischen Geschichte weitgehend ausgeklammert, obwohl sie während langer Perioden wichtige Teile der Elite und der städtischen Mittelschichten stellten. Ein Vorteil dieser Perspektive liegt darin, dass sie die Ukraine als historischen Raum mit veränderlichen Grenzen betrachten kann; die Krim oder die Steppe werden so erst im 18. Jahrhundert zum Gegenstand der ukrainischen Geschichte. Schwierig zu beantworten ist die Frage nach dem Beginn der ukrainischen Geschichte als Volksgeschichte. Sie ist verknüpft mit dem umstrittenen Problem der Ethnogenese des ukrainischen Volkes. Darauf komme ich im folgenden Kapitel zurück.

Das geographische Kriterium ist noch diffuser als das staatliche und ethnische, denn einen klar abgegrenzten Naturraum Ukraine gibt es nicht. Vielmehr definieren die Geographen den Raum Ukraine in der Regel ebenfalls als heutiges Staatsgebiet oder als Siedlungsgebiet der Ukrainer (vgl. Kapitel 1).

Keines der genannten Kriterien (Staat, heutiges Staatsterritorium, Volk, geographischer Raum) kann den Untersuchungsgegenstand einer ukrainischen Geschichte befriedigend bestimmen. Mein Zugang ist deshalb ein flexibler und dynamischer: Ukrainische Geschichte sehe ich als Geschichte des Raums, in dem die Ukrainer als Bevölkerungsmehrheit lebten. Ich projiziere demnach die heutigen Grenzen ihres Siedlungsgebietes oder Staates nicht auf die Geschichte zurück. Die in der Ukraine lebenden Nicht-Ukrainer werden jedoch mitbehandelt, nicht aber die nach Russland und Sibirien oder nach Nordamerika und Westeuropa ausgewanderten Ukrainer.

Die Ukraine und die Ukrainer fristeten im Bewusstsein des westlichen Auslandes nicht immer ein Schattendasein. Vor allem die Dnjepr-Kosaken hatten schon im 17. und 18. Jahrhundert das Interesse westeuropäischer Autoren geweckt. Am Ende des 18. Jahrhunderts erschien in Halle die erste wissenschaftliche «Geschichte der Ukraine und der Cossacken» aus der Feder des aus Ungarn stammenden Johann Christian von Engel (1770–1814). Sie ist für zwei Jahrhunderte die einzige von deutscher Hand geschriebene Gesamtdarstellung der ukrainischen Geschichte geblieben. Im 19. Jahrhundert verdrängte die nationale russische Historiographie die Ukraine allmählich aus dem Geschichtsbewusstsein. Das historische Erbe der Ukraine, die man offiziell als «Kleinrussland» bezeichnete, wurde auch im Westen zu einem Bestandteil der russischen Geschichte.

In der Volksüberlieferung und in den Traditionen der partiell russifizierten Elite der Ukraine hielt sich indessen ein eigenständiges historisches Bewusstsein. Es wurde im Laufe des 19. Jahrhunderts von der ukrainischen Nationalbewegung aufgenommen und weiterentwickelt. Eine ganze Reihe hervorragender Figuren der nationalen Bewegung waren Historiker, so Nikolaj (Mykola) Kostomarov (1817–1885), Sohn eines Russen und Verfasser des ersten politischen Programms der ukrainischen Nationalbewegung, und Volodymyr Antonovyč (1834–1908), der sich vom polonisierten Adligen zum ukrainischen Patrioten wandelte und Begründer der populistisch orientierten, auf das ukrainische Volk ausgerichteten historischen Schule wurde.

Sein berühmtester Schüler war Mychajlo Hruševs'kyj (1866–1934), der zunächst in Kiev wirkte, dann Professor für osteuropäische, de facto für ukrainische Geschichte in Lemberg und eine zentrale Persönlichkeit der Nationalbewegung wurde. Sein historisches Hauptwerk ist eine sehr breit angelegte, ukrainisch geschriebene «Geschichte der Ukraine-Rus'» in zehn zwischen 1898 und 1937 erschienenen Bänden, die allerdings nur bis zur Mitte des 17. Jahrhunderts führt. Der erste Band ist auch in deutscher Übersetzung herausgekommen, und eine Übertragung des Gesamtwerks ins Englische ist im Gange. Hruševs'kyj galt seit den 1930er Jahren in der Sowjetunion als bürgerlich-nationalistischer Historiker; erst seit 1989 können Nachdrucke seiner Werke wieder erscheinen.

Gegen den populistischen Haupttrend der ukrainischen Historiographie erhob sich um die Jahrhundertwende Widerspruch. Der erste Vertreter einer neuen Schule, die die Rolle des ukrainischen Adels und der staatsbildenden Prozesse stärker betonte, war der aus dem polnischen Adel stammende Vjačeslav Lypyns'kyj (1882–1931). Diese Schule fand eine Reihe von Anhängern unter den Historikern der ukrainischen Emigration, die in der Zwischenkriegszeit in der Tschechoslowakei, in Polen und Deutschland lebten. Damals waren die Ukrainer in Deutschland viel mehr präsent als heute, so etwa durch die Aktivitäten des Ukrainischen Wissenschaftlichen Instituts in Berlin. Hier wirkten Dmytro Dorošenko und Borys Krupnyc'kyj, von denen Gesamtdarstellungen der ukrainischen Geschichte in englischer bzw. deutscher Sprache vorliegen.

Eine zweite Welle von Emigranten verließ die Ukraine im Zweiten Weltkrieg und strömte zunächst nach Deutschland. Die Ukrainische Freie Universität, die von Prag nach München verlegt worden war, wurde nach dem Krieg zu einem Zentrum ukrainischer Forschung in Deutschland. Hier wirkte Natalja Polons'ka-Vasylenko, deren ausführliche Gesamtdarstellung der ukrainischen Geschichte auch in deutscher Sprache erschienen ist. Die meisten ukrainischen Emigranten verließen aber Deutschland schon bald und ließen sich in Nordamerika nieder. Unter ihnen waren auch Historiker wie Ivan L. Rudnytsky und Omeljan Pritsak, die den Grund für die ukrainische Historiographie in den USA und Kanada legten. In Nordamerika entstanden bedeutende Forschungszentren wie das Ukrainian Research Institute an der Harvard-Universität und das Canadian Institute of Ukrainian Studies in Edmonton. Aus dem Harvard Institut, an dem zunächst Pritsak, dann Roman Szporluk und Serhii Plokhy den Hruševs'kyi-Lehrstuhl für ukrainische Geschichte innehatten, gingen einige bedeutende Historiker der jüngeren Generation hervor, unter ihnen Frank E. Sysyn, Paul Robert Magocsi und Orest Subtelny; den beiden Letztgenannten verdanken wir die besten neueren Gesamtdarstellungen der ukrainischen Geschichte. In der ukrainischen Historiographie außerhalb der Ukraine ist die nordamerikanische Forschung quantitativ und qualitativ führend.

In der Sowjet-Ukraine hatte man zunächst ebenfalls an das Erbe der vorrevolutionären Historiographie angeknüpft. So wirkte Hruševs'kyj in den zwanziger Jahren an der Ukrainischen Akademie der Wissenschaften in Kiev. Gleichzeitig wurde versucht, eine marxistische Geschichtsschreibung zu begründen, die bald auch nationalukrainische Töne anschlug. Mit der Wendung Stalins zum Sowjetpatriotismus und gegen die Entfaltung der nationalen Kulturen setzte ein langer Frost ein. Viele Historiker kamen in den «Säuberungen» ums Leben, und die

Geschichtsschreibung wurde den Dogmen der Zentrale unterworfen. Diese beruhten weniger auf den marxistischen Lehren des Klassenkampfs als auf nationalen Axiomen wie der Führungsrolle der Russen als ältere Brüder der anderen Sowjetvölker oder der immerwährenden Völkerfreundschaft. Der ukrainischen Geschichte wurde damit ihr Eigenwert abgesprochen; eine Existenzberechtigung hatte sie nur im Rahmen der Geschichte Russlands. Folgerichtig wurde noch im Jahre 1954 mit großem Pomp das dreihundertjährige Jubiläum des Anschlusses der Ukraine an Russland begangen und bei dieser Gelegenheit die Progressivität dieses nun als «Wiedervereinigung» (vossoedinenie) bezeichneten Aktes kanonisiert.

Am Ende der fünfziger und in den sechziger Jahren vollzog sich wie in anderen Ländern des Ostblocks eine Aufweichung der Generallinie, und einige ukrainische Historiker versuchten, die stalinistischen Dogmen vorsichtig infrage zu stellen. Die Zentrale reagierte zu Beginn der siebziger Jahre sehr heftig auf solche Tendenzen, die als nationalistisch bezeichnet wurden. Auch der Sturz des ukrainischen Parteichefs Šelest im Jahre 1972 hing damit zusammen. Unter seinem Nachfolger Ščerbyc'kyj begannen «Säuberungen» unter der ukrainischen Intelligenz, auch unter den Historikern, und das kulturelle Leben in der Ukraine erlebte eine neue Zeit der Dürre. Die ukrainischen Historiker wurden dermaßen geknebelt, dass sie entweder schweigen, auf harmlose Themen ausweichen oder zu linientreuen Dogmatikern werden mussten. Nicht wenige wählten den letzten Weg, sodass das Niveau der ukrainischen Historiographie in den siebziger und frühen achtziger Jahren erheblich sank. Eine Ausnahme bildeten einzelne Zweige der Mediävistik.

Seit die Fesseln gefallen sind, knüpft die ukrainische Geschichtsschreibung an die verschütteten Traditionen an. Zahlreiche historische Werke des 19. und frühen 20. Jahrhunderts werden neu aufgelegt, die Arbeiten der Emigranten erstmals gedruckt und übersetzt. Bisher unzugängliche Quellen werden erschlossen, Tabuthemen wie die Nationalbewegung, die Hungersnot von 1932/33 und der Stalinsche Terror aufgearbeitet.

An die Stelle der sowjetischen Ideologie ist die nationale Meistererzählung getreten, die die ukrainische Nation und die junge Staatlichkeit historisch legitimiert. Gleichzeitig greift die ukrainische Historiographie neue Themenfelder, Methoden und Theorien auf, doch harren zahlreiche Probleme einer wissenschaftlichen Untersuchung. Außerhalb der Ukraine und Nordamerikas beschäftigen sich nach wie vor nur relativ wenige Historiker mit der ukrainischen Geschichte. Am wichtigsten ist die polnische Historiographie, die vor allem zur Epoche des 16. bis 18. Jahrhunderts, als weite Teile der Ukraine zu Polen-Litauen gehörten, und zur Geschichte Galiziens wichtige Beiträge geleistet hat. Nicht vergessen sollte man die russische Historiographie, die vor allem zur mittelalterlichen Geschichte der Ukraine bedeutende Arbeiten beigesteuert hat. Die deutschsprachige Geschichtsforschung hat sich dagegen bis vor Kurzem wenig mit der Ukraine beschäftigt. Es gibt weder Institute noch Professuren für ukrainische Geschichte, und innerhalb des Universitätsfaches Osteuropäische Geschichte hat sich bisher keine Ukrainistik etabliert. Dennoch haben in den letzten 15 Jahren jüngere Historikerinnen und Historiker wichtige Studien zur ukrainischen Geschichte vorgelegt. (siehe das Literaturverzeichnis auf S. 398–408).

Die vorliegende «Kleine Geschichte der Ukraine» (1. Auflage 1994) ist der seit zwei Jahrhunderten – seit dem 1796 erschienenen Werk von Engel – erste Versuch einer deutschsprachigen Gesamtdarstellung aus der Feder eines Nicht-Ukrainers. Sie setzt sich zum Ziel, über die Grundzüge der Geschichte der Ukraine und der Ukrainer vom Mittelalter bis zur Gegenwart zu informieren. Der Schwerpunkt liegt auf der neueren Geschichte und auf der inneren Entwicklung; die internationalen Zusammenhänge werden nur knapp skizziert. Die chronologische Darstellung wird zweimal unterbrochen, um einen systematischen Überblick über die Ukraine um 1700 und vor dem Ersten Weltkrieg zu geben. Auf einen Anmerkungsapparat wird verzichtet; Hinweise auf weiterführende Arbeiten in westlichen Sprachen gibt das Literaturverzeichnis. Zur Orientierung dienen eine Zeittafel, ein Glossar und fünf Karten.

Ein Ziel dieses Buches besteht darin, der im Westen vorherrschenden russozentrischen Optik, die die Ukraine (wenn überhaupt) nur als Randgebiet Russlands zur Kenntnis nimmt, eine ukrainische Perspektive entgegenzusetzen. Sie ist von der nationalukrainischen Historiographie seit Hruševs'kyj entwickelt worden, ohne deren grundlegende Arbeiten dieses Buch nicht hätte geschrieben werden können. Diese gerade in Deutschland weitgehend unbekannte Sicht der Geschichte Osteuropas kann zur Korrektur mancher Klischees und traditionell einseitiger Interpretationen beitragen. Auch negative Stereotypen des Ukrainers wie die des unverbesserlichen Nationalisten und Antisemiten, des verräterischen Kosaken und Partisanen (von Chmel'nyc'kyi und Mazepa über Petljura bis Bandera) oder des einen verdorbenen slawischen Dialekt sprechenden primitiven Bauern gilt es zu überprüfen.

Auch die Traditionen und Mythen der national-ukrainischen Geschichtsschreibung können jedoch nicht vorbehaltlos übernommen werden. Einzelne im Rahmen der Nationalbewegung und der politischen Auseinandersetzung mit Polen, Russland und der Sowjetunion entstandenen Auffassungen erfordern eine kritische Beleuchtung. Dabei müssen auch die Interpretationen der polnischen, russischen und jüdischen Historiographie berücksichtigt werden. An Streitfragen ist kein Mangel, von den Kontroversen über den Charakter des Kiever Reiches und der Eingliederung der Ukraine in das Moskauer Reich über die divergierenden Ansichten über die Zeit der Revolution und des Bürgerkriegs, die Chancen der ukrainischen Staatsbildung oder die Verantwortung für die schrecklichen Judenpogrome und über die Rolle der Ukrainer im Zweiten Weltkrieg bis hin zur Interpretation der Orangen Revolution und des Euro-Majdan.

Generell muss die Geschichte der Ukraine im Rahmen der übernationalen Reiche, zu denen sie gehört hat, betrachtet werden. Gleichzeitig darf die Geschichte der Ukrainer nicht losgelöst werden von der Geschichte der anderen ethnischen Gruppen, die in der Ukraine lebten. Allerdings kann auf die Geschichte dieser Gruppen – der Juden, Polen, Russen, Deutschen, Ungarn, Griechen, Armenier, Bulgaren und Rumänen – im

Rahmen dieses kleinen Buches nur knapp eingegangen werden. Im Vordergrund steht die Geschichte der Bevölkerungsmehrheit, der Ukrainer.

Aus der polyethnischen Tradition der ukrainischen Geschichte ergibt sich das Problem der Schreibweise von Orts- und Personennamen. In der historischen Literatur in westlichen Sprachen erscheint die wichtigste Stadt Ostgaliziens in vier Varianten, als L'viv (ukrainisch), L'vov (russisch), Lwów (polnisch) oder Lemberg (deutsch). In anderen Fällen stehen sich nur die ukrainische und russische Variante gegenüber, also Kyïv oder Kiev, Charkiv oder Char'kov, Hohol' oder Gogol', Pidhirnyj oder Podgornyj usw. In der Regel verwende ich die ukrainische Form der ukrainischen Namen, mit der Ausnahme von russischen oder deutschen Bezeichnungen wie Kiev, Dnjepr oder Lemberg, die sich im Deutschen eingebürgert haben. Die Transliteration folgt den wissenschaftlichen Regeln, gibt also russisch/ukrainisch ч mit č, ш mit š, ж mit ž und ц mit c, russisch ы bzw. ukrainisch и mit y wieder.

Mein Dank gilt Dr. Rudolf Mark, Dr. Veronika Wendland und Dr. Dieter Pohl, die Teile des Manuskripts gelesen und wertvolle Korrekturen und Anregungen eingebracht haben. Ganz allgemein danke ich allen Kolleginnen und Kollegen aus der Ukraine, aus Nordamerika und Deutschland, die mir mit ihren Arbeiten und in zahlreichen Gesprächen Probleme der ukrainischen Geschichte nahegebracht haben.

*

Die Ukraine erlebt im Jahr 2014 die schwerste Krise seit dem Zweiten Weltkrieg. Die Intervention Russlands stellte die Existenz des unabhängigen Staates infrage. Diese Gefahr scheint Anfang September 2014, zum Zeitpunkt, zu dem ich diese Zeilen schreibe, abgewendet, doch ist die Krim besetzt und der Krieg im Donbass noch nicht beendet.

Für die vorliegende 4. Auflage habe ich den Text durchgesehen und die Erzählung bis zur Gegenwart weitergeführt. Für wertvolle Hinweise danke ich Harald Binder und Veronika Wendland.

1. Ukraine und Ukrainer: Geographische und ethnische Gegebenheiten

Ukraine bedeutet Grenzland. Zunächst bezeichnete der Begriff *Ukraïna* die Regionen an der Grenze zur Steppe, der Trennlinie zwischen den sesshaften und nomadischen Zivilisationen, die für die ältere Geschichte Osteuropas von grundlegender Bedeutung war. Die Lage am Steppenrand ist denn auch ein Grundelement der ukrainischen Geschichte, das manifest wurde sowohl in ständigen Einfällen der Reiternomaden wie in der Vermittlung zwischen Sesshaften und Reiternomaden, zwischen slawisch-christlicher und turko-tatarischer islamischer Welt. Bis ins 18. Jahrhundert machte die ostslawische Siedlung an der Steppengrenze halt. Die Steppen nördlich des Schwarzen Meeres, die heutige Südukraine, blieben die Domäne der Reiternomaden und sind erst seit der zweiten Hälfte des 18. Jahrhunderts von ukrainischen, russischen, deutschen und südslawischen Bauern allmählich besiedelt worden. Nur die Kosaken waren schon seit dem 16. Jahrhundert an den Flüssen weiter vorgestoßen, und die Dnjepr-Kosaken als typische Grenzland-Bevölkerung spielten in der frühneuzeitlichen Geschichte der Ukraine eine hervorragende Rolle.

Neben dem Steppenrand und der Küste des Schwarzen Meeres im Süden bilden die Karpaten im Westen eine weitere natürliche Grenze der Ukraine, wobei eine kleine Gruppe von Ukrainischsprachigen auch jenseits der Karpaten, in der Karpaten-Ukraine oder Transkarpatien, siedelt. Im Nordwesten kann man das Sumpfgebiet des Pryp'jat' in Polesien als natürliche Grenze zu Weißrussland ansehen. Im Übrigen sind die Grenzen der Ukraine jedoch weitgehend offen. Das Relief ist überwiegend flach; weite Teile der Ukraine gehören ebenso wie der Großteil Polens und Russlands zur osteuropäischen Tiefebene. Ausnahmen sind die Karpaten und ihr Vorland, bedingt auch die hügeligen Platten Podoliens und des Donezbeckens.

Das weitgehende Fehlen natürlicher Grenzen im Westen und Osten hatte wie im Falle Polens und Russlands Auswirkungen auf die Geschichte der Ukraine. Die offenen Grenzen erleichterten das Eindringen fremder Mächte. Die Ukraine wurde immer wieder zum Schauplatz bewaffneter Auseinandersetzungen, von den Grenzkriegen mit den Reiternomaden über die Nordischen Kriege des 17. und frühen 18. Jahrhunderts, die russisch-türkischen Kriege des 18. und 19. Jahrhunderts bis hin zu den beiden Weltkriegen. Die benachbarten Großmächte im Westen (Polen, Ungarn, Österreich) und Osten (Russland) brachten wiederholt Teile der Ukraine unter ihre Herrschaft und betrachteten die Ukraine meist nicht als ebenbürtiges, eigenständiges Land, sondern als Grenzland, als *Ukraina* ihres eigenen Staates. Dass für die Ukraine die offenen Grenzen weniger als im Falle Russlands oder Polens auch Expansion gegen außen ermöglichten, hat nicht geographische, sondern historisch-politische Ursachen.

Zum anderen führte die Grenzlage dazu, dass die Ukraine immer wieder eine bedeutsame Rolle als Vermittlerin zwischen West und Ost spielte. Die Ukraine lag am Kreuzpunkt von Handelswegen zwischen Schwarzem Meer und Ostsee und zwischen dem Orient und Mitteleuropa. Die Ukraine war Grenzland der Ostslawen zu Westslawen und Ungarn, Grenzland der Orthodoxie zur römisch-katholischen Welt. Als Sinnbild dieser Grenzlage kann die Kiever Sophienkathedrale gelten, die bedeutendste orthodoxe Kirche des ostslawischen Mittelalters, die im Innern prachtvolle byzantinische Mosaiken aufweist und von außen den Anblick einer Barockkirche bietet.

Das Gebiet der Ukraine zeichnet sich aus durch seine fruchtbaren Böden. Gegen drei Viertel des Territoriums sind von Schwarzerdeböden bedeckt; nur im Nordwesten überwiegen wenig fruchtbare Podsolböden und Sümpfe. Im Westen und Norden dominierte der Laubwald, dessen Bestand im Laufe der Geschichte allerdings stark zurückging; im Nordwesten gibt es auch Nadelwald. Im Kerngebiet der Ukraine folgt als mittlere Vegetationszone die Waldsteppe, die gegen Süden allmählich in die baumlose Wiesensteppe übergeht. Neben den Böden begünstigt auch das Klima der Ukraine den Ackerbau. Es ist kontinental, doch erheblich milder als in Russland, sodass die Vegetationsperiode länger dauert. Allerdings sind die Winter viel kälter als in West- und Mitteleuropa. Die vor allem im Osten und Süden relativ geringen Niederschläge konzentrieren sich auf die wichtige Wachstumsperiode des Frühsommers. In der Steppe stellen die trockenen, im Winter kalten Ostwinde eine Gefahr für die Landwirtschaft dar. Dennoch sind die natürlichen Bedingungen vor allem für Getreideanbau in der Ukraine gut.

Teilgebiete der Ukraine sind reich an Bodenschätzen: Die Steinkohlelager des Donez-Beckens im Osten und die Eisenerzvorkommen im Süden, besonders bei Kryvyj Rih am unteren Dnjepr, waren die wichtigsten Motoren der Industrialisierung des Russischen Reiches. In Galizien wurden Erdöl und Salz gewonnen.

Von großer Bedeutung für die Geschichte ganz Osteuropas waren die Flüsse. Der wichtigste Fluss der Ukraine ist der Dnjepr (ukr. Dnipró), der ihr Territorium in zwei Hälften schneidet. Der Dnjepr war als Handelsweg von der Ostsee zum Schwarzen Meer, «von den Warägern zu den Griechen», seit dem frühen Mittelalter von Bedeutung. Eine Behinderung der Flussschifffahrt stellten bis zur Errichtung der großen Flusskraftwerke allerdings die Stromschnellen an seinem Unterlauf dar, während die Übergänge zu den Flusssystemen der Ostsee und der Wolga seit jeher leicht zu überwinden waren. In der ukrainischen Überlieferung, in Volksliedern und Literatur, ist der Dnjepr ein Symbol für die ukrainische Nation geworden. Er war das Lebenselement der ukrainischen Kosaken, und an seinem Steilufer liegt das Grab des Nationaldichters Ševčenko:

«Wenn ich sterbe, so bereitet mir mein Grab,
Wo die Steppe weit sich breitet in der Ukraine:
Dass ich sehe, wie die Felder sich mit Saaten füllen,
Dass ich höre, wie der wilde Dnipró rauscht.»

(«Vermächtnis» von 1845)

Ebenfalls zum Schwarzen Meer ergießen sich die parallel zum Dnjepr verlaufenden Flüsse südlicher Bug (Buh oder Boh) und Dnjestr (Dnistér), deren Einzugsgebiet die westliche und südwestliche Ukraine ist. Sie sind als Wasserstraßen längst nicht so bedeutsam wie der Dnjepr. Zum Asowschen Meer fließt der Don, dessen Nebenfluss Donez der wichtigste Fluss der Ostukraine ist. Teile der Westukraine sind über das Flusssystem des (westlichen) Bug, der in die Weichsel mündet, mit der Ostsee verbunden. Die Lage nahe der Wasserscheide zwischen Schwarzem Meer und Ostsee war eine wichtige Voraussetzung für die Entstehung der Stadt Lemberg. Die Ukraine war lange ein kontinentales Land; erst seit dem Ende des 18. Jahrhunderts hat sie direkten Zugang zum Meer. Die Anlage von Häfen am Schwarzen Meer, in erster Linie von Odessa (ukr. Odesa), hat die Vermittlerrolle der Ukraine zum Mittelmeerraum wesentlich verstärkt.

Die geographischen Gegebenheiten und historischen Besonderheiten lassen fünf Teilregionen der Ukraine hervortreten (vgl. Karte 1):

1. Das zentrale Gebiet um Kiev zu beiden Seiten des Dnjepr. Es wird aufgrund der unterschiedlichen historischen Entwicklung unterteilt in die rechtsufrige Ukraine (mit Wolhynien und Polesien), die bis zum Ende des 18. Jahrhunderts zu Polen-Litauen gehörte, und die linksufrige Ukraine, das ehemalige Hetmanat der Dnjepr-Kosaken, das seit der Mitte des 17. Jahrhunderts ein (zunächst autonomer) Bestandteil Russlands war.

2. Die Ostukraine, untergliedert in die sogenannte Sloboda-Ukraine um Charkiv im Norden und das Donez-Becken (Donbass) im Süden.

3. Die südliche Ukraine, das Steppengebiet nördlich des Schwarzen Meeres, das oft auch als «Neurussland» bezeichnet wird, mit offenen Grenzen im Westen zum südlichen Bessarabien, im Süden zur Krim und im Osten in die Gebiete der Don- und Kuban-Kosaken.

4. Die in mehrere Teil-Landschaften gegliederte Westukraine mit Galizien (oder Ostgalizien) um Lemberg im Westen, der nördlichen Bukowina und dem westlichen Podolien im Süden

und den am (westlichen) Bug gelegenen Regionen Podlachien und Cholmer Land im Norden, die heute zu Polen gehören und überwiegend von Polen besiedelt sind.

5. Die Karpaten-Ukraine im äußersten Südwesten, die man unterteilen kann in die Gebirgsregion und in das im Einzugsgebiet der Theiß gelegene Transkarpatien.

Erst im Laufe von Jahrhunderten wurde der regionale Begriff Ukraine auch zur Bezeichnung des Volkes. Der Begriff «Ukraina» mit der Bedeutung Grenzland taucht erstmals in den Chroniken des 12. und 13. Jahrhunderts für Grenzgebiete des Kiever Reiches in der heutigen Ukraine auf. Seit dem 16. Jahrhundert wird der Raum am mittleren Dnjepr von Ukrainern und Polen häufiger als Ukraine bezeichnet. Im Laufe des 17. Jahrhunderts wird der Begriff Ukraine mit dem Hetmanat der Dnjepr-Kosaken verbunden und gelegentlich auf Volk und Sprache ausgedehnt. Volkslieder und Hochliteratur verwenden den Terminus immer häufiger, und auch im Ausland beginnt er sich einzubürgern, wie die «Description d'Ukranie» von Beauplan aus dem Jahre 1660 zeigt.

Neue Impulse zur Durchsetzung der Begriffe Ukraine und Ukrainer gingen im 19. Jahrhundert von der ukrainischen Nationalbewegung im Russischen Reich aus. Als im Ersten Weltkrieg Nationalstaaten begründet wurden, wurden sie mit dem Ethnonym ukrainisch bezeichnet. Dies galt nicht nur für die Ukrainische Volksrepublik im Osten, sondern auch für den Staat der ehemals österreichischen Ruthenen, die Westukrainische Volksrepublik. Auch die in der Folge geschaffene Unionsrepublik der Sowjetunion hieß Ukrainische Sowjetrepublik.

Mindestens bis ins 17. Jahrhundert hatte allerdings nicht das Ethnonym Ukrainer, sondern der Kollektivbegriff Rus' vorgeherrscht, der schon für die Bevölkerung des Kiever Reiches üblich gewesen war. Rus' oder Rusyn blieb unter litauischer und polnischer Herrschaft die Selbstbezeichnung der ostslawischen Bevölkerung, also der Ukrainer und Weißrussen, ebenso ihre Fremdbezeichnung durch Polen und Ausländer, oft in der lateinischen Form Rutheni. In den ukrainischen Gebieten, die nicht unter russischer Herrschaft standen, blieben die Begriffe Rus' und Rusyn bis ins 20. Jahrhundert lebendig, in der Karpaten-Ukraine bis zum heutigen Tag. Nach der lateinischen Form Rutheni wurden die Ukrainer des Habsburger Reiches deutsch Ruthenen genannt. Im Deutschen werden Ukrainer und auch Weißrussen deshalb nicht selten mit dem Begriff Ruthenen bezeichnet.

Die Ostslawen im Moskauer Reich, die Großrussen, wurden dagegen in Polen-Litauen und in weiten Teilen Westeuropas als Moskowiter, ihr Staat als Moscovia bezeichnet. Daneben gab es allerdings auch den Oberbegriff Russia für alle Ostslawen. Gleichzeitig war im Moskauer Reich der Begriff Rus' mit dem Adjektiv russkij (russisch) als Selbstbezeichnung ebenfalls lebendig geblieben und wurde schon früh in den Titel des Herrschers übernommen. Später kam als neuer Begriff Rossija (Russland) hinzu, und das Petrinische Reich wurde dann bewusst nicht als russisches (russkaja), sondern übernational als Russländisches Imperium (Rossijskaja imperija) bezeichnet. Analog dazu heißt das heutige Russland Russländische (Rossijskaja, nicht Russkaja) Föderation.

Im Russischen (eigentlich Russländischen) Reich kam seit der Angliederung des Hetmanats der Dnjepr-Kosaken der Begriff «Kleinrussland» (Malorossija) als Name der Ukraine auf. Der Terminus stammt aus dem kirchlichen Bereich; der Patriarch von Konstantinopel bezeichnete im 14. Jahrhundert die Diözesen im Südwesten als «kleine Rus'» im Gegensatz zu denen der «großen Rus'» im Nordosten. Kleinrussland wurde zur offiziellen Bezeichnung der Ukraine im Russischen Reich. Obwohl sie ursprünglich nicht herabsetzend gemeint war, wurde sie von den Ukrainern im 19. Jahrhundert so empfunden.

Es herrscht also ein ziemliches Wirrwarr an Ethnonymen. So standen im 19. Jahrhundert die Bezeichnungen Ukrainer, Kleinrussen und Ruthenen nebeneinander. Ihr Gebrauch war und ist stark von politischen Zielen und nationalen Emotionen bestimmt. Die Ukrainer betonen die Kontinuität des Begriffs Rus' von der Kiever Zeit bis zur Gegenwart in Abgrenzung zu den moskowitischen Großrussen. Die zarische Regierung zog den Namen Kleinrussen vor, um die Zugehörigkeit der Ukrainer zum «allrussischen Volk» zu unterstreichen.

Ich verwende im Folgenden durchgehend den heute gebräuchlichen Begriff, also Ukraine und Ukrainer, für alle Epochen ihrer Geschichte. So verfährt man in der Regel ja auch in der Geschichtsschreibung anderer Länder, die lange keinen Staat besaßen, wie Estlands, Italiens oder Deutschlands. Der Versuch, Anachronismen zu vermeiden und jeweils den für eine Epoche oder eine Region üblichen Terminus zu verwenden, schafft Verwirrung. Ein Wechsel des Ethnonyms würde auch die ethnische Kontinuität der Ukrainer verschleiern.

Nach den Namen zur Sache, dem ukrainischen Volk oder Ethnos. Zahlreiche ethnische Gruppen, die keinen eigenen Staat, eine unvollständige Sozialstruktur und keine eigene Literatursprache und Hochkultur hatten, sind überall in Europa im Laufe des 19. Jahrhunderts zu Nationen geworden. Die einen wie die Tschechen oder Finnen haben den Prozess der Nationsbildung schnell und erfolgreich durchlaufen, andere mit großen Verzögerungen und Rückschlägen. Zu dieser zweiten Gruppe gehören die Ukrainer. So kommt es, dass sie als Nation bis heute nicht fest integriert sind und von außen oft nicht als eigenständige Nation betrachtet werden.

Die Existenz einer Nation oder einer ethnischen Gruppe, eines Volkes, mit objektiven Kriterien nachzuweisen ist nicht möglich. Dennoch gibt es eine Reihe von Faktoren, die in der Regel als Bausteine für Nationen dienen.

Ein auch im Falle der Ukrainer wichtiger Faktor ist die Sprache. Dabei muss jedoch bedacht werden, dass die Frage, ob eine Sprache selbständig oder Dialekt einer anderen Sprache sei, von der Linguistik allein kaum zu beantworten ist. So sind sich die Sprachwissenschaftler auch im Falle des Ukrainischen oft uneins gewesen. Heute herrscht allerdings Konsens darüber, dass das Ukrainische eine eigenständige Sprache ist. Während die meisten ukrainischen Forscher das Ukrainische als selbständigen Zweig der slawischen Sprachen ansehen, gilt es in der nichtukrainischen Wissenschaft in der Regel als eine der drei ostslawischen Sprachen (neben dem Weißrussischen und Russischen). In diesem Fall ist umstritten, wann sich das Ukrainische vom Gemein-Ostslawischen abgespalten habe. Gab es eine ukrainische Sprache schon im Kiever Reich? Oder erst im 14. oder erst im 16. oder gar im 19. Jahrhundert? Diese Fragen spielen eine Rolle im russisch-ukrainischen Streit um das Erbe des Kiever Reiches, auf den ich im nächsten Kapitel eingehen werde.

Wie andere junge Nationen haben auch die Ukrainer keine kontinuierliche Tradition einer Schriftsprache. Bis ins frühe 18. Jahrhundert diente das in seiner Struktur südslawische Kirchenslawisch als wichtigste Literatursprache. Das Kirchenslawische nahm im Laufe der Zeit immer mehr regionale Besonderheiten an, doch gab es auch rückläufige Bewegungen, indem das Kirchenslawische mehrfach von ukrainischen, polnischen und lateinischen Elementen gereinigt wurde. Dies trug dazu bei, dass zwischen Kirchenslawisch und Volkssprache eine Kluft erhalten blieb.

Im Großfürstentum Litauen, zu dem der größte Teil der Ukraine vom 14. bis 16. Jahrhundert gehörte, gab es neben der kirchenslawischen Literatursprache eine ostslawische Amtssprache. Sie war aber – so die Mehrheit der Forschung – stärker weißrussisch als ukrainisch geprägt, auch wenn vor allem im Süden Ukrainismen häufig waren. Diese ostslawische Kanzleisprache diente im 16. und 17. Jahrhundert auch in der Ukraine als weltliche Literatursprache im staatlichen Bereich. Mit der schrittweisen Eingliederung der Ukraine in das Königreich Polen gewannen das Lateinische und Polnische als Amts- und Literatursprachen an Bedeutung. In den westlichen Gebieten blieb der Einfluss des Polnischen bis ins 20. Jahrhundert wichtig, doch konnte sich hier auch das Kirchenslawische lange halten.

In den Gebieten der Ukraine, die an Russland fielen, setzte sich im Laufe der Zeit das Russische als Literatursprache weitgehend durch. Dies wurde im Laufe des 18. und frühen 19. Jahrhunderts möglich, als auch in Russland das bis dahin dominierende Kirchenslawische durch die neue russische Literatursprache ersetzt wurde. Die Machtmittel des Staates und die steigende Attraktivität der verwestlichten russischen Hochkultur trugen zur raschen Verbreitung des Russischen unter den Gebildeten der Ukraine bei.

Die weit überwiegende Mehrheit der Bevölkerung der Ukraine sprach aber weiter die ukrainische Volkssprache. Im 17. Jahrhundert taucht sie auch gelegentlich in schriftlichen Quellen, in Briefen und privaten Aufzeichnungen, auf, ohne sich aber gegenüber dem Kirchenslawischen durchzusetzen. Die Volkssprache diente dann als Grundlage für die moderne ukrainische Literatursprache. Nach ersten Versuchen am Ende des 18. und zu Beginn des 19. Jahrhunderts war es das Werk des genialen Dichters Ševčenko, das eine erste Synthese brachte. Die Rolle Ševčenkos lässt sich mit derjenigen Puškins für die russische Literatursprache vergleichen.

Infolge des Verbotes ukrainischsprachiger Publikationen im Russischen Reich und der Verlagerung des kulturellen Lebens ins österreichische Galizien nahm die Literatursprache in den Jahrzehnten vor dem Ersten Weltkrieg zahlreiche westukrainische Elemente auf. Die ukrainische Literatursprache wurde so zu einer Synthese verschiedener Dialekte. Dies wurde dadurch erleichtert, dass das Ukrainische wie das Russische oder Polnische relativ einheitlich ist und dialektale Unterschiede geringer sind als etwa im Deutschen oder Italienischen.

Eine wichtige Etappe in der Standardisierung der modernen ukrainischen Literatursprache waren dann die kulturell liberalen zwanziger Jahre in der Ukrainischen Sowjetrepublik. Die später folgende erneute Russifizierung führte dazu, dass das Ukrainische in der Sowjet-Ukraine seine Stellung als dominierende Hochsprache wieder verlor. Wer Karriere machen wollte, sprach und schrieb Russisch, und das Ukrainische wurde erneut provinzialisiert. Im neuen Nationalstaat gewinnt das Ukrainische als einzige Staatssprache gegenüber dem Russischen allmählich an Boden.

Als Baustein für ethnische Gruppen und Nationen kann neben der Sprache auch die Religion dienen; man denke an die Serben und Kroaten, die sich durch ihre Konfession, kaum aber durch ihre Sprache voneinander unterscheiden. Das Bekenntnis zur Orthodoxie war denn auch ein wichtiges Kriterium, mit dem sich die Ukrainer von den Polen, Ungarn, Tataren und Türken abgrenzten. Zur Abgrenzung von den Russen konnte die orthodoxe Konfession dagegen nicht dienen, sodass sie als Faktor der ethnischen Identität in der russischen Ukraine keine große Rolle spielte. In der Westukraine war dagegen durch die Union von Brest am Ende des 16. Jahrhunderts die mit Rom Unierte Kirche entstanden, die in Galizien zu einer ukrainischen Nationalkirche wurde. Die konfessionelle Spaltung der Ukrainer in Orthodoxe und Unierte komplizierte andererseits ihre nationale Integration.

Als dritter Faktor der ethnischen Gruppe oder Nation gilt die Gemeinsamkeit der kulturellen und historischen Traditionen. Sie dient national gesinnten Ukrainern zur Abgrenzung von den Russen. Es wird hervorgehoben, dass die Ukrainer im Gegensatz zu den isolierten Moskowitern immer enge Verbindungen zum römisch-katholischen Abendland unterhalten hätten und aus dem Westen freiheitliche Traditionen, eine ständische Verfassung und kulturelle Strömungen wie Scholastik, Humanismus, Reformation und Barock übernommen hätten. Auch wenn diese Gegensätze zu den «barbarischen Moskowitern» von nationalistischen Ukrainern zum Teil übersteigert werden und vergessen wird, dass sich auch Russland seit dem 18. Jahrhundert gegenüber dem Westen öffnete: Die Prägung durch westliche Einflüsse in Spätmittelalter und früher Neuzeit war für die Nationsbildung der Ukrainer von großer Bedeutung. Neben der Brückenfunktion zum Westen muss auch die Randlage zur Steppe noch einmal genannt werden, die vor allem in Gestalt der Kosaken die politische Kultur der Ukrainer wesentlich beeinflusst hat. Im Gegensatz zu Russen und Polen verfügen die Ukrainer über keine kontinuierliche staatliche Tradition, sodass die Volkstraditionen besondere Bedeutung erlangt haben.

Es könnten noch weitere objektive Faktoren als Bausteine für ein ukrainisches Ethnos herangezogen werden. Es sollte aber schon deutlich geworden sein, dass in Sprache, Kultur und historischer Tradition die ethnische Gruppe der Ukrainer spätestens seit dem 16. Jahrhundert deutlich hervortritt. Wissenschaftlich beweisen kann man mit der Aufzählung solcher Faktoren die Existenz einer ethnischen Gruppe, eines Volks oder einer Nation allerdings nicht. Als notwendiger weiterer Faktor muss das subjektive Bewusstsein hinzutreten: Ein Volk oder eine Nation muss sich selber für ein Volk oder eine Nation halten. Im Falle der Ukrainer lässt sich ein solches Bewusstsein ethnischer Eigenständigkeit seit dem 16. Jahrhundert in den Quellen nachweisen. Ein modernes Nationalbewusstsein setzte sich aber nur langsam durch und wurde erst im 20. Jahrhundert auch auf breitere soziale Schichten übertragen.

Zusammenfassend kann man sagen, dass objektive und subjektive Kriterien für ein eigenständiges ukrainisches Volk schon früh auftreten, dass aber die Nationsbildung der Ukrainer immer wieder unterbrochen und verzögert worden ist. Diese Diskontinuität trägt wesentlich dazu bei, dass die Ukrainer bis in unsere Tage das Bild einer wenig stabilen, immer wieder gefährdeten Gemeinschaft zeigen. Diese Labilität, die verschärft wird durch das traditionelle Überlegenheitsgefühl der Russen und Polen gegenüber dem sogenannten unhistorischen Bauernvolk, manövriert manche Ukrainer in eine Verteidigungsposition hinein, macht sie besonders empfindlich für Kritik und fördert zuweilen ein kompensatorisch-übersteigertes Nationalbewusstsein.

Infolge der unterschiedlichen historischen Entwicklung kann man einzelne Subgruppen des ukrainischen Ethnos unterscheiden. Wichtig ist bis heute die Trennlinie zwischen den Ukrainern im Westen, die erst seit dem Zweiten Weltkrieg in einem von Russen geprägten Staat lebten, und den übrigen Ukrainern. Während die Ukrainer im Zentrum, Süden und Osten relativ einheitlich sind, gibt es unter den Westukrainern der Karpatenregion einige Sondergruppen: die Rusynen Transkarpatiens und die Huzulen, Bojken und Lemken des Karpatengebirges. In der Ethnogenese dieser Gruppen spielte die Nachbarschaft zu Polen, Slovaken, Ungarn und Rumänen eine bedeutende Rolle. Die Rusynen oder Rusnaken werden zum Teil als eigenes Ethnos, ja sogar als viertes ostslawisches Volk betrachtet. Im Osten der Ukraine gibt es fließende Übergänge der Ukrainer zu den

Weißrussen in Polesien und zu den Großrussen in den östlichen Grenzgebieten.

Schließlich muss noch einmal betont werden, dass die Ukraine immer auch von Nicht-Ukrainern bewohnt war. Die gute Verkehrslage der Ukraine zog seit dem Mittelalter Handel treibende Vertreter mobiler Diasporagruppen – Juden, Karäer, Armenier, Deutsche, Griechen und Roma – an. Infolge der Zugehörigkeit der Ukraine zu Polen-Litauen und Russland kamen größere Gruppen von Polen, Juden und Russen ins Land, seit der zweiten Hälfte des 18. Jahrhunderts zusätzlich deutsche, rumänische, südslawische, griechische und tschechische Kolonisten. In der Ukraine lebten Vertreter unterschiedlicher Glaubensgemeinschaften, Orthodoxe, Katholiken, Griechisch-Katholiken, Altgläubige, Armenier (Gregorianer und Unierte), Juden, Karaim, Muslime, Mennoniten, Baptisten und andere. Die Ukraine hatte also immer einen polyethnischen und multireligiösen Charakter; dies hat eine Darstellung ihrer Geschichte zu berücksichtigen.

2. Das Kiever Reich und der Streit um sein Erbe

Das Kiever Reich des 10. bis 13. Jahrhunderts war einer der großen politisch, wirtschaftlich und kulturell blühenden Herrschaftsverbände des mittelalterlichen Europa. Obwohl die Ostslawen mit erheblicher Verspätung gegenüber Süd- und Westeuropa in die schriftlich überlieferte Geschichte eintraten, gelang es ihnen in erstaunlich kurzer Zeit, ein wirtschaftliches, militärisches und kulturelles Niveau zu erreichen, das den Vergleich mit anderen europäischen Reichen der Zeit nicht zu scheuen brauchte. Kaum je in ihrer späteren Geschichte lagen die Ostslawen in ihrem Entwicklungsstand so nah an Mittel- und Westeuropa wie im 11. Jahrhundert. Das Kiever Reich, dessen Zentrum am mittleren Dnjepr lag, ist deshalb als Goldenes Zeitalter in das Geschichtsbild der Ukrainer eingegangen. Während die Ukrainer in späteren Jahrhunderten von Krakau, Vilnius, Warschau, Moskau, Petersburg oder Wien aus regiert wurden, lag in dieser Zeit der Kern eines Großreiches im Herzen der Ukraine.

Das Kiever Reich entstand im 9. Jahrhundert auf der Basis ostslawischer Stammesverbände. Ein wichtiger Anstoß zur Herrschaftsbildung kam von den Warägern, normannischen Kriegern und Kaufleuten aus Skandinavien. Sie gaben dem Reich auch ihren Namen, Rus', der bald zum Volksnamen aller Ostslawen werden sollte und bis heute im Namen der Russen weiterlebt. Sie stellten die Herrscherdynastie der Rurikiden, deren erste historische Gestalten Oleg (Helgi), Igor (Ingvar) und Olga (Helga) noch germanische Namen hatten, während der nächste Fürst Svjatoslav schon einen slawischen Namen trug. Impulse zur Herrschaftsbildung kamen auch vom turksprachigen Steppenvolk der Chasaren, das eine Tributherrschaft über die südlichen Stämme der Ostslawen ausübte. Das Kerngebiet des Reiches und seine wichtigsten Städte Kiev und Novgorod lagen zwischen Ostsee und Schwarzem Meer, am «Weg von den Warägern zu den Griechen» (so die älteste Chronik). Handels-, Kriegs- und Raubzüge in das mächtige Byzantinische Reich gehörten zu den wichtigsten Aktivitäten seiner Oberschicht.

Von Konstantinopel aus übernahm das Kiever Reich am Ende des 10. Jahrhunderts offiziell das Christentum byzantinischer Prägung. Fürst Vladimir (ukrainisch Volodymyr) erhielt bei dieser Gelegenheit die purpurgeborene Schwester des oströmischen Kaisers zur Frau, eine Ehre, die selbst den abendländischen ottonischen Kaisern nicht zuteilgeworden war. Damit wurde die Kiever Dynastie Mitglied der mittelalterlichen Familie der Könige und trat in der Folgezeit in Heiratsverbindungen mit Herrscherhäusern ganz Europas, von Polen über Skandinavien und Deutschland bis nach Frankreich. So heirateten Kaiser Heinrich IV. und der französische König Heinrich I. Prinzessinnen aus der Rus'. Vom Grenzland an der Steppe aus pflegten die Kiever Fürsten intensive Kontakte zu den islamischen Wolgabulgaren und zu den Reiternomaden. Die Kumanen (Polowzer), die in der Mitte des 11. Jahrhunderts die Petschenegen als Herren über die Steppe nördlich des Schwarzen Meeres abgelöst hatten, führten ungezählte Raubzüge gegen die Kiever Rus', die mit Gegenschlägen beantwortet wurden. Daneben standen die Ostslawen aber auch in intensiven Handelsbeziehungen zu den Polowzern, und zahlreiche ostslawische Fürsten nahmen Polowzerinnen zur Frau.

Das Herrschaftsgebiet des Kiever Reiches erstreckte sich von der Steppengrenze im Süden und Südosten bis nach Karelien im Norden, von den Karpaten und den Grenzen Polens im Westen bis an die obere Wolga und die Oka im Nordosten. Es umfasste alle Ostslawen und zusätzlich zahlreiche finnisch- und baltischsprachige Stämme. Sein Schwerpunkt lag im fruchtbaren Süden am mittleren Dnjepr, nahe der Steppengrenze, dem Schwarzen Meer und dem byzantinischen Weltreich zugewandt. Hier befanden sich das Herrschaftszentrum Kiev und die wichtigen Fürstentümer Černihiv (Černigov) und Perejaslav. Das Nebenzentrum Novgorod lag im Norden der Achse zur Ostsee. Im Zwischengebiet gewannen die Fürstentümer Polock an der

Düna und Smolensk am oberen Dnjepr zusehends an Bedeutung. Zu weiteren wichtigen Regionalzentren wurden im Laufe des 11. und 12. Jahrhunderts die Fürstentümer Galizien (Halyč) und Wolhynien im Südwesten und das Fürstentum Vladimir-Suzdal' im Nordosten, im Einzugsgebiet der Wolga.

Das große Reich war eine lockere Föderation einzelner Länder, die als Fürstentümer von Mitgliedern der herrschenden Rurikiden-Dynastie regiert wurden. An ihrer Spitze stand der Fürst von Kiev, der in ostslawischen Quellen vermehrt als Großfürst, in westlichen Quellen als König (rex) erscheint. Das Fehlen klarer Erbfolgeprinzipien führte jedoch zu ständigen Machtkämpfen. In der zweiten Hälfte des 11. Jahrhunderts bildete sich das Prinzip des Seniorats, des Ältestenrechts, heraus, nach dem der Älteste der Sippe jeweils Fürst von Kiev werden sollte. Nach seinem Tode wurde er durch seinen ältesten Bruder ersetzt, der zuvor in einem anderen Fürstentum regiert hatte. In ständiger Rotation rückten Fürsten in Herrschaftssitze mit höherem Prestige auf, sodass sich zunächst kaum Territorialherrschaften bildeten. Allerdings führte das Senioratsprinzip schon bald zu neuen Machtkämpfen, oft in der Form von Onkel-Neffen-Konflikten. Die ständigen kriegerischen Auseinandersetzungen der Fürsten, in die nicht selten die Polowzer einbezogen wurden, trugen zur Destabilisierung des Herrschaftssystems bei.

Den Fürsten standen ihre Gefolgschaften (družina) zur Seite, deren Mitglieder die Oberschicht des Kiever Reiches bildeten. Dieser frühe ostslawische Adel war an den Fürsten gebunden und lebte in erster Linie von Kriegszügen, Ämtern und vom Fernhandel im fürstlichen Dienst. Der erbliche Grundbesitz gewann erst allmählich eine größere Bedeutung. Die meisten Bauern waren frei und entrichteten dem Fürsten und seinen Beauftragten Abgaben. Als Arbeitskräfte wichtig waren die zum Teil aus Kriegsgefangenen rekrutierten Sklaven. Da die Gefolgsleute in der Regel gemeinsam mit ihrem Fürsten von einem Herrschaftszentrum zum anderen rotierten, blieben sie ebenfalls ein mobiles Element ohne feste regionale Verwurzelung.

Die meisten Adligen lebten in den Fürstensitzen, den wichtigsten Städten. Im Kiever Reich blühten das Städtewesen,

Handwerk und Handel, besonders der Fernhandel mit Byzanz, dem Orient (über die Wolgabulgaren) und Mitteleuropa (über die Ostsee und zu Lande). Die Stadtbevölkerung war über das Vece, die Volksversammlung aller Freien, auch an politischen Entscheidungen beteiligt. Kiev soll im 11. Jahrhundert gegen 40 000 Einwohner gezählt haben und gehörte damit zu den größten Städten Europas. Auch ausländische Besucher waren von Kiev beeindruckt. «In dieser großen Stadt, die das Haupt des Königreiches ist, gibt es mehr als vierhundert Kirchen und acht Märkte», heißt es (wohl etwas übertrieben) in der Chronik des Zeitgenossen Thietmar von Merseburg schon zu Beginn des 11. Jahrhunderts.

Die Kirche des Kiever Reiches war vom byzantinischen Vorbild geprägt. Die Patriarchen von Konstantinopel ernannten die Metropoliten von Kiev, bis auf wenige Ausnahmen Griechen. Kirchen- und Literatursprache wurde jedoch nicht das Griechische, sondern das auf südslawischer Basis geschaffene und in Bulgarien schon als Kultursprache eingeführte Kirchenslawische, das auch den Ostslawen verständlich war. Wie im Byzantinischen Reich wirkten Kirche und Fürst in Harmonie eng zusammen, wobei die weltliche Macht der stärkere Partner war. Als Wirtschafts- und Kulturzentren waren die Klöster von großer Bedeutung, an ihrer Spitze das Kiever Höhlenkloster, das zum Vorbild der ostslawischen Klöster wurde.

Die im Gefolge der Christianisierung aufblühende ostslawische Kultur übernahm direkt oder indirekt (über die Südslawen) die Traditionen der byzantinischen Kultur, der führenden christlichen Zivilisation der damaligen Welt, und entwickelte sie schöpferisch weiter. Eine besondere Blütezeit war die Regierungszeit des Fürsten Jaroslav (1036–1054), der den Beinamen «der Weise» erhielt. Zahlreiche Werke wurden aus dem Griechischen ins Kirchenslawische übersetzt. Unter den eigenständigen literarischen Schöpfungen wären zu nennen die im Kiever Höhlenkloster entstandene «Erzählung von den vergangenen Jahren» (die sogenannte Nestor-Chronik), der «Traktat über Gesetz und Gnade» des ersten ostslawischen Metropoliten von Kiev, Ilarion, und das einzige bedeutende weltliche literarische

Werk, das «Lied von der Heerfahrt Igors», das den Feldzug eines kleinen Fürsten von Novgorod Seversk (Sivers'k), eines Teilfürstentums von Černihiv, gegen die Polowzer besingt. Die prächtigen, nach byzantinischem Vorbild errichteten Kirchen, allen voran die Kiever Sophienkathedrale mit ihren schönen Fresken und Mosaiken, erinnern noch heute an das Goldene Zeitalter des Kiever Reiches.

Die Erinnerung an eine Zeit, als das Reich von Kiev ein mächtiges, gleichberechtigtes Glied des internationalen Systems war, als Handel, Städtewesen, Architektur und Literatur blühten, kontrastiert im ukrainischen Geschichtsdenken mit späteren Epochen, in denen die Ukraine zu einer peripheren, vernachlässigten Provinz fremder Reiche wurde und Städtewesen und Hochkultur einen Niedergang erlebten.

Die lockere Herrschaftsstruktur, der zunehmende Druck vonseiten der Polowzer und der damit zusammenhängende Rückgang des Handels mit dem Byzantinischen Reich schwächten im 12. Jahrhundert das Herrschaftszentrum im Süden des Kiever Reiches. Gleichzeitig verselbständigten sich die einzelnen Länder; ihre Fürsten blieben immer häufiger in ihren angestammten Territorien und vererbten sie an ihre direkten Nachkommen. Ihre Bindung an Kiev und damit auch der Zusammenhalt des Reiches lockerten sich. Im Laufe des 12. Jahrhunderts verlagerte sich der politische, demographische und wirtschaftliche Schwerpunkt von den Gebieten um Kiev auf die Peripherie. Obwohl Kiev im Jahre 1169 vom Fürsten Andrej Bogoljubskij von Vladimir-Suzdal' erobert und zerstört worden war, blieb es Sitz des Metropoliten und Symbol für die Einheit der Rus'.

Zu wichtigen neuen Machtzentren wurden die Fürstentümer Polock und Smolensk (die etwa dem späteren Siedlungsgebiet der Weißrussen entsprechen), die auf den Ostseeraum orientierten Stadtrepubliken Novgorod und Pskov im Nordwesten, das Fürstentum Vladimir-Suzdal' im Nordosten (die zentralen späteren Gebiete der Großrussen) und die Fürstentümer Galizien und Wolhynien in der westlichen Ukraine.

Der Mongolensturm, der in der ersten Hälfte des 13. Jahrhunderts ganz Osteuropa überrollte, verstärkte diese zentrifugalen Tendenzen noch. Der Nordosten geriet unmittelbar unter die Herrschaft der mongolischen Goldenen Horde, die den Großfürsten einsetzte und einen Tribut verlangte. Damit orientierte sich der Nordosten des alten Kiever Reiches für eine gewisse Zeit stärker nach Asien und wurde vom übrigen Europa isoliert. Gegenüber anderen Mitgliedern der Rurikiden-Dynastie setzten sich hier im 14. Jahrhundert die Fürsten von Moskau durch und gingen daran, ein neues Großreich aufzubauen. Im Nordwesten konnte die Novgoroder Republik ihre relativ demokratische innere Ordnung und ihre äußere Autonomie auch in der Mongolenzeit behaupten und ihre Handelsbeziehungen zum Westen, vor allem zur Hanse, ausbauen. Das Fürstentum Polock im Westen kam in der zweiten Hälfte des 13. und endgültig im 14. Jahrhundert unter die Herrschaft der Großfürsten von Litauen. Die Fürstentümer Galizien und Wolhynien im Südwesten wurden vom Fürsten Roman um 1200 erstmals vereinigt. Damit entstand ein neues Machtzentrum im Spannungsfeld zwischen der Steppe, Kiev, Polen und Ungarn. Es umfasste ein Territorium, das einen bedeutenden Teil des späteren ukrainischen Siedlungsgebiets umschloss. Ich komme im folgenden Kapitel darauf zurück.

Über die Frage nach dem Erbe des Kiever Reiches und seinem ethnischen Charakter führen die nationalen Historiographien der Ukrainer und Russen seit dem 19. Jahrhundert einen erbitterten Streit, der bis heute nicht entschieden ist. Es handelt sich im Kern nicht um eine wissenschaftliche, sondern um eine politische Auseinandersetzung, in der es letztlich um die Frage geht, ob die Ukrainer als eigenständiges Volk gelten können.

In der vorrevolutionären russischen Historiographie und in ihrer Nachfolge auch in vielen deutschen Geschichtswerken ist im Mittelalter kein Platz für die Ukrainer. Das Kiever Reich gilt hier als erster russischer Staat, dessen politischer, demographischer, wirtschaftlicher und kultureller Schwerpunkt sich seit dem 12. und verstärkt seit dem 13. Jahrhundert nach Nordosten verlagerte. Die Fürstentümer Vladimir-Suzdal' und Moskau werden als direkte Erben des Kiever Reiches angesehen, was mit dynastischen, kirchlichen und kulturellen Verbindungen belegt wird. Die Stufenfolge Kiever Reich – Moskauer Reich ist spätestens seit dem 16. Jahrhundert im russischen Selbstverständnis präsent, und auch in Deutschland wird die russische Geschichte gemeinhin in die Epochen des Kiever, des Moskauer, des Russischen und des Sowjetischen Reiches gegliedert.

Gegen diese Koppelung zwischen Moskauer und Kiever Reich wandten sich zahlreiche ukrainische Historiker. Beispielhaft dafür ist ein programmatischer Aufsatz Hruševs'kyjs aus dem Jahre 1904 mit dem Titel «Das übliche Schema der ‹russischen› Geschichte und die Frage einer rationellen Gliederung der Geschichte des Ostslawentums». Für Hruševs'kyj stehen nicht mehr Dynastie und Staat, sondern das Volk im Zentrum der Geschichte. Das staatstragende Volk des Kiever Reiches waren seiner Ansicht nach die Ukrainer:

> «Wir wissen, dass der Kiever Staat, sein Recht, seine Kultur, die Schöpfung *eines* Volkes, nämlich der Ukrainer-Rus', waren, der Staat von Vladimir und Moskau dagegen die Schöpfung eines anderen, des großrussischen Volkes.»

Die wichtigsten ostslawischen Stämme hätten im Gebiet der heutigen Ukraine gewohnt, die sozio-politische Struktur und Kultur des Kiever Reiches habe sich grundlegend von derjenigen im Nordosten unterschieden. Die Großrussen seien aus der Akkulturation finnischsprachiger Stämme mit den rückständigen slawischen Vjatičen entstanden, eine Migration slawischer Stämme aus dem Kiever Gebiet nach Nordosten habe es in größerem Umfang nicht gegeben. Vladimir-Suzdal' und Moskau hätten sich von der Kiever Tradition völlig gelöst und erst später künstlich wieder eine Verbindung zu Kiev hergestellt, um ihren umfassenden Herrschaftsanspruch zu legitimieren. Hruševs'kyj setzt das Verhältnis Vladimir-Suzdal's, Moskaus und Russlands zu Kiev und der Ukraine in Parallele zum Verhältnis Galliens und Frankreichs zu Rom und Italien.

In der sowjetischen Historiographie wurde das Kiever Reich als ostslawisch interpretiert. Es galt als «gemeinsame Wiege» der drei ostslawischen Völker, die damals noch eine Einheit gebildet hätten. Erst die Verlagerung nach Nordosten und der Mongolensturm hätten seit dem 14. Jahrhundert zur Ausdifferenzierung von Großrussen, Ukrainern und Weißrussen geführt. Die Kiever Epoche wird also als gemeinsames historisches Erbe der Großrussen, Ukrainer und Weißrussen betrachtet. Diese Auffassung haben auch viele westliche Historiker, Sprach- und Literaturwissenschaftler übernommen.

Die sowjetische Interpretation hatte sich somit vom Anspruch der Russen auf das Alleinerbe des Kiever Reiches gelöst. Allerdings verband sich mit der These von der ethnisch einheitlichen Wiege der Ostslawen besonders seit 1954 die Zielvorstellung ihrer Wiedervereinigung, wie sie zwischen 1654 und 1945 stattgefunden und in der sowjetischen Völkerfamilie ihre Erfüllung gefunden habe. Die Wiedervereinigung der Ostslawen erscheint in dieser Interpretation als erster Schritt zu ihrer Wiederverschmelzung zu einem einheitlichen Volk im Rahmen der Sowjetunion. De facto interpretierte die sowjetrussische Geschichtsschreibung das Kiever Reich nicht selten als russischen Staat. Dazu trug bei, dass der Staat, seine Bewohner, ihre Sprache und Literatur in der Regel als altrussisch bezeichnet wurden, nie aber als altukrainisch.

Damit sind wir erneut bei den Ethnonymen, die das Problem erheblich komplizieren. Das Kiever Reich und seine slawischsprachige Bevölkerung werden in den Quellen als Rus' bezeichnet, wobei der Begriff teilweise auf das ganze Reich, teilweise nur auf seine Kerngebiete am mittleren Dnjepr bezogen ist. Dass dieses Ethnonym ursprünglich die nordgermanische Führungsschicht des Kiever Reiches bezeichnete, was bis heute von zahlreichen russischen *und* ukrainischen Historikern bestritten wird, ist hier nicht von Belang.

Wie soll man aber diesen Terminus in modernen Sprachen wiedergeben? Im Ukrainischen und auch im Polnischen gibt es keine Probleme: *Rus'* und das entsprechende Adjektiv *rus'kyj* werden von den Bezeichnungen für Russland und die Russen (*Rosija/Rosja* und *rosijskyj/rosyjski*) geschieden. In der russischen Geschichtsschreibung verwendet man für die ältere Geschichte heute zwar meist auch den Begriff *Rus'*, doch das Adjektiv dazu lautet *russkij* und ist damit identisch mit dem Begriff russisch, der als Substantiv ‹Russe› bedeutet. Auch wenn man den Terminus *drevnerusskij* (altrussisch) verwendet, liegt die Identifikation der Bewohner der Kiever Rus' mit den Großrussen nahe, nicht aber mit den Ukrainern, die ja einen völlig anderen Namen tragen. Die Übersetzung von *Rus'* mit Russland und vor allem von *rus'kyj* mit russisch ist in den meisten übrigen Sprachen übernommen worden. Auch in Deutschland spricht man meist von altrussischer Geschichte, Sprache und Literatur, wenn von der Kiever Rus' die Rede ist.

Wie ist die Kontroverse um den Charakter und das Erbe des Kiever Reiches zu bewerten?

Das Kiever Reich war kein ukrainischer oder russischer Nationalstaat, sondern wie die meisten vormodernen Herrschaftsverbände ein Vielvölkerreich, das nicht nur von Slawen, sondern auch von finnisch-, baltisch- und turksprachigen Stämmen bewohnt war. In der Elite spielten zunächst Normannen, dann auch Griechen und Südslawen eine bedeutende Rolle. Die Mehrheit der Bevölkerung bestand aus Ostslawen, die sich jedoch nicht in die drei heutigen sprachlich-ethnischen Gruppen, sondern in zahlreiche Stämme gliederten. Eine sprachliche Zuordnung dieser Stämme ist nicht möglich, war die Schriftsprache der Zeit doch das Altkirchenslawische, das erst mit der Zeit regionale Elemente aufnahm.

In der ukrainischen Forschung wird betont, dass aufgrund der Ergebnisse der Archäologie, Anthropologie und Sprachgeschichte die Ukrainer als einzige Ostslawen autochthone Urslawen seien, während die Weißrussen stark von baltischen, die Großrussen von finno-ugrischen Elementen geprägt seien. Zweifellos vermischten sich die Ostslawen mit anderen ethnischen Gruppen, doch gilt dies auch für die Ukrainer, bei denen man iranische und türkische Einflüsse feststellen kann. Die Auffassung einer früh beginnenden Differenzierung der Ostslawen aufgrund unterschiedlicher Einflüsse und Substrate erscheint mir als plausibler als die offizielle sowjetische These, dass sich die Weißrussen und Ukrainer erst unter litauischer Herrschaft als eigenständige Ethnien konsolidiert hätten, zumal in diesem

Fall die beträchtlichen Unterschiede zwischen Weißrussen und Ukrainern nicht erklärt sind. Ohne Zweifel war die Ethnogenese der drei ostslawischen Völker aber ein lang andauernder Prozess, der in der Kiever Zeit begann, aber nicht zum Abschluss kam.

Sind die Ukrainer oder die Russen die wahren Erben der Kiever Rus'? Das Territorium des Kiever Reiches umfasste die ursprünglichen Kernsiedlungsgebiete aller drei ostslawischen Ethnien. Unbestreitbar ist sein politisches Zentrum um Kiev heute von Ukrainern bewohnt. Doch wird von Ukrainern gern unterschlagen, dass auch das heute großrussische Novgorod und das heute russische, früher weißrussische Smolensk zum Kerngebiet des Kiever Reiches gehörten. Die nordöstlichen Gebiete lagen zunächst peripher, doch bildete sich dort in der zweiten Hälfte des 12. Jahrhunderts ein neues Machtzentrum, dessen Fürsten wiederholt Kiev in ihren Besitz brachten.

Zur Bevölkerung des Kiever Reiches gehörten die Vorfahren aller drei ostslawischen Ethnien. Die schon vor 150 Jahren vom russischen Historiker Pogodin aufgestellte These, die Bevölkerung am mittleren Dnjepr sei von der Steppengrenze nach Nordosten geflohen, ist heute weitgehend aufgegeben worden zugunsten eines teilweisen Abflusses der Bevölkerung in die Gebiete von Galizien und Wolhynien im Westen. Als Bewohner der Kerngebiete um Kiev können deshalb die Vorfahren der Ukrainer gelten.

Politisch trat im 14. Jahrhundert zunächst das Großfürstentum Litauen das Haupterbe des Kiever Reiches an. Zu seinem wichtigsten Konkurrenten wurde der Großfürst von Moskau, der von der Kiever Dynastie der Rurikiden abstammte. Nachdem im 17. und 18. Jahrhundert die meisten Gebiete der Kiever Rus' an das Russische Reich gefallen waren, erschien Russland als deren natürlicher Erbe.

Auch in kirchlich-religiöser Hinsicht hatte der Moskauer Herrscher die besseren Karten, besonders als der litauische Konkurrent 1386 zum römisch-katholischen Glauben übertrat. Nachdem Kiev bis zum Ende des 13. Jahrhunderts das unbestrittene religiöse Zentrum der Rus' geblieben war, siedelte der Metropolit etwa um 1300 erst nach Vladimir, dann nach Moskau über. Die Übernahme dieser Erbschaft durch Moskau wurde in der Folge durch die Schaffung eines eigenen Kiever Metropolitensitzes in Polen-Litauen wieder infrage gestellt. Im Jahr 1988 wurde das Problem der kirchlichen Kontinuität aktuell: Wem sollten die prunkvollen Tausendjahrfeiern der Christianisierung der Rus' gelten, einer russischen oder einer ukrainischen Kirche?

Zusammenfassend: Eindeutig kann man sagen, dass ein exklusiver Anspruch der Russen auf das Erbe der Kiever Rus' nicht haltbar ist. Die Argumente der Ukrainer (Territorium und Bevölkerung) wiegen eher schwerer als die von den Russen genannten dynastischen, politischen und kirchlichen Kontinuitäten. Es ist nicht einzusehen, dass Kiever Herrschergestalten wie Vladimir der Heilige oder Jaroslav der Weise als Russen bezeichnet werden, dass die Stadt Kiev mit ihrem kulturellen Erbe und den bis heute erhaltenen Denkmälern des Höhlenklosters und der Sophienkathedrale von den Russen beansprucht werden soll. Daraus kann man zunächst den Schluss ziehen, dass die Bezeichnung Russland für das Kiever Reich, Russen für seine Bevölkerung und Russisch oder Altrussisch für seine Sprache, Literatur oder den Herrschaftsverband in die Irre führen.

Das Kiever Reich war aber auch kein ukrainischer Staat, wie die ukrainische Historiographie dies zum Teil postuliert hat. Zum einen umfasste es nicht nur die Vorfahren der Ukrainer, sondern auch die der Groß- und Weißrussen. Zwar ist es wahrscheinlich, dass sich die ostslawischen Stämme im 10. bis 13. Jahrhundert sprachlich und kulturell voneinander unterschieden haben. Dass im Kiever Reich aber die drei heutigen ostslawischen Völker als voll entwickelte ethnische Gemeinschaften existiert hätten, ist nicht nachgewiesen. Zur Bezeichnung des Kiever Reiches und seiner Bevölkerung taugen deshalb die Begriffe «russisch» und «ukrainisch» nicht. An ihre Stelle sollten für das Reich und seine Bevölkerung die Substantive Rus' und Ostslawen und das Adjektiv ostslawisch treten.

Die Eliminierung der Bezeichnung «russisch» für die Epoche des Kiever Reiches ist wegen ihrer deutlichen politischen Implikation eines Vorrangs der Russen vor den Ukrainern dringend geboten. Wenn der russische Exklusivanspruch, der sich in der Terminologie spiegelt und auch nach dem Ende der Sowjetunion noch immer lebendig ist, einmal überwunden ist, verliert wohl der ganze Streit seine Brisanz. Denn nüchtern gesehen, ist er völlig überflüssig, wird doch mit modernen nationalen Denkkategorien operiert, die dem Mittelalter fremd waren.

3. Galizien – Wolhynien – Litauen – Polen: Die Ukraine im 13. bis 16. Jahrhundert

Das wichtigste Bindeglied zwischen dem Kiever Reich und der späteren politischen Geschichte der Ukraine war das Fürstentum Galizien-Wolhynien. Hier, im südwestlichen Grenzland des Kiever Reiches, in sicherer Entfernung von der Steppe, bildeten sich einige Besonderheiten heraus, die für die spätere Geschichte der Ukraine charakteristisch bleiben sollten. Zwar standen Galizien und Wolhynien wie die übrigen Fürstentümer der Ostslawen seit dem 13. Jahrhundert unter mongolischer Oberherrschaft, doch war diese erheblich lockerer als im Nordosten. Gleichzeitig unterhielten sie enge Beziehungen zu den Ländern Mitteleuropas. Das hieß zum einen ständige Konflikte mit Polen und Ungarn, das hieß andererseits direkte Verbindungen in Handel, Politik und Kultur.

Den Höhepunkt erreichten diese Kontakte unter Daniel (Danylo), dem bedeutendsten Herrscher des vereinigten Fürstentums, der 1253 von einem päpstlichen Gesandten zum König der Rus' (rex Russiae) gekrönt wurde. Die damit verbundenen Verhandlungen mit Papst Innozenz IV. über eine Kirchenunion und einen Kreuzzug gegen die Mongolen scheiterten allerdings, und auch das Königtum der Rus' blieb ephemer. Ähnlich wie einst Jaroslav der Weise knüpfte Daniel jedoch dynastische Verbindungen mit anderen europäischen Herrscherhäusern, mit Ungarn, Litauen und mit polnischen Fürstentümern. Durch die Heirat seines Sohnes Roman mit der Nichte des letzten Babenbergers wurde er auch in die Auseinandersetzungen um das Erbe des Herzogtums Österreich verwickelt. Wie schon sein Vater Roman hatte Daniel vorübergehend Kiev unter seine Kontrolle gebracht, den Großfürstentitel angenommen und damit Anspruch auf das Kiever Erbe erhoben. Der Mongoleneinfall machte jedoch diese Pläne zunichte. Dass der Anspruch nicht ganz in Vergessenheit geriet, zeigte sich zu Beginn des 14. Jahrhunderts, als der Metropolit von Kiev seinen Sitz nach Vladimir im Nordosten der Rus' verlegt hatte und Daniels Enkel darauf mit Einwilligung des Patriarchen von Konstantinopel eine selbständige Metropolie in Halyč errichtete. Doch war zu diesem Zeitpunkt der Höhepunkt der Macht des Fürstentums Galizien-Wolhynien bereits überschritten.

In der inneren Struktur Galizien-Wolhyniens zeigen sich – im Vergleich mit der nordöstlichen Rus' – eine Reihe von mitteleuropäischen Elementen. Zum einen blieben die Städte hier weiter ein wichtiger Faktor. Im Zusammenhang mit der Pax Mongolica belebte sich der Handel zwischen West und Ost erneut. Die Städte Galiziens und Wolhyniens spielten als Umschlagplätze eine bedeutende Rolle und nahmen einen Aufschwung. Unter den Neugründungen des 13. Jahrhunderts waren Cholm (Chełm) und Lemberg (L'viv) die wichtigsten. Wie die polnischen und ungarischen Herrscher riefen auch Fürst Daniel und seine Nachfolger deutsche Kaufleute und Handwerker ins Land, die bald einen bedeutenden Teil der städtischen Oberschicht ausmachten. Aus den steppennahen Gebieten zogen Ostslawen, Juden und Armenier nach Westen, sodass manche Städte des Fürstentums Galizien-Wolhynien von vier ethnoreligiösen Gruppen bewohnt waren.

Zum anderen war die sozio-politische Struktur des Fürstentums Halyč schon seit dem 12. Jahrhundert nicht so stark auf den Fürsten ausgerichtet wie in Vladimir-Suzdal' und auch in Wolhynien. Die ostslawischen Bojaren, der Adel, waren hier stärker an der Herrschaft beteiligt, was mit einer regionalen Verwurzelung und mit Einflüssen aus Polen und Ungarn zusammenhängen dürfte. Dieses ständische Element, das die Zentralgewalt einschränkte, war allerdings auch mitverantwortlich für den politischen Zerfall Galiziens und Wolhyniens.

Im Laufe der ersten Hälfte des 14. Jahrhunderts wurde das Gebiet zum Streitobjekt seiner Nachbarn. Im Jahre 1323 starb die regierende Dynastie aus, und der Neffe der letzten Fürsten, Bolesław von Masowien, wurde Herrscher über Galizien-Wolhynien. Er war verwandtschaftlich sowohl mit der polnischen wie mit der litauischen Herrscherfamilie verbunden, und als er im Jahre 1340 wegen angeblicher Bevorzugung der Katholiken von seinen Bojaren vergiftet wurde, brach sogleich ein Kampf zwischen den beiden aufstrebenden osteuropäischen Großmächten um das Erbe des bedeutenden Reiches aus. Nach längerem Hin und Her fielen der größte Teil des Fürstentums Halyč und Cholm an Polen, Wolhynien, Podlachien und einige andere Gebiete an Litauen.

Zum wichtigsten Nachfolger des Kiever Reiches wurde im 14. Jahrhundert das Großfürstentum Litauen. Neben Weißrussland vermochten seine Herrscher, vor allem Gedymin (Gediminas), der Begründer der neuen Dynastie, allmählich auch die meisten Gebiete der Ukraine an sich zu bringen. «Omnis Russia ad Letwinos deberet simpliciter pertinere» (Die ganze Rus' sollte einfach den Litauern gehören), so soll Gedymins Sohn Ol'gerd (Algirdas) sein Programm formuliert haben. 1362 zog er in Kiev ein, das allerdings seine frühere Bedeutung verloren hatte. Das Großfürstentum Litauen erfocht im 14. und frühen 15. Jahrhundert militärische Erfolge im Osten gegen das Großfürstentum Moskau und die Goldene Horde und im Nordwesten gegen den Deutschen Orden und wurde zur Vormacht in Osteuropa.

Das Großfürstentum Litauen war ein locker organisiertes Vielvölkerreich. Die politische Führungsschicht stellten die baltischsprachigen heidnischen Litauer. Die wichtigeren ostslawischen Fürstentümer wurden an Angehörige der litauischen Herrscherdynastie vergeben, die dann in der Regel zur Orthodoxie übertraten. Die ukrainischen Länder konnten sich aber eine gewisse Autonomie und ihre aus dem Kiever Reich tradierte Rechts- und Sozialordnung bewahren. Der ostslawisch-orthodoxe Adel behielt seinen Grundbesitz und seine Privilegien.

Seit der Mitte des 14. Jahrhunderts bestand die überwiegende Mehrheit der Bevölkerung des Großfürstentums Litauen aus orthodoxen Ostslawen. Sie prägten die Kultur des Landes: Seine Kanzleisprache war ostslawisch, seine Literatursprache kirchenslawisch, während das Litauische nicht zur Schriftsprache wurde. Die litauischen Großfürsten, die selbst heidnisch blieben, versuchten mehrfach, eine von Moskau unabhängige orthodoxe Metropolie zu schaffen, zunächst jedoch ohne dauernden Erfolg. Dennoch hatte das Großfürstentum Litauen in wichtigen Bereichen die Nachfolge des Kiever Reiches angetreten; dessen Hauptstadt und mehr als die Hälfte seines Gebiets standen unter litauischer Herrschaft. Manche ukrainische Historiker interpretieren das «Großfürstentum Litauen-Rus'» als überwiegend ostslawisches Großreich, das die staatliche Kontinuität der ukrainischen Geschichte im Spätmittelalter verkörperte.

Das westliche Randgebiet der Ukraine, der größere Teil des Fürstentums Halyč, fiel in der Mitte des 14. Jahrhunderts an das Königreich Polen. Die Polen nannten das neu erworbene Gebiet regnum Russiae (Königreich Rus') oder Rote Rus'; ich bezeichne es im Folgenden als Galizien. Es machte um diese Zeit einen beträchtlichen Teil des noch kleinen polnischen Königreiches aus. Galizien sollte mehr als vier Jahrhunderte, bis zur ersten Teilung, bei Polen bleiben.

Auch die Polen garantierten zunächst den Status quo, das ostslawische Recht und die ostslawische Amtssprache, die Landbesitzrechte des Adels und eine Verwaltungsautonomie. Auch die Stellung der orthodoxen Kirche blieb vorläufig erhalten, und die schon von den Fürsten von Halyč begründete Metropolie wurde wiederbelebt. Allerdings wurde gleichzeitig ein römischkatholisches Erzbistum Lemberg errichtet, und schon zu Beginn des 15. Jahrhunderts wurde die orthodoxe Kirchenorganisation hier wieder aufgelöst. Galizien wurde nun auch administrativ und rechtlich in das Königreich integriert. Nur Katholiken konnten in den Genuss der ständig anwachsenden Privilegien des Adels kommen, was zu einem starken Anreiz für den Wechsel der Konfession wurde. Im Laufe des 15. Jahrhunderts trat deshalb fast der gesamte höhere Adel Galiziens zum römischkatholischen Glauben über und unterlag dem Einfluss der polnischen Sprache und Kultur.

Die Integration der ukrainischen Länder in das Großfürstentum Litauen vollzog sich langsamer als die Galiziens in das Königreich Polen. Hier bedeutete die polnisch-litauische Personalunion von 1385/86 einen wichtigen Wendepunkt: Der litauische

Großfürst Jagajlo/Jagiełło heiratete die polnische Thronerbin Hedwig/Jadwiga, bestieg den polnischen Königsthron, nahm den römisch-katholischen Glauben und den Namen Władysław an und wurde zum Begründer der Jagiellonendynastie. Gleichzeitig sollten die ungetauften Bewohner des Großfürstentums, also die Litauer, dem römischen Christentum zugeführt werden, nicht aber die orthodoxen Ostslawen. Jagiełło gelobte die Angliederung der Länder Litauens und der Rus' an das Königreich Polen und eroberte 1387 das zuvor an Ungarn verlorene Galizien zurück. In der Folge gelang es den vereinten Kräften der Polen und Litauer, den Deutschen Orden zurückzudrängen und 1410 bei Tannenberg entscheidend zu schlagen.

Die Union von 1385/86 hatte für die Ukrainer, deren überwiegende Mehrheit im Großfürstentum Litauen lebte, einschneidende Folgen. Zwischen dem Herrscher und seinen orthodoxen Untertanen wurde eine konfessionelle Schranke errichtet, die erheblich höher war als zu den toleranten heidnischen Großfürsten Litauens. Zunächst wurde zwar erneut der Status quo garantiert: die rechtliche und soziale Ordnung, die ostslawische Amtssprache, die autonome Stellung einzelner Länder, die Privilegien des orthodoxen Adels und die Glaubensfreiheit. Dennoch wurden die Orthodoxen in der Folge schlechter gestellt als die katholischen Litauer und Polen, und die Ukrainer (und Weißrussen) des Großfürstentums Litauen gerieten allmählich unter stärkeren polnischen Einfluss. Die polnisch-litauische Personalunion wird deshalb aus national-ukrainischer Sicht meist negativ beurteilt.

Die Union von 1385/86 bedeutete jedoch keineswegs das Ende des Großfürstentums Litauen. Es blieb im 15. Jahrhundert eine eigenständige Großmacht und erreichte unter Vitovt/Witold (1392–1430) den Höhepunkt seiner Machtentfaltung. Vitovt versuchte die Zentralgewalt zu festigen und die ukrainischen Fürstentümer stärker zu integrieren. Die administrative Eingliederung der ukrainischen Länder setzten auch seine Nachfolger fort. Im religiösen und kulturellen Bereich blieb aber die traditionelle Toleranz erhalten. Dennoch wurden auch in Litauen die Privilegien des polnischen Adels zunächst nur auf

Katholiken übertragen, sodass nun auch hier der Übertritt orthodoxer Adliger zum Katholizismus einsetzte. Allerdings war der Polonisierungsdruck im Großfürstentum Litauen erheblich schwächer als im Königreich Polen, sodass in der Ukraine, vor allem in Wolhynien, bis in die Mitte des 16. Jahrhunderts ein breiter orthodox-ostslawischer Adel erhalten blieb. Der Fixierung der komplizierten Rechte und Privilegien der einzelnen Stände des Großfürstentums diente das 1529 erlassene Litauische Statut, das ostslawische und westliche Elemente miteinander verband und in seinen Grundzügen bis ins 19. Jahrhundert in Kraft blieb.

In der Mitte des 15. Jahrhunderts beeinflussten wichtige Veränderungen des internationalen Systems die Ukraine. Im Süden wurde das Khanat der Krimtataren zu einem mächtigen Reich, das die Steppen nördlich des Schwarzen Meeres kontrollierte. Ständige Einfälle der Tataren in die südlichen Grenzgebiete der Ukraine, die 1482 sogar zur Eroberung Kievs führten, hatten eine neue Welle der Abwanderung aus den steppennahen Gebieten am mittleren Dnjepr zur Folge. Im Nordosten konsolidierte sich seit der Mitte des 15. Jahrhunderts das Großfürstentum Moskau und begann unter Ivan III. mit dem «Sammeln der Länder der Rus'». Dies führte zur militärischen Konfrontation mit Litauen. Eine Reihe von orthodoxen ostslawischen Fürsten trat freiwillig in Moskauer Dienste. Zu Beginn des 16. Jahrhunderts fielen die sogenannten severischen Fürstentümer mit der ehrwürdigen Stadt Černihiv im Nordosten des damaligen ukrainischen Siedlungsgebiets an den Moskauer Staat.

Im Laufe des 16. Jahrhunderts verstärkten sich Tendenzen eines engeren Zusammengehens zwischen den in Personalunion verbundenen Reichen Litauen und Polen. Unter dem Eindruck der Moskauer Offensive im Livländischen Krieg (1558–1582/83) rückten die beiden Partner noch näher zusammen. Im Jahre 1569 vereinigte dann die Realunion von Lublin Litauen und Polen «zu einem unteilbaren Ganzen». Zwar blieben dem Großfürstentum Litauen manche Sonderrechte erhalten, dennoch war nun das große Königreich Polen-Litauen entstanden.

Für die Ukraine war von entscheidender Bedeutung, dass nun

die ukrainischen Länder aus dem Gebiet des Großfürstentums Litauen ausgegliedert und direkt dem Königreich Polen unterstellt wurden. Damit waren fast alle von Ukrainern bewohnten Gebiete unter polnischer Herrschaft vereint. Die Ausnahmen waren einige bei Litauen verbliebene Grenzgebiete zu Weißrussland, die wenige Jahrzehnte zuvor an Moskau gefallenen Territorien, die Bukowina im Rahmen des Fürstentums Moldau und die ungarische Karpato-Ukraine, die sich beide unter der Oberherrschaft der Osmanen befanden. Die polnische Ukraine wurde nun in Wojewodschaften aufgeteilt und in die polnische Verwaltung eingegliedert. Der mittlere ukrainische Adel hatte sich im Gegensatz zu den Magnaten für die Realunion und für die Unterstellung unter Polen eingesetzt. Seine Sonderstellung und sein Landbesitz wurden vom polnischen König bestätigt, ebenso der orthodoxe Glaube, die ostslawische Amtssprache und die Geltung des Litauischen Status.

Dennoch beschleunigte die direkte Angliederung an Polen die kulturelle und religiöse Integration des ukrainischen in den polnischen Adel. De facto brachte auch jetzt nur der Übertritt zum Katholizismus die vollen Rechte und Privilegien der Szlachta, die im 15. und 16. Jahrhundert ständig erweitert worden waren und den Adel zum sozial und politisch dominierenden Stand gemacht hatten. Die Attraktivität des Adelsstandes und der aufblühenden polnischen Kultur führten dazu, dass die Mehrheit der ukrainischen Adligen bis zum Beginn des 17. Jahrhunderts in die katholische Szlachta einging, die allein die politische Nation des Königreichs bildete. Nur wenige Adlige blieben orthodox. In dieser Zeit öffnete sich eine tiefe Kluft zwischen dem privilegierten katholischen Adel und den orthodox gebliebenen ukrainischen Grundschichten. Die Ukrainer hatten den größten Teil ihrer politischen und sozialen Elite verloren – ein Grundproblem ihrer Geschichte, das sich in späteren Jahrhunderten wieder stellen sollte.

Der ukrainische Adel, der in Galizien schon im 15., in der übrigen Ukraine in der zweiten Hälfte des 16. Jahrhunderts zu einem bedeutenden Teil polonisiert wurde, stellte eine relativ dünne Schicht der Bevölkerung dar, während die polnischen

Adligen im 16. Jahrhundert gegen zehn Prozent der Gesamtbevölkerung Polens stellten. Hier wie dort wurde der Adel von einer kleinen Gruppe von Magnaten dominiert. Der Großgrundbesitz ukrainischer Geschlechter wie der Ostroz'kyj oder Vyšnevec'kyj erreichte das Ausmaß von Fürstentümern mit mehreren tausend Quadratkilomtern und Hunderten von Siedlungen. Fürst Vasyl'-Konstantyn Ostroz'kyj hatte in der zweiten Hälfte des 16. Jahrhunderts nach dem König am meisten Grundbesitz in ganz Polen-Litauen. Doch auch polnische Magnaten erhielten seit dem 15. Jahrhundert weite Ländereien in Galizien und Podolien, nach der Union von Lublin auch in der übrigen Ukraine verliehen. Als Verwalter, Pächter, Schankwirte und Steuereinzieher stellten die Magnaten meist Juden an. Die jüdischen Gutspächter übten sogar volle Herrschaftsrechte über die abhängigen Bauern aus. Gegen die Juden, die ihnen als direkte Unterdrücker gegenübertraten, richtete sich verstärkt der Unmut der vom polnischen Adel abhängigen und ausgebeuteten ukrainischen Bauern.

Die Fruchtbarkeit der Böden und die internationale Getreidekonjunktur ließen die Ukraine im 16. Jahrhundert zu einem Getreideausfuhrgebiet werden. Über die Weichsel und Danzig wurde das Getreide nach Westeuropa verschifft. Damit einher gingen die Entstehung der Gutswirtschaft und das Absinken der persönlich freien ukrainischen Bauern in die Erbuntertänigkeit. Den Anfang macht auch hier Galizien, während die östlichen Gebiete später folgten. Die Freizügigkeit und die Besitzrechte der Bauern wurden eingeschränkt, und sie wurden zu immer mehr Frondiensten für die Adligen herangezogen. Gleichzeitig wurden die Rechte des Adels ausgeweitet. Allerdings blieben die Bedingungen im Osten und Süden der Ukraine besser als im Westen und im polnischen Kerngebiet. Dazu trug die Grenzlage bei, die eine effiziente Kontrolle der Bauern erschwerte. Die Verstärkung des Druckes auf die Bauern löste jedenfalls eine Fluchtbewegung aus Galizien in die zentrale Ukraine aus. Infolge der adligen und bäuerlichen Kolonisation wurde das Gebiet am mittleren Dnjepr in der zweiten Hälfte des 16. Jahrhunderts wieder dichter besiedelt. Als die adlige

Gutswirtschaft auch diese Gebiete zu erfassen begann, flohen die Bauern weiter nach Osten, erstmals auch in die unter Moskauer Hoheit stehende Sloboda-Ukraine, und zu den Kosaken.

Die größeren Städte der Ukraine erhielten seit dem 14. Jahrhundert das deutsche Recht nach dem Vorbild Magdeburgs verliehen. Den Anfang machte wiederum Galizien mit Lemberg (1356), es folgten Podolien mit Kam'janec' (1374) und im 15. und 16. Jahrhundert die übrige Ukraine mit Kiev (Ende des 15. Jahrhunderts). Damit entstanden in den Städten sich selbst verwaltende Kommunen mit Rat, Bürgermeister, Schöffengericht und Zünften. In den Städten der Ukraine wurde so nach mitteleuropäischem Vorbild eine rechtliche und administrative Sonderstellung eingeführt, wie sie im Moskauer Reich nicht existierte, wenn man von den Sonderfällen Novgorod und Pskov absieht. Die ukrainischen Historiker betonen denn auch, dass die Grenze des Stadtrechts, ein wichtiger Faktor europäischer Sozialordnung, im Osten der Ukraine verlaufen sei.

Allerdings wurde die orthodoxe Stadtbevölkerung gegenüber der katholischen benachteiligt und kam nicht in den Genuss der vollen Privilegien des Stadtrechts. Dadurch wurde sie wirtschaftlich und sozial zurückgedrängt. An die Stelle der Ukrainer rückten andere ethnische Gruppen, die von den Herrschern Galizien-Wolhyniens, Polens und Litauens ins Land gerufen worden waren: neben Polen Deutsche, die unter den Bürgern der galizischen Städte dominierten, Armenier, die den Osthandel kontrollierten, und seit dem 14. Jahrhundert, besonders aber seit 1569 eine immer größere Zahl von Juden, die ebenso wie die Armenier einen eigenen Rechtsstatus und eigene Privilegien besaßen. Trotz der neuen rechtlichen Voraussetzungen und der Ansiedlung von fremden Siedlern kamen nur zwei Städte der Ukraine zu einer gewissen Blüte, zunächst Lemberg, später auch Kiev. Die Ukraine verfügte weiterhin über ein sehr dünnmaschiges Städtenetz und nur über ein schwaches Bürgertum. Dazu trug die ethnisch-konfessionelle Segmentierung der Stadtbevölkerung ebenso bei wie die ständig wachsende Vorherrschaft des Adels im wirtschaftlichen und politischen Leben Polens.

Für das Eigenbewusstsein der ostslawischen Bevölkerung

Polens und Litauens kam der Orthodoxie eine vorrangige Bedeutung zu. Orthodoxer Glaube und ostslawische Sprache waren fast ebenso deckungsgleich wie Katholizismus und Polentum. Allerdings erhielt sich ein Teil des polonisierten Adels eine doppelte Identität und einen Landespatriotismus, der ihn mit der Heimat Rus' (patria Russia) verband. Man hat die Situation des Adels später mit der Stanisław Orzechowski zugeschriebenen Formel «gente Ruthenus, natione Polonus» (von ruthenischer Herkunft und polnischer Nation) auf den Punkt gebracht. Hochsprache und Hochkultur der Ukrainer und Weißrussen standen in Polen-Litauen in so enger Verbindung, dass man für die Vertreter der schmalen Schicht von orthodoxen Gebildeten im 16. und frühen 17. Jahrhundert von einer gemeinsamen Identität der Rus' sprechen kann.

Die Verlegung des Metropolitensitzes von Kiev nach Moskau um 1300 hatte kirchenpolitische Probleme aufgeworfen. Die orthodoxe Bevölkerung Polens und Litauens war nun einem Würdenträger unterstellt, der eng mit dem Moskauer Großfürsten, dem traditionellen Konkurrenten des litauischen Herrschers im Kampf um das Erbe der Rus', verbunden war. Die Großfürsten von Litauen und Könige von Polen begründeten deshalb mehrfach von Moskau unabhängige Metropolien, doch förderten die Patriarchen von Konstantinopel die Einheit der Kiever Metropolie unter dem orthodoxen Moskau. Die Metropolie von Halyč musste schon früh dem Druck des Katholizismus weichen. Auch die von den litauischen Großfürsten eingesetzten, von Moskau unabhängigen Metropoliten konnten sich nicht halten. Erst im Anschluss an die ephemere Union von Ferrara-Florenz zwischen Rom und Konstantinopel und nach der Schaffung der autokephalen Moskauer Kirche wurde im Jahre 1458 eine orthodoxe Metropolie von Kiev und der ganzen Rus' wiedererrichtet, die nicht Moskau, sondern direkt dem Patriarchen von Konstantinopel unterstand. Sie war nicht nur für die orthodoxe Bevölkerung Litauens, sondern auch für das polnische Galizien zuständig. Der Sitz des Metropoliten wurde dann nach Wilna verlegt, und die Hierarchen gerieten bald in die Abhängigkeit der (katholischen) Herrscher. Die orthodoxe Kirche in Litauen und Polen machte in der Folge eine tiefe geistige, kulturelle und moralische Krise durch. Erst nach der Union von Lublin kehrten die Metropoliten nach Kiev zurück.

Neue Impulse gingen von der Reformation aus, die besonders im Großfürstentum Litauen zahlreiche Anhänger fand. Nicht wenige Magnaten, unter ihnen auch orthodoxe oder neu zum Katholizismus übergetretene Ukrainer, nahmen das kalvinistische Bekenntnis an. Allerdings konnte die katholische Kirche am Ende des 16. Jahrhunderts ihre Vorherrschaft zurückgewinnen. Unter den ukrainischen Bauern hatte die Reformation ohnehin keine Anhänger gefunden.

Im Zuge der von den Jesuiten angeführten Gegenreformation wurden die Pläne einer Union zwischen der Orthodoxen und der Römischen Kirche wiederbelebt. Die Initiative für Unionsverhandlungen ging von Polen und vom zum großen Teil zum Katholizismus übergetretenen ukrainischen Adel aus. Unmittelbare Initianten waren vier orthodoxe Bischöfe, die mit einer Kirchenunion die Diskriminierung der Orthodoxen beseitigen und die konfessionelle Spaltung der Ukrainer in eine katholische Elite und eine orthodoxe Grundschicht zu überwinden hofften. Ein möglicher Anlass für die Union war die Errichtung des Patriarchats in Moskau im Jahre 1589, die eine Oberherrschaft über die Orthodoxen Polen-Litauens implizieren konnte.

Im Dezember 1595 führten die orthodoxen Bischöfe Verhandlungen in Rom, die mit dem Abschluss der Union zwischen der Römisch-Katholischen und der Griechisch-Orthodoxen Kirche Polen-Litauens durch Papst Klemens VIII. endeten. Trotz heftigen Widerstandes vonseiten der orthodoxen Ukrainer wurde die Union im Oktober 1596 von einer Kirchenversammlung in Brest besiegelt. Die meisten orthodoxen Hierarchen unterstellten sich dem Papsttum und akzeptierten die zentralen Elemente des römischen Dogmas, so das «filioque», die Lehre, dass der Heilige Geist vom Vater und vom Sohn ausgehe. Die Unierte Kirche behielt ihre slawische Liturgie, die Priesterehe und eine eigene Kirchenorganisation.

Die Kirchenunion von Brest konnte allerdings trotz des Einsatzes von Zwangsmitteln in der Ukraine nur partiell durchgesetzt werden. Ein bedeutender Teil der orthodoxen Bevölkerung, unter ihnen auch Adlige, schlossen sich der Union nicht an. Die Orthodoxen kämpften in der Folge um die Wiedererrichtung ihrer selbständigen Kirchenorganisation. Erst im Jahre 1632 anerkannte der polnische König die Existenz von zwei Kirchen und zwei Metropoliten mit je vier Diözesen. Doch blieb die Orthodoxe Kirche gegenüber der Unierten benachteiligt. So erhielten ihre Bischöfe im Gegensatz zu den unierten keinen Sitz im Senat. Die kirchliche Spaltung in Polen-Litauen hatte für die Ukrainer (und auch die Weißrussen) schwerwiegende Konsequenzen, die bis heute wirksam sind.

Angeregt durch die über Polen vermittelten Einflüsse von Renaissance, Humanismus und Reformation, besonders aber unter der Wirkung der von den Jesuiten getragenen Gegenreformation, vollzog sich in der zweiten Hälfte des 16. Jahrhunderts ein Aufschwung der ukrainischen Kultur. Im Zusammenwirken von Kirche und Laien fand eine Rückbesinnung auf orthodoxe und ostslawische Werte statt, die der dominierenden katholisch-polnischen Kultur gegenübergestellt wurden. Der wolhynische Magnat Fürst Vasyl'-Konstantyn Ostroz'kyj (ca. 1526–1608) richtete im Zentrum seiner Latifundien, der Stadt Ostroh, eine Druckerei ein, die ostslawische Bücher publizierte. Das bekannteste war die 1581 vom aus Moskau vertriebenen Ivan Fedorov gedruckte Ostroher Bibel, der erste vollständige kirchenslawische Bibeltext, der im Druck erschien. Gleichzeitig wurde eine höhere Schule begründet, die sogenannte Akademie von Ostroh, an der Griechen und Ostslawen in griechischer, lateinischer und kirchenslawischer Sprache unterrichteten. Rektor der Schule war Herasym Smotryc'kyj, von dem Versdichtungen erhalten geblieben sind, unter den Schülern befand sich dessen Sohn Meletij (Maksym), der später eine kirchenslawische Grammatik verfasste. Nach dem Tod Ostroz'kyjs übergaben seine Erben die Akademie den Jesuiten.

Nicht nur reiche Magnaten, sondern auch andere Bevölkerungsgruppen entfalteten in dieser Zeit kulturelle und religiöse Aktivitäten. In den Städten der Ukraine waren es die zum Teil schon seit dem 15. Jahrhundert bestehenden, nach westeuropäischem Vorbild gebildeten orthodoxen Bruderschaften, die von der schmalen Schicht ukrainischer Kaufleute und Handwerker, aber auch von Geistlichen und Adligen getragen wurden. Die Bruderschaften, deren wichtigste in Lemburg wirkte, hatten zunächst kirchliche Aufgaben wahrgenommen und errichteten gegen Ende des 16. Jahrhunderts in mehreren Städten der Ukraine Schulen und Druckereien. Ihre Aktivitäten zur Belebung der ukrainisch-orthodoxen Kultur gewannen im Widerstand gegen Missbräuche in der Orthodoxen Kirche, die Polonisierung, die gregorianische Kalenderreform und die Union von Brest eine protonationale Qualität.

Diese religiösen und kulturellen Bestrebungen schufen geistige Voraussetzungen für den Aufschwung des ukrainischen politischen Lebens in der ersten Hälfte des 17. Jahrhunderts. Die organisatorischen und militärischen Anstöße dazu kamen von den Dnjepr-Kosaken, die sich gerade in dieser Zeit als Gemeinschaft konsolidierten.

4. Die Dnjepr-Kosaken und die Entstehung des Hetmanats

Seit dem Ende des 15. Jahrhunderts treten an der *Ukraïna*, der Steppengrenze, neue historische Akteure auf, die für die Geschichte der Ukraine zentrale Bedeutung gewinnen sollten: die Kosaken. Kosaken – damit assoziiert man kriegerisch-wilde, edle und grausame, schön singende und ausgelassen tanzende, schnurrbärtige und glatzköpfige Reiter aus dem Osten. Je nach Blickwinkel lösen sie romantische oder angstvolle Vorstellungen aus. Die Ambivalenz des Kosakenbildes hängt damit zusammen, dass Begriff und Inhalt der sozialen Gruppe der Kosaken im Verlaufe der Jahrhunderte grundlegende Veränderungen durchmachten.

Aufstieg der Kosaken

Wann und wie sind die Kosaken entstanden? Der Begriff «Kosaken» stammt aus dem Turko-tatarischen und meint «freie Krieger». Die ersten, im 15. Jahrhundert auftauchenden Quellenzeugnisse beziehen sich denn auch auf Tataren, die im Dienste tatarischer, litauischer, polnischer oder ostslawischer Herrscher militärische und diplomatische Aufgaben an der Steppengrenze erfüllten. Zu diesen tatarischen Kosaken stießen immer mehr Ukrainer und Russen, und schon im 16. Jahrhundert war das Kosakentum überwiegend ostslawisch geprägt.

Die ukrainischen und russischen Kosaken waren entscheidend von ihrer räumlichen Umwelt, der Steppengrenze, geprägt. Sie lebten in den Flusswäldern am unteren Dnjepr und unteren Don, die Schutz vor den Einfällen der Tataren boten. Die Kosaken betrieben Fischfang, Jagd, Bienenzucht, später auch Viehwirtschaft. Als zusätzliche Einnahmequelle diente die Beute von Raub- und Kriegszügen. Ihr wichtigstes Fortbewegungsmittel war zunächst nicht das Pferd – zu Pferd waren die tatarischen Reiternomaden weit überlegen –, sondern das Boot. Ihr Lebensbereich war also nicht die Steppe, das «wilde Feld» (dyke pole), sondern der Fluss. Alle wichtigen Gruppen von Kosaken sind nach Flüssen benannt: Dnjepr-Kosaken, Don-Kosaken, Wolga-Kosaken, Terek-Kosaken.

Die Kosaken sind immer wieder mit anderen Typen von Grenzergesellschaften verglichen worden, etwa mit den Haiducken der österreichischen Militärgrenze oder den Pionieren des amerikanischen Frontier. Gewisse Parallelen lassen sich in der Anpassung an die Situation der Grenze, in der Dominanz des militärischen Faktors, in demokratischen Institutionen und in der Rolle als Katalysatoren sozialen Protestes (Sozialbanditen nach Eric Hobsbawm) und als Vorreiter des Christentums aufzeigen. Auch der Mythos der Kosaken ist mit den Mythen des Wilden Westens und der Haiducken als «edlen Räubern» vergleichbar. Erheblich größer sind die Übereinstimmungen der ukrainischen mit den russischen Kosaken, doch werden sie von der ukrainischen Historiographie gerne heruntergespielt.

In der Ukraine errichteten Kosaken ihre befestigten Lager in den Uferwäldern oder auf Inseln des Dnjepr. Da sie zum Teil hinter den Dnjepr-Stromschnellen (ukrainisch porohy) lagen, wurden die Kosaken als Zaporožer (oder Zaporoher, russisch Zaporoger) Kosaken, als «Kosaken jenseits der Stromschnellen», bezeichnet. Das wichtigste befestigte Lager der Kosaken hieß Sič (russisch Seč'), das der Dnjepr-Kosaken demnach Zaporožer oder Zaporoher Sič (ukrainisch Zaporiz'ka Sič).

Im Laufe des 16. Jahrhunderts schlossen sich Kosaken an der Steppengrenze der Ukraine zu größeren Verbänden zusammen. Um die Jahrhundertmitte gab ihnen Fürst Dmytro Vyšnevec'kyj vorübergehend eine festere Organisation mit einem Zentrum auf der Dnjepr-Insel Chortycja. Oberstes Entscheidungsgremium war die Versammlung aller Kosaken, der Ring (kolo) oder Rat (rada), der die Offiziere und den obersten Anführer des Kosakenheeres, den Hetman oder Ataman, wählte und Gericht hielt. Der gewählte Hetman erhielt weitgehende Kompetenzen,

Recht über Leben und Tod. Ihm schuldeten alle Kosaken absoluten Gehorsam, doch konnte er wieder abgewählt werden. Die politische Organisation der Dnjepr-Kosaken zeigt eine eigentümliche Mischung aus zentralistischer militärischer Disziplin und demokratischer Verfassung.

Der österreichische Gesandte Erich Lassota hat im Auftrag Kaiser Rudolfs die Dnjepr-Kosaken am Ende des 16. Jahrhunderts besucht, um sie für ein Bündnis gegen die Türken zu gewinnen. In seinem Bericht hat er die Institution des Rings beschrieben. Er unterscheidet zwischen zwei Ringen: «Sie haben (wie Ihr gebrauch, wenn sie was wichtiges zu handlen) sich getheilet, und zwey Kolo gemacht. In einem sein die bevehlshaber, in dem andern der gemeine Mann, so sie Czerna nennen.»

Lassota beschreibt auch den Abstimmungsmodus durch «gewehnliche acclamation» und den Druck, den die einfachen Kosaken auf die vornehmen ausübten. Sein Bericht zeugt davon, dass die Kosaken sich schon im 16. Jahrhundert sozial differenzierten und erste Konflikte zwischen der Čern', den einfachen Kosaken, und der Staršyna, den Offizieren, auftraten.

Die soziale Differenzierung der Kosaken war eine Konsequenz des zahlenmäßigen Anwachsens der Dnjepr-Kosaken. Infolge der Ausbreitung der Leibeigenschaft und des wachsenden Druckes vonseiten des polnischen Adels waren immer mehr ukrainische Bauern an die Steppengrenze geflohen und hatten sich den Kosaken angeschlossen und ihre Lebensform angenommen. Auch Stadtbewohner und Angehörige des niederen Adels flohen zu den Kosaken. Aus ihrem Kreis wurden meistens die Offiziere und Hetmane rekrutiert. Mit ihrer Zahl wuchs das militärische und politische Gewicht der Kosakenheere, aber auch ihre soziale Heterogenität. Zwischen den alteingesessenen und den neu zugewanderten Kosaken kam es vermehrt zu Konflikten.

Kosaken lebten in der zweiten Hälfte des 16. Jahrhunderts nicht nur in den Flussauen des Dnjepr und in der Zaporožer Sič, sondern auch in den neu errichteten polnischen Grenzfestungen des Dnjepr-Gebiets und ihrer Umgebung. Überhaupt blieb die Abgrenzung der Kosaken von den anderen Bewohnern des

Grenzlandes, unter ihnen Adlige und Bauern, unscharf. Das Verhältnis Polen-Litauens zu den Dnjepr-Kosaken war zwiespältig. Einerseits waren die praktisch unabhängigen, militärisch starken und räuberischen Kosakenheere, die den entlaufenen Bauern als Zufluchtsort dienten, ein Unruheherd. Die egalitären Elemente ihrer politischen Organisation waren eine unerwünschte Alternative zur polnischen Adelsherrschaft und der sich verfestigenden Leibeigenschaftsordnung. Andererseits brauchte Polen-Litauen die Militärkraft der kosakischen Söldner zur Verstärkung seiner Heere und als Grenzwächter und Späher gegen die Krimtataren, die periodisch in das Dnjepr-Gebiet und nach Podolien einfielen, die Siedlungen verwüsteten und Teile der Bevölkerung in die Sklaverei verkauften. Die Kosaken legten zwar viel Wert auf ihre Selbständigkeit, waren jedoch gleichzeitig von der Lieferung von Lebensmitteln und Munition abhängig und auf Besoldung vonseiten Polens aus.

Die Könige Polen-Litauens versuchten in der zweiten Hälfte des 16. Jahrhunderts, die Dnjepr-Kosaken stärker unter ihre Kontrolle zu bringen. Sie nahmen eine beschränkte Anzahl von Kosaken als reguläre Truppen in ihre Dienste. Diese zunächst 300, später bis zu 8000 besoldeten Register-Kosaken ließen sich in der Regel in den Grenzfestungen des Kiever Gebietes nieder und verfügten über teilweise beträchtlichen Grundbesitz. Damit anerkannte Polen-Litauen die Kosaken als privilegierten Kriegerstand und kooptierte einen Teil von ihnen in die eigene Gesellschaft. Gleichzeitig wurden die Kosaken dadurch gespalten: Den Register-Kosaken standen die immer zahlreicheren nicht registrierten freien Kosaken gegenüber. Weder der einen noch der anderen Gruppe direkt verpflichtet und dem Zugriff Polen-Litauens weitgehend entzogen, blieb die Zaporožer Sič als eigenständiges Zentrum und als Zufluchtsort jenseits der Dnjepr-Stromschnellen bestehen.

Die militärische und politische Bedeutung der Dnjepr-Kosaken nahm in den ersten beiden Jahrzehnten des 17. Jahrhunderts ständig zu. Sie organisierten sich in Regimentern (polky) unter der Führung von Obersten (polkovnyky). Sie kontrollierten die Steppengrenze und unternahmen mit ihren Booten immer kühnere Expeditionen gegen osmanische und tatarische Festungen. Ähnlich wie siebenhundert Jahre früher den Waräger-Rus' gelang es ihnen sogar, mehrfach bis in den Hafen von Konstantinopel vorzustoßen und im Herzen des osmanischen Imperiums Angst und Schrecken zu verbreiten. Auch in Feldzügen Polen-Litauens gegen das Moskauer Reich und die Osmanen spielten kosakische Söldner eine immer wichtigere Rolle. Sie kämpften noch immer weniger zu Pferd als zu Fuss, wobei sie Wagenburgen, die sie nach dem Vorbild der Hussiten Tabor nannten, einsetzten.

Im zweiten Jahrzehnt des 17. Jahrhunderts wurde Petro Konaševyč-Sahajdačnyj Hetman der Register-Kosaken. Er führte nicht nur die wichtigsten Kriegszüge der Kosaken an, sondern war auch wesentlich dafür verantwortlich, dass die Dnjepr-Kosaken sich mit der sich in dieser Zeit formierenden religiös-kulturellen Elite in Kiev verbanden. Für diese Rolle prädestinierte ihn seine Biographie: Er stammte aus dem niederen Adel der Westukraine und hatte an der orthodoxen Akademie von Ostroh studiert, bevor er zu den Kosaken stieß. Sahajdačnyj trat als Beschützer der seit der Union von 1595/96 diskriminierten Orthodoxie auf. Er unterstützte den Patriarchen von Konstantinopel, der im Jahre 1620 ohne polnische Zustimmung einen Metropoliten und Bischöfe einsetzte, und sorgte dafür, dass im selben Jahr das Kosakenheer kollektiv in die 1615 begründete Kiever Bruderschaft eintrat. Dass die Kosaken nun die Verteidigung der Orthodoxie zu ihrer Sache machten und die kulturellen Bestrebungen in Kiev unterstützten, war von grundlegender Bedeutung für die Entstehung eines protonationalen ethnisch-religiösen Bewusstseins und einer Herrschaftsorganisation in der Ukraine des 17. Jahrhunderts.

Damit verlagerte sich der Schwerpunkt der ukrainischen Geschichte und Kultur vom Westen, wohin er sich seit dem Mongolensturm verschoben hatte, zurück in die Region am mittleren Dnjepr. Eine Voraussetzung dafür, dass nun Kiev zum Kristallisationskern ukrainischer Geschichte wurde, war die intensive Kolonisation der mittleren Dnjepr-Region durch ukrainische Bauern. Gleichzeitig verlagerte sich auch der orthodoxe Widerstand gegen die Union von Brest und allgemein gegen die Polonisierung zu Beginn des 17. Jahrhunderts von Lemberg, wo sich der Druck der Gegenreformation verstärkte, nach Kiev. Es war das ehrwürdige Höhlenkloster, das wie schon mehr als ein halbes Jahrtausend zuvor zur Pflegestätte der orthodox-kirchenslawischen Kultur wurde. Eine Druckerei und eine Schule entstanden, und auch die im Jahre 1615 nach dem Vorbild Lembergs begründete Kiever orthodoxe Bruderschaft unterhielt eine Schule. Diese Bestrebungen einer kulturellen Renaissance flossen in den 1630er Jahren zusammen in einer höheren Schule, dem Collegium Kijovense Mohileanum.

Petro Mohyla (1596–1647), der Begründer dieses nach ihm benannten orthodoxen Kollegiums, war der Sohn eines rumänischen Fürsten, hatte an der Bruderschaftsschule in Lemberg und an der Universität Paris studiert, dann im Dienst des polnischen Königs militärische Erfahrungen gesammelt, bevor er 1627 Archimandrit des Kiever Höhlenklosters und 1633 Metropolit der jetzt von Polen wieder anerkannten orthodoxen Kirche wurde. Das Mohyla-Kollegium folgte dem Vorbild der Jesuitenschulen, legte viel Gewicht auf den Unterricht in lateinischer Sprache und die Schulung in scholastischer Dialektik und Rhetorik. Es förderte so eine Synthese orthodox-ostslawischer und westlicher Kultur, die in einer ganzen Reihe von Lehrbüchern, Schuldramen, Predigten, Panegyrika und Versdichtungen in lateinischer, polnischer und kirchenslawischer Sprache zum Ausdruck kam. Das Kiever Kollegium war die Basis der berühmten Kiever Akademie, die später eine große Rolle auch in der Vermittlung westlicher Einflüsse nach Russland spielen sollte.

Die Kontrolle der polnischen Adelsrepublik über das Grenzland der Ukraine verstärkte sich im 17. Jahrhundert. Diesem Ziel diente nicht nur die Kooptation der Register-Kosaken, sondern auch die Anlage von zahlreichen befestigten Stützpunkten. Gleichzeitig griffen die polonisierten und polnischen Magnaten mit Hilfe ihrer meist jüdischen Verwalter immer mehr auf die Grenzgebiete aus und brachten die dort lebenden Bauern in ihre Abhängigkeit.

Dagegen protestierten seit dem Ende des 16. Jahrhunderts weite Teile der Grenzbevölkerung. Kosaken, unterstützt von ukrainischen Bauern und Städtern, erhoben sich immer wieder gegen Magnaten und Verwaltungsleute. Die wichtigsten Träger dieser Bewegungen waren die einfachen freien Kosaken, die in der Zaporožer Sič ihren Rückhalt hatten und die sich teilweise auch gegen die von Polen-Litauen privilegierten Register-Kosaken wandten. Die wiederholten Aufstände gewannen im 17. Jahrhundert neben der sozialen und politischen auch eine religiöse Färbung.

Als Polen-Litauen begann, die Privilegien und die Zahl der Register-Kosaken zu beschneiden, engagierten sich auch diese vermehrt in den Protestbewegungen, die in den dreißiger Jahren zu Volksaufständen gegen die polnisch-litauische Herrschaft wurden. Die große Erhebung von 1637/38 wurde von polnischen Truppen blutig niedergeschlagen, und in der Folge verstärkte sich der polnische Druck erheblich. Die Zahl der Register-Kosaken wurde reduziert, und sie wurden unter polnisches Kommando gestellt, und die einfachen Kosaken kamen unter die Kontrolle der polnischen Verwaltungsleute und Magnaten. Im folgenden Jahrzehnt blieb es zwar ruhig, doch schwelte in weiten Teilen der ukrainischen Bevölkerung, nicht nur bei den unterschiedlichen Kosakenkategorien, sondern auch unter den Bauern, der Stadtbevölkerung, dem Kleinadel und der orthodoxen Geistlichkeit, die Unzufriedenheit weiter.

Der Chmel'nyc'kyj-Aufstand und die Anfänge des Hetmanats

Die Unzufriedenheit entlud sich im Jahre 1648 im großen Volksaufstand unter Führung von Bohdan Chmel'nyc'kyj (ca. 1595–1657), einer der großen Erhebungen des frühneuzeitlichen Europa. Chmel'nyc'kyj, Sohn eines ukrainischen Kleinadligen, hatte eine Jesuitenschule besucht und dann im Heer der Register-Kosaken dem polnischen König gedient. Infolge eines Konflikts mit einem polnischen Adligen, der sein Gut beansprucht und geplündert hatte, floh er in die Zaporožer Sič. Dort wurde er Anfang 1648 zum Hetman proklamiert, und es gelang ihm, einen neuen Aufstand auszulösen. Die Kosaken erhoben sich für ihre alten, 1638 eingeschränkten Privilegien, in erster Linie gegen den polnischen Adel, weniger gegen den König. Chmel'nyc'kyj schloss ein Bündnis mit den Krimtataren, und das kosakisch-tatarische Heer brachte den polnischen Truppen schwere Niederlagen bei.

Dies wurde zum Signal für einen Volksaufstand in weiten Gebieten der Ukraine. Die Kosaken strömten Chmel'nyc'kyj zu, und die ehemals freien ukrainischen Bauern erhoben sich gegen den Adel, in dessen Abhängigkeit sie geraten waren und von dem sie ausgebeutet wurden. Auch Teile der ukrainischen Stadtbevölkerung und des niederen Adels schlossen sich dem Aufstand an. Zahlreiche polnische Adlige und Verwaltungsleute, katholische Priester und Juden wurden getötet, die Übrigen flohen nach Polen oder Litauen. Die Aufständischen plünderten ihre Güter und nahmen ihr Land in Besitz. Die Leibeigenschaftsordnung wurde vielerorts durch die Kosakenorganisation ersetzt. Auch auf Teile Weißrusslands strahlte der Aufstand aus.

Besonders viele Opfer hatten die Juden zu beklagen, die als Verwalter, Pächter, Schankwirte und Steuereinzieher im Dienste der polnischen Magnaten standen oder als Händler in den Städten lebten. Zahlreiche Juden waren also für die ukrainischen Bauern und Stadtbewohner die direkten Repräsentanten der polnischen Adelsherrschaft. Soziale Ursachen der Judenmassaker werden auch vom aus Wolhynien stammenden zeitgenössischen jüdisch-hebräischen Chronisten Nathan Hanover unterstrichen:

> «Die Massen der orthodoxen Bevölkerung verarmten immer mehr. Man betrachtete sie als minderwertige Wesen und als Sklaven und Dienerinnen der Polen und Juden … Die Tätigkeit als Steuerpächter der Adligen war der häufigste Beruf der Juden …, was die Missgunst der Bauern weckte und zur Ursache für die Massaker wurde.»

Dazu kam ein traditioneller religiöser Antagonismus. Die Zahl der jüdischen Opfer des Aufstandes ist nicht genau zu bestimmen. Es dürften mindestens 20 000, wahrscheinlich aber erheblich mehr gewesen sein. Nathan Hanover: «Die Juden ergriffen sofort die Flucht. Sie rannten um ihr Leben. ... Wer es nicht schaffte zu entkommen oder dazu unfähig war, wurde getötet.»

Die Chroniken berichten von großen Zerstörungen und schrecklichen Grausamkeiten der Aufständischen gegenüber jüdischen Frauen und Kindern. Tausende wurden gewaltsam zum Christentum bekehrt. Diese ersten großen Judenmassaker in der Geschichte Osteuropas gelten in der jüdischen Überlieferung als eine Etappe der Leidensgeschichte und als Vorläufer der Judenpogrome in der Ukraine am Ende des 19. und zu Beginn des 20. Jahrhunderts und des Holocaust. Auch wenn die jahrhundertelange Kontinuität eines spezifischen ukrainischen Antisemitismus eine unzulässige historische Pauschalisierung ist – die Judenmassaker von 1648 werfen doch einen Schatten auf den Volksaufstand, der in der ukrainischen Überlieferung einen der glänzenden Höhepunkte der nationalen Geschichte darstellt.

Chmel'nyc'kyj erfocht weitere Erfolge gegen polnische Armeen und zog mit seinem Kosakenheer bis vor Lemberg in die Westukraine, doch kehrte er schon im Januar 1649 nach Kiev zurück. Dort empfing man ihn, wie ein Zeitgenosse berichtet, als Helden:

> «Eine große Menge, die ganze Bevölkerung, begrüßte ihn am Rande der Stadt. Die Akademie hieß ihn mit Reden und Beifall willkommen, man nannte ihn einen Moses (sic!), einen Retter, einen Erlöser, einen Befreier des Volkes von der polnischen Knechtschaft.»

In Kiev kamen Chmel'nyc'kyj und die Kosaken in engen Kontakt mit der orthodoxen Geistlichkeit und der gebildeten Elite der Stadt, was zur Ausweitung und Radikalisierung der Zielsetzungen des Aufstandes beitrug. Jetzt verkündete der Hetman, er werde das ganze Volk der Rus' von den Polen befreien und als unabhängiger Herrscher der Rus' für den orthodoxen Glauben kämpfen. Sein primäres Anliegen war aber nicht die religiöse Emanzipation oder die soziale Revolution der Bauern, sondern die Bestätigung der kosakischen Privilegien, die er sich von dem neuen polnischen König Jan Kazimierz erhoffte.

So schloss Chmel'nyc'kyj im August 1649 in Zboriv einen Vertrag mit dem polnischen König, der dem Kosakenheer wesentliche Konzessionen machte: Die Zahl der registrierten Kosaken wurde auf 40 000 erhöht, den Kosaken wurde freies Leben in den drei Wojewodschaften Kiev, Černihiv und Braclav zugesichert, polnische Soldaten und Juden sollten sich hier nicht niederlassen dürfen. Die Orthodoxe Kirche sollte nicht weiter diskriminiert, Ämter in der Ukraine nur noch an orthodoxe Adlige verliehen werden. Der Vertrag von Zboriv war ein Sieg der Kosaken und der ukrainischen Elite: Die Bauern und ihre soziale Lage wurden nicht erwähnt.

Der Vertrag gab dem Kosakenheer eine kurze Atempause, die eine politische Konsolidierung erlaubte. Die Kosaken schufen in der Ukraine einen Herrschaftsverband, der offiziell Zaporožer Heer hieß, heute gewöhnlich als Hetmanat bezeichnet wird. Die Verwaltungsorganisation folgte der Militärorganisation der Kosaken: Die von Chmel'nyc'kyj kontrollierten Gebiete der Ukraine zu beiden Seiten des Dnjepr wurden in 16 Regimenter gegliedert. Der Heeresstab der Kosaken-Offiziere (Staršyna) diente als zentrale Exekutive, die dem Hetman zur Seite stand. Was die soziale Ordnung betrifft, so stellte sich die Frage, ob sich die egalitären kosakischen Ideale durchsetzen oder ob die Kosakenelite die Stelle der vertriebenen polnischen Adligen einnehmen würde. Dies betraf auch die ukrainischen Bauern, die durch den Aufstand von der Leibeigenschaft befreit worden waren. Diese für die weitere Entwicklung der Ukraine entscheidende Frage wurde erst im Laufe der folgenden Jahrzehnte beantwortet.

Polen-Litauen konnte sich mit der Sezession des ukrainischen Hetmanats nicht abfinden. Im Jahre 1651 folgte ein militärischer Schlag, der bei Berestecko mit einer Niederlage der Kosaken endete, die von ihren krimtatarischen Verbündeten im Stich gelassen wurden. In einem neuen Vertrag wurden die Autonomie und die Privilegien der Kosaken erheblich gestutzt. In der Folge gingen die militärischen Auseinandersetzungen weiter.

Das Hetmanat der Dnjepr-Kosaken war für sich allein dem Königreich Polen-Litauen, der damals noch führenden osteuropäischen Macht, nicht gewachsen. So war Chmel'nyc'kyj gezwungen, Bündnispartner zu suchen. Die 1648 geschlossene Koalition mit den Krimtataren hatte sich als instabil erwiesen; im Jahre 1651 ging der Hetman deshalb eine Vereinbarung mit dem Osmanischen Reich als möglicher Schutzmacht ein. Gleichzeitig traten die Dnjepr-Kosaken auch in Kontakt mit dem Moskauer Reich.

Die Verbindung mit dem Moskauer Reich

Der Gedanke einer Verbindung mit dem orthodoxen Zaren war nicht neu. Schon mehrfach hatten einzelne Führer der Kosaken und der Kiever Geistlichkeit den Zaren um seine Protektion gebeten, ohne in Moskau ein positives Echo auszulösen. Auch Chmel'nyc'kyj hatte seit 1648 den Zaren um Hilfe gebeten und ihn als Schutzherrn über das Zaporožer Heer in Aussicht genommen. Zar Aleksej scheute aber den Konflikt mit Polen und lehnte ab. In den Jahren 1652 und 1653 kamen erneut zwei kosakische Delegationen nach Moskau und baten den Zaren, das Zaporožer Heer «unter seine hohe Hand zu nehmen». Diesmal gingen der Herrscher und sein beratendes Organ, die Bojarenduma, auf die Bitte ein. Der Entschluss wurde im Herbst 1653 durch eine Reichsversammlung (Zemskij Sobor) gebilligt.

Moskau war klar, dass ein Bündnis mit den Dnjepr-Kosaken einen militärischen Konflikt mit Polen-Litauen auslösen musste. Man ging deshalb sehr vorsichtig ans Werk, schickte eine Gesandtschaft nach Polen, die vom König verlangte, er solle mit den Kosaken auf der Grundlage des Vertrags von Zboriv Frieden schließen und die Orthodoxen nicht verfolgen. Die Ablehnung dieser Forderungen, die Polen-Litauen als Einmischung in seine innere Angelegenheiten ansah, diente dann als Rechtfertigung für die folgenden Aktionen.

Moskau schickte nun eine Delegation in die Ukraine, und im Januar 1654 sprach sich eine Versammlung der Kosaken in Perejaslav für die Unterordnung unter den Zaren aus und schwor ihm den Treueeid. Auch die Bevölkerung von Kiev und der anderen Städte der Ukraine leistete den Schwur. Eine Gesandtschaft der Kosaken machte sich mit einer 23 Artikel umfassenden Petition Chmel'nyc'kyjs nach Moskau auf. Darin hieß es, der Zar möge die Rechte und Privilegien der Kosaken, des Adels und der Stadtbevölkerung bestätigen, so auch die Wahl des Hetmans durch die Kosaken. Der Umfang des Zaporožer Heeres sollte maximal 60 000 Mann betragen, ausführlich werden die Besoldungen für die einzelnen Gruppen und Amtspersonen festgelegt. Hetman und Heer sollten das Recht behalten, mit ausländischen Mächten Beziehungen zu unterhalten. Als wichtigste Gegenleistung verpflichteten sich die Kosaken, für den Moskauer Herrscher gegen seine Feinde in den Krieg zu ziehen.

Im März 1654 akzeptierte der Zar die meisten Punkte der Petition.

> «Wir von Gottes Gnaden Großer Herrscher, Zar und Großfürst Aleksej Michajlovič, Alleinherrscher der ganzen Großen und Kleinen Rus', gewähren dem Untertan unserer Majestät, Bohdan Chmel'nyc'kyj, Hetman des Kosakenheeres ... und dem ganzen Kosakenheer, dass in diesem Jahr 7162 durch Gottes Gnade er, Bohdan Chmel'nyc'kyj, und das ganze Kosakenheer sich Unserer Hohen Herrschaftlichen Hand unterworfen und Uns ... ewige Treue geschworen haben.»
> «Und sie sollen Uns, dem Großen Herrscher ... dienen und stets wohlgesinnt sein, und wann immer Wir Unseren Herrschaftlichen Befehl erteilen, sollen sie gegen Unsere Feinde in den Krieg ziehen ...»

Die wichtigste Einschränkung gegenüber der Petition bezog sich auf die Außenpolitik: Mit dem Sultan und dem polnischen König sollten Beziehungen nur mit Erlaubnis des Zaren aufgenommen werden. In gesonderten Vereinbarungen bestätigte der Zar auch dem Adel, dem Metropoliten und den Städten der Ukraine ihre Privilegien und Selbstverwaltungsrechte. Die Fragen der vom Kiever Metropoliten erwünschten Autonomie der ukrainischen Kirche und der von Moskau beabsichtigten Stationierung von Garnisonen in ukrainischen Städten blieben vorerst offen.

Als die Kosaken in der Kathedrale von Perejaslav dem Zaren den Treueeid schwören sollten, verlangten sie, dass die Moskauer Delegation im Namen des Zaren, wie jeweils die polnischen Könige, ebenfalls einen Eid ablegen sollten, in dem der Zar sich dazu verpflichte, das Land zu verteidigen und die Rechte und Privilegien der Kosaken und übrigen Stände zu achten. Die Moskauer Delegation lehnte den Wunsch jedoch ab: Nur der Vasall, nicht der Zar habe einen Eid abzulegen, der Herrscher gewähre gnädig Rechte und Privilegien. Obwohl diese Meinungsverschiedenheit nur im Bericht des Moskauer Botschafters überliefert ist, wirft sie ein Licht auf die unterschiedlichen Konzeptionen der beiden Seiten.

Die in der Tradition Polens und der Steppe stehenden Kosaken sahen die Vereinbarung als eine Art Militärkonvention an, die zwar eine Unterordnung des Hetmanats mit sich brachte, jedoch seine Selbständigkeit wahrte. Für Moskau dagegen handelte es sich um den ersten Schritt der Inkorporation der Ukraine. Schon in den Vereinbarungen von 1654 nannte sich der Zar «Selbstherrscher von ganz Groß- und Kleinrussland» und bezeichnete «Kleinrussland» als sein «Vatererbe» (votčina) und dessen Bewohner als seine Untertanen. Im Augenblick waren die Dnjepr-Kosaken als Verbündete im Südwesten willkommen, und dafür war Moskau bereit, dem Hetmanat weitgehende Autonomie zu gewähren.

Die unterschiedlichen Positionen spiegeln sich in der Historiographie. Auch Unsicherheiten in der Quellenüberlieferung haben dazu beigetragen, dass der Akt von Perejaslav und Moskau in der Geschichtsschreibung alles andere als einheitlich beurteilt worden ist.

Zunächst hat man betont, dass es sich nicht um einen Vertrag, sondern nur um eine einseitig beschworene Vereinbarung gehandelt habe. Aber auch jenseits solcher begrifflicher Differenzen herrscht Uneinigkeit. Im Vordergrund stehen staatsrechtliche Interpretationen. Ukrainische Historiker sehen in der

Vereinbarung mehrheitlich die militärische und politische Allianz zweier unabhängiger Staaten, ein jederzeit kündbares bilaterales Abkommen. Die einzige Verbindung des Hetmanats mit dem Moskauer Reich sei der Zar gewesen, und diese Verbindung wird wahlweise als Protektorat, als Vasallitätsverhältnis oder als Personalunion bezeichnet. Von russischer Seite ist der Akt von Perejaslav dagegen mehrheitlich als Eingliederung des Hetmanats in das Moskauer Reich interpretiert worden. Die weitgehende Autonomie sei nicht auf alle Zeiten garantiert worden, sondern musste jedem neuen Hetman gegenüber neu bestätigt werden. Aus sowjetischer Optik wurde der Akt von 1654 seit 1954 als «Wiedervereinigung» der Ukraine mit Russland gepriesen. Die seit dem 13. Jahrhundert staatlich getrennten Völker seien wieder zusammengeführt, die Ukrainer vom Joch Polen-Litauens und der osmanischen Gefahr befreit worden. Damit habe sich das Schicksal der Ukrainer auf immer mit dem russischen Volk verbunden, was allseitig progressive Folgen gehabt habe.

Die Vereinbarungen des Jahres 1654 mit dem Moskauer Reich bedeuteten einen wichtigen Wendepunkt in der Geschichte der Ukraine und Osteuropas: Seither ist die ukrainische Geschichte eng mit der russischen verbunden. Das erklärt auch den heftigen Streit in der Historiographie um Perejaslav 1654.

In der Realität wurde die Vereinbarung von Perejaslav rasch überholt, denn beide Partner hielten sich nicht an die Abmachungen. Der große Krieg zwischen Russland, Polen-Litauen und Schweden, der 1654 begann, erschütterte die Allianz zwischen Moskau und den Dnjepr-Kosaken. Im Jahre 1656 schloss der Zar einen Waffenstillstand mit Polen-Litauen, während Chmel'nyc'kyj in Verhandlungen mit Schweden trat. Nach dem 1657 eingetretenen Tod Chmel'nyc'kyjs paktierte der neue Hetman Vyhovs'kyj sogar wieder mit Polen-Litauen: Im 1658 abgeschlossenen Vertrag von Hadjač handelten die Kosaken vorteilhafte Bedingungen aus, die der Ukraine die praktisch gleichberechtigte Stellung eines neben Polen und Litauen dritten Gliedes des Königreichs eingebracht hätten. Der Vertrag von Hadjač wurde jedoch vom polnischen Sejm nicht bestätigt.

Schon bald brachte Moskau die Kosaken wieder unter seine Botmäßigkeit. Die Gelegenheit wurde dazu benutzt, im Jahre 1659 die fünf Jahre zuvor vereinbarten Bedingungen zugunsten Moskaus zu verändern. Die außenpolitische Manövrierfähigkeit des Hetmans wurde zugunsten des Zaren wesentlich beschnitten, russische Garnisonen in sechs ukrainischen Städten stationiert, und der Hetman durfte nur mehr mit Einwilligung Moskaus abgesetzt werden. Im Jahre 1663 wurde in Moskau ein für die Ukraine zuständiges Zentralamt, die Kleinrussische Kanzlei (Malorossijskij prikaz), geschaffen. Trotz solcher Integrationsmaßnahmen blieben die administrative Autonomie des Hetmanats, seine wirtschaftliche und kulturelle Eigenständigkeit und die Privilegien der kosakischen Oberschicht vorerst erhalten.

Die Ukraine war in den fünfziger und sechziger Jahren ständiger Kriegsschauplatz. Eine wichtige Folge war die Teilung des Hetmanats zwischen Moskau und Polen-Litauen. Schon 1663 wurde für das links- und das rechtsufrige Gebiet je ein Hetman gewählt, und im Waffenstillstand von Andrusovo von 1667 sanktionierten Polen-Litauen und das Moskauer Reich die Teilung. Der Dnjepr sollte fortan als Grenze dienen. Polen verzichtete auf die linksufrige Ukraine und zusätzlich für zwei Jahre auf das am rechten Ufer liegende Kiev; Moskau gab jedoch Kiev auch in der Folge nicht mehr heraus. Die Zaporožer Sič am unteren Dnjepr kam unter das gemeinsame Protektorat der beiden Mächte.

Auf die Teilung der Ukraine reagierten die Kosaken der linksufrigen Gebiete mit einem Aufstand gegen die Moskauer Verwaltung. Der Hetman des rechten Ufers, Petro Dorošenko, suchte dagegen die Annäherung an das Osmanische Reich, um eine Wiedervereinigung zu erreichen. Zwar errichtete der Sultan in der Folge ein Protektorat über große Gebiete der rechtsufrigen Ukraine, doch gelang es Dorošenko nicht, die Teilung auf Dauer rückgängig zu machen. Ebenso wenig konnte sich der linksufrige Hetman Ivan Samoi'lovyč in der Mitte der siebziger Jahre auf dem rechten Ufer halten. Die ständigen Kriegszüge von Türken, Tataren, Russen, Polen und Kosaken unterschiedlicher außenpolitischer Orientierung führten zur Verwüstung und Verödung weiter Gebiete, und die 1670er Jahre gelten als besonders dunkle Epoche, als Ruin (ruina) der ukrainischen Geschichte. Große Teile der ukrainischen Bevölkerung wanderten vom rechten Ufer des Dnjepr ans linke Ufer und weiter nach Osten in die unmittelbar Moskau unterstellte Sloboda-Ukraine. Im Zuge der Neuerschließung der Steppenrandgebiete der rechtsufrigen Ukraine in den 1680er Jahren bestätigte der polnische König noch einmal die Organisation und die Privilegien der Kosaken. Schon im Jahre 1699 wurde indes das rechtsufrige Hetmanat im Rahmen Polen-Litauens abgeschafft. Im selben Jahr verzichtete das Osmanische Reich endgültig auf seine Oberherrschaft über Teile der rechtsufrigen Ukraine.

Im 1686 geschlossenen Frieden zwischen dem Moskauer Reich und Polen war die in Andrusovo getroffene Teilung bestätigt worden. Neu kamen jetzt auch die Stadt Kiev mit Umgebung und die Zaporožer Sič unter Moskauer Oberhoheit. Im selben Jahr wurde die Metropolie von Kiev endgültig dem Patriarchen von Moskau unterstellt. Ein letzter Versuch der Wiedervereinigung der beiden Teile des Hetmanats ging dann am Ende des 17. Jahrhunderts von Hetman Mazepa aus.

Das 17. Jahrhundert ist eine zentrale Epoche im ukrainischen Geschichtsbild. Für viele ukrainische Historiker gilt die Zeit Chmel'nyc'kyjs als «Goldenes Zeitalter». Erstmals seit den Tagen des Fürstentums Galizien-Wolhynien vollzog sich eine staatliche Konsolidierung der Ukraine. Gleichzeitig hat man sich immer wieder nach den Gründen für das Misslingen dieser Staatsbildung gefragt: Weshalb wurde das Kosaken-Hetmanat nicht zu einem eigenständigen Staat, zu einer souveränen europäischen Macht, wie es um diese Zeit die Niederlande, die Schweiz oder Brandenburg-Preußen schafften? Antworten auf diese Fragen sind in einem Zusammenspiel äußerer und innerer Faktoren zu suchen. Zum einen im internationalen System der Zeit: Die Großmächte trugen ihren Kampf um die Vorherrschaft in Osteuropa auf dem Rücken der Ukraine aus, und das Hetmanat wurde zwischen dem Moskauer Reich, Polen-Litauen und dem Osmanischen Reich zerrieben. Zum anderen in der inneren Labilität des Hetmanats, den sozialen Spannungen unter den

Kosaken und dem Antagonismus zwischen den Kosaken und den übrigen Ständen der Ukraine.

Besonders positiv ist das Bild Chmel'nyc'kyjs und des Hetmanats in der von Lypyns'kyj begründeten staatlichen Schule und in der sowjetischen Historiographie, die ihn zum Begründer der russisch-ukrainischen Freundschaft emporstilisiert hat. In der populistischen Richtung der ukrainischen Historiographie herrscht eine kritischere Haltung vor. Sie betont die eigensüchtige, auf Erhaltung der eigenen Privilegien gerichtete Politik Chmel'nyc'kyjs und der kosakischen Oberschicht und stellt sie den sozialen Interessen der einfachen Kosaken und ukrainischen Bauern gegenüber. Auch der ukrainische Nationaldichter Ševčenko hat in seinem Werk die einfachen Kosaken, nicht aber deren Oberschicht gepriesen. Ihre Lebensform und sozio-politische Organisation, ihre wagemutigen militärischen Aktionen und ihre demokratisch-egalitären Traditionen, ihre Rolle als orthodoxe Vorkämpfer gegen Muslime und Katholiken und für die Freiheit der Ukrainer haben die Dnjepr-Kosaken zu einem nationalen Mythos werden lassen. In der Nationalbewegung des 19. und frühen 20. Jahrhunderts und auch wieder in den Jahren nationaler Selbstbesinnung seit 1989 haben die Ukrainer versucht, an kosakische Traditionen anzuknüpfen.

Dieses Geschichtsbild steht im Gegensatz zum polnischen, in dem Chmel'nyc'kyj und die Kosaken vorwiegend negativ beurteilt werden. Der Aufstand Chmel'nyc'kyjs habe nicht nur die Entwicklungschancen der Ukraine innerhalb Polen-Litauens verspielt, sondern auch das Königreich selber in eine schwere Krise gestürzt, von der es sich nicht mehr erholte. Die Kosaken gelten deshalb im polnischen Geschichtsbild, das stark von Henryk Sienkiewicz' Roman «Mit Feuer und Schwert» (Ogniem i mieczem) geprägt worden ist, als destruktives, unzuverlässiges Element.

Eine noch negativere Wertung erhalten Chmel'nyc'kyj und die ukrainischen Kosaken im Geschichtsbild der Juden: «Ich nenne mein Buch Yeven M'tzulah (Tiefer Sumpf)», schrieb Nathan Hanover in seiner 1653 gedruckten hebräischen Chronik, «denn die Worte des Psalmisten beziehen sich auf diese schrecklichen Ereignisse und meinen die Unterdrücker, die Tataren und Ukrainer, und den Erbfeind Chmiel, möge sein Name gelöscht werden.»

Die Blütezeit des Hetmanats ist also ein Paradebeispiel dafür, wie unterschiedlich eine historische Epoche in einzelnen nationalen Traditionen bewertet werden kann. Es ist deshalb auch kein Zufall, dass die Auseinandersetzungen um diese Zeit bis heute von Emotionen und politischen Untertönen begleitet sind.

5. Die Ukraine um 1700

Nach einem Höhepunkt im Kiever Reich des 11. und einer Nachblüte im Fürstentum Galizien-Wolhynien des 13. Jahrhunderts erlebte die Ukraine in der ersten Hälfte des 17. Jahrhunderts erneut einen wirtschaftlichen und kulturellen Aufschwung und die Schaffung eines Herrschaftsverbandes. Nachdem das Kosaken-Hetmanat seine Unabhängigkeit und Einheit bald wieder verloren hatte und die Ukraine von Kriegen und Krisen heimgesucht worden war, erholte sie sich gegen Ende des Jahrhunderts wieder. Die Ukraine in dieser für lange letzten Blütezeit um 1700 soll in einem systematischen Querschnitt dargestellt werden, zunächst die sozio-politische Organisation der einzelnen Regionen, dann die sozio-ökonomische Struktur und schließlich die Kulturen der Ukrainer und Nicht-Ukrainer.

Das von Ukrainern bewohnte Territorium war um 1700 in eine ganze Reihe unterschiedlicher Herrschaftsbereiche aufgesplittert (siehe Karte 2):

1. das linksufrige Hetmanat mit Kiev als autonome Region Russlands; 2. die östlich davon gelegene Sloboda-Ukraine im Russischen Reich; 3. die formal ebenfalls russische, de facto aber weitgehend unabhängige Zaporožer Sič am Unterlauf des Dnjepr; 4. die rechtsufrige Ukraine im Rahmen Polen-Litauens; 5. die stärker in das Königreich Polen integrierten Gebiete von Galizien, Cholm und Podlachien; 6. die ungarische Karpaten-Ukraine, die bis zum Ende des 17. Jahrhunderts unter osmanischem Protektorat gestanden hatte und jetzt zum Habsburger Reich gehörte; 7. die nördliche Bukowina im Fürstentum Moldau, unter der Oberherrschaft des Osmanischen Reiches.

1. Das Hetmanat oder Zaporožer Heer, das von der russischen Regierung Kleinrussland genannt wurde, lag auf der linken Seite des Dnjepr, mit dem Brückenkopf Kiev auf dem rechten Ufer. Zum Hetmanat gehörte auch das Gebiet um Černihiv und Starodub, das im 16. Jahrhundert Teil des Moskauer Staats gewesen, zu Beginn des 17. Jahrhunderts aber wieder an Polen-Litauen gefallen war. Die Südgrenzen des Hetmanats hin zur Steppe und zur Zaporožer Sič waren fließend.

Die um 1700 etwa 1,5 Millionen zählende Bevölkerung des Hetmanats bestand fast ausschließlich aus Ukrainern. Nur im Norden lebte eine Anzahl von aus dem Moskauer Reich emigrierten Weißrussen und russischen Altgläubigen. Das Hetmanat war administrativ in zehn Regimenter (polky) gegliedert, die nun einen vorwiegend territorialen Charakter besaßen. Der militärische Personenverband des Kosakenheeres hatte sich also in eine Territorialherrschaft verwandelt, unter der neben Kosaken zahlreiche Bauern und Stadtbewohner lebten.

Die politische Struktur des Hetmanats entsprach mindestens in der Theorie noch immer dem Muster der Kosakendemokratie. Alle wesentlichen Entscheidungen sollte die Versammlung aller Kosaken, der Heeres- oder Generalrat, fällen. In der Praxis wurde aber der Heeresrat nur mehr einberufen, um den Hetman zu wählen und Verträge mit Moskau zu sanktionieren, und auch dies nicht immer. Neben den Kosaken waren im Heeresrat auch die orthodoxe Geistlichkeit und die Bewohner der größeren Städte vertreten, nicht aber die Bauern. In der politischen Praxis hatte das kleinere Gremium des Offiziersrates (rada starsyn), der aus der militärischen und administrativen Elite des Hetmanats bestand, eine viel größere Bedeutung.

Daneben behielt der Hetman eine bedeutende Machtfülle, besonders wenn eine starke Persönlichkeit wie Mazepa gewählt wurde. «Seiner Erlauchten Zarischen Majestät Hetman des Zaporožer Heeres» war Chef der Armee und Administration. Er besetzte die Verwaltungsposten, verlieh Grund und Boden und besaß selber große Güter. Als Exekutive unterstützte den

Hetman die General-Staršyna, ursprünglich der Heeresstab, später eine Art Ministerrat mit Ämtern wie dem Generalquartiermeister, dem Generalschreiber oder Kanzler, dem Generalschatzmeister und den zwei Generalrichtern. In der Regionalverwaltung spielten die Vorsteher der Regimenter, die Obersten, die entscheidende Rolle.

Der Hetman, die Obersten und die Mitglieder der General-Staršyna besaßen sogenannte Ranggüter. Aus den Abgaben und Dienstleistungen der auf diesen Gütern lebenden Bauern wurden sie entschädigt. Die Ranggüter waren an den Dienst gebunden, doch bürgerte sich allmählich ihre Vererbung ein. Eine zusätzliche Finanzquelle für den Hetman und seine Regierung waren die Abgaben der Bauern und Städter, wobei indirekte Abgaben wichtiger waren als direkte.

Neben der zivilen Verwaltung bestand auch die militärische Organisation der Kosaken weiter. Seit der Teilung des Hetmanats war die Zahl der Kosaken auf 30 000 festgelegt worden. Um 1700 dienten aber erheblich mehr Kosaken als Fußtruppen in den russischen Heeren. Daneben hatte der Hetman eine Leibgarde aus ukrainischen und ausländischen Söldnern.

Das Hetmanat verfügte um 1700 noch immer über weitgehende Autonomie. Hetman und Heer waren durch den Treueid an den Zaren gebunden, und dieser tastete die Rechte und Privilegien der Kosaken in der Regel nicht an. Die 1663 für das Hetmanat geschaffene Behörde, die Kleinrussische Kanzlei (Malorossijskij Prikaz), unterstand dem Moskauer Außenamt, dem Posol'skij Prikaz, was die lockere Anbindung des Hetmanats unterstreicht. Zwischen Russland und dem Hetmanat bestand eine Zollgrenze, und die fiskalischen Einkünfte aus dem Hetmanat blieben in der Verfügung des Hetmans. Russland hat in dieser Zeit von der Ukraine finanziell kaum profitiert, musste es doch auch für den Unterhalt der Garnisonen aufkommen, die es in den wichtigsten Städten unterhielt. Diese dienten der Kontrolle der als unzuverlässig geltenden Kosaken, doch waren sie zu schwach, um Zwangsmaßnahmen militärisch durchsetzen zu können.

Allerdings besaß das Hetmanat nur eine beschränkte Souveränität. Dies zeigte sich in seinen Außenbeziehungen, aber auch bei anderen wichtigen Entscheidungen, die in Absprache mit der russischen Regierung getroffen werden mussten. Das Herrschaftsprinzip Moskaus basierte – wie gegenüber anderen Randgebieten – auf der Zusammenarbeit mit der Elite, deren Loyalität und militärische Dienste mit Privilegien und Selbstverwaltungsrechten entgolten wurden. Die sehr weitgehende Autonomie des Hetmanats stellte aber im Russland um 1700 eine singuläre Erscheinung dar. Sie kann höchstens mit der losen Verbindung der reiternomadischen Nogai-Tataren oder Kalmücken verglichen werden, die für Russland wie die Dnjepr-Kosaken als militärische Verbündete wichtig waren.

2. Im Osten des Hetmanats lag die Sloboda-Ukraine (Slobids'ka Ukrajina). Sloboda meint entweder Siedlung oder Freiheit, und Hruševs'kyj hat die Region «Land der freien Gemeinden» genannt. Es handelt sich um das südwestliche Steppengrenzgebiet des Moskauer Staates, das ursprünglich unbesiedelt war und erst im Laufe des 17. Jahrhunderts durch Grenzverhaulinien allmählich gesichert wurde. Seit der Mitte und verstärkt seit der Krise der siebziger Jahre des 17. Jahrhunderts wanderten Kosaken und Bauern aus den ukrainischen Gebieten auf beiden Seiten des Dnjepr massenhaft in die neu erschlossene Region. Gleichzeitig wurden die nördlichen Abschnitte des Grenzgebiets von Russen kolonisiert.

Der Zar nahm die ukrainischen Kolonisten bereitwillig auf und siedelte sie als Wehrbauern oder Wehrkosaken an. Er verlieh den Kosaken Privilegien, und die Region wurde wie das Hetmanat in Regimenter gegliedert. Die ukrainischen Kosaken begründeten in der Sloboda-Ukraine neue Festungen, so schon 1654 Charkiv. Die Obersten wurden hier auf Lebenszeit gewählt und besaßen eine noch größere Machtfülle als im Hetmanat. Doch hatte die Sloboda-Ukraine als Ganze keine autonome Stellung und keinen Hetman, sondern jedes Regiment war einzeln dem Moskauer Wojewoden der Grenzfestung Belgorod untergeordnet.

3. Auch die Zaporožer Sič befand sich seit dem Ende des 17. Jahrhunderts unter russischer Oberhoheit. Nominell unterstand das alte Kosakengebiet zu beiden Seiten des unteren

Dnjepr dem Hetman der linksufrigen Ukraine, doch blieb die Sič bis ins erste Jahrzehnt des 18. Jahrhunderts de facto unabhängig. Die in der Regel nur einige tausend Mann zählenden Zaporožer Kosaken betrieben weiter eine Schaukelpolitik zwischen Russland und dem Osmanischen Reich und den immer stärker vom Sultan abhängigen Krimtataren.

Das Territorium der Zaporožer Sič war nicht klar umrissen, die Steppe konnte von den Kosaken noch immer nicht kontrolliert werden. Das Zentrum blieb die Sič, das Hauptlager am Unterlauf des Dnjepr. Während das Hetmanat allmählich zu einem Territorium mit ziviler Verwaltung und landbesitzender Oberschicht wurde, blieben bei den Zaporožer Kosaken die alten Ideale des Kosakentums weitgehend erhalten. Das Wahlprinzip blieb in Kraft, der Kosakenrat (sičova rada) aus allen Sič-Kosaken blieb der wichtigste Entscheidungsträger. Der Rat, das Organ der direkten Kosakendemokratie, wählte jedes Jahr neu den Lager-Ataman (košovyj ataman). Dieser war oberster Heerführer, Richter, Leiter der Verwaltung, der Finanzen und Außenpolitik. Die Kosakenversammlung wählte auch die Offiziere, die traditionelle egalitäre Ordnung blieb also lebendig. Dennoch verstärkten sich auch hier mit der Zeit oligarchische Tendenzen. Die Kosaken der Sič mussten theoretisch im Zölibat leben. Das Zölibat war allerdings der Bevölkerungsentwicklung nicht gerade förderlich und wurde deshalb auf das Zentrum der Sič beschränkt, zu der Frauen keinen Zutritt hatten.

4. Die rechtsufrige Ukraine stand seit 1667 wieder unter der Herrschaft Polen-Litauens, Podolien befand sich im letzten Viertel des 17. Jahrhunderts vorübergehend unter osmanischer Oberherrschaft. Nach der Auflösung des Kosakenheeres im Jahre 1699 erhoben sich die Kosaken unter Oberst Semen Palij im Jahre 1702 gegen Polen, doch wurde der Aufstand mit Hilfe des linksufrigen Hetmans Mazepa niedergeschlagen. In der Folge wurde die rechtsufrige Ukraine in Form der Wojewodschaften Kiev (ohne die Stadt), Braclav und Podolien in die polnische Verwaltung eingegliedert.

Die zum Teil entvölkerten Grenzregionen wurden nun wieder besiedelt, zunächst durch Rückwanderer vom linken Dnjepr-

Ufer, dann verstärkt durch Ukrainer, Juden und Polen aus den polnischen Gebieten. Der polnische und polonisierte ukrainische Adel fasste wieder Fuß und brachte die ukrainischen Bauern erneut in seine Abhängigkeit. Auch die Juden nahmen ihre traditionellen Vermittlerfunktionen als Schankpächter, Gutsverwalter und Gutspächter auf dem Lande, als Händler und Handwerker in den Städten wieder auf. Damit waren die Resultate des Volksaufstandes von 1648/49 hier rückgängig gemacht worden. Doch lebten die Ideale des Kosakentums auch in der rechtsufrigen Ukraine fort, wie sich in den Hajdamaken-Erhebungen des 18. Jahrhunderts zeigen sollte.

5. Schon viel länger in das sozio-politische System Polens integriert waren die westukrainischen Gebiete Galizien und West-Wolhynien. Obwohl sich hier ein Teil der Ukrainer kurzfristig dem Volksaufstand von 1648 angeschlossen hatte, konnte sich nie eine kosakische Organisationsform entwickeln. Der polnische Adel dominierte politisch und sozial, und auch in den Städten verlor die ukrainische Bevölkerung an Einfluss. Der einzige Weg, politischen Einfluss auszuüben, bestand im Aufstieg in den Adel oder das städtische Patriziat. Das wurde immer schwieriger und führte in der Regel zur Polonisierung. Im Nordwesten und Westen, vor allem in Podlachien und im Cholmer Land, drängte die polnische Siedlung die ukrainische Bevölkerung auch auf dem Lande allmählich zurück.

6. Die Karpaten-Ukraine, die seit dem Mittelalter zum Königreich Ungarn gehört hatte, war in die ungarische Verwaltung integriert, die vom magyarischen Adel beherrscht wurde.

7. In der zum unter osmanischer Oberherrschaft stehenden Fürstentum Moldau gehörenden Bukowina gab der rumänische Adel den Ton an.

Auch in ihrer sozio-ökonomischen Struktur unterschieden sich die einzelnen Regionen der Ukraine. In den westlichen Gebieten war die soziale Elite seit Langem nicht-ukrainisch: der polnische oder polonisierte Adel in Galizien und Wolhynien, der magyarische Adel in Transkarpatien, der rumänische Adel in der Bukowina. Auch in der rechtsufrigen Ukraine gewann der polnische und polonisierte ukrainische Adel seine 1648 verlorene Stellung wieder zurück. Magnatenfamilien wie die Potocki, Czartoryski, Zamoyski und Lubomirski brachten weite Teile der Ukraine in ihren Besitz. Die Latifundien der Magnaten wurden in der polnischen Adelsrepublik zu Staaten im Staate mit eigener Verwaltung, eigener Miliz und eigenen Städten. Viele Güter wurden an Angehörige des Kleinadels oder an Juden verpachtet.

Im Hetmanat formierte sich in der zweiten Hälfte des 17. Jahrhunderts eine neue Oberschicht, die Aristokratie der Kosaken oder «edlen Heeresgenossen» (značne vijskove tovarystvo), wie sie sich nannten. In diese neue Elite flossen auch die ukrainischen und polonisierten Adligen ein, die sich den Kosaken angeschlossen hatten. Sie konnten sich ihre Privilegien bewahren und trugen Traditionen des Adels der Rus' und der polnischen Szlachta in die Kosaken-Elite. Zum Teil rekrutierten sich die edlen Heeresgenossen auch aus Geistlichen und Stadtbürgern, vor allem aber aus der Kosakenschaft. Die Staršyna, die Offiziere und Leiter der Zentral- und Regionalverwaltung, bildeten den Kern der neuen Aristokratie.

Die Funktionselite der Staršyna erhielt Privilegien und Grundbesitz. Zunächst war es meist unbesiedeltes Land gewesen, doch mit der Zeit gingen immer mehr Dörfer in den Besitz der Kosakenoberschicht über. Neben den offiziellen Verleihungen wurde auch Land gekauft, besetzt und geraubt. Allerdings blieben die Güter der meisten vornehmen Kosaken bis zum Beginn des 18. Jahrhunderts relativ klein. Einzig der Hetman wurde zum Großgrundbesitzer: So soll Mazepa schon fast 20 000 Höfe besessen haben. Bis zum Anfang des 18. Jahrhunderts hatte sich eine Kosaken-Elite formiert, die sich in ihren militärischen und politischen Funktionen, ihren Privilegien, ihrem sozialen Status und ihrer wirtschaftlichen Stellung deutlich von der Masse der Kosaken abhob. Sie trat allmählich in die Fußstapfen der polnischen und polonisierten Adligen, die von ihren Vorfahren aus dem Land gejagt worden waren. Das zeigt sich auch daran, dass sich die Oberschicht der Kosaken selbst als Szlachta zu bezeichnen begann, sich Titel zulegte und sich um möglichst weit zurückreichende Genealogien bemühte. Von Russland wurde die Elite der Kosaken aber noch nicht als Adel anerkannt.

In einer gewissen zeitlichen Verzögerung lässt sich auch in der Sloboda-Ukraine eine soziale Differenzierung der Kosaken beobachten. Offiziere und Verwaltungsleute erhielten Grundbesitz und andere Privilegien. Diese neue Elite wurde zu Beginn des 18. Jahrhunderts als «Kosaken unter dem Banner» bezeichnet. Sogar in der Zaporožer Sič kam es zur sozialen Differenzierung und zur allmählichen Formierung einer begüterten kosakischen Oberschicht.

Die im Vergleich zu Polen-Litauen und Russland wichtigste Besonderheit der sozialen Struktur im Hetmanat, der Sloboda-Ukraine und der Zaporožer Sič war die Existenz einer breiten Mittelschicht freier Kosaken. Die Kosaken hatten Kriegsdienst zu leisten und erhielten dafür ein Stück Land zugewiesen. Sie waren von Abgaben und weiteren Dienstleistungen befreit, mussten aber ihre militärische Ausrüstung, auch ihr Pferd, selber stellen. Das war nicht immer leicht, zumal die häufig auf Kriegszügen abwesenden Kosaken ihr Land selbst bearbeiten mussten. So waren manche Kosaken, die ihrer Militärdienstpflicht nicht nachkommen konnten, gezwungen, ihr Land zu verkaufen. Viele sanken zu Bauern ab. Auf der anderen Seite konnten sie auch in die Kosaken-Elite aufsteigen, was allerdings immer schwieriger wurde, da die Oberschicht sich allmählich gegen außen abschloss. Die russische Regierung war an der Erhaltung der freien Kosaken interessiert, da sie ihre militärischen Dienste gerne nutzte. Im polnischen Machtbereich hatten die freien Kosaken um 1700 ihre frühere Bedeutung weitgehend verloren. In der Adelsrepublik war neben dem breiten Adelsstand kein Platz für eine nichtadlige Schicht von Dienstleuten.

Auch die rechtliche und soziale Lage der ukrainischen Bauern der einzelnen Regionen unterschied sich. Grundsätzlich galt weiterhin, dass die Bauern in der Nähe der Steppengrenze eine bessere Stellung hatten als in den Regionen im Westen und Norden, vor allem in Galizien, wo der Gutsadel die Bauern schon lange in seine Abhängigkeit gebracht hatte. Dies förderte die Fluchtbewegung der Bauern in Richtung Steppengrenze.

Die übergreifende Entwicklung lief in ganz Osteuropa, in Polen-Litauen, Ungarn und Russland, in Richtung einer Verschlechterung der bäuerlichen Lage. Ein immer größerer Teil der Bauern verlor seine Abzugsfreiheit, musste Abgaben und Frondienste für adlige Gutsherren leisten. Die erbuntertänigen Bauern gingen vermehrt ihrer persönlichen Rechte verlustig und waren ihren Herren ausgeliefert. Die Ausbreitung der sogenannten Zweiten Leibeigenschaft erfasste auch die ukrainischen Gebiete. Hier standen ihr aber die Traditionen der Kosaken, der demokratischen Grenzergesellschaft und freien Wehrbauern, entgegen. Der Zusammenstoß dieser beiden Prinzipien ist eines der Grundelemente der ukrainischen Geschichte in der Frühen Neuzeit.

In Galizien und Wolhynien war um 1700 das System der Leibeigenschaft mit schweren Frondiensten und der fast uneingeschränkten Verfügungsgewalt des Gutsherrn (bzw. seines Pächters oder Verwalters) voll ausgebildet. In der rechtsufrigen Ukraine war die Stellung der Bauern noch etwas besser, Abgaben und Dienstleistungen geringer. Schon die Notwendigkeit, das verwüstete Gebiet neu aufzusiedeln, erforderte eine lockere Sozialordnung. Den Siedlern wurde für zehn bis dreißig Jahre Lastenfreiheit gewährt. Nach Ablauf dieser Fristen und mit der Ausbreitung der Latifundien polnischer Magnaten sanken aber auch hier die Bauern sukzessive zu Leibeigenen ab.

Im Hetmanat waren die von polnischen Gutsbesitzern abhängigen Bauern durch den Chmel'nyc'kyj-Aufstand zu freien Eigentümern geworden. Nur in kleineren Gruppen waren von Klöstern oder von zu den Kosaken gestoßenen Adligen abhängige Bauern erhalten geblieben. Die Masse der Bauern der sogenannten freien Dörfer des Zaporožer Heeres bebaute wie schon vor dem Absinken in die Erbuntertänigkeit ihren eigenen Boden. Das Kleinbauerntum mit individuellem Grundbesitz war damit in den zentralen Gebieten der Ukraine stärker verankert als im Westen. Die freien Bauern hatten für den Hetman Abgaben zu bezahlen und Dienste zu leisten.

In Wechselwirkung mit der Formung einer neuen Kosakenoberschicht gerieten viele freie Bauern in eine neue Abhängigkeit. Zunächst waren es vor allem Kolonisten von jenseits des Dnjepr, die auf Ländereien der Staršyna angesiedelt wurden. Sie hatten für den Grundherrn Dienstleistungen zu erbringen, die bald in reguläre Fronarbeit übergingen. So ist aus dem Jahre 1701 ein Erlass des Hetmans Mazepa überliefert, in dem er mehr als zwei Tage Arbeit auf dem Herrenland verbietet, demnach zwei Tage Fronarbeit pro Woche legalisiert. Dennoch waren die Bauern im Hetmanat um 1700 nicht erbuntertänig oder leibeigen. Sie besaßen das Abzugsrecht und waren persönlich frei. Ihr Status verschlechterte sich aber allmählich, und die Bauern reagierten darauf mit Protestbewegungen gegen die Kosakenoberschicht. Manche flohen in die Zaporožer Sič, die weiter ein Sammelbecken Unzufriedener blieb. Allerdings erreichten dort diese neu hinzugekommenen Bauern nicht die Gleichberechtigung mit den alteingesessenen Kosaken.

Der wichtigste Wirtschaftszweig in der Ukraine war der Ackerbau, in den polnischen Teilgebieten in der Form der Gutswirtschaft. Angebaut wurden im Norden Roggen, im Süden Weizen, verstärkt auch Hafer, Hanf, Flachs und Hopfen. Die Agrartechnologie war im Westen höher als im Osten. In den nach den Verwüstungen der großen Kriege neu erschlossenen Gebieten der rechtsufrigen Ukraine war die Viehzucht von großer Bedeutung, auch für den Export. In der eigentlichen Steppe widmeten sich die Zaporožer Kosaken noch immer ihren traditionellen Gewerben des Fischens, Jagens und der Viehwirtschaft.

Dazu kamen zahlreiche bäuerliche Gewerbe. Vor allem im Rahmen der Gutswirtschaften des polnischen Adels entstanden größere Betriebe wie Wassermühlen, Schnapsbrennereien und Pottaschewerke. In den Städten der Ukraine waren dagegen die vorindustriellen Impulse schwach. Lediglich einige Betriebe der Textilindustrie in Lemberg, Kiev oder Hluchiv sind zu nennen.

Der Außenhandel des Hetmanats erlebte zu Beginn des 18. Jahrhunderts eine gewisse Blüte. Ins Russische Reich, nach Polen-Litauen, ins Osmanische Reich, nach Österreich und Deutschland wurden vorwiegend landwirtschaftliche Produkte (Vieh, Leder, Hanf) exportiert, während man in erster Linie Fertigwaren, vor allem Textilien, Werkzeuge und Waffen, sowie Salz und Pelze einführte. Die Kaufleute der größeren Städte des Hetmanats bildeten die städtische Oberschicht. Es waren mehrheitlich Ukrainer, doch besaß die «Griechische Bruderschaft» in Nižyn Privilegien im Nord-Süd-Handel.

Die Bevölkerung der ukrainischen Städte war um 1700 eine von der Landbevölkerung durch ihren besonderen Rechtsstatus geschiedene soziale Gruppe. Das Magdeburger Recht, das die meisten Städte erhalten hatten, wurde weiter garantiert, ja es wurde in der zweiten Hälfte des 17. Jahrhunderts auf neue Städte ausgedehnt. An der Spitze der städtischen Selbstverwaltung stand der Stadtvogt (voit), der ebenso wie der Magistrat von den Bürgern gewählt wurde. Allerdings mussten diese Wahlen vom Hetman, in Kiev sogar vom Zaren bestätigt werden. Im Hetmanat mischten sich die Obersten, die Leiter der Regionalverwaltung, nicht selten in die städtische Selbstverwaltung ein. In den ukrainischen Städten in Polen war es der Adel, der die städtische Autonomie einschränkte. Zahlreiche Städte standen sogar im Besitz polnischer Adliger. Die Handwerker waren mindestens zum Teil und anders als in Russland in Zünften organisiert. Die Masse der Stadtbewohner war arm, viele beschäftigten sich mit Ackerbau.

Die Städte in der westlichen Ukraine erlebten seit der Mitte des 17. Jahrhunderts, parallel zur wirtschaftlichen Entwicklung im übrigen Polen, einen Niedergang. Zwar besaßen auch sie weiter das Magdeburger Recht und eine autonome Munizipalverwaltung, doch wurde der Einfluss des polnischen Adels immer größer. Die einzige Stadt von überregionaler Bedeutung war nach wie vor Lemberg als Markt und alter Drehpunkt des Transithandels.

Im Unterschied zu den Städten in der Ostukraine, die um 1700 einen vorwiegend ukrainischen Charakter hatten, waren die Städte in den ukrainischen Regionen Polen-Litauens mehrheitlich von Nichtukrainern bewohnt. Im Patriziat gaben jetzt die Polen den Ton an. Daneben gab es weiterhin die geschlossenen ethno-religiösen Gemeinschaften der Juden, Armenier und Griechen mit jeweils spezifischen Privilegien und Pflichten. Die prosperierenden kleinen armenischen Gemeinschaften in Lemberg und anderen Städten waren weiterhin im Orienthandel zwischen Isfahan und Wien engagiert. Die Armenier Polen-Litauens schlossen in den 1630er Jahren eine Kirchenunion mit dem Papst und gingen dann zur polnischen Umgangssprache über, nachdem sie zuvor einen turkotatarischen Dialekt verwendet hatten, den sie im armenischen Alphabet schrieben.

Die Zahl der Juden nahm vor allem in den Kleinstädten stark zu. Die Juden Polen-Litauens waren ein Stand für sich mit eigenen Rechten und Pflichten mit einer weitgehenden Autonomie. Sie lebten in ihren Gemeinden (kehilla), genossen eine weitgehende Selbstverwaltung und Glaubensfreiheit. Juden waren führend im regionalen Handel und in einzelnen Handwerkszweigen, so der Anfertigung von Kleidung. Einer kleinen Minderheit von Reichen stand eine Mehrheit von Armen gegenüber. Mit dem Rückgang der traditionellen Toleranz war die Stellung der Juden in Stadt und Land im 18. Jahrhundert nicht mehr so stabil wie früher. Die katholische Kirche und die christliche Stadt- und Landbevölkerung wandten sich vermehrt gegen die Privilegierung der Juden, die vom Adel nicht mehr zuverlässig gegen Übergriffe geschützt wurden.

Obwohl sie das deutsche Stadtrecht besaßen, wurden die ukrainischen Städte auch in der frühen Neuzeit nicht zu politischen Solidargemeinschaften mitteleuropäischen Typs. Auch ihre wirtschaftliche Bedeutung blieb bescheiden. Dennoch bestanden die städtische Autonomie und Selbstverwaltung weiter in einer Zeit, als die Herrscher Russlands sich anschickten, diese in ihrem Land einzuführen.

Die Ukraine war um 1700 ein Schnittpunkt verschiedener Religionen und Kulturen. Nebeneinander existierten die ukrainisch-orthodoxe, die ukrainisch-unierte, die polnisch-katholische, die jüdische und in kleinen Inseln die armenische und die griechische Kultur.

Die ukrainische Kultur war noch immer stark von der Orthodoxie geprägt. Die orthodoxe Metropolie Kiev erlebte in der zweiten Hälfte des 17. Jahrhunderts einen Aufschwung. Die Metropoliten übten im Hetmanat auch politischen Einfluss aus, und Vertreter der höheren Geistlichkeit saßen in den politischen Gremien. Gleichzeitig sorgten die Hetmane für das wirtschaftliche Wohlergehen von Kirchen und Klöstern. So wurde ihr Grundbesitz mit den darauf lebenden Bauern bestätigt und ausgedehnt. Die Unterordnung der Kiever Metropolie unter den Moskauer Patriarchen im Jahre 1686 verringerte allerdings die Bewegungsfreiheit der Hierarchen. In der Folge wurden die Diözesen von Černihiv und Perejaslav aus der Kiever Metropolie gelöst und direkt Moskau unterstellt.

Die orthodoxe Geistlichkeit war in die schwarze Klostergeistlichkeit und die weiße weltliche Geistlichkeit geteilt. Die Klöster, vor allem das Kiever Höhlenkloster, dienten als Zentren orthodoxer Kultur und besaßen bedeutende Ländereien. Kirchlich geprägt war auch das Bildungswesen des Hetmanats, das die Traditionen der orthodoxen Bruderschaften weiterführte. Zeitgenössische Beobachter waren sich darüber einig, dass das Schulwesen im Hetmanat erheblich weiter entwickelt gewesen sei als in Russland. Schon in den 1650er Jahren hatte sich ein aus Aleppo stammender christlicher Reisender über die weite Verbreitung von Lese- und Schreibkenntnissen gewundert, und 1711 betonte der dänische Diplomat Just, dass die Elite des Hetmanats sehr gebildet sei und sogar die einfachen Mönche des Höhlenklosters fließend Latein sprächen.

Standen die Kirchenschulen in der kirchenslawischen Tradition, so orientierte sich die Kiever Akademie, die von Mohyla begründete erste ostslawische Hochschule, weiterhin stärker nach Westen. 1689 war sie de facto zu einer vollwertigen Akademie geworden, die neben dem schon vorher bestehenden Unterricht in den Artes liberales auch einen vierjährigen Studiengang der Theologie und einen dreijährigen der Philosophie anbot. Im Jahre 1701 bestätigte die russische Regierung diesen Status. Die Kiever Akademie erlebte am Ende des 17. Jahrhunderts unter Hetman Mazepa eine Blütezeit. Sie zählte damals etwa 2000 Studierende. Reisende wie der Engländer John Bell bezeichneten sie als Universität. Von den polnischen Jesuitenkollegien wurden Züge westlicher Rationalität übernommen und mit der orthodoxen Spiritualität zu einer fruchtbaren Mischung verbunden. Als Unterrichtssprache dominierte das Lateinische, daneben wurden gelegentlich auch das Kirchenslawische und Polnische verwendet. Ergänzt wurde die Kiever Akademie durch Kollegien in Černihiv, Perejaslav und Charkiv.

In einer Zeit, als Peter der Große Russland zu verwestlichen begann, wurden die Kiever Akademie und die ukrainischen Kollegien zu Kaderschmieden für das Russische Reich. Etwa 60 Prozent der Bischöfe Russlands kamen in der ersten Hälfte des 18. Jahrhunderts aus der Ukraine. Unter den engsten Mitarbeitern des Zaren waren Absolventen der Kiever Akademie wie Stefan Javors'kyj und Feofan Prokopovyč. Prokopovyč hatte im Jesuitenkollegium von Rom studiert, bevor er als Professor an die Kiever Akademie berufen wurde. Der Einfluss der Ukraine und der Kiever Akademie auf die russische Kultur, ihre Rolle als Vermittler westeuropäischer Ideen, kann kaum überschätzt werden.

Die Epoche Mazepas war das Goldene Zeitalter des ukrainischen oder Kosakenbarocks. Ausgehend von der Westukraine, vor allem von Lemberg, verbreitete sich die barocke Architektur auch im Hetmanat und verband sich mit byzantinischen Traditionen zu einem neuen Stil, den man noch heute an zahlreichen Kirchenbauten bewundern kann. Auch in der ukrainischen Literatur dominierte der barocke ornamentale Stil. Die Hochliteratur bediente sich nach wie vor des Kirchenslawischen und blieb religiös geprägt. Zentrum des literarischen Schaffens blieb das Kiever Höhlenkloster.

Hier erschien erstmals im Jahre 1674 die Sinopsis, ein historisches Werk, das westlich-humanistisches Gedankengut mit orthodoxen Traditionen verband und Ansätze moderner Wissenschaftlichkeit aufwies. Sein Autor oder Redakteur war Innokentij Giesel (Gizel'), der aus dem preußischen Königsberg eingewandert und zur Orthodoxie übergetreten war. In Kiev wurde er Professor und nach Mohylas Tod Rektor der Akademie, 1647 Archimandrit des Höhlenklosters. Die Sinopsis wollte die Interessen des Höhlenklosters schützen. Gleichzeitig vertrat sie ebenso wie der zarentreue Giesel eine Moskau-zentrische Sicht der ukrainischen Geschichte. Die Sinopsis wurde bis ins 19. Jahrhundert mindestens siebzehnmal nachgedruckt und übte eine bedeutende Wirkung auf die ostslawische Historiographie aus. Im Gegensatz zur Sinopsis tradierten die handschriftlich überlieferten Kosakenchroniken von Feodosij Sofonovyč, Samuil Velyčko und Hryhorij Hrabjanka ein stärker ukrainisch geprägtes Geschichtsbild.

In Polen-Litauen nahm in dieser Zeit der Druck des Katholizismus auf die Orthodoxie zu. Bis zum Beginn des 18. Jahrhunderts wurden die in Galizien und Wolhynien verbliebenen orthodoxen Diözesen der Unierten Kirche zugeführt. Schon 1646 war die Eparchie Užhorod in der ungarischen Karpaten-Ukraine in eine Union mit Rom getreten. Versuche, auch die Bevölkerung der rechtsufrigen Ukraine der Unierten Kirche zuzuführen, hatten allerdings nur zum Teil Erfolg. Doch gab es nach 1708 auch dort keine orthodoxen Bistümer mehr. Die verbliebene orthodoxe Bevölkerung war dem Kiever Metropoliten untergeordnet. In der Synode von Zamość wurde 1720 zwar die Autonomie der Unierten Kirche bestätigt, doch näherte sie sich in Organisation und Ritus der Römisch-Katholischen Kirche an.

Die Vereinheitlichung der Kirchenorganisation förderte den kulturellen Polonisierungsprozess. Die orthodoxen Bruderschaften verschwanden; einige ihrer Protagonisten setzten sich nach Kiev ab. Zum Teil versuchte der Orden der Basilianer, ihre Aktivitäten fortzusetzen. Die unierten und orthodoxen Geistlichen gerieten meist in Abhängigkeit vom polnischen Adel. Dennoch blieben sie neben den Bauern als Träger ukrainischer

Sprache und Kultur von Bedeutung. Doch war das Bildungswesen nun fast ausschließlich polnisch.

So gab es in der Ukraine eine ganze Anzahl von Zentren polnischer Kultur. Schon am Ende des 16. Jahrhunderts war in Zamošč im Geist der Renaissance eine Akademie begründet worden, an der der aus Lemberg stammende Schriftsteller Szymon Szymonowic wirkte. Bürgermeister von Lemberg war der in der zweiten Hälfte des 17. Jahrhunderts wirkende Dichter Józef Bartłomiej Zimorowic, der in seinen «Neuen ruthenischen Idyllen» und «Zwist in der Rus'» ukrainische Themen behandelte, ebenso wie sein Bruder Szymon mit dem Verswerk «Die Roksolanerinnen, d. h. die Mädchen der Rus'». Roxolania, das Grenzland der Rus', wurde in der polnischen Literatur zum idyllischen Arkadien, später zum unsicheren Grenzland der Kosaken.

Die wichtigsten Zentren polnischer Bildung blieben die Jesuitenkollegien, im 18. Jahrhundert gewannen die Schulen der Piaristen an Bedeutung. Der Einfluss der polnischen Kultur auf die Ukraine war begleitet von Rückwirkungen der orthodox-ostslawischen Welt auf Polen. Die fortschreitende Verlagerung Polens nach Osten und die bedeutende Rolle, die ukrainische Magnaten in der Adelsrepublik spielten – bis hin zu König Michael Korybut Wiśniowecki (1669–1673) aus dem polonisierten ukrainischen Fürstengeschlecht der Vyšnovec'kyj –, brachten eine Orientalisierung der polnischen Kultur mit sich, die in der adligen Ideologie des Sarmatismus zutage trat.

Die religiös geprägte jüdische Kultur und das gut ausgebaute jüdische Schulwesen in der Ukraine hatten durch die Massaker und die Vertreibungen von 1648 und der folgenden Kriegsjahre einen schweren Schlag erlitten. Zahlreiche Synagogen, Schulen und Bibliotheken waren verbrannt worden. Erst allmählich begann sich in der rechtsufrigen Ukraine das jüdische kulturelle Leben wieder zu erholen. In Galizien und Wolhynien hatte sich die jüdische Kultur besser erhalten können, wichtig blieb etwa die höhere Schule (Yeshiwa) in Lemberg. Dennoch verlagerte sich die traditionelle rabbinische Gelehrsamkeit infolge der Unruhen nun vom Süden stärker in den Nordosten Polen-Litauens, vor allem nach Wilna. Die Juden in der Ukraine, in Podolien, Galizien und Wolhynien, wandten sich dagegen vom traditionellen Talmudwissen ab und der Kabala und messianistischen Lehren zu. So nahm die volkstümliche Erweckungsbewegung des Chassidismus in Podolien, Wolhynien und Galizien ihren Ausgang, bevor sie sich im Laufe des 18. Jahrhunderts in ganz Polen ausbreitete. Kleine Gruppen der jüdischen Sondergemeinschaft der turksprachigen Karaim lebten in Galizien.

Ähnlich wie die Orthodoxen hatten auch die Juden im beginnenden 18. Jahrhundert unter dem steigenden Druck des Katholizismus zu leiden. Die katholische Kirche setzte eine Reihe diskriminierender Beschlüsse gegen die Juden durch, und es kam auch in der Ukraine zu Ritualmordbeschuldigungen und zu gewaltsamen Übergriffen, verstärkt in der Mitte des 18. Jahrhunderts.

Die östliche Ukraine war um 1700 kulturell relativ einheitlich orthodox-ukrainisch-kirchenslawisch geprägt. Die rechtsufrige und westliche Ukraine zeichneten sich dagegen durch ein Nebeneinander unterschiedlicher Kulturen und Religionen aus. Während Polen und Ukrainer auch über die soziale und konfessionelle Grenze hinweg in kulturellen Wechselbeziehungen standen, blieben die Juden trotz ihrer intensiven wirtschaftlichen Mittlertätigkeit kulturell weitgehend isoliert.

Der Überblick bestätigt, dass die Heterogenität der Ukraine am Beginn des 18. Jahrhunderts größer geworden war. Nachdem fast die ganze Ukraine bis 1648 unter polnischer Herrschaft gestanden war und der größere Teil sich in den folgenden Jahren im Hetmanat vereinigt hatte, entwickelten sich seit der Teilung von 1667 die einzelnen Gebiete auseinander. Dabei konnten sich die ukrainischen Eliten und Stadtbewohner und die ukrainische Kultur im russischen Teilgebiet erheblich besser behaupten als im polnisch-litauischen. Die Blüte des Hetmanats wird im Allgemeinen mit dem Namen Mazepa in Verbindung gebracht. Mit Mazepa und seinem missglückten Versuch, sich von der russischen Oberherrschaft zu lösen, begann aber auch die forcierte Integration der Ukraine in das Russische Reich.

6. Die Integration in das Russische Reich im 18. Jahrhundert und die Teilungen Polens

Die lange Regierung Mazepas (1687–1708) war die letzte wirtschaftliche und kulturelle Blütezeit des Hetmanats. Zum letzten Mal traten die Dnjepr-Kosaken als eigenständiger politischer Faktor in Erscheinung. Deswegen und weil er es wagte, von Russland abzufallen, ist Mazepa im nationalen Geschichtsbild der Ukrainer bis heute eine der großen Heldenfiguren. In der Geschichtsschreibung gilt das allerdings voll nur für die aristokratische staatliche Schule, während Hruševs'kyj und die populistische Richtung Mazepa eher als ehrgeizigen Machtmenschen darstellen, der die Interessen der Aristokratie, nicht aber des Volkes verfochten habe. Die russische und sowjetische Tradition sehen in Mazepa einheitlich den Prototypen des Verräters; ihm steht als Gegenspieler der idealisierte große Reformer Peter gegenüber. Davon zeugen auch literarische Werke wie Puškins berühmtes Poem *Poltava* und die darauf basierende Oper *Mazepa* von Tschajkowskij. In Westeuropa haben Voltaire und Byron Mazepa als tragischen Helden einer dramatischen Liebesgeschichte bekannt gemacht.

Mazepa und Peter der Große

Ivan Mazepa (1639–1709) stammte aus dem ukrainischen Adel des rechten Ufers, studierte an der Kiever Akademie, dann an einem Warschauer Jesuitenkollegium. Nach mehreren Jahren im Dienst des polnischen Königs und Reisen nach Westeuropa trat er 1669 in den Dienst des rechtsufrigen Hetmans Dorošenko, später des linksufrigen Hetmans Samojlovič. Im Jahre 1687 wurde er – mit Unterstützung Moskaus – zu dessen Nachfolger gewählt. Als Hetman förderte der gebildete Mazepa die orthodoxe Kultur und stärkte die Stellung der Kosakenaristokratie, der vermehrt Grundbesitz zugewiesen wurde. Dabei vergaß er auch sich selber nicht. Mazepa arbeitete als Hetman loyal mit der russischen Regierung zusammen, war mit dem jungen Zaren Peter befreundet und zog mit ihm gemeinsam gegen die osmanische Festung Azov. Auch im Nordischen Krieg stand Mazepa auf russischer Seite und besetzte im Einvernehmen mit Peter im Jahre 1703 die rechtsufrige Ukraine. Als Vorwand dafür diente ihm der Kosaken-Aufstand Palijs gegen Polen-Litauen. Damit gelang es Mazepa, die beiden Teile von Chmel'nyc'kyjs Hetmanat wieder zu vereinigen.

Zar Peter war unterdessen zum Herrscher herangewachsen, der Russland aus einer Randmacht in eine europäische Großmacht verwandeln wollte. Dazu musste Schweden, die führende nordosteuropäische Macht, zurückgedrängt werden. Um einen langen Krieg finanzieren zu können, war es notwendig, die wirtschaftlichen und personellen Ressourcen des Reiches besser zu nutzen. Die staatlichen Herrschaftsinstrumente mussten effizienter gestaltet, die komplizierten administrativen und sozialen Verhältnisse systematisiert und uniformiert werden.

Aus dieser Zielrichtung der russischen Politik ergaben sich Interessenkonflikte mit dem Hetmanat. Die Kosaken wurden in großer Zahl für die Feldzüge des Nordischen Kriegs aufgeboten. Dabei zeigte sich, dass sie den modernen schwedischen Armeen unterlegen waren. Die ukrainischen Kosaken hatten also ihre für Russland wichtigsten Qualitäten, die militärische Kampfkraft, weitgehend eingebüßt. Damit verloren auch die traditionellen Privilegien des Hetmanats ihre Berechtigung. Außerdem war die auf der Kosakendemokratie fußende politische Struktur des Hetmanats mit den neuen Zielsetzungen einer Vereinheitlichung und Nivellierung der Verwaltung und Sozialordnung Russlands nicht mehr zu vereinbaren.

In den ersten Jahren des 18. Jahrhunderts nahm der russische Druck auf die Ukraine ständig zu, was die Unzufriedenheit der Bevölkerung hervorrief. Schließlich kam es auch zum Konflikt zwischen dem mächtigen, selbstbewussten Hetman und dem nicht weniger selbstbewussten Zaren. Mazepa versuchte die

Schaukelpolitik seiner Vorgänger wiederaufzunehmen und seinen außenpolitischen Handlungsspielraum zu vergrößern. Als Peter ihn gegen den mit Schweden verbündeten polnischen Gegenkönig Stanisław Leszczyński nicht unterstützte, lief der Hetman zum schwedischen König Karl XII. über, der im Herbst 1708 in die Ukraine gezogen war. Schweden erklärte sich bereit, als neuer Protektor der Ukraine zu dienen.

Zar Peter reagierte energisch auf den Abfall Mazepas: Russische Truppen verwüsteten die Residenz des Hetmans in Baturyn und später auch die Zaporožer Sič und töteten viele Menschen. Mazepa wurde abgesetzt, und der orthodoxe Klerus sprach ein Anathema gegen den als Freund der Lateiner verleumdeten Hetman aus. Ein neuer Hetman, Ivan Skoropads'kyj, wurde eingesetzt und von den loyal gebliebenen Kosakenoffizieren gewählt. Es zeigte sich, dass ein Teil der Kosaken-Elite nicht bereit war, den außenpolitischen Abenteuern ihres Hetmans zu folgen. So hatte Mazepa schon viel Boden verloren, als er am 28. Juni 1709 zusammen mit dem schwedischen König die Entscheidungsschlacht bei Poltava verlor. Wie Karl XII. flohen auch Mazepa und seine Anhänger ins Osmanische Reich. Nachdem Mazepa noch im selben Jahr gestorben war, erließ sein Nachfolger Pylyp Orlyk eine Art Verfassung für eine unabhängige Ukraine. Orlyk versuchte in den folgenden Jahren ohne Erfolg, in ganz Europa Unterstützung für die ukrainische Sache zu gewinnen.

Der Abfall Mazepas diente der Regierung Peters des Großen zum Anlass, die Integration des Hetmanats in das Russische Reich voranzutreiben. Die Militärkraft der Dnjepr-Kosaken rechtfertigte ihre Sonderstellung nicht mehr, und in einem modernisierten absolutistischen Russland war kein Platz mehr für die sozio-politische Ordnung des Hetmanats. Es ist denn auch kein Zufall, dass die beiden Herrscherfiguren, die das Modell des westlichen Absolutismus auf Russland übertragen wollten, Peter der Große und Katharina II., die Integration des Hetmanats in das Russische Reich besonders intensiv vorantrieben, während in der Zwischenzeit eine partielle Rückkehr zur lockeren Oberherrschaft stattfand.

Die kosakische Selbstverwaltung, die vom russischen Modell stark abweichende politische Organisation des Hetmanats, wurde nach 1708 allmählich eingeschränkt. Solange Peter der Große vom Nordischen Krieg in Anspruch genommen wurde, geschah dies nur in kleinen Schritten. Dem neuen Hetman Skoropads'kyj wurden zunächst die alten Rechte bestätigt. Gleichzeitig verstärkte Russland aber die Kontrolle über das Hetmanat: Die russischen Garnisonen wurden verstärkt und mussten nun von der Bevölkerung des Hetmanats unterhalten werden. Ein russischer Minister residierte ständig am Hof des Hetmans. In der Folge griff Russland stärker in die Regionalverwaltung ein. Außerdem wurde nun die Bevölkerung der Ukraine wie alle Untertanen des Zaren vermehrt zu Dienstleistungen herangezogen, so für den Bau St. Petersburgs und von Kanälen.

Der erste Frontalangriff auf die Autonomie des Hetmanats folgte jedoch erst nach Abschluss des Friedens von Nystad: Im Jahre 1722 wurde anstelle der 1717 abgeschafften «Kleinrussischen Kanzlei» das «Kleinrussische Kollegium» eingerichtet, das seinen Sitz nicht mehr in der russischen Hauptstadt, sondern am Hof des Hetmans hatte. Es war nicht mehr dem Außenamt, sondern dem Senat unterstellt, also ein Instrument der Innenpolitik. Seine Mitglieder wurden aus den in der Ukraine stationierten russischen Offizieren rekrutiert. Das «Kleinrussische Kollegium» erhielt weitreichende Kompetenzen: Es hatte alle Verordnungen des Hetmans zu bestätigen, war Oberster Gerichtshof und übernahm die Kontrolle über die Finanzen. Es erhob nun direkte Steuern von der Bevölkerung des Hetmanats. Damit waren die Kompetenzen des Hetmans wesentlich eingeschränkt worden. Die logische Folge war, dass nach dem 1722 erfolgten Tod Skoropads'kyjs kein neuer Hetman mehr gewählt wurde. Damit schien die Epoche des autonomen Hetmanats endgültig beendet zu sein.

Nach dem Tode Peters des Großen wurden jedoch 1727 das Kleinrussische Kollegium wieder abgeschafft und die Selbstverwaltung des Hetmanats wiederhergestellt. Gleichzeitig durfte mit Danylo Apostol ein neuer Hetman gewählt werden. Allerdings trat nach seinem Tod im Jahre 1734 ein «Regierender Rat des Hetman-Amtes» an seine Stelle, diesmal mit je drei Russen und Ukrainern besetzt. Erst im Jahre 1750 setzte Kaiserin Elisabeth wieder einen Hetman ein. Kyrylo Rozumovs'kyj war der jüngere Bruder des ukrainischen Favoriten und morganatischen Gemahls der Herrscherin, Oleksij Rozumovs'kyj, der als Kosak und Sänger nach Petersburg gekommen war und einen raschen Aufstieg bis in das Schlafgemach der Kaiserin erlebt hatte.

Kyrylo Rozumovs'kyj (1728–1803) hatte trotz seines jugendlichen Alters von 22 Jahren schon in Westeuropa studiert und war achtzehnjährig zum Präsidenten der Kaiserlichen Akademie der Wissenschaften ernannt worden. Er erhielt recht weitgehende Vollmachten, doch führte der Offiziersrat im Namen des oft in Petersburg weilenden Hetmans die Geschäfte. Die Staršyna versuchte, die traditionellen Rechte und Privilegien gegenüber Russland zu verteidigen. Auch eine Anzahl von rechtlichen Reformen wurden in Angriff genommen. Nach dem Tod der Kaiserin Elisabeth und ihres Nachfolgers Peter III. versammelte sich der Rat der Kosaken und bat die neue Herrscherin Katharina darum, dem Hetmanat die volle Selbstverwaltung zurückzugeben. Doch stießen sie bei der jungen Kaiserin auf taube Ohren.

Abschaffung des Hetmanats und der Sič unter Katharina II.

Mit dem Regierungsantritt Katharinas II. im Jahre 1762 traten wieder die petrinischen Ziele der Zentralisierung und Systematisierung, der optimalen Mobilisierung der Ressourcen, in den Vordergrund. Katharina wandte sich explizit gegen die überkommenen Privilegien der Randprovinzen, die der aufgeklärten Kaiserin als Hindernisse auf dem Weg der Modernisierung Russlands erschienen. So schrieb sie im Jahre 1764:

> «Kleinrussland, Livland und Finnland (gemeint ist der schon zu Russland gehörende südwestliche Teil Finnlands) sind Provinzen, die durch ihnen bestätigte Privilegien re-

giert werden … Man muss sie, wie auch die von Smolensk, mit wenig drückenden Methoden dazu bringen, dass sie russisch werden und aufhören, wie die Wölfe zum Wald zu schauen.»

Im November 1764 wurde das Hetman-Amt endgültig abgeschafft. An seine Stelle trat wiederum ein gemischt russisch-ukrainisches Kleinrussisches Kollegium unter dem Vorsitz des russischen Staatsmannes Petr Rumjancev, der auch in der Folge die Ukrainepolitik leitete. Nach bewährtem Rezept arbeitete er mit der loyalen Elite der Ukraine zusammen und versprach ihr bei politischem Wohlverhalten Adelsprivilegien. Dennoch sprachen sich die ukrainischen Vertreter in der 1767 einberufenen Kommission für ein neues Gesetzbuch fast unisono für die Bestätigung bzw. Wiederherstellung der alten Privilegien, Rechte und Freiheiten des Hetmanats aus.

Die nächsten Integrationsschritte folgten nach dem russischen Sieg über das Osmanische Reich. Im Frieden von Küçük Kaynarca von 1774 wurde das Krimkhanat ausgeschaltet, und Russland übernahm die Kontrolle über die Steppengebiete nördlich des Schwarzen Meeres. Damit war die Ukraine kein Grenzland mehr, und die Dnjepr-Kosaken hatten endgültig ihre militärische Funktion eingebüßt: Russland brauchte auf sie keine Rücksicht mehr zu nehmen.

Die russische Verwaltungsreform von 1775 wurde 1781 auf die linksufrige Ukraine übertragen. Die administrativen Einheiten der Regimenter wurden abgeschafft und durch drei im Kleinrussischen Generalgouvernement zusammengefasste Gouvernements ersetzt. Auch die zentralen Institutionen des Hetmanats löste man nun auf, 1786 auch das Kleinrussische Kollegium. 1783 wurde das Kosakenheer abgeschafft und in der Form regulärer Regimenter in die russische Armee eingegliedert. Damit war bis gegen Ende des 18. Jahrhunderts das Hetmanat in die Verwaltung des Russischen Reiches integriert worden. Nur wenige regionale Besonderheiten konnten sich bis ins 19. Jahrhundert halten, so Reste der alten Rechtsordnung in Form des Litauischen Status und des Magdeburger Rechts. Die linksufrige Ukraine wurde damit zu einer normalen Region Russlands.

Die Eingliederung der Sloboda-Ukraine, die nie kollektive Autonomie genossen hatte, vollzog sich noch schneller. Im Jahre 1765 wurde sie gewöhnliche Provinz des Russischen Reiches, und die kosakische Selbstverwaltung und Militärorganisation wurden aufgelöst.

Die Zaporožer Sič hatte sich nach der Zerstörung durch die Truppen Peters des Großen osmanischer Oberhoheit unterstellt. Als die Zaporožer Kosaken 1734 wieder zu Russland kamen, wurde ihre Autonomie garantiert. Nachdem Russland die Kontrolle über die Steppengebiete gewonnen hatte, waren aber die Tage der Sič gezählt. Man war auf die militärischen Dienste der Kosaken nicht mehr angewiesen, und sie störten die Pläne einer Kolonisation des Steppengebietes. In der Sič waren soziale Auseinandersetzungen zwischen der begüterten Oberschicht und den Zehntausenden neu zugewanderter Bauern immer häufiger geworden. Außerdem hatten die Kosaken der Sič Volksaufstände in Polen-Litauen unterstützt. Der vom russischen Don-Kosaken Pugačev angeführte Volksaufstand ließ es dann endgültig geraten erscheinen, den Unruheherd am Dnjepr zu beseitigen. Russische Truppen zerstörten im Jahre 1775 die Sič, und sie wurde aufgelöst und in die Gouvernementsverwaltung eingegliedert:

> «Wir halten uns vor Gott, vor unserem Imperium und vor der gesamten Menschheit für verpflichtet, die Zaporožer Seč' und den von ihr abgeleiteten Kosakennamen abzuschaffen.»

Dies war das Ende der über zweihundertjährigen glorreichen Geschichte der Zaporožer Kosaken. Die verbliebenen Kosaken emigrierten zum Teil ins Osmanische Reich und wurden an der Donaumündung angesiedelt. Andere wurden im Heer der Schwarzmeer-Kosaken organisiert und wanderten später in den Nordwestkaukasus, wo sie die Mehrheit des Heeres der Kuban-Kosaken stellten.

Die administrative Eingliederung des Hetmanats ist nicht zu trennen von der sozialen Integration, der allmählichen Angleichung der Sozialstruktur an russische Muster. Die schrittweise Abschaffung der Autonomie wäre nicht so reibungslos vor sich gegangen, wenn nicht die kosakische Oberschicht mitgespielt hätte. Die Zusammenarbeit mit nichtrussischen Eliten und ihre Kooptation in den Adel des Reiches war seit jeher ein Grundpfeiler der russischen Politik gewesen. Russland gewährte der Kosaken-Oberschicht Privilegien und materiellen Besitz, und im Gegenzug nahm diese den Verlust ihrer administrativen und politischen Autonomie hin.

Peter der Große verfolgte zwar die Anhänger Mazepas erbarmungslos, belohnte dagegen die loyalen Kosakenführer mit Geschenken und Grundbesitz. Die «edlen Heeresgenossen» organisierten sich darauf als «de facto-Adel» und schlossen sich weitgehend von den übrigen Ständen ab. Als Adlige wurden sie von Russland allerdings nicht anerkannt, sondern sie mussten Steuern bezahlen wie andere Lastenpflichtige und hatten keinen Zugang zu adligen Bildungsinstitutionen wie dem Kadettenkorps. Noch 1731 hieß es offiziell: «In Kleinrussland gibt es keinen Adel.»

Mittelfristig brauchte der russische Staat jedoch als Partner in der Peripherie eine dem russischen Adel vergleichbare Oberschicht. Die kosakische Elite erhielt immer mehr Grundbesitz mit abhängigen Bauern, und ihre soziale Stellung näherte sich der des russischen Adels an. Die russische Regierung förderte auch Heiraten mit der russischen Oberschicht. In der Kommission für ein neues Gesetzbuch von 1767 wurden die Vertreter der Staršyna schon zum Adelsstand gerechnet, und ihre dringendste Forderung war die nach Gleichberechtigung mit dem russischen Adel.

So bedeutete es nur noch einen letzten logischen Schritt, dass der kaiserliche Gnadenbrief für den Adel von 1785 auch für die Elite der Kosaken Geltung hatte. Direkt wurde allerdings nur ihre oberste Schicht in den Adel kooptiert. Die Übrigen mussten ihre vornehme Abstammung erst nachweisen, indem sie auf einen Vorfahren aus der polnischen Szlachta verwiesen oder zwölf Zeugen fanden, die bestätigten, dass sie und ihre Vorfahren einen adligen Lebensstil geführt hätten. Diese Verfahren zogen sich zum Teil bis ins 19. Jahrhundert hin. Längst nicht alle Angehörige der Staršyna wurden in den Adel aufgenommen. Diejenigen, die es – zum Teil mit gefälschten Dokumenten – schafften, kamen in den Genuss aller Privilegien des russischen Adels: Dienstfreiheit, Abgabenfreiheit, exklusives Recht auf Grundbesitz mit Bauern, korporative Selbstverwaltung in den Regionen, rechtlicher Schutz gegenüber den Behörden.

Diese meist erst seit den 1760er Jahren gewährten Privilegien und die allmähliche Europäisierung der russischen Oberschicht machten den Aufstieg in den Adelsstand sehr attraktiv. Damit wiederholte sich im Russischen Reich, was der ukrainischen Aristokratie zwei Jahrhunderte früher in Polen-Litauen widerfahren war: der soziale Aufstieg in die herrschende Oberschicht, begleitet von einer kulturellen Assimilation. Allerdings erhielt sich unter der Elite der linksufrigen Ukraine die Erinnerung an die Zeit des autonomen Hetmanats, und ihr Landespatriotismus wurde zu einer wichtigen Grundlage des modernen ukrainischen Nationalbewusstseins.

Viele Ukrainer traten in der Folge in den Dienst des russischen Staates. Dies war schon aus wirtschaftlichen Motiven notwendig, denn der meist geringe Grundbesitz der Staršyna reichte für ein standesgemäßes Leben nicht aus. Während also die meisten Angehörigen der Kosaken-Staršyna bereitwillig in die imperiale Elite eingingen, versuchten nur wenige, Widerstand zu leisten. Zu ihnen gehörte Vasyl' Kapnist, der in Berlin Geheimverhandlungen über ein mögliches preußisches Protektorat über die Ukraine führte.

Die Angleichung der ukrainischen an die russische Oberschicht wurde dadurch beschleunigt, dass der russische Grundbesitz in der Ukraine ständig zunahm. Schon Peter der Große hatte Ländereien Mazepas und seiner Anhänger an russische Magnaten verteilt, beginnend mit seinem Favoriten Menšikov. Katharina II. folgte seinem Beispiel. Damit verbreitete sich nicht nur der Lebensstil des russischen Adels, sondern auch die russische Form der Leibeigenschaft.

Überhaupt vollzog sich der Aufstieg der Kosakenelite in den Adel auf Kosten der ukrainischen Bauern und der übrigen Stände.

Die soziale und rechtliche Stellung der ukrainischen Bauern verschlechterte sich zusehends. Dazu trugen die Kriege bei, die Russland gegen das Osmanische Reich führte. Die Ukraine diente als Aufmarschgebiet, und die ukrainischen Bauern mussten russische Truppen einquartieren und verpflegen, Transportdienste leisten und wurden zum Teil selber eingezogen. Gleichzeitig wurden ihre Fronlasten sukzessive erhöht. Dennoch konnten sie bis in die Mitte des 18. Jahrhunderts ihre Landbesitzrechte erhalten und besaßen noch immer das Abzugsrecht. Die Lage der abhängigen Bauern in der linksufrigen Ukraine unterschied sich also zu dieser Zeit noch von derjenigen in Polen-Litauen und in Russland. Knapp ein Drittel der Bauernschaft war noch immer frei, also von keinem Grundbesitzer abhängig.

Erst seit den 1760er Jahren wurden die Rechte der ukrainischen Gutsbauern beschnitten: In den Jahren 1760 und 1770 wurde ihr Abzugsrecht beschränkt und im Jahre 1783 – 134 Jahre später als bei den russischen Gutsbauern – endgültig aufgehoben. Auch die Kopfsteuer wurde auf die Ukraine übertragen. Damit waren in der linksufrigen Ukraine die Voraussetzungen für die Leibeigenschaft nach russischem Muster geschaffen.

Die freien Kosaken konnten sich ihren spezifischen sozialen Status länger erhalten. Obwohl ihre Heeresorganisation abgeschafft wurde, blieb der Stand der kosakischen Wehrbauern bestehen. Als die Kosaken im Jahre 1782 registriert wurden, meldeten sich über 400 000 männliche Seelen, unter ihnen auch zahlreiche Bauern, die der Leibeigenschaft entgehen wollten. Die schwere Dienstpflicht führte zwar zum weiteren ökonomischen Absinken der Kosaken, doch blieben sie bis in die 1830er Jahre eine militärische Sonderkategorie der Staatsbauern mit dem Recht auf Landbesitz und auf Alkoholverkauf.

Auch die Stadtbevölkerung der Ukraine konnte sich ihre spezifische Organisation nach dem Magdeburger Recht erhalten, die allerdings mehr symbolischen Charakter als reale Bedeutung hatte. Die alten Institutionen kamen bald in Konflikt mit denen der 1785 auch in der Ukraine eingeführten neuen russischen Stadtverwaltung. Endgültig abgeschafft wurde das Magdeburger Recht in der Ukraine erst in den 1830er Jahren.

Die wirtschaftliche Integration der linksufrigen Ukraine folgte den wechselnden Prioritäten der russischen Wirtschaftspolitik. Unter dem protektionistischen Merkantilismus der Zeit Peters des Großen wurde der Handel des Reichs auf die neuen Ostseehäfen ausgerichtet. Der direkte Handel der Ukraine mit dem westlichen Ausland wurde zum Teil verboten, die ukrainischen Kaufleute gegenüber den russischen benachteiligt. Schon in der zweiten Hälfte des 18. Jahrhunderts waren die russischen Kaufleute in der linksufrigen Ukraine zahlreicher und wohlhabender als die ukrainischen.

Auch die Vorindustrialisierung der petrinischen Zeit kam der Ukraine kaum zugute: Ihr wurde die Aufgabe des Lieferanten landwirtschaftlicher Produkte zugewiesen. Lediglich einige staatliche Textilmanufakturen in der Sloboda-Ukraine wären zu nennen. Andere Industriezweige wie die Pottaschefabrikation wurden als Konkurrenten diskriminiert. Im Ganzen hat die petrinische Wirtschaftspolitik, die in der ukrainischen Historiographie nicht selten als kolonial beschrieben wird, Gewerbe und Handel in der linksufrigen Ukraine einen Schlag versetzt, von dem sie sich nicht mehr erholten. Mit der Lockerung der Wirtschaftspolitik um die Jahrhundertmitte wurden die Zollgrenzen zu Russland aufgehoben und die linksufrige Ukraine allmählich in den russischen Markt integriert.

Die kulturelle Integration der Ukraine war eng mit der Kirche verbunden. Die ukrainische Kirche verlor im 18. Jahrhundert die letzten Reste ihrer einstigen Autonomie. Der Kiever Metropolitenstuhl blieb vorübergehend verwaist und büßte seine herausragende Stellung endgültig ein. Im Jahre 1786 wurden – 22 Jahre nach dem übrigen Russland – auch in der linksufrigen Ukraine die kirchlichen und klösterlichen Güter säkularisiert. Die Kirchen- und Klosterbauern wurden wie in Russland in die Kategorie der Staatsbauern eingegliedert.

Die kirchlichen Bildungsinstitutionen, die Kiever Akademie und die Kollegien der Ukraine, verloren damit ihren ökonomischen Rückhalt. Sie blieben zwar erhalten, waren aber auf Zuschüsse der Regierung angewiesen und verloren im säkularisierten Russischen Reich rasch an Bedeutung. Immerhin studierten bis zum Jahre 1811 an der Kiever Akademie regelmäßig etwa tausend Studenten. Die Mehrheit von ihnen waren allerdings Priestersöhne, was die Transformation der allgemeinbildenden Hochschule zu einer Geistlichen Akademie belegt. Vor der Säkularisierung hatten die höheren Schulen der Ukraine weiter als Kaderschmiede gedient. Viele der später in Russland Karriere machenden ukrainischen Adligen hatten sie besucht, ebenso wie Hryhorij Skovoroda (1722–1794), der herausragende ukrainische Denker des 18. Jahrhunderts. Skovoroda hatte außerdem in Westeuropa seine Bildung erweitert, war dann als Lehrer an den Kollegien von Perejaslav und Charkiv tätig gewesen, dazwischen aber immer wieder als wandernder Philosoph durch die Ukraine gezogen. Er hinterließ zahlreiche philosophische Schriften in lateinischer und kirchenslawischer Sprache, die kein geschlossenes System bilden, sondern antikes, religiöses und aufklärerisches Denken unter dem Leitbegriff der Selbsterkenntnis zu einer Lebensphilosophie zu vereinen suchen.

Die Frage einer sprachlichen Integration der linksufrigen Ukraine im 18. Jahrhundert wird in der Forschung unterschiedlich beantwortet. So wird ein Ukas Peters des Großen von 1720 immer wieder als Verbot ukrainischsprachiger Publikationen interpretiert, obwohl es offensichtlich nur der Versuch war, die neue russische Schrift in der Ukraine durchzusetzen. Auch die Vereinheitlichungspolitik Katharinas II. zielte nicht auf eine gezielte sprachliche Russifizierung, schon deswegen nicht, weil der Kaiserin die Vorstellung von einer ukrainischen Hochsprache fernlag. De facto führte die fortschreitende administrative und soziale Integration der linksufrigen Ukraine aber zu einer Ausbreitung der russischen Sprache auf Kosten des ukrainisch gefärbten Kirchenslawischen und des Lateinischen. Die russische Sprache, die sich nun auch in Russland selber als Hochsprache durchgesetzt hatte, wurde von der ukrainischen Elite immer mehr akzeptiert. Auch in der Kiever Akademie wurde 1765 das Russische zur Unterrichtssprache erklärt.

Die neue verwestlichte russische Adelskultur wurde im Laufe des 18. Jahrhunderts für die ukrainische Oberschicht attraktiv, nachdem sich die Ukrainer bisher als westlich Gebildete den «Moskowitern» überlegen gefühlt hatten. Lebensformen, Kultur, Sprache (neben der russischen auch die französische) des russischen Adels breiteten sich in der Ukraine aus. Angesichts der fehlenden religiösen Barriere und der kulturellen Verwandtschaft ging dies schneller vor sich als bei anderen nichtrussischen Eliten. Auch familiäre Verflechtungen zwischen russischem und neuem ukrainischen Adel nahmen zu. Immer mehr Angehörige der ukrainischen Elite machten Karriere in Militär und Behördendienst und stiegen in der glänzenden Hauptstadt in hohe Ämter auf: Zu nennen wären Persönlichkeiten wie Oleksandr Bezborodko oder Viktor Kočubej. Die relativ gute Ausbildung der ukrainischen Elite erleichterte ihre Karriere in Militär und Bürokratie. Nicht zufällig wurde Petro Zavadovs'kyj, Absolvent der Kiever Akademie, in Russland 1782 Vorsitzender der Hauptschulkommission und 1802 erster Minister für Volksaufklärung.

Für die relativ rasche und reibungslose Integration des Hetmanats in das Russische Reich war also nicht nur die russische Regierung verantwortlich, sondern auch die ukrainische Elite. Die Oberschicht der Kosaken hatte die traditionellen Rechte des Hetmanats, die Traditionen der Kosakendemokratie, bis ins 18. Jahrhundert bewahrt. Sie wäre die einzige Kraft gewesen, die der russischen Politik hätte Widerstand entgegensetzen können. Dazu zeigte die Mehrheit der Kosakenoffiziere aber wenig Neigung, sondern sie ergriff lieber die Gelegenheit, der attraktiven Rechte und Privilegien der russischen Adligen teilhaftig zu werden. Auf der Strecke blieben die übrigen Stände, vor allem die in die Leibeigenschaft absinkenden abhängigen Bauern.

Die populistische ukrainische Historiographie hat der ukrainischen Oberschicht den Vorwurf gemacht, damit die Interessen der Nation und des Volkes verraten zu haben. Solche Vorwürfe sind indessen dem 18. Jahrhundert kaum angemessen, als soziale, ständische Loyalitäten viel wichtiger waren als ethnische oder gar nationale. Dennoch ist die Tatsache, dass die Ukrainer nach der ersten Welle in Polen-Litauen erneut ihre Elite durch Aufstiegsassimilation verloren, ein wichtiges Element ihrer Geschichte. Es sollte im 20. Jahrhundet noch einmal an den Tag treten.

Die Ukrainer im Königreich Polen-Litauen

Auch im Königreich Polen-Litauen, wo mehr als die Hälfte der Ukrainer lebten, setzte sich im 18. Jahrhundert die Integration der ukrainischen Gebiete fort. Gleichzeitig verstärkte sich die wirtschaftliche und politische Krise der Adelsrepublik unter dem russischen Protektorat, das Peter der Große im Jahre 1717 etabliert hatte. Der polnische und polonisierte ukrainische Adel und besonders die reichen Magnaten bauten ihre Stellung gegenüber den anderen Ständen weiter aus. Etwa vierzig Magnatenfamilien sollen in der Jahrhundertmitte nicht weniger als drei Viertel des Bodens in der rechtsufrigen Ukraine in ihrem Besitz gehabt haben. So besaß die Familie Potocki allein im Gebiet von Uman' acht Städte und 173 Dörfer; im Ganzen sollen ihr über 100 000 ukrainische Bauern gehört haben. Im Dienste der Magnaten wirkten zahlreiche jüdische Gutspächter, Verwalter und Schankwirte. Die ehemalige ukrainische Elite war nun ganz polonisiert und mehrheitlich zum Katholizismus übergetreten, sodass sie sprachlich und konfessionell von den unierten oder orthodoxen, meist leibeigenen ukrainischen Bauern getrennt war.

Die Römisch-Katholische Kirche baute ihre Vorrangstellung weiter aus. Die Unierte Kirche erreichte die angestrebte Gleichberechtigung auch jetzt nicht, während die Reste der orthodoxen Bevölkerung in Polen-Litauen keine eigene Kirchenorganisation mehr hatten. Die Diskriminierung der Orthodoxen gab der russischen Regierung gute Möglichkeiten, in die inneren Angelegenheiten Polen-Litauens einzugreifen. Die Situation der sogenannten Dissidenten war für Russland wie für Preußen ein Vorwand, sich einzumischen.

Der soziale und konfessionelle Zündstoff entlud sich in der Protestbewegung der Hajdamaken. Der Begriff Hajdamaken kommt ebenso wie derjenige der Haiducken auf dem Balkan aus dem Türkischen und bezeichnet die ukrainischen Widerstandskämpfer gegen die polnische Herrschaft, je nach Optik eher im Sinne von Räubern oder von Partisanen. Die aus ehemaligen Kosaken und aus orthodoxen Bauern rekrutierten Hajdamaken lebten als Räuber in den Wäldern. Als Führer traten gelegentlich Kosaken aus der linksufrigen Ukraine und der Zaporožer Sič auf. Ihre kleineren und größeren Aktionen richteten sich vorwiegend gegen die polnischen Gutsbesitzer und ihre jüdischen Pächter und Verwalter, gegen den römisch-katholischen und unierten Klerus.

Die Hajdamakenaufstände von 1734 und 1750 rissen auch zahlreiche ukrainische Bauern mit. Viele polnische Adlige und Juden wurden getötet. Zielsetzungen der Aufstände waren die Abschaffung der Leibeigenschaft und die Rückgabe des Landes an die Bauern, die Gleichberechtigung der Orthodoxen und die Wiedererrichtung der kosakischen Organisation, der alten Kosakenfreiheit. Das bedeutet, dass sie wie die meisten vormodernen Volksaufstände die Wiedererrichtung des Status quo, des guten alten Rechts, zum Ziele hatten.

Die heftigste Erhebung, die sogenannte Kolijivčšyna, fand im Jahre 1768, während einer Krise der Adelsrepublik, statt, als sich die Konföderation von Bar gegen die russische Herrschaft und auch gegen deren Einmischung in die religiösen Angelegenheiten Polens erhob. Die militärischen Anführer der Hajdamaken waren wiederum Kosaken aus der Sič und aus den Privatarmeen polnischer Magnaten. Die Hauptmasse der Aufständischen bildeten ukrainische Bauern. Dazu kamen Teile der Stadtbevölkerung und sogar vereinzelte Adlige. Die Erhebung von 1768 nahm besonders blutige Züge an: Allein in der von den Aufständischen eroberten Stadt Uman' sollen 2000 Polen und Juden umgebracht worden sein. Das von Krisen geschüttelte Polen-Litauen konnte mit eigenen Kräften der Hajdamakenaufstände nicht Herr werden, sondern es waren russische Truppen, die sie niederwarfen. Es folgten harte Repressionen der polnischen Behörden, die Tausenden von ukrainischen Bauern das Leben kosteten.

Die Hajdamaken sind als edle Verteidiger des orthodoxen Glaubens und der Interessen des Volkes in die ukrainische Volksdichtung eingegangen. Unsterblich wurden sie durch Ševčenkos Poem *Hajdamaky*. Tatsächlich stellen die Hajdamaken in der rechtsufrigen Ukraine ein Bindeglied zwischen den kosakischen Traditionen des 17. und der Nationalbewegung des 19. Jahrhunderts dar. In der jüdischen Tradition sind die Hajdamaken jedoch wie die Kosaken Chmel'nyc'kyjs als grausame Verfolger der Juden in Erinnerung geblieben, als zweites Glied in der Reihe von Judenverfolgungen in der Ukraine nach dem Aufstand von 1648.

Die Hajdamakenaufstände zeigten deutlich die Instabilität der sozio-politischen Ordnung der polnischen Adelsrepublik im 18. Jahrhundert. Die Interventionen der russischen Truppen verliehen den Revolten auch außenpolitische Bedeutung, und gerade die Kolijivščyna gehört schon zur Vorgeschichte der Teilungen Polens.

In der Ersten Teilung Polens fielen 1772 zusammen mit dem südlichen Kleinpolen Galizien und das westliche Podolien an das Habsburger Reich. Das Gebiet wurde als «Königreich Galizien und Lodomerien» bezeichnet, womit auf die kurzfristige ungarische Oberhoheit über das Fürstentum Galizien-Wolhynien im 13. Jahrhundert zurückgegriffen wurde, um die Annexion (fragwürdig) zu legitimieren. Drei Jahre später besetzte Österreich auch die Bukowina, die zum unter osmanischem Protektorat stehenden Fürstentum Moldau gehört hatte und im Norden zum Teil von ukrainischen Bauern bewohnt war. In der Zweiten Teilung Polens von 1793 fiel die ganze rechtsufrige Ukraine an das Russische Reich. Sie wurde in den Gouvernements Kiev, Podolien und Wolhynien organisiert.

Damit wurde am Ende des 18. Jahrhunderts der zum Teil über vierhundertjährigen, zum Teil über zweihundertjährigen Zugehörigkeit weiter Teile der Ukraine zu Polen-Litauen ein Ende gesetzt. Die lange polnische Herrschaft wird in der ukrainischen Tradition, in Volksüberlieferung und populistischer Historiographie überwiegend negativ bewertet. Man betont die soziale und konfessionelle Unterdrückung durch die stolzen polnischen Pane, die die Ukrainer nie als ebenbürtig akzeptiert hätten. Doch darf dieses Bild nicht verschleiern, wie sehr die Zugehörigkeit zur polnischen Adelsrepublik die Geschichte weiter Teile der Ukraine geprägt hat. Sie vermittelte den Zugang zu westlichen politischen Strukturen und Werten, auf die sich die Ukrainer bis heute in Abgrenzung von den Großrussen berufen. Dafür stehen das Stadtrecht, ständische Verfassungselemente, die lateinisch-westlichen Kulturtraditionen, der Einfluss von geistigen Strömungen wie der Scholastik, des Humanismus, der Reformation und der katholischen Reform. Der polnische Adel und die polnische Kultur hatten ihre Rolle in der Ukraine am Ende des 18. Jahrhunderts noch nicht ausgespielt. Auch nach dem Untergang ihres Staates blieb ihr Einfluss auf die Ukrainer wirksam, im Russischen Reich bis in die zweite Hälfte des 19. Jahrhunderts, in der Westukraine bis zum Zweiten Weltkrieg.

7. Die Ukraine unter Zar und Kaiser und die Anfänge der ukrainischen Nationalbewegung in der ersten Hälfte des 19. Jahrhunderts

Im 19. Jahrhundert standen alle Ukrainer unter der Herrschaft der Kaiser in Petersburg oder Wien. Die Aufteilung auf das Russische und das Habsburger Reich ließ die Unterschiede zwischen der seit dem 14. Jahrhundert polnischen Westukraine und der zentralen und östlichen Ukraine weiter anwachsen. Doch auch in der unter russischer Herrschaft stehenden Ukraine blieben historisch bedingte Besonderheiten der Teilregionen, der südlichen, der rechts- und der linksufrigen Ukraine, bestehen.

Integration der südlichen und rechtsufrigen Ukraine in das Russische Reich

Die heutige Südukraine, das Steppengebiet nördlich des Schwarzen Meeres, wurde erst seit dem Ende des 18. Jahrhunderts als sogenanntes Neurussland (Novorossija) ins Russische Reich eingegliedert. Zuvor war die Steppe die Domäne von Reiternomaden gewesen, von den Skythen über die Hunnen, Awaren, Chasaren, Ungarn, Petschenegen, Polowzer/Kumanen bis zu den Mongolen, deren letztes Nachfolgereich das Khanat der Krimtataren war. Seit dem 16. Jahrhundert hatten die Zaporožer Kosaken in die Steppenregion ausgegriffen, ohne sie aber, von den Stützpunkten am Dnjepr abgesehen, dauerhaft zu besiedeln. Der russische Sieg über das Osmanische Reich 1774, die Zerstörung der Zaporožer Sič 1775 und die endgültige Annexion des Krimkhanats im Jahre 1783 schufen die Voraussetzungen für eine Erschließung und Besiedlung dieser Region.

In der Mitte des 18. Jahrhunderts hatte die Besiedlung Neurusslands als Militärkolonisation begonnen: Als Wehrbauern wurden in erster Linie Serben, Rumänen und andere christliche Ethnien aus dem Osmanischen Reich angesiedelt. Die zweite Phase der Erschließung, vom Ende des 18. bis zur Mitte des 19. Jahrhunderts, stand unter wirtschaftlichen Vorzeichen: Die Weidegebiete und die fruchtbaren Schwarzerdeböden der Steppe sollten für die Landwirtschaft genutzt werden. Gleichzeitig richtete sich der Blick der russischen Regierung auf das Schwarze Meer: Neue Häfen sollten den Außenhandel ankurbeln und militärstrategischen Zielen dienen.

Es war zunächst der russische Staat, der Bauern mit dem Versprechen von Privilegien nach Neurussland lockte. Staatsbauern aus der Ukraine, unter ihnen zahlreiche Kosaken, und aus dem Inneren Russlands wurden in die Südukraine umgesiedelt. Adlige erhielten hier Grundbesitz unter der Bedingung, dass sie ihn mit Bauern besiedelten. Außerdem wurden ausländische Kolonisten aus verschiedenen Ländern, seit dem Beginn des 19. Jahrhunderts vor allem aus Deutschland, in die Südukraine gerufen. Schon seit den 1780er Jahren hatten sich aus Westpreußen eingewanderte deutsche Mennoniten am unteren Dnjepr, in der Gegend der ehemaligen Zaporožer Sič, niedergelassen. Die Kolonisten erhielten verhältnismäßig große Grundstücke zugewiesen, und es wurden ihnen eine ganze Reihe von Privilegien, wie die Befreiung vom Militärdienst, Selbstverwaltungsrechte und Glaubensfreiheit, gewährt. Nachdem die im Spätmittelalter in die Städte der Westukraine eingewanderten Deutschen seit längerer Zeit polonisiert worden waren, etablierte sich mit den Kolonisten zum zweiten Mal eine deutsche Minderheit in der Ukraine. Die sogenannten Schwarzmeerdeutschen erfüllten die Erwartungen der Regierung, und viele von ihnen wurden zu prosperierenden Ackerbauern und Gewerbetreibenden.

Neben der staatlichen Kolonisation setzte sich auch die spontane Wanderung von Bauern in Richtung Steppe fort. Staatsbauern und Leibeigene aus der Ukraine und Russland zogen in die neu erschlossenen Gebiete, die nicht nur bessere wirtschaftliche Perspektiven versprachen, sondern auch mehr Freiheit. Im Laufe der Zeit dehnte sich aber die Leibeigenschaftsordnung auch hier aus. Der Staat verlieh hohen Würdenträgern große

Latifundien, so dem Fürsten Vjazemskij im Gebiet der Sič nicht weniger als 200 000 Desjatinen (etwa 2000 Quadratkilometer). Auf diesem zunächst unbewohnten Land siedelten die russischen Adligen allmählich russische und ukrainische Gutsbauern an. Dennoch blieb der Anteil an Leibeigenen in Neurussland geringer als in der rechtsufrigen Ukraine.

Der russische Staat gab auch die Initiative zur Begründung von Städten in Neurussland, so 1783 von Ekaterinoslav (Katerynoslav), dem heutigen Dnipropetrovs'k. Als wichtigste Neugründung folgte 1794 die Hafenstadt Odessa, die bald zum wirtschaftlichen Zentrum der neuen Region wurde. Odessa (ukrainisch Odesa) zog den Außenhandel über das Schwarze Meer an sich und wurde zum wichtigsten Getreideexporthafen des Russischen Reiches. Seine Bevölkerung wuchs rasant an: von 12 500 im Jahre 1808 über 40 000 1820 auf 69 000 im Jahre 1840. Im Jahre 1856 war Odessa mit über 100 000 Einwohnern die viertgrößte Stadt des Russischen Reiches. Die Stadt am Schwarzen Meer wurde bald zu einem Schmelztiegel der Nationalitäten; neben Russen lebten hier viele Juden, Griechen, Bulgaren, Armenier, Deutsche, Italiener und Franzosen. Ukrainer blieben eine kleine Minderheit: Die größte Stadt der Ukraine war die am wenigsten ukrainische.

Neurussland, das neu erschlossene Steppengebiet nördlich des Schwarzen Meeres, unterschied sich von den anderen Regionen der Ukraine und des Russischen Reiches durch sein rasches Bevölkerungswachstum, seine bunte ethnische Mischung, seinen bedeutenden Aufschwung in Landwirtschaft und Handel, seine lockerere Sozialordnung mit weniger Leibeigenen und einer größeren Mobilität und seinen freieren, unternehmerischen, kosmopolitischen Pioniergeist. Obwohl die Ukrainer, in ihrer überwiegenden Mehrzahl Bauern, immer die Bevölkerungsmehrheit Neurusslands stellten, waren sie daran weniger als die anderen ethnischen Gruppen beteiligt.

In den vier Teilungen Polens von 1772 bis 1815 war der größte Teil des seit dem Mittelalter bestehenden Königreiches Polen-Litauen unter russische Herrschaft gekommen. Die polnische Adelsnation fand sich indessen nicht mit dem Verlust der staatlichen Selbständigkeit ab, und die polnische Frage sollte die Innen- und Außenpolitik Russlands im 19. Jahrhundert wesentlich bestimmen. Auch die russische Politik gegenüber den zum größeren Teil seit Jahrhunderten vom polnischen Adel abhängigen Ukrainern wurde von der Polenpolitik beeinflusst.

Die russische Politik gegenüber den polnischen Kerngebieten unterschied sich von der Politik gegenüber den mehrheitlich ostslawisch besiedelten Räumen im Osten. Das 1815 geschaffene Königreich Polen, in dessen südöstlichen Randgebieten größere Gruppen von Ukrainern lebten, erhielt weitgehende Autonomie. Allerdings wurde diese Autonomie ähnlich wie im Falle des ukrainischen Hetmanats im 17. Jahrhundert von den beiden Seiten unterschiedlich interpretiert. Dies war eine Ursache für den polnischen Aufstand von 1830/31, der das Experiment des weitgehend eigenständigen Königreiches Polen beendete.

Die rechtsufrige Ukraine, die in der zweiten Teilung Polens im Jahre 1793 (und zu einem geringen Teil in der dritten Teilung von 1795) erstmals zu Russland kam, wurde dagegen, ebenso wie die Gebiete Weißrusslands und Litauens, in die russische Gouvernementsverwaltung eingegliedert. Damit verlor der polnische und polonisierte ukrainische Adel seine politische Führungsstellung an die russische Bürokratie. Dennoch suchte die russische Regierung die Zusammenarbeit mit dem polnischen Adel. Sie besetzte zahlreiche Verwaltungsposten mit Polen, und die polnische Amts- und Gerichtssprache blieb erhalten. Der loyale gutsbesitzende polnische Adel wurde in den Adel des Reiches kooptiert, und seine Grundbesitzrechte wurden bestätigt. Die russische Regierung kooperierte vor allem mit den reichen polnischen Magnaten, deren Großgrundbesitz sich im ersten Viertel des 19. Jahrhunderts noch ausdehnte. Ein Teil der sehr zahlreichen armen Adligen wurde dagegen zu Lastenpflichtigen deklassiert, vor allem nach dem Aufstand von 1830/31.

Der Novemberaufstand, an dem sich zahlreiche polnische Adlige der Ukraine, nicht aber ihre ukrainischen Bauern beteiligten, führte zu einer Abwendung von der pragmatischen Politik der Kooperation. Die polnischen Adligen, die sich gegen den Zaren erhoben hatten, wurden enteignet. Die Verwaltung wurde vereinheitlicht und die russische Amtssprache eingeführt. Zahlreiche Polen verloren ihre Stellung in der Regionalverwaltung, viele emigrierten. Die loyalen polnischen Magnaten konnten jedoch ihre soziale und ökonomische Dominanz bewahren.

Für die ukrainischen Bauern blieb unter russischer Herrschaft fast alles beim Alten: Sie waren auch nach 1830 Leibeigene der katholischen polnischen Gutsbesitzer, und ihre Rechte wurden nach russischem Vorbild sogar noch weiter beschnitten, während ihre Lasten anstiegen. Sie blieben damit unter dem kulturellen Einfluss der Polen, die das polnische Bildungswesen in der Ukraine weiter ausbauten. Allerdings hatte die russische Regierung seit den Teilungen den Kampf der russischen Kirche gegen die Unierten unterstützt. Noch unter der sonst toleranten Katharina II. wurden fast alle unierten Bistümer der Ukraine aufgelöst und zahlreiche unierte Ukrainer zum Teil zwangsweise in den Schoß der Orthodoxie zurückgeführt.

Nachdem sich der Druck Russlands auf die Unierten vorübergehend gelockert hatte, wurden die Integrationsmaßnahmen nach dem Novemberaufstand verschärft. Zahlreiche römisch-katholische Klöster in der Ukraine wurden geschlossen und ihr Besitz konfisziert. Im Jahre 1839 wurde die Unierte Kirche aufgehoben. Die polnische Sprache wurde aus Verwaltung und Gerichten verbannt, die polnischen mittleren und höheren Lehranstalten wurden geschlossen. Zwar gelang es, die unierten Ukrainer in die orthodoxe Kirche einzugliedern, die Maßnahmen gegen die polnische Kultur zeitigten jedoch wenig Wirkung. Die Polen blieben die sozial, wirtschaftlich und kulturell bestimmende Gruppe in der rechtsufrigen Ukraine.

Nach den Teilungen hatte Russland die ständisch-korporative Organisation der Städte, auch der zahlreichen kleinen Schtetl, garantiert. Viele Städte blieben im Besitz von Magnaten, so gehörte das überwiegend jüdische Berdyčiv mit seinen 1860 über 50 000 Einwohnern den Radziwiłłs. Mit den Teilungen Polens waren erstmals Juden in größerer Zahl unter russische Herrschaft gekommen. Zunächst wurden die Juden als gleichberechtigte Mitglieder in die städtischen Stände eingegliedert. Die auf dem Lande als Schankwirte oder Gutspächter tätigen Juden passten nicht in dieses Schema, und die Regierung bemühte sich deshalb mit wechselndem Erfolg, sie in die Städte umzusiedeln. Ein Motiv dafür war, die Stellung der Juden im ukrainischen Dorf zu schwächen und die orthodoxen Bauern aus der Abhängigkeit von Nichtchristen zu befreien. Die ursprünglich verfügte Gleichberechtigung der Juden wurde bald wieder beschnitten. Am wichtigsten war die Beschränkung ihrer geographischen Mobilität auf einen Ansiedlungsrayon, außerhalb dessen sich Juden nicht ständig niederlassen durften. Zum jüdischen Ansiedlungsrayon gehörten neben den ehemals polnischen Gebieten auch die linksufrige Ukraine und Neurussland. Zahlreiche Juden nutzten die Gelegenheit und ließen sich als Händler und Handwerker in den Städten der südlichen und östlichen Ukraine nieder. Das Ziel einer Integration der Juden in die Stadtgesellschaft scheiterte jedoch. Die Juden lebten weiter in ihren von der christlichen Bevölkerung abgesonderten Gemeinschaften. In den kleineren Städten der rechtsufrigen Ukraine stellten sie einen hohen Prozentsatz der Bevölkerung.

Während sich im Süden und im Westen der russischen Ukraine im Laufe der ersten Hälfte des 19. Jahrhunderts wesentliche Veränderungen vollzogen, blieb die Situation in der linksufrigen Ukraine stabil. Die wichtigsten sozialen Gruppen waren weiterhin der ukrainische, immer stärker russifizierte Adel, die ethnisch gemischte Stadtbevölkerung, die neben Ukrainern und Russen neu auch Juden umfasste, die ukrainischen Bauern, unter ihnen die in den 1830er Jahren endgültig zu Staatsbauern erklärten Kosaken, und die ukrainische orthodoxe Geistlichkeit, die einem steigenden Russifizierungsdruck unterlag. Das ehemalige Hetmanat hatte seine zentrale Bedeutung als Kristallisationskern des ukrainischen politischen und kulturellen Lebens eingebüßt und war nun eine zweitrangige, auch wirtschaftlich rückständige Provinz des Russischen Reiches. Sein altes Zentrum Kiev wurde zum Mittelpunkt der rechtsufrigen Ukraine, während sich im Osten das in der ehemaligen Sloboda-Ukraine liegende Charkiv zum neuen, stark russisch geprägten Regionalzentrum entwickelte.

Die Erschließung Neurusslands und die Begründung der Schwarzmeerhäfen gab der wirtschaftlichen Entwicklung der gesamten Ukraine neue Impulse. Die besseren Exportmöglichkeiten infolge der stark verkürzten Transportwege hatten eine Ausweitung der Vieh- und Getreidewirtschaft zur Folge. Reichere Adlige gingen auf ihren großen Gutsbetrieben zu einer kommerzialisierten Agrarwirtschaft über. Die Ukraine wurde in dieser Zeit zur Kornkammer Europas. Auch der Anbau von Tabak, Zuckerrüben, Obst und Mais wurde ausgeweitet. Diese landwirtschaftlichen Produkte, kaum aber Getreide, wurden auch im Russischen Reich abgesetzt. Ein protektionistischer Zolltarif sperrte im Jahre 1822 den ukrainischen Markt für die ausländische Konkurrenz, sodass die Ukraine gezwungen war, im Gegenzug russische Fertigwaren, vor allem Textilien, einzuführen. Diese Maßnahmen benachteiligten die Entwicklung der ukrainischen Industrie gegenüber der russischen und polnischen. Sie spezialisierte sich auf die Verarbeitung landwirtschaftlicher Produkte und wurde in erster Linie von polnischen und russischen Gutsadligen mit Hilfe leibeigener Bauern auf dem Lande organisiert. Wichtig blieben Schnapsbrennerei und Wolltuchfabrikation; gegen die Jahrhundertmitte wurden die Zuckerraffinerien zum führenden Industriezweig, in dem auch moderne Technologien zum Einsatz kamen. Sie wurden in der rechtsufrigen Ukraine von polnischen Magnaten und Juden betrieben. In den 1850er Jahren produzierte die Ukraine 80 Prozent des Zuckers im Russischen Reich. Im Bereich der Schwer- und Textilindustrie blieb sie jedoch zurück.

«Tiroler des Ostens»

Das österreichische Kronland «Königreich Galizien und Lodomerien» umfasste nicht nur das mehrheitlich ukrainische Galizien, sondern im Westen auch weite Teile Kleinpolens, die überwiegend von Polen besiedelt waren. Galizien besaß trotz seiner Bezeichnung als Königreich eine nur bescheidene politische Autonomie, es war eine Verwaltungseinheit. Der Begriff Galizien ist im 19. Jahrhundert zweideutig, deshalb wird das eigentliche Galizien, die Gegend um Lemberg, wo die Ukrainer in der Mehrheit waren, oft als Ost-Galizien bezeichnet. Zum Kronland Galizien gehörte bis 1849 auch die außer von Ukrainern von Rumänen und Juden bewohnte Bukowina, während die von Ukrainern besiedelten Gebiete jenseits der Karpaten weiter in die ungarischen Komitate eingegliedert blieben.

Die politisch führende Gruppe der Westukraine stellten nun die deutsch-österreichische Bürokratie und Armee, doch blieb in Galizien der polnische Gutsadel die sozial und kulturell dominante Schicht, in der Bukowina die Rumänen, in Transkarpatien die Magyaren. Juden spielten als Händler und Handwerker in den Städten und – im Dienste polnischer Adliger – als Schankwirte auf dem Lande ihre traditionelle Mittlerrolle. Die Ukrainer in Ost-Galizien und in der nördlichen Bukowina, die von den Behörden Ruthenen genannt wurden und sich selbst als Rusyny bezeichneten, waren nur auf dem Lande in der Mehrheit.

Die Josephinischen Reformen brachten am Ende des 18. Jahrhunderts eine gewisse Verbesserung der rechtlichen und sozialen Lage der leibeigenen Bauern. Allerdings sorgte der polnische Adel dafür, dass die wirtschaftliche Abhängigkeit und die Fronleistungen der ukrainischen Bauern erhalten blieben. Wirtschaftlich waren Ost-Galizien und die Bukowina überwiegend agrarisch geprägt. Die im Gegensatz zur Ostukraine relativ dichte Besiedlung und das Fehlen von Kolonisationsgebieten verschärften den Landmangel und die Ernährungssituation der ukrainischen Bauern. Die alten wirtschaftlichen Beziehungen Galiziens waren durch die Teilungen Polens unterbrochen worden, und es spielte innerhalb Österreichs die Rolle einer rückständigen Peripherie.

Für die Ukrainer Galiziens stellte die Unierte Kirche den einzigen organisatorischen Rückhalt gegenüber dem starken polnischen Druck dar. Österreich gewährte der Unierten Kirche, die seit 1774 Griechisch-Katholische Kirche hieß, die von Polen versagte rechtliche Gleichstellung, und im Jahre 1808 wurde der Bischof von Lemberg zum Metropoliten von Halyč ernannt.

Schon 1771 war für die ebenfalls unierten Karpaten-Ukrainer die Diözese Mukačiv errichtet worden. Für den griechisch-katholischen Klerus hatte schon Maria Theresia 1774 in Wien ein theologisches Seminar, das sogenannte Barbareum, eingerichtet. An seine Stelle trat in den achtziger Jahren ein Seminar in Lemberg. Die im Jahre 1784 begründete Universität Lemberg war eine deutsche Universität, deren wichtigste Unterrichtssprache bis 1824 das Lateinische war. Im sogenannten Studium Ruthenicum wurden zwischen 1787 und 1809 auch kirchenslawisch-ukrainische Vorlesungen gehalten. Gleichzeitig wurden die Grundlagen eines ukrainischsprachigen Elementarschulwesens geschaffen. Infolge der Reaktion in Österreich und des Widerstandes des polnischen Adels erlitt das Bildungswesen in Galizien in der Folge Rückschläge. Dennoch war die Basis für eine kulturell-religiöse Renaissance geschaffen worden. Die Reformen begründeten eine lange andauernde Loyalität der ukrainischen Bauern und Geistlichen gegenüber dem österreichischen Kaiser, die den Ruthenen den Beinamen «Tiroler des Ostens» eintrug.

Anfänge der ukrainischen Nationalbewegung

Am Ende des 18. und zu Beginn des 19. Jahrhunderts entstanden in ganz Europa nationale Bewegungen. Sie wurden im Laufe des Jahrhunderts zu einer bestimmenden historischen Kraft, formten ständische Gesellschaften und ethnische Gruppen zu Nationen um, die später Anspruch auf Nationalstaaten erhoben. Die Völker Europas wurden nicht alle gleichzeitig von der Nationalbewegung erfasst, sondern es lassen sich Phasenverschiebungen beobachten, die mit dem sozio-ökonomischen Entwicklungsstand, der politischen Situation in den jeweiligen Staaten und mit kulturellen Bedingungen zusammenhingen.

Die meisten ethnischen Gruppen Europas lebten im 18. Jahrhundert in Vielvölkerreichen und wurden politisch und sozial von andersethnischen Eliten dominiert. Sie verfügten oft über keine lebendige Schriftsprache und Hochliteratur. Die nationalen Bewegungen setzten in der Regel mit der Erweckung der Kultur ein: Eine kleine Gruppe von Intellektuellen begann sich mit Sprache, Kultur und Geschichte des Volkes zu beschäftigen. Im Laufe der Zeit kamen politische Zielsetzungen hinzu, oft in Form von Autonomieforderungen. In dieser Phase der politischen Agitation versuchte die national aktive Intelligenz, breitere Kreise für die nationale Sache zu mobilisieren.

Auch bei den Ukrainern begannen sich seit dem Ende des 18. Jahrhunderts einzelne Persönlichkeiten für die ukrainische Sprache und Kultur zu interessieren. Dabei gingen die Ukrainer des Russischen Reiches, aus dem ehemaligen Hetmanat und der Sloboda-Ukraine, voran. Als Auftakt gilt das Erscheinen des ersten literarischen Werkes in ukrainischer Umgangssprache im Jahre 1798: die *Eneida* von Ivan Kotljarevs'kyj, eine Parodie auf Vergils *Aeneis*, die ein satirisches Bild der Ukraine zeichnet. In den ersten Jahrzehnten des 19. Jahrhunderts folgten weitere belletristische Werke in ukrainischer Sprache, so die Novellen von Hryhorij Kvitka-Osnov'janenko und die Gedichte und Übersetzungen von Petro Hulak-Artemovs'kyj. Gleichzeitig wurde damit begonnen, ukrainische Volkslieder und Kosakenepen, die sogenannten *Dumy*, zu sammeln. Auch die ukrainische Sprache wurde zum Untersuchungsobjekt, so vonseiten des damals in Charkiv wirkenden Russen Izmail Sreznevskij.

Neben Sprache und Volksliteratur war es die Geschichte, mit der sich die Ukrainer von Polen und Russen abzugrenzen suchten. Das wichtigste historische Werk war die wohl zu Beginn des 19. Jahrhunderts entstandene anonyme «Geschichte der Rus'» *(Istorija Rusov)*. Sie erschien 1846 (in russischer Sprache), war aber, wie der deutsche Reisende Johann Georg Kohl 1838 bemerkte, schon früher «in vielen Abschriften im ganzen Land verbreitet». Die *Istorija Rusov* legte den Grund für eine eigenständige Geschichte der ukrainischen Nation, die in der Kiever Rus' beginnt und in der Kosakenzeit ihren Höhepunkt findet. Es handelt sich um kein wissenschaftliches, jedoch um ein packend geschriebenes Werk. Sein Geschichtsbild übte eine große Wirkung aus, nicht nur auf Ševčenko, sondern auch auf Gogol' und Puškin. Gleichzeitig nahm die wissenschaftliche Beschäftigung mit der ukrainischen Geschichte ihren Anfang mit der vierbändigen «Geschichte Kleinrusslands» des Russen Dmitrij Bantyš-Kamenskij.

Wer waren die Träger dieser kulturellen Erweckungsbewegung? Infrage kam in erster Linie der ukrainische Adel, die Abkömmlinge der Kosaken-Oberschicht in der linksufrigen Ukraine, die sich einen kleinrussischen Landespatriotismus hatten erhalten können. Unter den jungen Intellektuellen waren denn auch die Adelssöhne in der Mehrheit. Die meisten der nationalen Erwecker sprachen und schrieben russisch, waren als loyale Untertanen des Zaren in der russischen Verwaltung oder im Bildungswesen tätig. Nicht selten waren es sogar Russen, die sich für das ukrainische Volk begeisterten und «Kleinrussland» erst entdeckten. Durch die russische Gesellschaft der Zeit ging eine Welle der Ukrainophilie, die von der zarischen Regierung als Gegengewicht gegen die Polen unterstützt wurde. So wurden die ukrainischen Erzählungen «Abende auf dem Vorwerk bei Dikanka» des Russisch schreibenden Ukrainers Gogol' (Hohol) zu Beginn der dreißiger Jahre in Petersburg begeistert aufgenommen. Gleichzeitig gab es in Polen in der ersten Hälfte des 19. Jahrhunderts ebenfalls eine Ukraine-Welle, die das Kosakentum entdeckte und sich gegen Russland richtete. Sowohl die Ukrainische Schule in der polnischen Literatur wie die russischen Ukrainophilen betrachteten die Ukrainer als regionale Variante ihrer eigenen Nation.

Wichtige Anstöße für die Anfänge der ukrainischen Nationalbewegung gingen von der Universität Charkiv (russisch Char'kov) aus. Sie war 1805 unter Mitwirkung des regionalen Adels auf der Grundlage des schon bestehenden Kollegiums begründet worden. Obwohl sie eine russische Universität war, wurde sie zum ersten Zentrum des geistigen Aufschwungs in der Ukraine. Hier trafen sich die meisten der nationalen Erwecker wie der Sprachwissenschaftler Sreznevskij, der Historiker Kostomarov oder der Dichter Hulak, der sogar Rektor der Universität war. In den dreißiger Jahren verlagerte sich der Schwerpunkt des kulturellen Lebens nach Kiev. Hier wurde im Jahre 1834 eine ebenfalls russische Universität begründet, die als

Ersatz für die nach dem Novemberaufstand aufgelösten polnischen Lehranstalten der Region dienen und dem Einfluss der Polen entgegenwirken sollte. Doch blieben die Polen nicht nur unter den Studenten dominant, auch polnische Lehrer mussten wieder beschäftigt werden, weil zu wenig qualifizierte Russen oder gar Ukrainer zur Verfügung standen.

Aus der Kiever Region stammte Taras Ševčenko (1814–1861), der einen ersten Höhepunkt der national-kulturellen Erweckung verkörperte und zur politischen Phase der ukrainischen Nationalbewegung überleitete. 1814 als Sohn eines leibeigenen Bauern geboren, war der junge Ševčenko zunächst Schafhirte, dann Küchenjunge und schließlich Kammerdiener seines Gutsherrn Engelhardt. Mit diesem ging er 1831 nach Petersburg, wo er wegen seiner großen Begabung Lehrling bei einem Kunstmaler wurde. Einer der berühmtesten Maler, Brüllow, und einer der bekanntesten Schriftsteller der Zeit, Žukovskij, nahmen sich seiner an. Brüllow malte ein Bild Žukovskijs, und von dem Erlös kauften sie den leibeigenen Ševčenko 1838 frei. Ševčenko wurde darauf Student an der Kunstakademie der Hauptstadt.

Allmählich wandte sich Ševčenko neben der Malerei auch der Dichtkunst zu und schrieb romantische Balladen über die Ukraine und die Kosaken. Im Jahre 1840 erschien seine erste Sammlung ukrainischer Gedichte unter dem Titel *Kobzar* (Spielmann), womit der junge Dichter an die ukrainischen Volkssänger, die zur Kobza, einem ukrainischen Saiteninstrument, sangen, anknüpfte. Im Jahre 1842 wurde sein Poem *Hajdamaky*, das sich mit der Kolijivščyna von 1768 beschäftigt, veröffentlicht. Es folgten weitere dichterische Werke, die die Kosakenzeit priesen, allerdings nur die einfachen Kosaken, nicht deren Oberschicht. Zu Helden seiner Werke wurden auch die unter ihren Gutsherren leidenden leibeigenen Bauern. Ševčenko gelang es, in seinem Werk verschiedene Dialekte der ukrainischen Volkssprache mit kirchenslawischen Elementen zu einer künstlerisch voll ausgebildeten Literatursprache zu verbinden. Er spielte damit eine ähnliche Rolle wie Puškin in Russland.

In den Jahren 1844 und 1845 entstanden Gedichte, die direkte soziale und politische Kritik an den herrschenden Verhältnissen übten. In «Der Traum» entwirft Ševčenko ein satirisches Bild der zarischen Bürokratie. An die Betrachtung des von Katharina II. in Petersburg für Peter den Großen errichteten Denkmals knüpft er die anklagenden Worte:

«Sie hat ihm das hingestellt hier,
Ja das will ich meinen!
Dieser Erste hat gekreuzigt
Unsre Ukraine!
Und die Zweite hat die Ärmste
Vollends dann geschunden!
Henker, Henker, Menschenfresser!
Ihr habt Euch gefunden!»

Im Ende 1845 entstandenen «Vermächtnis» ruft er seine Landsleute zur Revolte auf:

«So begrabt mich und erhebt euch!
Die Ketten zerfetzt!
Mit dem Blut der bösen Feinde
Die Freiheit benetzt!»

Diese Gedichte, «voll von aufrührerischen Gedanken und unglaublichen Frechheiten selbst gegen Personen der kaiserlichen Familie» (so ein Polizeibericht), trugen dazu bei, dass Ševčenko im Jahre 1847 zu zehnjähriger Verbannung nach Kasachstan verurteilt wurde. Er kehrte 1859 nach Petersburg zurück, wo er aber schon im Jahre 1861 starb. Dieses tragische Schicksal machte ihn zum nationalen Märtyrer und zusammen mit seiner leibeigenen Herkunft zu einem nationalen Mythos, zu einem Symbol für das Schicksal der geknechteten Ukraine. Sein Werk, das hohe literarische Qualität mit sozialen und nationalen Zielsetzungen verband, wurde zum Evangelium aller folgenden ukrainischen Patrioten. In noch höherem Maß als Mickiewicz für die Polen oder Puškin für die Russen ist Ševčenko zum Nationaldichter der Ukraine geworden. Trotz Zensurbestimmungen fanden seine Werke in der Ukraine weite Verbreitung. Sein Geburts- und Todestag wurden in der Folge nicht nur von Intellektuellen, sondern auch von Bauern regelmäßig gefeiert.

Die Verurteilung Ševčenkos stand in engem Zusammenhang mit dem Prozess gegen die erste politisch ausgerichtete ukrainische Organisation, die «Bruderschaft der Heiligen Kyrill und Method». Sie entstand in der Mitte der 1840er Jahre an der Universität Kiev als Kreis junger Idealisten. Ihre Bezeichnung nach den Slawenaposteln verweist auf den Kontext des Panslawismus, dem die Gruppe verbunden war. Gleichzeitig wirkten die Ideen der Romantik, besonders der polnischen Dichtung, auf das Gedankengut der Bruderschaft ein. Von Romantik und Religiosität geprägt, stellte sie die Frage nach dem Platz der Ukraine in der Welt der Slawen. Angestrebt wurde eine Föderation der slawischen Völker, innerhalb derer einer autonomen Ukraine eine Schlüsselstellung zukam. Damit verbanden sich die politischen Ziele von Freiheit und Gleichheit, von Demokratie und Abschaffung der Leibeigenschaft.

Ihren deutlichsten Ausdruck fanden solche Ideale in einem Werk, das «Gesetz Gottes» oder «Bücher des Werdens des ukrainischen Volkes» (Knyhy bytija ukrajinskoho narodu) genannt wurde, in deutlicher Anlehnung an die «Bücher der Pilgerschaft des polnischen Volkes» (Księgi pielgrzymstwa narodu polskiego) von Adam Mickiewicz. Es verkündet in biblischem Stil die Ideale der slawischen Einheit, der Kosakendemokratie (gegen die Moskauer Autokratie), der Orthodoxie und des Volkes (gegen Polen). Sie münden ähnlich wie bei Mickiewicz in einen nationalen Messianismus:

> «Die Ukraine wird aus ihrem Grabe auferstehen und wird erneut ihre slawischen Brüder aufrufen, und diese werden ihren Ruf hören, und das Slawentum wird sich erheben, und es wird kein Zar, kein Zarewitsch, keine Zarin, ... kein Pan, kein Bojar, kein Leibeigener und kein Sklave mehr da sein, weder in Moskowien noch in Polen, noch in der Ukraine, noch bei den Tschechen, Kroaten, Serben und Bulgaren. ... Und die Ukraine wird eine unabhängige Republik sein in einer Union der Slawen. Dann werden alle Völker, wenn sie auf der Landkarte auf die Stelle zeigen, an der die Ukraine eingezeichnet sein wird, sagen: ‹Dieser

Stein, den die Baumeister nicht beachtet haben, ist der Eckstein geworden.›»

Die Bruderschaft der Heiligen Kyrill und Method war ein kleiner Zirkel von wohl etwa einem Dutzend Intellektuellen. Zu ihnen gehörte der junge Historiker Nikolaj Kostomarov (1817–1885), der als Verfasser der «Bücher des Werdens» gilt. Er war als Sohn eines russischen Adligen und einer ukrainischen Bäuerin in der Ukraine aufgewachsen und seit 1846 an der Universität Kiev tätig. Die anderen beiden in der ukrainischen Nationalbewegung prominenten Figuren, Taras Ševčenko und der aus einer alten Kosakenfamilie stammende Schriftsteller und Historiker Pantelejmon Kuliš (1819–1897), waren dagegen mit dem Zirkel nur lose verbunden.

Die Gruppe bestand nur ein gutes Jahr lang: Ihre Mitglieder wurden aufgrund einer Denunziation schon 1847 verhaftet. Die Behörden nahmen die Angelegenheit sehr ernst. Der Chef der Gendarmerie der 3. Abteilung meinte: «In Kiev und in Kleinrussland hat sich die Slawophilie in Ukrainophilie verwandelt. Dort bemühen sich junge Menschen um die Wiederherstellung der Sprache, der Literatur und der Bräuche Kleinrusslands bis hin zu Träumen über die Rückkehr des Kosakentums und des Hetmanats ...» Als noch gefährlicher erschienen ihm die Verse Ševčenkos, «mit denen in Kleinrussland Gedanken über die Möglichkeit der Ukraine, als eigener Staat zu existieren, verbreitet werden könnten».

Der russische Beamte übertrieb damit zweifellos. Zu einem festen politischen Programm oder gar zu politischen Aktionen ist der Zirkel nie gekommen. Doch passt es zum Geist der späten Regierungszeit Nikolaus I., dass oppositionelle Strömungen schon im Keim erstickt wurden. Ähnlich erging es fast gleichzeitig dem russischen Zirkel der Petraševcy, dem auch Dostojevskij angehörte. Den angeklagten Mitgliedern bzw. Sympathisanten der Bruderschaft wurde in Petersburg der Prozess gemacht. Sie wurden des Sozialismus, Separatismus und der Kollaboration mit den Polen beschuldigt und ins Gefängnis gesteckt. Dann verbannte man sie in verschiedene Gebiete des

Russischen Reiches, wobei Ševčenko mit zehn Jahren Militärdienst als einfacher Soldat an der Steppengrenze die härteste Strafe traf.

Der lose, nur gut ein Jahr bestehende Kiever Zirkel einiger junger Intellektueller war lediglich der schüchterne Versuch einer nationalen Gruppierung. Erst ex eventu erhält die Bruderschaft der Heiligen Kyrill und Method ihre historische Bedeutung als erste Organisation der ukrainischen Nationalbewegung mit politischer Zielsetzung. Wichtiger als ihre Tätigkeit und ihre weltfremden Ideale waren ihr Prozess und ihre Bestrafung, die Märtyrer der nationalen Sache schuf.

Ein Jahr nach der Auflösung der Bruderschaft brach in West- und Mitteleuropa die Revolution los. Für die Ukrainer des Habsburger Reiches brachte die Revolution von 1848 eine rasche politische Mobilisierung, die jedoch bald wieder verebbte.

Träger der kulturellen Erweckungsbewegung in Galizien war der griechisch-katholische Klerus, die ländliche Intelligenz der Ruthenen. Die meisten Geistlichen waren loyal gegenüber Wien und politisch konservativ. Kulturell blieben sie der kirchenslawischen Sprache und Tradition verhaftet und unterlagen weiter dem polnischen Einfluss. Immerhin kam es schon zu Beginn des 19. Jahrhunderts zu Protesten der Geistlichkeit gegen die fortschreitende Polonisierung. Im Jahre 1816 wurde in Przemyśl eine «Gesellschaft der griechisch-katholischen Geistlichkeit» begründet, die sich der Verbreitung religiöser Schriften in ukrainischer Sprache widmete. In den 1830er Jahren wurde die Sprachenfrage diskutiert: Die Geistlichen befürworteten weiter das Kirchenslawisch in seiner ukrainischen Variante. Auch das Großrussische wurde als mögliche Hochsprache genannt – ein erster Hinweis auf russophile Tendenzen in Galizien. Die ukrainische Volkssprache wurde zwar als Unterrichtssprache in den Grundschulen verwendet, sie galt aber gemeinhin nicht als Hochsprache, sondern als polnischer Dialekt. Sprachschöpferisch wirkte der Priester Iosyp Levyc'kyj (1801–1860) mit Übersetzungen, Dichtungen und seiner auf Deutsch geschriebenen «Grammatik der ruthenischen oder kleinrussischen Sprache in Galizien» (1834).

In den 1830er und 1840er Jahren erreichte die kulturelle Erweckung der ukrainischen Kultur in Galizien einen ersten Höhepunkt. Wichtige Einflüsse kamen von anderen Slawen der Habsburger Monarchie, so von den Tschechen und Slowaken, aber auch aus der Dnjepr-Ukraine, wo die kulturelle Bewegung etwas früher begonnen hatte. In Lemberg formierte sich ein patriotischer Zirkel, der als «ruthenische Triade» (Rus'ka Trijcja) bekannt wurde. Das Trio bildeten Markijan Šaškeyyč (1811–1843), der erste ukrainische Dichter Galiziens, der Historiker und Ethnograph Ivan Vahylevyč (1811–1866) und Jakiv Holovac'kyj (1814–1888), später erster Professor für ukrainische Sprache an der Lemberger Universität. Alle drei setzten sich für die ukrainische Volkssprache als Basis einer neuen Literatursprache ein und schrieben Werke in ukrainischer Sprache. Am bekanntesten wurde der Almanach *Rusalka Dnistrovaja* (Die Dnjestr-Nymphe), der 1837 im ungarischen Pest erschien. Dass er nicht in Lemberg publiziert werden konnte, war auf den Widerstand des unierten Klerus und der österreichischen Bürokratie zurückzuführen. So schrieb der Lemberger Polizeichef: «Schon die Polen machen uns genug zu schaffen, und diese verrückten Leute (gemeint war das Trio) wollen die ins Grab gelegte ruthenische Nationalität wieder erwecken.»

Die Haltung Wiens änderte sich in der Revolution von 1848, als man versuchte, die Ruthenen gegen die gefährlicheren Polen auszuspielen, ganz ähnlich wie man die Slawen Ungarns gegen die Magyaren mobilisierte. Für die Ukrainer Galiziens war der Gegensatz zur polnischen Oberschicht tatsächlich das entscheidende Problem, nicht nur weil die Polen als Großgrundbesitzer die ukrainischen Bauern beherrschten, sondern auch weil sie politisch ganz Galizien für sich beanspruchten. Dies trieb die Ukrainer auf die Seite der österreichischen Behörden, und Statthalter Graf Stadion unterstützte ihre Bestrebungen. Von polnischer Seite hieß es, Stadion habe die Ruthenen erfunden.

Schon im Mai 1848 begründeten die Ukrainer in Lemberg einen unter dem Vorsitz von Bischof Hryhorij Jachymovyč stehenden «Hauptrat der Ruthenen» (Holovna Rada Rus'ka), der Ostgalizien für ukrainisch erklärte, der Monarchie gegenüber jedoch loyal blieb. Gleichzeitig wurden die kulturellen Aktivitäten intensiviert: Erstmals erschien eine ukrainische Zeitung; ein nach dem Vorbild anderer Austroslawen geschaffener Kulturverein, die Halyc'ka-Rus'ka Matycja, nahm seine Tätigkeit auf, und an der Universität Lemberg wurde ein Lehrstuhl für ukrainische Sprache eingerichtet. Im österreichischen Parlament nahmen 27 ukrainische Abgeordnete Einsitz, die für die Teilung des Königreichs Galizien und Lodomerien in einen östlichen ukrainischen und einen westlichen polnischen Teil eintraten. Damit hatten sie keinen Erfolg, doch wurde ihnen die Einführung des Ukrainischen auf allen Schulstufen zugestanden. Noch wichtiger war für die Ruthenen die schon im April 1848 verkündete Abschaffung der Leibeigenschaft in Galizien.

In der Bukowina löste die Revolution von 1848 eine Bewegung ukrainischer Bauern gegen den rumänischen Adel aus. In der Karpaten-Ukraine entfaltete sich erstmals eine politische Bewegung der Rusynen. Ihr Führer Adolph Dobrjans'kyj wandte sich gegen die Dominanz der Magyaren und propagierte ein Zusammengehen der Ukrainer mit Österreich und vor allem mit Russland.

Diese dynamische Phase dauerte indes nur 277 Tage. Unter dem österreichischen Neoabsolutismus wurden die nationalen Organisationen aufgelöst, und eine Epoche der Reaktion setzte ein. Dennoch hatte die Revolution von 1848 für die Ukrainer wie für andere Völker des Habsburger Reiches bedeutsame Auswirkungen. Erstmals konnte sich die nationale Bewegung der Ruthenen frei entfalten und auch politische Forderungen erheben. Die Aufhebung der Leibeigenschaft schuf die Voraussetzungen für eine soziale Mobilisierung der ukrainischen Bauern und damit für eine Ausdehnung der nationalen Bewegung auf breitere Schichten. Obwohl es zunächst nicht danach aussah, überholte die Nationalbewegung der Ukrainer Galiziens in der Revolution von 1848 die etwas früher gestarteten Ukrainer Russlands.

8. Modernisierung und Nationalbewegung bis 1914

Die zweite Hälfte des 19. Jahrhunderts brachte der Ukraine einen Schub politischer und wirtschaftlicher Modernisierung. Gleichzeitig entwickelte sich die ukrainische Nationalbewegung im Russischen und im Habsburger Reich weiter. Welche Wechselbeziehungen bestanden zwischen den beiden Prozessen? Wie ist für den Fall Ukraine die Grundfrage nach der Interdependenz zwischen Nationalbewegung und Modernisierung zu beantworten?

Eine entscheidende Voraussetzung für Nationsbildung und Nationalbewegung bei vorwiegend aus Bauern bestehenden Völkern war die Aufhebung der Leibeigenschaft. Erst die Bauernbefreiung schuf die Voraussetzungen für eine soziale Mobilisierung der Bevölkerungsmehrheit und damit für eine Ausdehnung der nationalen Ideologie und Bewegung von der Intelligenz auf breitere Schichten.

Reformen und Industrialisierung

Im österreichischen Galizien war die Leibeigenschaft nach einem ersten Schritt unter Joseph II. im Jahre 1848 abgeschafft worden. Allerdings blieben den Bauern hohe Schulden und Steuern, und in den fünfziger und sechziger Jahren trugen ukrainische Bauern und polnische Adelige einen erbitterten Streit um die Servituten, das Eigentum an Wäldern und Weiden, aus. Der Interessenkonflikt zwischen den beiden sich ethnisch, konfessionell und sozial unterscheidenden Gruppen stärkte das politische Bewusstsein der ukrainischen Bauern. Die fortschreitende soziale Differenzierung ließ nicht nur eine schmale Schicht reicherer Bauern, sondern auch ein Proletariat von Landarbeitern anwachsen, das um 1900 etwa ein Sechstel der agrarischen Bevölkerung Ostgaliziens umfasste.

Im Russischen Reich wurde die Leibeigenschaft erst 1861, 13 Jahre später als in Österreich, abgeschafft. Die Gutsbauern erhielten die persönliche Freiheit und – nach einer Übergangsphase – die Eigentumsrechte an Grund und Boden. Allerdings verloren sie in den fruchtbaren Gebieten der linksufrigen und südlichen Ukraine bis zu 30 Prozent des von ihnen bearbeiteten Bodens an den Adel. Außerdem hatten die Bauern das Land in langwierigen Zahlungsoperationen abzulösen. Das bedeutete zusätzlich zu den normalen Abgaben eine schwere finanzielle Belastung. Nicht vergessen darf man, dass die Mehrheit der ukrainischen Bauern in der südlichen und östlichen Ukraine keine Leibeigenen, sondern direkt der russischen Verwaltung unterstehende Staatsbauern gewesen waren. Zu dieser Kategorie gehörten auch die ehemaligen Kosaken. Die Staatsbauern behielten in der Reform von 1866 ihren in der Regel größeren Grundbesitz, mussten aber ihr Land ebenfalls ablösen. Der Loskauf des Landes wurde von den Bauern als ungerecht empfunden, betrachteten sie sich doch seit jeher als dessen Eigentümer. Das galt ganz besonders für die Ukraine, wo die individuellen Eigentumsrechte fester verankert waren als in Russland.

Die Bauern der rechtsufrigen Ukraine, überwiegend Leibeigene polnischer Adliger, erhielten 1863 etwas bessere Loskaufbedingungen als die Bauern in Russland; ihre Landanteile wurden nicht vermindert, sondern durchschnittlich etwas vergrößert. Nicht zufällig geschah dies im Jahre 1863: Dass die ukrainischen Bauern hier unter relativ günstigeren Bedingungen befreit wurden, war eine Reaktion auf den polnischen Januaraufstand. Die russische Regierung versuchte, die Bauern gegen den polnischen Adel, der erneut seine Illoyalität gezeigt hatte, auszuspielen.

Die Bauernbefreiung löste die wirtschaftlichen und sozialen Probleme der Ukraine nicht. Die geographische und soziale Mobilität der Bauern blieb in Russland eingeschränkt. Die nun auch in weiten Teilen der Ukraine eingeführte russische Umteilungsgemeinde (obščina) wirkte als zusätzliche Modernisierungsbremse. Dennoch war die Bauernbefreiung eine unabdingbare Voraussetzung für die sozio-ökonomische Modernisierung und für die soziale und nationale Mobilisierung der ukrainischen Bauern.

Die 1860er Jahre brachten in Russland und in Österreich weitere Reformen, die die angestrebte Modernisierung der beiden Reiche vorantreiben sollten. Die Großen Reformen Alexanders II., die Justizreform, die Stadtreform, die Schul- und Militärreformen wurden auch auf die Ukraine übertragen. Die Zemstvo-Reform, die den Ständen der Regionen, vor allem dem Adel, eine gewisse Selbstverwaltung verlieh, wurde 1864 nur in der östlichen und südlichen Ukraine durchgeführt. Die vom polnischen Adel dominierte rechtsufrige Ukraine folgte erst im Jahre 1911. Die Reformen verbesserten allmählich die Infrastruktur in der Provinz.

Konsequenter war das Reformwerk in Österreich, das nach dem Auftakt von 1848 in den 1860er Jahren den absolutistischen Staat in einen Verfassungsstaat verwandelte. Die bürgerlichen Grundrechte, so die Presse- und Assoziationsfreiheit, wurden garantiert, und ein parlamentarisches System ermöglichte die politische Partizipation auf regionaler und gesamtstaatlicher Ebene. Die Juden erhielten die bürgerlichen Grundrechte, wurden aber nur als religiöse Gemeinschaft, nicht als eigene Nationalität anerkannt. Die Ukrainer Galiziens erhielten dagegen die politische Gleichberechtigung mit den anderen Nationalitäten. Allerdings benachteiligte das Kurienwahlrecht die ukrainischen Bauern gegenüber den Polen. Die auf den Ausgleich mit Ungarn von 1867 folgende verstärkte Zusammenarbeit Wiens mit den Polen Galiziens verschlechterte die Stellung der Ukrainer weiter. Hatten sie 1861 noch 49 der 144 galizischen Landtagsabgeordneten und zwölf Reichsratsabgeordnete gestellt, so saßen 1876 nur noch 14 Ukrainer im Landtag und lediglich drei im Reichsrat. Auch die polnische Sprache gewann nun wieder die Vormacht: Polnisch wurde anstelle des Deutschen Amtssprache, doch blieben dem Ukrainischen gewisse Rechte gewahrt. So blieben ukrainischsprachige Volksschulen erhalten, in Lemberg wurde ein ukrainisches Gymnasium begründet, und die Universität Lemberg bot ukrainische Vorlesungen an.

Obwohl die Ruthenen Galiziens bis 1914 unter der politischen, sozialen und kulturellen Vorherrschaft der Polen blieben, verfügten sie nun über die bürgerlichen Grundrechte, eine gewisse politische Partizipation und sprachlich-kulturelle Entfaltungsmöglichkeiten, alles Errungenschaften, von denen die Ukrainer im Russischen Reich nur träumen konnten. Hier gab es bis 1905 keine Verfassung, keine Garantie der bürgerlichen Grundrechte und -freiheiten, kein Parlament und keine ukrainischsprachigen Schulen.

Die wichtigste Komponente der Modernisierung im Russischen Reich war die Industrialisierung, die der Staat im letzten Drittel des 19. Jahrhunderts energisch vorantrieb. Für die Geschichte der Ukraine war von großer Bedeutung, dass sich das moderne industrielle Wachstum auf die südliche Ukraine konzentrierte. Wichtige Voraussetzungen schuf der Bau von Eisenbahnen in den 1860er bis 1880er Jahren. Damit wurden die wichtigsten Städte der Ukraine untereinander und mit Russland verbunden. Für die industrielle Entwicklung der südlichen Ukraine am wichtigsten wurde die 1884 eingeweihte sogenannte Katharinen-Eisenbahn. Sie verband die Steinkohlevorkommen des Donezbeckens mit der Stadt Katerynoslav am Dnjepr-Knie und mit den westlich davon liegenden Eisenerzlagern von Kryvyj Rih (russisch Krivoj Rog).

Seit den 1870er Jahren wurden die Steinkohlelager des Donezbeckens vermehrt ausgebeutet, wobei die Dampfschifffahrt auf dem Schwarzen Meer wichtige Impulse gab. Schon 1880 wurden hier 43 Prozent der Kohle des Russischen Reiches gewonnen, 1900 waren es 68 Prozent. Wenn man das Königreich Polen nicht berücksichtigt, betrugen die entsprechenden Anteile sogar 76 und 90 Prozent. Das Eisenerz von Kryvyj Rih baute man erst seit den achtziger und vor allem den neunziger Jahren intensiv ab. Die Produktion von Eisen und Stahl wurde aber in den letzten 15 Jahren des 19. Jahrhunderts in der Südukraine um das 27-Fache gesteigert und erreichte 1900 einen Anteil von 54 Prozent der Gesamtproduktion des Russischen Reiches. Es entstanden große Schwerindustriekomplexe im Donezbecken, in Katerynoslav und in Charkiv. Die sehr hohen Investitionen wurden zum großen Teil durch Auslandskapital ermöglicht. Die südliche Ukraine erlebte damit am Ende des 19. Jahrhunderts einen beispiellosen industriellen Boom und wurde zum wichtigsten Zentrum von Bergbau und Schwerindustrie im Russischen Reich.

In der rechtsufrigen Ukraine setzte die Zuckerindustrie ihre stürmische Entwicklung fort, und in den letzten vier Jahrzehnten des 19. Jahrhunderts wurde die Zuckerproduktion in der Ukraine verfünffacht. Die ukrainische Textilindustrie fiel dagegen weiter hinter die russische und polnische zurück. Galizien blieb industriell wenig entwickelt. Die einzige Ausnahme war die von ausländischen Unternehmen geleitete Erdölgewinnung.

In der Landwirtschaft der Ukraine verstärkte sich in der zweiten Hälfte des 19. Jahrhunderts die Kommerzialisierung. Die Adligen der rechtsufrigen und südlichen Ukraine gingen vermehrt zur Marktproduktion über. Dies betraf die Spezialkulturen der Zuckerrüben in der rechtsufrigen, des Tabaks in der linksufrigen, vor allem aber die exportorientierte Getreidewirtschaft in der südlichen Ukraine und in Podolien, die durch den Hafen Odessa und die Eisenbahnen Impulse erhielt. Die Landwirtschaft in Galizien veränderte sich weniger spektakulär.

Die soziale und wirtschaftliche Modernisierung, Industrialisierung, Urbanisierung und Arbeitsteilung schritten in Teilgebieten der Ukraine innerhalb des Russischen Reiches erheblich weiter voran als im österreichichen Galizien. Die Modernisierung gab indessen der ukrainischen Nationalbewegung in Russland kaum Impulse. Der Widerspruch löst sich auf, wenn man in Rechnung zieht, dass die stürmische sozio-ökonomische Entwicklung der russischen Ukraine weitgehend ohne Beteiligung der Ukrainer verlief. Den exportorientierten kommerzialisierten Ackerbau betrieben nicht die ukrainischen Bauern, sondern die russischen und polnischen Adligen und deutschen Kolonisten. Der Handel war weitgehend in den Händen der Juden und Russen. Die meisten Lebensmittel verarbeitenden

Industriebetriebe in der rechtsufrigen Ukraine gehörten polnischen Adligen oder Juden. Bergbau und Schwerindustrie im Süden wurden von Ausländern und Russen kontrolliert. Auch unter den Industriearbeitern blieben die Ukrainer in der Minderheit, vor allem in den modernen Zweigen dominierten Russen, die aus unterschiedlichen Regionen Russlands in die boomende Südukraine zogen. Einer von ihnen war der Vater Nikita Chruščevs, ein Bauer aus dem Gouvernement Kursk, der ins Donezbecken kam. In allen großen Städten der Ukraine stellten Nichtukrainer die überwiegende Bevölkerungsmehrheit.

Verzögerte Nationalbewegung und repressive Ukrainer-Politik im Russischen Reich

Die Modernisierung der Ukraine hemmte die ukrainische Nationalbewegung sogar, denn sie verstärkte die Assimilationskraft der russischen Gesellschaft auf die Ukrainer. Ukrainer, die in die Städte zogen, in die Elite aufstiegen oder als Industriearbeiter Beschäftigung fanden, wurden zu einem beträchtlichen Teil russifiziert. Dazu trug auch die Politik der russischen Regierung bei, die seit den 1860er Jahren die Entfaltung der ukrainischen Kultur mit repressiven Maßnahmen behinderte. Außerdem wurde in der zweiten Hälfte des 19. Jahrhunderts die gesamtrussische oppositionelle und revolutionäre Bewegung zu einer Konkurrenz der Nationalbewegung.

Die ukrainische Nationalbewegung im Russischen Reich erlitt durch die Auflösung der Kyrill-und-Method-Gesellschaft einen Rückschlag. Erst nach dem Tod Nikolaus' I. wurden ihre Mitglieder amnestiert, als Letzter Taras Ševčenko, der 1859 nach Petersburg zurückkehren durfte, wo er, gesundheitlich ruiniert, zwei Jahre später starb. In Petersburg fanden sich zu Beginn der 1860er Jahre wichtige Vertreter der ukrainischen Bewegung wie Kuliš, Kostomarov und Vasyl Bilozers'kyj wieder zu einem Kreis, der eine Zeitschrift mit dem Titel *Osnova* (Grundlage, Fundament) herausgab. Der *Osnova*-Zirkel setzte sich bescheidenere Ziele als die Bruderschaft der vierziger Jahre. Kulturelle

Aktivitäten wie die Erforschung von Geschichte und Folklore, die Publikation literarischer Werke in ukrainischer Sprache und die Förderung der Volksbildung standen im Vordergrund.

Kostomarov versuchte in seinem Aufsatz «Zwei russische Völkerschaften», der 1861 in *Osnova* erschien, auch an das politische Programm der Kyrill-und-Method-Bruderschaft anzuknüpfen. Er bestimmt erneut die Stellung der Ukrainer zwischen Polen und Großrussen. Dabei charakterisiert er die Ukrainer als individualistisch, spontan, poetisch und naturliebend, die Großrussen dagegen als kollektivistisch, sozial diszipliniert, materialistisch und als «Feinde der Vegetation». Er hebt besonders hervor, dass bei den Ukrainern die russische Form der Bauerngemeinde keine Tradition habe:

> «Die zwangsweise gemeinschaftliche Nutzung des Landes und die kollektive Haftung aller für jeden erscheinen einem Ukrainer als die schlimmste und ungerechteste Form der Knechtschaft. Seine Geschichte hat ihn nicht gelehrt, sein Gefühl für Privatbesitz zu unterdrücken.»

Obwohl sprachlich weiter von ihnen entfernt, hätten die Ukrainer in ihrem Nationalcharakter mehr Ähnlichkeiten mit den Polen als mit den Russen. Allerdings seien «die Polen ein aristokratisches, die Ukrainer aber ein demokratisches Volk».

In den liberalen ersten Regierungsjahren Alexanders II. entstanden auch in der Ukraine neue nationale Gruppierungen, die sogenannten *Hromady* (von ukrainisch hromada, Gemeinde, Gemeinschaft). In den *Hromady* fanden sich Intellektuelle, Lehrer und Studenten zusammen, um kulturelle Aktivitäten zu entfalten und die Volksbildung in ukrainischer Sprache, unter anderem über ein Netz von Sonntagsschulen, zu fördern. In diesen Jahren begannen sich einzelne Vertreter der polnischen oder polonisierten Adelsintelligenz für die ukrainischen Bauern zu begeistern. Der bekannteste dieser sogenannten Chlopomanen (von polnisch chłop, Bauer) war der spätere bedeutende Historiker Volodymyr Antonovyč (1834–1908), der sich in seiner 1862 in *Osnova* erschienenen «Beichte» von den Werten des polnischen Adels lossagte und zum Ukrainertum bekannte:

«Ich begriff, dass die Adligen, die in der Ukraine lebten, sich vor eine Alternative gestellt sahen: ... Entweder das Volk zu lieben, in dessen Mitte sie lebten, seine Interessen zu vertreten, zurückzukehren zur Nationalität, die ihre Vorfahren verraten haben, und durch beharrliche Arbeit das Übel wiedergutzumachen, das die Ihren dem Volk angetan haben, ... Oder man soll in das polnische Land, das von Polen bewohnt ist, zurückkehren.»

Schon die bescheidenen, vorwiegend kulturellen Bestrebungen erregten das Misstrauen der russischen Behörden. Der Populismus der Ukrainer, ihre Hinwendung zu den Bauern, war verdächtig. Die beginnende Absonderung der «Kleinrussen» von den Russen stieß auch in weiten Kreisen der russischen Gesellschaft, die in dieser Zeit allmählich von nationalen Ideen erfasst wurde, auf Unverständnis oder Ablehnung. Von entscheidender Bedeutung dafür war, dass Behörden und russische Gesellschaft einen engen Zusammenhang zwischen den «Ukrainophilen» und der Nationalbewegung der Polen sahen.

Der polnische Aufstand von 1863 gab diesen nationalistischen Kräften einen entscheidenden Schub. Zahlreiche polnische Adlige der rechtsufrigen Ukraine nahmen am Aufstand teil. Sie bemühten sich darum, die Unterstützung der schmalen ukrainischen Intelligenz und der ukrainischen Bauern zu gewinnen, und machten in ukrainischsprachigen Proklamationen den Bauern weitgehende Versprechungen. Sie hatten jedoch damit keinen Erfolg, sondern der russischen Regierung gelang es im Gegenteil, ukrainische Bauern gegen den polnischen Adel zu mobilisieren. Zu tief saßen die sozialen und religiösen Ressentiments gegenüber dem polnischen Adel, der den Ukrainern dieser Region noch immer als Hauptgegner galt.

Der Gegenschlag der Zarenregierung traf in erster Linie den polnischen Adel und die katholische Geistlichkeit. Es folgten Hinrichtungen, Deportationen, Enteignungen, die endgültige administrative Integration des Königreichs Polen und repressive Maßnahmen gegen die katholische Kirche und die polnische Kultur. Eine antipolnische Grundwelle erfasste in den 1860er

Jahren weite Teile der russischen Gesellschaft. Russische Nationalisten wie Michail Katkov riefen nun stärker nach energischen Maßnahmen auch gegen die Nationalbewegungen der Ukrainer, Weißrussen und Litauer, die als «Werk fanatischer polnischer Agitatoren» und als «jesuitisch-polnische Intrige» verleumdet wurden. Die «Kleinrussen» müssten vor den Polen beschützt und wieder mit der russischen Nation vereint werden.

Die Behörden reagierten schnell und rigoros. Die ukrainischen *Hromady* wurden aufgelöst, die Sonntagsschulen geschlossen und manche Aktivisten ins Innere Russlands verbannt. Schon im Juni 1863 setzte Innenminister Valuev ein geheimes Zirkular in Umlauf, das zum Programm der Ukrainepolitik werden sollte. Der Druck ukrainischsprachiger Schriften, mit Ausnahme der schönen Literatur, aber mit Einschluss religiöser und pädagogischer Werke, wurde verboten, ebenso der Unterricht in ukrainischer Sprache. Die Begründung hebt die populistischen Tendenzen der «Ukrainophilen», ihre Verbindung mit dem polnischen Aufstand und die Zugehörigkeit der Ukrainer zum russischen Volk hervor:

> «Eine eigene kleinrussische Sprache hat es nie gegeben, gibt es jetzt nicht und wird es nie geben. Der Dialekt, den das einfache Volk verwendet, ist russisch, nur verdorben durch polnische Einflüsse. Die russische Sprache ist den Kleinrussen genauso verständlich wie den Russen, ja sie verstehen sie sogar leichter als die sogenannte ukrainische Sprache, die jetzt für sie von einigen Kleinrussen und besonders einigen Polen ausgeheckt wird.»

Das Zirkular von 1863 leitete eine rigorose sprachliche Russifizierungspolitik gegenüber den Ukrainern ein, die – mehr oder weniger konsequent realisiert – vierzig Jahre Bestand haben sollte. Sie ging noch weiter als die Assimilationspolitik gegenüber den Polen, obwohl die Ukrainer dem Zaren im Aufstand von 1863 die Treue gehalten hatten. Dennoch sahen russische Regierung und Gesellschaft das ukrainische Problem weiter in engem Zusammenhang mit dem polnischen. Die «Kleinrussen» und auch die Weißrussen und Litauer sollten dem schädlichen

Einfluss der aufrührerischen Polen entzogen und ganz in den Schoß des russischen Volkes zurückgeführt werden. Eine mögliche Abspaltung der zahlenmäßig starken Ukrainer mit ihrem strategisch und wirtschaftlich wichtigen Gebiet drohte nicht nur den russischen Staat, sondern auch die russische Nation entscheidend zu schwächen. Schon jetzt zeigte sich die enge Verknüpfung der ukrainischen Frage mit der russischen Nationsbildung und nationalen Identität – sie ist bis heute aktuell geblieben.

Als sich am Ende der sechziger Jahre der politische Druck etwas lockerte, lebten die kulturellen Klubs der *Hromady* wieder auf. Die Kiever Hromada war von jungen Intellektuellen getragen, die kulturelle und wissenschaftliche Aktivitäten entfalteten. Sie verbanden ihre Tätigkeit im Jahre 1873 mit der neu begründeten Südwestlichen Abteilung der Russischen Geographischen Gesellschaft und hatten in der russischsprachigen Zeitung *Kievskij Telegraf* ein Sprachrohr. Zu Wortführern der Bewegung wurden die beiden an der Universität Kiev lehrenden Historiker Volodymyr Antonovyč und Mychajlo Drahomanov. Der ehemalige polnische Adlige Antonovyč stand für die gemäßigte, rein kulturelle Richtung. Der wie zahlreiche andere Aktivisten der nationalen Bewegung aus dem Kosakenadel der linksufrigen Ukraine stammende Drahomanov dagegen verband die kulturellen mit politischen und sozialen Forderungen. Einige Studenten nahmen die damals populären agrarsozialistischen Ideen der russischen *Narodniki* auf und versuchten sie mit den spezifisch ukrainischen Zielsetzungen zu verbinden.

Bevor sich dieser neue Anlauf einer Politisierung der ukrainischen Nationalbewegung über einige Intellektuellenzirkel hinaus verbreiten konnte, griffen die russischen Behörden erneut ein. Eine im Jahre 1875 eingesetzte Kommission zur Bekämpfung der ukrainischen Bewegung verdächtigte diese wieder der Polonophilie und des Separatismus und – neu – sozialistischer Neigungen. Auf ihre Empfehlung wurde die Kiever Abteilung der Geographischen Gesellschaft und der *Kievskij Telegraf* geschlossen. Im Jahre 1876 unterzeichnete Kaiser Alexander II., der gerade in Bad Ems zur Kur weilte, ein weiteres geheimes

Zirkular. Der sogenannte Emser Ukas bestätigte das 1863 erlassene, seither aber aufgeweichte Verbot des Drucks ukrainischsprachiger Schriften und ergänzte es durch Verbote ukrainischsprachiger Theateraufführungen und des Drucks ukrainischer Lieder. Gleichzeitig wurde auch der Import ukrainischsprachiger Schriften aus dem Ausland untersagt – eine Reaktion auf das Aufblühen der ukrainischen Kultur im österreichischen Galizien.

Die rigorosen Verbote ukrainischsprachiger Publikationen behinderten die Entwicklung von Kultur und Bildungswesen ganz entscheidend. Das Fehlen einer nationalsprachlichen Kommunikation wirkte sich auf die Nationsbildung der Ukrainer Russlands in besonderem Maß aus, weil sich ihre Nationalbewegung noch immer in der kulturellen Frühphase befand. Ohne muttersprachliche Schulen, ohne Zeitschriften, Zeitungen und Theater, ohne nationale Organisationen, die in der Zarenautokratie ohnehin verboten waren, war die ukrainische Nationalbewegung im Russischen Reich zur Stagnation verurteilt.

Ein Teil der radikaleren Ukrainer wandte sich in der Folge der gesamtrussischen Oppositionsbewegung zu. Schon die russischen Narodniki hatten in der Mitte der siebziger Jahre einen Schwerpunkt ihrer Agitation unter den Bauern der Ukraine und versuchten diese auch mit ukrainischsprachigen Broschüren aufzuklären. Die Radikalisierung der Narodniki hin zum Terrorismus begann am Ende der siebziger Jahre ebenfalls in der Ukraine. Fast die Hälfte der Mitglieder der 1879 begründeten *Narodnaja Volja*, die mit den Methoden des Terrors den Zarismus stürzen wollte, stammten aus der Ukraine, vor allem aus dem polyethnischen Schmelztiegel «Neurussland» im Süden. Allerdings handelte es sich nur zum Teil um Ukrainer, und auch diese waren mindestens partiell russifiziert. So war Andrej Željabov, der 1881 maßgeblich an der Ermordung Alexanders II. beteiligt war, als ukrainischer Leibeigener geboren worden. Auch die Arbeiterbewegung und marxistische Ideen fanden in der Ukraine früh Widerhall, vor allem im industrialisierten Südosten. In den meisten radikalen Bewegungen wirkten neben Russen, Juden und Polen auch Ukrainer mit, doch verfolgten sie keine nationalen, sondern übernational-revolutionäre Zielsetzungen. Gleichzeitig führte ihr Engagement in gesamtrussischen Organisationen in der Regel zu ihrer kulturellen Russifizierung. So wurde die russische revolutionäre Bewegung zu einer ernsthaften Konkurrenz der ukrainischen Nationalbewegung.

Die gemäßigten Mitglieder der Kiever *Hromada* konnten ihre kulturellen Aktivitäten in den achtziger Jahren in bescheidenem Maß wiederaufnehmen, doch führte die erneute Verfolgung der «Ukrainophilen» im Russischen Reich zu einer Verlagerung des Schwerpunktes der Nationalbewegung ins Ausland. Mychajlo Drahomanov (1841–1895) war seines Postens als Dozent für Alte Geschichte an der Universität Kiev enthoben worden und emigrierte nach Genf; seit 1889 lehrte er an der Universität Sofia. In Genf gab er die Zeitschrift *Hromada* heraus und publizierte zahlreiche politische Schriften, die ihn zum wichtigsten ukrainischen politischen Denker seiner Zeit machten.

Drahomanov erkannte, dass ein politisches Programm, das die Massen der Ukrainer, das hieß die Bauern, erreichen wollte, nationale mit sozialen und demokratischen Zielsetzungen verbinden musste. So propagierte er gemäßigte sozialistische Ideen, die Befreiung der Arbeiter und Bauern von der Herrschaft der nichtarbeitenden Stände, der ukrainischen Volksmassen von den überwiegend nichtukrainischen Eliten. Drahomanov betonte die Eigenständigkeit der ukrainischen Nation, die im Unterschied zu den Moskowitern eng mit Europa verbunden sei. Er bekämpfte zwar den russischen Zentralismus, doch trat er nicht für die Selbständigkeit der Ukraine, sondern für die Umwandlung des Zarenreiches in eine Föderation freier und gleichberechtigter Völker ein. Drahomanov nahm damit Gedanken seiner Vorläufer Ševčenko und Kostomarov auf, entwickelte sie weiter und bereicherte sie durch neue Ideen. Der Einfluss der Ideen Drahomanovs auf die ukrainische Nationalbewegung war groß. Zunächst entfalteten sie ihre Wirkung im österreichischen Galizien, wohin sich im Laufe der siebziger Jahre der Schwerpunkt der Nationalbewegung verschob.

Dynamische Entwicklung der Nationalbewegung in Galizien

Nach dem Rückschlag während des Neoabsolutismus hatte sich die ukrainische Nationalbewegung in Galizien seit der Mitte der sechziger Jahre neu belebt. Die Voraussetzung dafür schuf die Etablierung des österreichischen Verfassungsstaates, der die Grundrechte garantierte und eine politische Partizipation ermöglichte. Die Zusammenarbeit Wiens mit dem polnischen Adel Galiziens verschlechterte zwar nach 1867 die Stellung der Ukrainer wieder, mobilisierte sie aber erneut für die nationalpolitische und soziale Auseinandersetzung mit den Polen.

Zunächst standen kulturelle Aktivitäten im Vordergrund. In Lemberg wurde 1869 mit der *Pravda* (Wahrheit) die erste ukrainischsprachige literarische Zeitschrift begründet, in der auch Arbeiten aus der russischen Ukraine veröffentlicht wurden. In der Mitte der siebziger Jahre gab es in Galizien schon 62 ukrainischsprachige Periodika. Nationale Organisationen wurden begründet, als wichtigste die *Prosvita* (Aufklärung), die mit Hilfe zahlreicher Leseklubs die Volksbildung auf dem Lande förderte und nationales Gedankengut verbreitete. Dazu kamen die kulturell-wissenschaftliche Ševčenko-Gesellschaft (1873) und erste ukrainische Genossenschaften (in den achtziger Jahren).

Die wichtigsten Träger der ukrainischen Nationalbewegung in Galizien waren noch immer griechisch-katholische Geistliche. Die Griechische-Katholische Kirche stellte das institutionelle Netzwerk für nationale Organisationen, Priester schufen die Infrastruktur der Bewegung auf dem Lande. So stellten sie in der Mitte der achtziger Jahre 60 Prozent der Vorsitzenden der Lesegesellschaften. Neben den Priestern kam der niedrigeren geistlichen Gruppe der Kantoren, die den Bauern sozial näher standen, eine wichtige Mittlerrolle zu. Die Identität von Konfession und ethnischer Gruppe und die gemeinsame Frontstellung gegenüber dem katholischen polnischen Adel erleichterten die Aktivität ukrainischer Geistlicher unter den Bauern.

Auch auf die politische Ausrichtung der Nationalbewegung nahm die griechisch-katholische Geistlichkeit Einfluss. Ihr konservativer Zweig, die sogenannten Altruthenen (starorusyny), kontrollierte bis in die achtziger Jahre hinein zahlreiche Presseorgane und nationale Institutionen. Nach dem «Ausgleich» Wiens mit den Polen Galiziens begannen zahlreiche von ihnen ihre Hoffnungen auf Russland zu setzen. Die sogenannten Russophilen oder Moskophilen erklärten die ukrainische Sprache zum russischen Dialekt und strebten eine Vereinigung der Ruthenen mit der großrussischen Nation an. Auch manche weltliche Intellektuelle wandten sich der prorussischen Orientierung zu, sogar Jakov Holovac'kyj, Mitglied des ruthenischen Trios und erster Professor für ukrainische Sprache an der Universität Lemberg, der nach Russland emigrierte. Auch in der Karpaten-Ukraine erhielt die von Adolph Dobrjans'kyj angeführte Nationalbewegung eine pro-russische Ausrichtung, doch schwächte die nach 1867 forcierte Magyarisierung die nationalen Kräfte der Rusynen.

Die erstaunlich große Anziehungskraft der russophilen Bewegung, die paradoxerweise von Vertretern der in Russland verbotenen Unierten Kirche angeführt wurde, lässt sich nur aus dem fundamentalen Gegensatz zu den Polen und (in der Karpaten-Ukraine) zu den Magyaren verstehen. Der Kaiser, der seit 1867 mit den Polen und Magyaren zusammenarbeitete, gab seine Rolle als Protektor der Ruthenen auf, sodass viele einen neuen Bundesgenossen im Zaren suchten. Die Ausrichtung auf das zunehmend von panslawistischen Strömungen erfasste Russland weckte allerdings das Misstrauen der österreichischen Behörden. Im Jahre 1882 wurde der griechisch-katholische Metropolit abgesetzt, und es kam zu ersten Prozessen gegen russophile Intellektuelle und Priester.

In dieser Zeit verloren die konservativen Altruthenen allmählich an Boden gegenüber den liberalen Gruppierungen und die Russophilen gegenüber den ukrainophilen Populisten. Neben der niederen Geistlichkeit waren es nun vermehrt weltliche Intellektuelle, Lehrer und Studenten, die sich in kulturellen Organisationen formierten und für eine eigenständige ukrainische Kultur eintraten. Unter dem Einfluss der Dichtungen Ševčenkos und der Ideen Kostomarovs entwickelten sie nun auch politische und soziale Zielsetzungen. Als der Versuch einer Zusammenarbeit mit den Polen scheiterte, verstärkten sich die radikalen Tendenzen.

Einige junge Intellektuelle begründeten eine radikale antiklerikale und sozialistische Richtung, die stark vom Gedankengut Drahomanovs beeinflusst wurde. Ihre Führer waren der Ethnograph und Schriftsteller Mychajlo Pavlyk und Ivan Franko (1856–1916), der bedeutendste Schriftsteller der Westukraine, der auch als Publizist, Literaturhistoriker, Ethnograph und Übersetzer wirkte. Sie gründeten im Jahre 1890 die erste ukrainische politische Partei, die Ruthenisch-Ukrainische Radikale Partei, die agrarsozialistische antiklerikale Ziele verfolgte. Mehr Anhang gewann allerdings die im Jahre 1899 begründete gemäßigtere National-Demokratische Partei, in der sich die linksliberalen Populisten und der untere griechisch-katholische Klerus zusammenfanden. Gleichzeitig wurde in Galizien eine Ukrainische Sozial-Demokratische Partei begründet.

Damit hatten sich am Ende des 19. Jahrhunderts unter den Ukrainern Galiziens und (etwas verspätet) auch der Bukowina eine ganze Reihe politischer Richtungen in Parteien organisiert. Auch die konservativen Altruthenen und die Russophilen blieben präsent. Sie wurden zum Teil von Russland unterstützt, und es kam vor dem Ersten Weltkrieg zu neuen Prozessen gegen russophile Ruthenen, die für «die Einheit des russischen Volkes von den Karpaten bis nach Kamčatka» eingetreten waren. Gleichzeitig erhoben Intellektuelle nun erstmals die Forderung nach einer unabhängigen Ukraine. Den Anfang machte 1895/96 Julijan Bačyns'kyj mit seiner Schrift *Ukraina irredenta*, später folgten die Radikalen und Teile der National-Demokraten.

In der praktischen Politik verfolgten die ukrainischen Abgeordneten im Wiener Reichsrat und im Galizischen Landtag aber bescheidenere Ziele wie die Reform des Wahlrechts, die 1907 stattfand und zu einer besseren Vertretung der Ruthenen im Landtag führte. Ohne Erfolg blieb die Forderung nach der administrativen Teilung des Kronlandes Galizien. Im höheren Schulwesen gelang es 1894, an der Universität Lemberg einen Lehrstuhl für osteuropäische (de facto für ukrainische) Geschichte einzurichten, auf den aus Kiev der junge Mychajlo Hruševs'kyj (1866–1934) berufen wurde. Zu Beginn des 20. Jahrhunderts trat die Forderung nach einer eigenen ukrainischen Universität in den Vordergrund. Auch der seit 1900 als griechisch-katholischer Metropolit von Halyč wirkende Andrej Šeptyc'kyj setzte sich für diese kulturellen Ziele ein. Die Spannungen mit der polnischen Oberschicht verstärkten sich und kulminierten 1908 in der Ermordung des galizischen Statthalters Graf Andrzej Potocki durch einen ukrainischen Studenten. Unruhen auf dem Lande richteten sich ebenfalls mehrheitlich gegen den polnischen Adel. Von den großen Agrarstreiks wurden in den Jahren 1902/1903 und 1906 über 100 000 ukrainische Bauern und Landarbeiter erfasst.

Zu Beginn des 20. Jahrhunderts war die ukrainische Nationalbewegung in Galizien zu einer Massenbewegung geworden. Mit Hilfe der Geistlichen und Lehrer gelang es, bei einem Teil der ukrainischen Bauern ein Nationalbewusstsein zu wecken, sie für die nationale Sache zu mobilisieren und in nationalen Organisationen zusammenzufassen. Hatte die *Prosvita* 1885 erst 2525 Mitglieder gezählt, so waren es vor dem Ersten Weltkrieg bereits 36 500 in 77 Zweigen. Dazu kamen 197 000 Mitglieder der fast 3000 der *Prosvita* angegliederten Leseclubs. Wichtig waren ökonomisch orientierte Organisationen der ukrainischen Bauern, vor allem ein dichtes Netz von (1911) etwa 500 Kredit-, Konsum- und Einkaufsgenossenschaften. Freizeitorganisationen wie der nach tschechischem Vorbild geschaffene Turnverein *Sokil* (Falke) und der nach der Zaporožer Sič benannte Schützen- und Sportverein *Sič* wurden zu Massenorganisationen. Eine entsprechende Rolle spielten in der Bukowina nationale Organisationen wie die Kulturgesellschaft *Rus'ka besida* und landwirtschaftliche Genossenschaften. Auch die ukrainischen Frauen, angeführt von Ol'ha Kobyljans'ka, begannen sich seit den achtziger Jahren zu organisieren. Die ukrainischsprachigen Periodika entwickelten sich weiter und dienten auch als Publikationsorgane der Ukrainer aus Russland.

Während Galizien zum Piemont der ukrainischen Nationalbewegung geworden war, blieben die Ukrainer Russlands weiter gefesselt durch das autokratische Herrschaftssystem und die Sprachverbote der Behörden. Dennoch kam es auch hier am Ende des 19. Jahrhunderts zur Begründung geheimer politischer Organisationen. Eine kleine Gruppe von radikalen Studenten versammelte sich 1891 am Grab Ševčenkos, um die Taras-Bruderschaft zu begründen. Nationalrevolutionär und marxistisch gesinnte Studenten aus Charkiv waren es, die im Jahre 1900 die erste politische Partei in der Ostukraine begründeten, die Revolutionäre Ukrainische Partei (RUP). Die illegale Partei entfaltete eine rege Agitation unter Studenten, Bauern und Arbeitern, wobei sie ihre Flugblätter in Galizien drucken ließ. Bald kam es zu Auseinandersetzungen um das Gewicht nationaler und sozialistischer Zielsetzungen und zur Spaltung in drei Gruppen.

Im ersten Programm der RUP hatte Mykola Michnovs'kyj die Unabhängigkeit der Ukraine gefordert. Kurze Zeit später sprach sich die Partei aber für eine Ukraine innerhalb einer russischen Föderation aus, worauf sich ein kleiner nationaler Flügel als Ukrainische Volkspartei selbstständig machte. Diese Partei unter der Führung Michnovs'kyjs hing einem extremen Nationalismus an, blieb aber unbedeutend.

1904 spaltete sich ein linker Flügel von der RUP ab, die Ukrainische Sozial-Demokratische Union (Spilka), die sich 1908 der russischen Sozialdemokratie anschloss. Der Rest der RUP wurde 1905 in Ukrainische Sozial-Demokratische Arbeiterpartei (USDRP) umbenannt. Sie versuchte weiter, sozialistische und nationale Ziele zu vereinen, konnte aber sogar in der Revolution von 1905 nie mehr als wenige tausend Mitglieder gewinnen. Unter ihren Führern waren mit Volodymyr Vynnyčenko und Symon Petljura zwei Männer, die nach 1917 eine große politische Rolle spielen sollten.

Die gemäßigte Richtung der *Hromady* schloss sich 1897 in einer losen, demokratisch ausgerichteten Organisation und später nach 1903 in zwei Parteien zusammen, die sich 1905 in der konstitutionell-parlamentarisch ausgerichteten Ukrainischen Radikal-Demokratischen Partei vereinten. Hier fanden sich zahlreiche der führenden ukrainischen Intellektuellen, doch blieb auch diese Gruppierung klein.

Neben den ukrainischen Parteien fanden die allgemeinrussischen Parteien zahlreiche Anhänger unter der russischen, jüdischen und ukrainischen Bevölkerung der Ukraine, so die Sozialrevolutionäre unter den Bauern, die russischen Sozialdemokraten und der Allgemeine Jüdische Arbeiterbund in den Städten.

In der Revolution von 1905 entluden sich soziale und nationale Spannungen im ganzen Russischen Reich. Die linksufrige Ukraine war schon seit 1902 von heftigen Bauernunruhen erfasst worden, und in der Südukraine hatten in der vorübergehenden industriellen Depression Streiks der Industriearbeiter zugenommen. Auch in den Jahren 1905 und 1906 erhoben sich zahlreiche ukrainische Bauern und Landarbeiter in Agrarrevolten gegen den Gutsadel, nahmen den Großgrundbesitzern Wald, Wiesen und Ackerland weg, plünderten Gutshöfe und zündeten sie an. In den Städten der Ukraine kam es wie in Russland zu Streiks und Demonstrationen. Odessa wurde durch die Meuterei auf dem Panzerkreuzer Potemkin und den folgenden Aufstand bekannt, der zahlreiche Opfer forderte.

Die Garantie der bürgerlichen Rechte und Freiheiten, die Zar Nikolaus II. unter dem Druck der Revolution abgab, ermöglichte erstmals die freie Entfaltung nationaler Kommunikation in der unter russischer Herrschaft stehenden Ukraine. Zahlreiche Periodika wurden begründet, darunter auch eine ukrainischsprachige Tageszeitung, *Rada*, die bis 1914 erscheinen konnte. Eine dem galizischen Vorbild folgende *Prosvita*-Gesellschaft hatte im Jahre 1906 schon 150 lokale Zweige errichtet, und bäuerliche Genossenschaften breiteten sich aus. In Kiev wurde auf Anregung des nach Russland zurückgekehrten Hruševs'kyj eine Ukrainische Wissenschaftliche Gesellschaft begründet. Auch in der Sprachpolitik machten die Behörden Konzessionen. Schon 1905 hatte die russische Akademie der Wissenschaften (mit nur einer Stimme Mehrheit) die Zulassung des Ukrainischen als Schulsprache befürwortet. Doch wurde dieses Zugeständnis schon 1906 widerrufen, sodass auch jetzt in Russland kein ukrainischsprachiges Bildungswesen entstehen konnte.

Die oktroyierte Verfassung vom Frühjahr 1906 hielt am «einen und unteilbaren Russland» und an der Dominanz der russischen Sprache fest. In das erste russische Parlament, die 1. und 2. Reichsduma, zogen 63 bzw. 47 ukrainische Abgeordnete ein. Es waren in ihrer Mehrheit Bauern, die sich zu einer den agrarsozialistischen Trudoviki nahestehenden Duma-*Hromada* zusammenschlossen. Sie forderten im Parlament mehr Land für die Bauern, aber auch muttersprachliche Schulen und politische Autonomie für die Ukraine. In der nach einem neuen restriktiven Wahlrecht gebildeten 3. und 4. Duma (1907–1917) saßen nur mehr 28 bzw. 14 Ukrainer, in ihrer Mehrzahl konservative Priester. Auch sie stellten jedoch eine Reihe von Anträgen auf Einführung der ukrainischen Sprache in Schulen und Gerichten, die aber alle an der russischen Duma-Mehrheit scheiterten.

In der Duma, in der Publizistik und in der Regierung gewann in den letzten Jahren vor dem Ersten Weltkrieg der russische Nationalismus an Gewicht. Die Nationalbewegung der Ukrainer erschien nun verstärkt als besondere Gefährdung für die russische Nation, als deren Bestandteil die «Kleinrussen» angesehen wurden. Nicht nur extreme Nationalisten wie der Kiever Club der russischen Nationalisten wandten sich gegen die kulturellen und politischen Forderungen der Ukrainer, sondern auch liberale Politiker wie Petr Struve, der 1912 die ukrainische Nationalbewegung als Gefahr «einer gigantischen und präzedenzlosen Spaltung der russischen Nation» bezeichnete.

Die zarische Politik nahm seit 1907 die meisten Zugeständnisse an die Ukrainer wieder zurück. Die neuen Parteien und kulturellen Organisationen wurden erneut in die Illegalität abgedrängt. Die gemäßigten Kräfte schlossen sich 1908 in der «Gesellschaft der ukrainischen Progressisten» zusammen. Die meisten ukrainischsprachigen Publikationen mussten ihr Erscheinen einstellen, und bis zum Jahre 1910 wurden die regionalen Zweige der *Prosvita*-Gesellschaft geschlossen. Als die Regierung im Jahre 1914 die geplanten Feierlichkeiten zum

100. Geburtstag Taras Ševčenkos verbot und den Nationaldichter des Separatismus und der Blasphemie zieh, kam es in Kiev zu Demonstrationen der ukrainischen Jugend.

Die ukrainische Nationalbewegung wurde in Russland bis zum Ersten Weltkrieg nicht zu einer Massenbewegung. Sie blieb weitgehend auf die schmale Schicht von Intellektuellen, oft Söhne von Adligen oder Priestern, beschränkt. Die ukrainischen Bauern wurden zu Beginn des 20. Jahrhunderts zwar sozial stärker mobilisiert, in erheblich geringerem Maße aber von der nationalen Bewegung erfasst. Im Gegensatz zu Galizien fehlte in Russland die national bewusste Dorfintelligenz, die als Bindeglied zwischen den Intellektuellen der Städte und dem Dorf hätte wirken können. Hier genossen Priester und Lehrer, die den Bauern als Vertreter der russischen Stadt und des russischen Staates entgegentraten, wenig Vertrauen. Nur in der linksufrigen Ukraine versuchten zunächst einige Adlige und später die gebildeten Angestellen der *Zemstva*, diese Schlüsselfunktion zu erfüllen, doch gelang es ihnen auch in diesem Kerngebiet der ukrainischen Nationalbewegung nicht, die Masse der Bauern zu mobilisieren. Auch die Revolutionäre Ukrainische Partei hatte wenig Erfolg in ihrem Versuch, die Bauern mit agrarsozialistischen, sozialdemokratischen und nationalen Forderungen zu aktivieren. Zu groß war das Misstrauen der ukrainischen Bauern gegenüber der Stadt, zu groß war auch die Konkurrenz der russischen sozialistischen Parteien.

Zwar waren die Dnjepr-Ukraine und Galizien, Kiev und Lemberg durch Wechselwirkungen organisatorischer, personeller und ideeller Natur miteinander verknüpft, was es erlaubt, von *einer* ukrainischen Nationalbewegung zu sprechen. Andererseits weisen die stark abweichenden politischen Rahmenbedingungen, die Inkongruenz des Ablaufs und die großen Unterschiede in den Trägergruppen auf die Heterogenität der beiden Bewegungen hin. Ob diese Unterschiede so groß waren, dass sie zur Bildung von zwei ukrainischen Nationen hätten führen können, lässt sich heute nicht mehr entscheiden.

Wie kann die zu Beginn dieses Kapitels gestellte Frage nach dem Wechselverhältnis von Nationalbewegung und Modernisierung beantwortet werden? Der Vergleich zwischen den Ukrainern in Galizien und in Russland kann uns vor pauschalen Generalisierungen bewahren. Es zeigt sich, dass zwar die Bauernbefreiung eine notwendige Bedingung für eine Entfaltung einer Nationalbewegung darstellte, dass aber eine beschleunigte Industrialisierung und Urbanisierung, wie sie in Teilen der Ost- und Südukraine stattfand, einer nationalen Bewegung nicht förderlich sein mussten, ebenso wenig wie die nur schwache wirtschaftliche Modernisierung Galiziens ein Hindernis für die Nationalbewegung darstellte. Als mindestens ebenso wichtig erscheinen die Rahmenbedingungen des politischen Systems, die Nationalitäten- und Bildungspolitik der jeweiligen Regierung.

9. Die Ukraine vor dem Ersten Weltkrieg

Bevor die Darstellung die Epochengrenze von 1914/1917 überschreitet, soll noch einmal ein Zwischenhalt eingeschaltet werden. Wie schon für die Zeit um 1700 stelle ich in einem systematischen Querschnitt nacheinander die demographische, soziale und wirtschaftliche Struktur und die Kulturen der Ukraine vor dem Ersten Weltkrieg im Überblick dar. Dieser Hintergrund ist notwendig zum Verständnis der bewegten Ereignisse von Krieg, Revolution und ukrainischer Staatsbildung (Kapitel 10).

Ukrainer und Nichtukrainer

Das Siedlungsgebiet der Ukrainer grenzte um 1900 in Bessarabien und der Bukowina an das der Rumänen, dann folgten als Nachbarn Ungarn und Slowaken in der Karpaten-Ukraine, Polen von Galizien bis Cholm und Podlachien, daran anschließend Weißrussen im Norden, Großrussen im Osten und schließlich Krimtataren auf der Krim (siehe Karte 3). Die ethnischen Grenzen waren überall fließend. Ukrainer lebten als Minderheiten unter ihren Nachbarn, unter Rumänen, Slowaken, Polen und Großrussen. Russen, Juden, Polen, Weißrussen, Deutsche, Rumänen, Griechen, Bulgaren, Tschechen und Roma wohnten im Territorium mit ukrainischer Bevölkerungsmehrheit.

Um 1910 lebten im Russischen und im Habsburger Reich zusammen etwa 33 Millionen Ukrainer. Davon wohnten nur gut 4 Millionen (12%) im Habsburger Reich, wo sie 8 Prozent, in Cisleithanien ein Achtel der Gesamtbevölkerung stellten. Die etwa 29 Millionen Ukrainer in Russland machten 18 Prozent der Reichsbevölkerung aus und waren damit nach den Russen mit Abstand die zweitgrößte ethnische Gruppe. Für genauere Angaben zu Russland müssen wir auf die Volkszählung von 1897 zurückgreifen. Sie erfasst die Nationalitäten des Reiches nach der Muttersprache, der offiziellen Politik der Zeit widersprechend auch die sogenannten Kleinrussen.

In den unter russischer Herrschaft stehenden Gebieten der Ukraine stellten im Jahre 1897 die 17 Millionen Ukrainer 72,6 Prozent der Bevölkerung. Dazu kamen etwa 2,8 Millionen Russen (11,8%), 1,9 Millionen Juden (8,1%), fast eine halbe Million Deutsche (2,1%), 400 000 Polen (1,7%) und zahlreiche kleine Gruppen. Die höchste Konzentration von Ukrainern wies das Kerngebiet der linksufrigen Ukraine, das Gouvernement Poltava, mit 93 Prozent auf. In der Südukraine betrug ihr Anteil dagegen nur 56,1 Prozent (gegenüber 21,4% Russen, 7,6% Juden und 4,4% Deutschen). In der rechtsufrigen Ukraine waren neben 77 Prozent Ukrainern die Juden mit 12,5 Prozent besonders zahlreich vertreten. Über 3 Millionen Ukrainer lebten zusammen mit Russen in den östlich an die eigentliche Ukraine angrenzenden Regionen der Schwarzerdegouvernements Kursk und Voronež, des Donkosakengebiets und des Kaukasus-Vorlandes.

Im östlichen Teil des Kronlandes Galizien machten im Jahre 1910 die 3,3 Millionen Ukrainer 62 Prozent der Bevölkerung aus; ihnen standen 25 Prozent Polen und 12 Prozent Juden gegenüber. In ganz Galizien betrug der ruthenische Anteil dagegen nur noch 40 Prozent (Polen 48%, Juden 11%). In der Bukowina lebten die 305 000 Ukrainer (38%) mit Rumänen, Juden und Deutschen zusammen, in der Karpaten-Ukraine waren die etwa 450 000 Rusynen auf mehrere ungarische Komitate verteilt, in denen auch Ungarn, Juden und Slowaken lebten. Etwa 500 000 Ukrainer wohnten noch immer in den nordwestlichen, mehrheitlich polnischen und weißrussischen Gebieten Cholm und Podlachien.

Die Bevölkerung der Ukraine war also selbst für osteuropäische Verhältnisse ethnisch sehr bunt gemischt. Im Gegensatz zu den meisten anderen europäischen Völkern fehlte den Ukrainern ein größerer ethnisch geschlossener Siedlungskern. Die ethnischen Minderheiten der Polen und Juden waren seit dem Mittelalter, die Russen und Kolonisten seit dem 18. Jahrhundert in die Ukraine eingewandert, und der Bevölkerungsanteil der Ukrainer ging auch im 19. Jahrhundert sowohl im russischen wie im österreichischen Teil weiter zurück. In den Steppengebieten der Südukraine waren allerdings auch die Ukrainer Zuwanderer.

Das natürliche Bevölkerungswachstum der Ukrainer war vor dem Ersten Weltkrieg sehr hoch. In Russland lag ihre jährliche Zuwachsrate mit 20 auf 1000 noch über dem ohnehin hohen Gesamtdurchschnitt von 16 auf 1000. Der Grund dafür lag nicht etwa in den Geburtenraten, die sogar allmählich zurückgingen, sondern in den Sterberaten, die bei den Ukrainern erheblich niedriger lagen als bei den Russen. Die Ukrainer Galiziens hatten etwas niedrigere Geburtenraten und etwas höhere Sterberaten als diejenigen im Russischen Reich, sodass ihr natürliches Bevölkerungswachstum mit 14 pro 1000 pro Jahr erheblich tiefer lag.

Trotzdem war der Bevölkerungsdruck in Galizien und in der Karpaten-Ukraine groß, und zwischen 1890 und 1913 wanderten 600 000 bis 800 000 Ukrainer aus dem Habsburger Reich aus. Die meisten emigrierten in die Vereinigten Staaten und nach Kanada und legten das Fundament für die bis heute starken ukrainischen Gemeinschaften in diesen Ländern. Dazu kamen große Zahlen von Saisonarbeitern: Vor dem Ersten Weltkrieg kamen jährlich über 50 000 Ukrainer vorübergehend als Arbeiter ins Deutsche Reich. Gleichzeitig mit den Ukrainern emigrierten auch etwa 270 000 Juden und 600 000 Polen aus Galizien in die Vereinigten Staaten.

In Russland gingen die Migrationen der ukrainischen Bauern wie schon seit Jahrhunderten nach Süden und Osten, in landwirtschaftlich noch nicht erschlossene und dünn besiedelte Gebiete. Zunächst hatte Neurussland die meisten ukrainischen Siedler angezogen, in der zweiten Hälfte des 19. Jahrhunderts waren es die Steppengebiete nördlich des Kaukasus und an der Unteren Wolga. In den zwei Jahrzehnten vor dem Ersten Weltkrieg wanderten gegen zwei Millionen Ukrainer, die Mehrzahl aus der linksufrigen Ukraine, über den Ural nach Südsibirien, in das nördliche Kasachstan und den Fernen Osten aus. Ein beträchtlicher Teil von ihnen war allerdings mit den Lebensbedingungen in Asien nicht zufrieden und kehrte in die Ukraine zurück. Dennoch stellten die Ukrainer vor dem Ersten Weltkrieg im nördlichen Kasachstan 30 Prozent, im Fernostgebiet am Amur und Pazifischen Ozean, der sogenannten Grünen Ukraine, über 40 Prozent der Bevölkerung. Die ständigen Migrationen der bäuerlichen Bevölkerung verstärkten die demographische Zersplitterung der Ukrainer beträchtlich.

Soziale Gruppen in Land und Stadt

Die tragende und weitaus größte soziale Gruppe in der Ukraine waren vor dem Ersten Weltkrieg die Bauern. Unter den Bauern der unter russischer Herrschaft stehenden Ukraine stellten die Ukrainer 1897 mit etwa 85 Prozent die weit überwiegende Mehrheit. Dazu kamen Russen und deutsche Kolonisten, besonders zahlreich im südlichen Neurussland. Die Ukrainer waren ein Bauernvolk: 87 Prozent der Ukrainer Russlands und über 90 Prozent der Ruthenen des Habsburger Reiches waren in der Landwirtschaft beschäftigt.

Die meisten Ukrainer waren Kleinbauern mit wenig Ackerland, das für den Lebensunterhalt recht und schlecht ausreichte. Infolge des rapiden Bevölkerungsanstiegs waren die Landanteile seit den sechziger Jahren erheblich zurückgegangen. In Galizien und der rechtsufrigen Ukraine hatte sich auch ein Agrarproletariat herausgebildet, das auf den Latifundien der polnischen Magnaten arbeitete. Der Großgrundbesitz hatte in den meisten Regionen der Ukraine einen Anteil von über 40 Prozent; nur in der stärker kosakisch-kleinbäuerlich geprägten linksufrigen Ukraine war er geringer. Überall kauften und pachteten die ukrainischen Bauern zusätzliches Land, ohne allerdings die aus dem demographischen Zuwachs resultierende Verringerung der Anteile wettmachen zu können.

Die relativ kleinen Landanteile erklären allerdings die prekären wirtschaftlichen Bedingungen der meisten ukrainischen Bauern nicht hinreichend. Mindestens so wichtig waren die primitive Agrartechnologie und die veralteten Anbaumethoden mit Dreifelderwirtschaft und mangelnder Düngung und die sich daraus ergebende niedrige Produktivität. In der zum Russischen Reich gehörenden Ukraine mit ihren fruchtbaren Böden und offenen neuen Siedlungsräumen blieb der Ackerbau extensiv. Die ukrainischen Bauern Galiziens gingen dagegen mit Unterstützung von Genossenschaften und Bauernbanken verstärkt daran, den Ackerbau zu modernisieren, indem sie zum Beispiel die Fruchtwechselwirtschaft einführten oder auf Viehzucht auswichen. Zahlreiche ukrainische Bauern waren auf einen nicht landwirtschaftlichen Nebenverdienst angewiesen. Hoch entwickelt war die Heimindustrie, etwa die Weberei, Töpferei oder Gerberei. Dazu kamen Nebengewerbe wie das des Lohnfuhrmanns (čumak). Nachdem man traditionell die ukrainischen Bauern als Hungerleider angesehen hatte, die, vom Staat und vom Adel ausgebeutet, immer mehr verelendeten, haben neuere Forschungsarbeiten für das Russische Reich und für Galizien Zweifel angemeldet. Sie heben hervor, dass sich die ukrainischen und russischen Bauern mindestens in einigen Regionen den neuen Bedingungen und besonders der Verkleinerung ihrer Landanteile flexibel anpassten und dafür sorgten, dass ihre Einkünfte stabil blieben.

Die ukrainischen Bauern lebten in Gemeinden zusammen. Die ukrainische Historiographie betont jedoch den Unterschied zwischen der russischen *obščina* mit periodischer Landumteilung und Kollektiveigentum und der ukrainischen *hromada*, die einen freiwilligen Zusammenschluss individueller Bauernwirtschaften darstelle. Zwar war die russische Form der Umteilungsgemeinde, die vor 1861 nur im Süden und Osten Verbreitung gefunden hatte, mit den Reformen auch in anderen Gebieten der Ukraine eingeführt worden. Sie wurde jedoch von zahlreichen ukrainischen Gemeinden boykottiert, indem man keine Landumteilungen durchführte. Als die Stolypinschen Reformen den Austritt aus der Gemeinde und sogar deren Auflösung erlaubten, machten mehr Ukrainer als Russen von dieser Möglichkeit Gebrauch. Allerdings darf man das Stereotyp des kollektivistischen Russen und individualistischen Ukrainers nicht überstrapazieren. Neuere Forschungen haben gezeigt, dass auch die russischen Bauern im 19. und frühen 20. Jahrhundert viel individualistischer waren, als man früher glaubte. Außerdem war die Umteilungsgemeinde nicht, wie die Narodniki behauptet hatten, ein Ausfluss der urkommunistischen russischen Seele, sondern eine Erfindung des russischen Staates.

Mit den Bauern lebten auf dem Lande Geistliche und Lehrer. Während in Galizien der unierte Klerus und die Lehrer der ukrainischsprachigen Volksschulen in ihrer Mehrheit eine ausgeprägte ruthenische Identität hatten, waren die Geistlichen und Lehrer in Russland zu einem großen Teil russifiziert. Etwa die Hälfte der Geistlichen der Ukraine gaben 1897 Russisch als ihre Muttersprache an, im neurussischen Gouvernement Cherson waren es sogar drei Viertel.

Eine eigene Welt waren die Dörfer der deutschen Kolonisten in der südlichen Ukraine und in Wolhynien. Die Deutschen verfügten über erheblich mehr Grundbesitz als die Ukrainer, und sie waren vor allem in Neurussland eine wirtschaftlich gut gestellte ländliche Mittelschicht. Zwischen dem deutschen und dem ukrainischen Dorf bestanden kaum Kontakte, wozu die konfessionellen und sprachlichen Unterschiede beitrugen. Ukrainer dienten allerdings nicht selten als Gesinde auf deutschen Höfen. Die Schwarzmeerdeutschen schauten in der Regel auf die ukrainischen Bauern herab und betrachteten sie nicht als ihresgleichen. Trotzdem kam es bis zum Ersten Weltkrieg kaum zu offenen Protestaktionen ukrainischer Bauern gegen die fremden, gut situierten Siedler.

Auch Juden lebten in der Ukraine auf dem Lande. Nur ein kleiner Teil von ihnen war aber in der Landwirtschaft beschäftigt, vor allem in einigen jüdischen Kolonien in Neurussland. Ein solcher jüdischer Kolonist war David Bronštejn, der Vater Trotzkis. Die überwiegende Mehrheit der Juden suchten ihren Unterhalt als Händler, Handwerker, Hausierer oder Schankwirte, zum Teil noch immer im Dienst polnischer Magnaten. Die sozialen und wirtschaftlichen Antagonismen zwischen ukrainischen Bauern und jüdischen Mittlern bestanden deshalb fort.

Die ukrainischen Bauern verharrten vor dem Ersten Weltkrieg in der traditionalen Welt des Dorfes, die durch Familie und Hofwirtschaft, durch alte Bräuche und den Wandel der Jahreszeiten bestimmt war. Dieser in sich selbst ruhenden und gegen außen abgeschlossenen Welt des Dorfes stand die Welt der Städte gegenüber, die den ukrainischen Bauern als doppelt fremd erscheinen musste, da die Stadt auch kulturell nicht-ukrainisch war. Dazu ein zeitgenössischer Beobachter:

> «Die Stadt herrscht über das Dorf, und ‹Fremde› beherrschen die Stadt. Die Stadt zieht allen Reichtum an sich und gibt dem Dorf fast nichts zurück. Sie zieht Steuern ein, die fast nie ins ukrainische Dorf zurückkommen ... In der Stadt muss man Bestechungsgelder zahlen ... Die Stadt ist teuer gekleidet, wie für ein Fest, sie isst und trinkt gut ... Im Dorf gibt es dagegen fast nichts als Elend, Unwissenheit und harte Arbeit. Die Stadt ist für die Herren, sie ist fremd. Sie ist nicht unsere, nicht ukrainisch. Sie ist russisch, jüdisch, polnisch, aber nicht unsere.»

Die Städte der Ukraine erlebten in den Jahrzehnten vor dem Ersten Weltkrieg ein stürmisches Wachstum. Odessa zählte schon am Ende des 19. Jahrhunderts über 400 000 und 1914 über 650 000 Einwohner, Kiev wuchs von 250 000 auf über 500 000 an, Charkiv von 175 000 auf 250 000, Katerynoslav von 113 000 auf 218 000. Lemberg als wichtigste Stadt und Verkehrsknotenpunkt der Westukraine zählte 1880 100 000 und 1910 220 000 Bewohner. Der Urbanisierungsgrad Neurusslands lag 1897 mit über 20 Prozent erheblich über dem ukrainischen Durchschnitt von 13 Prozent.

Von kaum zu überschätzender Bedeutung für die ukrainische Geschichte ist, dass die Urbanisierung der Ukraine weitgehend ohne Ukrainer verlief. Die ukrainischen Bauern wanderten nicht in größerer Zahl in die fremden Städte, und die Ukrainer waren am Ende des 19. Jahrhunderts unter der Stadtbevölkerung krass untervertreten, am deutlichsten gerade in der am stärksten urbanisierten Region im Süden. Noch geringer war der Anteil der Ukrainer in den Großstädten, und er nahm zudem ständig ab, in Kiev von 30 Prozent im Jahre 1874 über 22 Prozent im Jahre 1897 auf 16 Prozent im Jahre 1914. In Odessa lebten schon 1897 nur 9 Prozent Ukrainer, in Katerynoslav 16 und in Charkiv 26 Prozent. In Lemberg machten die Ukrainer 1910 etwa ein Fünftel der Bevölkerung aus, doch bediente sich mehr als die Hälfte von ihnen des Polnischen als Umgangssprache. Höher war der ukrainische Anteil in den kleineren Städten vor allem der linksufrigen Ukraine. So waren unter den 83 000 Einwohnern der Provinzstadt Poltava 56 Prozent Ukrainer.

In den zum Russischen Reich gehörenden Gebieten stellten die Ukrainer am Ende des 19. Jahrhunderts 32 Prozent der Stadtbevölkerung, die Russen 34 und die Juden 27 Prozent. Doch nur 5,6 Prozent der Ukrainer ganz Russlands lebten in Städten. Ihr Urbanisierungsgrad lag damit erheblich unter dem der Russen (15,9% im ganzen Russischen Reich). Die Mehrheit der ukrainischen Stadtbevölkerung gehörte zu den städtischen Unterschichten, während die wichtigen wirtschaftlichen, administrativen und kulturellen Funktionen von Vertretern anderer Ethnien besetzt waren. So stellten die Ukrainer in den sechs zentralen Gouvernements der Ukraine nur etwa 9 Prozent der reicheren städtischen Oberschicht des Kaufleutestandes.

Die größeren Städte waren russisch geprägt. Russen stellten 1897 in Charkiv 63 Prozent, in Kiev 54 Prozent und in Odessa 49 Prozent der Bevölkerung. Die administrative, militärische, wirtschaftliche und kulturelle Elite, aber auch weite Teile der städtischen Unterschichten bestanden vorwiegend aus Russen oder russifizierten Ukrainern. Das Gleiche gilt für die qualifizierten Arbeiter in der rasch wachsenden Schwerindustrie und im Bergbau des Südens. Für die Zukunft war wichtig, dass das neu entstehende Industrieproletariat der Ukraine russisch geprägt war. In der Lebensmittel verarbeitenden Industrie im Westen und Norden gab es mehr ukrainische Arbeiter, die jedoch mit dem Dorf eng verbunden blieben. In den größeren Städten Galiziens spielten die Polen eine ähnliche Rolle wie die Russen im Russischen Reich. Mit fast der Hälfte der Bevölkerung machten sie Lemberg zu einer vorwiegend polnischen Stadt. Dazu kamen eine schmale deutsch-österreichische Schicht von Beamten und Militärs und die sprachlich weitgehend polonisierte, konfessionell aber selbstständige kleine Gruppe unierter Armenier.

In allen Städten der Ukraine wohnten zahlreiche Juden. Am höchsten war der jüdische Anteil in den kleineren Städten der rechtsufrigen Ukraine und Galiziens, 80 Prozent in Berdyčiv, 70 Prozent in Brody, die Hälfte in Žytomir. In Lemberg stellten Juden etwa ein Viertel, in Czernowitz ein Drittel, in Odessa 31 Prozent und in Katerynoslav 35 Prozent der Bevölkerung, während sie in Kiev 12 und in Charkiv 6 Prozent ausmachten. Juden beherrschten in der westlichen und südlichen Ukraine, in steigendem Maße auch am linken Ufer, den Kleinhandel, vor allem mit landwirtschaftlichen Produkten, das Kleingewerbe und gewisse Handwerkszweige wie die der Schneider und Schuster. Sie machten in den sechs zentralen ukrainischen Gouvernements des Russischen Reiches 81 Prozent der in Handel und Kreditwesen und 30 Prozent der in Handwerk und Industrie Beschäftigten aus. In Galizien waren sogar 87 Prozent aller Händler Juden. Die Juden behielten also ihre traditionelle Mittlerfunktion zwischen Stadt und Land.

Die außerordentliche Dichte der Juden in den städtischen Berufszweigen und die sehr hohen Geburtenraten brachten es mit sich, dass die Masse der Juden nur mit Mühe ein Auskommen finden und ihre Familien mit den kümmerlichen Erträgen ihrer Gewerbe kaum ernähren konnten. Die Zahl der sogenannten Luftmenschen, die keiner geregelten Tätigkeit nachgingen und gewissermaßen von Luft lebten, nahm stark zu. Nur ein geringer Teil (etwa 2 %) der Juden schaffte den Aufstieg in die städtische Oberschicht der Kaufleute und Unternehmer. Als Zuckerfabrikanten bekannt wurde etwa die Familie Brodskij. In Odessa, wo vor dem Ersten Weltkrieg etwa 200 000 Juden lebten, gab es eine relativ breite Schicht begüterter Kaufleute und Bankiers, die die Mehrheit der Handelshäuser und Unternehmen kontrollierten. Auch über die Hälfte der Ärzte und Rechtsanwälte der Stadt waren Juden. Die weit überwiegende Mehrheit der Juden lebte aber in bitterer Armut in der gegen außen abgeschlossenen Welt ihrer übervölkerten Schtetl oder der Judenviertel der größeren Städte.

Nach den Hajdamakenaufständen war die Ukraine ein ganzes Jahrhundert lang von gewaltsamen antijüdischen Ausschreitungen verschont geblieben. Im Jahre 1871 kam es in Odessa zu ersten, von den Griechen der Stadt initiierten Ausschreitungen, und auch die 1881 nach der Ermordung Alexanders II. stattfindenden ersten Massenpogrome im Russischen Reich konzentrierten sich auf Städte der Ukraine. Etwa 40 Jüdinnen und Juden wurden getötet, zahlreiche verwundet und ausgeplündert. Die Pogrome gingen in erster Linie von städtischen Unterschichten und von russischen Eisenbahnarbeitern und Tagelöhnern aus, die auf der Suche nach Arbeit in die Ukraine gekommen waren. Die Juden boten sich als Sündenböcke für die ungelösten sozialen Probleme an. Aus den russisch geprägten Städten wurden die antijüdischen Ausschreitungen auch aufs Land getragen. Dieses Szenario wiederholte sich im Jahre 1905, als die Gewalt viel stärker eskalierte und in Massenpogromen gegen tausend Juden umgebracht und unzählige jüdische Häuser und Geschäfte zerstört wurden. Diesmal wurden die Ausschreitungen auch von russischen antirevolutionären nationalistisch-antisemitischen Organisationen unterstützt.

Zwar fanden sowohl 1881 wie 1905 die meisten Judenpogrome in der Ukraine statt, doch waren im Gegensatz zu den Massakern des 17. und 18. Jahrhunderts nun nicht die ukrainischen Kosaken und Bauern die treibende Kraft, sondern die mehrheitlich russisch geprägte Stadtbevölkerung. Obwohl sich auch ukrainische Bauern und Stadtbewohner daran beteiligten, lassen sich die schrecklichen Pogrome von 1881 und 1905 deshalb nicht einfach mit der Tradition eines spezifisch ukrainischen Antisemitismus erklären.

In der Oberschicht gab in Russland wie in Österreich-Ungarn noch immer der Adel den Ton an. Adlige dominierten in Bürokratie und Militär, als Großgrundbesitzer in der Landwirtschaft und als Unternehmer in einigen Industriezweigen. In Galizien stellte der polnische Adel, der etwa 40 Prozent des Ackerlandes in seinem Besitz hatte, die führende Schicht, an ihrer Spitze reiche Magnatenfamilien wie die Potocki oder Lubomirski. Galizien war der einzige Teil des ehemaligen Königreiches Polen-Litauen, wo die Polen politisch und sozial eindeutig dominierten. Trotz der repressiven russischen Politik hatten sich die polnischen Magnaten und mittleren Adligen aber auch in der rechtsufrigen Ukraine als sozial und wirtschaftlich führende Schicht weitgehend halten können. So waren hier zu Beginn des 20. Jahrhunderts noch immer fast die Hälfte des Landbesitzes und zahlreiche Industrieunternehmen in ihren Händen. Allerdings beherrschten nun Russen Bürokratie und Militär.

In den übrigen Gebieten der Ukraine war es ganz eindeutig der russische Adel, der in allen Bereichen die Hauptrolle spielte. Allerdings gaben 1897 nicht weniger als 26 Prozent der Adligen in der Ukraine «Kleinrussisch» als ihre Muttersprache an. Sie konzentrierten sich vor allem auf die Gebiete des ehemaligen Hetmanats, wo sich die Abkömmlinge der Kosaken-Staršyna zum Teil ihren Landespatriotismus bewahrt hatten.

Zusammenfassend ergibt sich das Bild einer interethnischen Arbeitsteilung in der Ukraine. Soziale und ethnische Gliederung waren weitgehend kongruent. Die adlige Oberschicht (Gutsbesitzer, Bürokratie) setzte sich aus Russen (im Russischen Reich) und/oder Polen (in Galizien und in der rechtsufrigen Ukraine) zusammen, ebenso die Elite der reicheren Kaufleute und Unternehmer. In dieser Schicht gab es auch eine Gruppe von Juden, die außerdem in der ganzen Ukraine (in der Stadt und auf dem Lande) Handwerk, Kleinhandel und Gewerbe beherrschten. Für die Ukrainer blieb die Landwirtschaft, wo sie zahlenmäßig deutlich dominierten, in der Produktivität jedoch hinter den adligen Gutsbetrieben und den deutschen Kolonisten zurück. Auch die meisten der ukrainischen Stadtbewohner, Arbeiter, Dienstboten und Gewerbetreibenden blieben eng mit dem ukrainischen Dorf verbunden. Die weit überwiegende Masse der Ukrainer bestand also aus der ländlichen Grundschicht, denen als Mittel- und Oberschichten andere ethnische Gruppen gegenüberstanden. Die schmale ukrainische Intelligenz konnte diese Lücke nur zum kleinen Teil füllen. Auf dem Lande waren Ukrainer unter den Priestern (vor allem den unierten Geistlichen in Galizien), den Lehrern, Ärzten und Technikern der Zemstvo-Verwaltung vertreten. In der Stadt bildete sich eine schmale weltliche Intelligenz aus Studierenden, Rechtsanwälten, Mittel- und Hochschullehrern, Schriftstellern und Journalisten heraus, die dem starken Russifizierungs- und Polonisierungsdruck widerstand und zum wichtigsten Motor der Nationalbewegung wurde. Die sozio-ethnische Struktur behinderte die soziale Mobilität der Ukrainer. Der soziale Aufstieg in Positionen, die andere ethnische Gruppen als weitgehendes Monopol innehatten, war besonders schwierig. Soziale Spannungen und wirtschaftliche Konkurrenz zwischen den ethnischen Gruppen waren die Folge.

Der mit Abstand wichtigste Wirtschaftszweig der Ukraine blieb die Landwirtschaft und hier der Ackerbau. Die Ukraine verfügte über ein Drittel der Anbaufläche des europäischen Russland, auf der fast 40 Prozent der landwirtschaftlichen Produktion erzeugt wurde. Die fruchtbaren Böden sorgten noch immer für relativ hohe Erträge. Allerdings kamen moderne Produktionsmethoden fast nur auf den für den Export arbeitenden Latifundien des Adels zum Einsatz. Angebaut wurden im Norden Roggen und Hafer, im Süden vorwiegend Weizen und Gerste. Fast die Hälfte der russischen Weizenproduktion entfiel auf die Ukraine, und Weizen stand auch unter den Exportgütern an der Spitze. Aus der Ukraine stammten über die Hälfte der Getreide- und 90 Prozent der Weizenexporte des Russischen Reiches, die für den Staatshaushalt von großer Bedeutung waren. Unter den technischen Kulturen hob sich der Anbau von Zuckerrüben (vor allem in der rechtsufrigen Ukraine, mit über 80 Prozent der gesamtrussischen Produktion) und von Tabak (vor allem in den linksufrigen Gebieten, mit etwa 70 Prozent der Produktion Russlands) heraus. In Galizien gewann der Anbau von Kartoffeln größere Bedeutung. Die Viehwirtschaft blieb in den Steppengebieten wichtig, und der Viehbestand der Ukraine war erheblich höher als in Russland. Der Verkauf von Vieh, Geflügel und Eiern brachte den Bauern Bargeld ein.

Für die ukrainischen Bauern blieb auch die Heimindustrie, vor allem die Hausweberei, ein wichtiger Erwerbszweig. Die ukrainische Textilindustrie blieb dagegen unterentwickelt. So produzierte die Ukraine nur etwa ein Prozent der Baumwollstoffe des Russischen Reiches. Die etwa zweihundert Zuckerfabriken produzierten dagegen über 70 Prozent der gesamtrussischen Zuckerproduktion. Im Bereich der Verarbeitung landwirtschaftlicher Produkte waren außerdem Tabakfabriken, Mühlen und Schnapsbrennereien wichtig.

Bergbau und Schwerindustrie in der südlichen Ukraine wuchsen nach einer vorübergehenden Depression in den ersten Jahren des 20. Jahrhunderts seit 1908 weiter an. Die Steinkohleförderung im Donezbecken wurde zwischen 1900 und 1913 verdoppelt, bei einem konstanten Anteil von etwa 70 Prozent an der gesamtrussischen Produktion (ohne das Königreich Polen sogar 87 Prozent). Fast drei Viertel des im Russischen Reich geförderten Eisenerzes und 55 Prozent (ohne Polen 63%) des Stahls kamen vor dem Ersten Weltkrieg aus der Ukraine. Die Schwerindustrie konzentrierte sich auf das Donez-Becken mit dem Zentrum in Juzivka (heute Donec'k) und auf die Regionen Katerynoslav und Kryvyj Rih am Dnjepr.

Im Ganzen entfielen vor dem Ersten Weltkrieg etwa 19 Prozent der gesamtrussischen Industrieproduktion auf die Ukraine, ein Anteil, der ungefähr dem ihrer Bevölkerung entsprach. Die verschiedenen Industriezweige waren aber sehr ungleich vertreten, was zu einer engen wirtschaftlichen Verflechtung mit anderen Regionen des Reiches führte. Branchen wie der Kohlebergbau, die Stahl- und Zuckerproduktion, in denen die Ukraine fast ein Monopol hatte, und der hohe Anteil des Export-Getreides machten sie zu einem unersetzbaren Bestandteil der Wirtschaft des Russischen Reiches. Andererseits war die Ukraine auf Importe von Fertigwaren, vor allem von Textilien, aus Russland angewiesen. Für Russland war die Ukraine in erster Linie als Lieferantin von Rohstoffen und als Absatzmarkt von Fertigprodukten von Bedeutung. Befand sich die Ukraine deshalb in kolonialer Abhängigkeit vom russischen Zentrum? Elemente eines wirtschaftskolonialen Verhältnisses lassen sich durchaus erkennen, doch schränken die hohen Investitionen, die in die Südukraine flossen, und der Aufschwung einzelner Branchen auch der verarbeitenden Industrie die Gültigkeit der These zumindest ein. Außerdem gehörte die Südukraine in den Augen der russischen Regierung ohnehin zu Russland. Allerdings sei noch einmal daran erinnert, dass der Wirtschaftsboom zum größten Teil von Nicht-Ukrainern getragen wurde.

In Ostgalizien blieben die Erdölgewinnung und die Raffinerien von Drohobyc und Boryslav der einzige überregional bedeutsame Sektor. In der meist von ausländischem Kapital finanzierten Förderung von Erdöl nahm Galizien mit 5 Prozent der Weltproduktion um 1909 den dritten Platz hinter den USA und dem Russischen Reich (Baku, Groznyj) ein. Im Ganzen blieb Galizien aber ein wirtschaftlich vernachlässigtes Gebiet Cisleithaniens.

Bildungswesen und Kulturen

Die vorwiegend aus Bauern bestehenden Ukrainer blieben trotz unbestreitbarer Fortschritte im Bildungswesen beider Staaten mehrheitlich analphabetisch: 1897 konnten 81 Prozent der über zehnjährigen Ukrainer und 95 Prozent der ukrainischen Frauen im Russischen Reich nicht lesen. Bei den Russen war die Analphabetenquote in diesem Jahr mit 71 Prozent im ganzen Reich und etwas über 60 Prozent in der Ukraine erheblich niedriger. Von den Juden der Ukraine konnte – immer nach den Angaben der Volkszählung – gut die Hälfte lesen, bei den Schwarzmeerdeutschen sogar 87 Prozent. Nachdem die Ukrainer noch im 18. Jahrhundert einen höheren Alphabetisierungsgrad als die Russen gehabt hatten, lagen sie jetzt erheblich zurück. Zwar machte das Schulwesen bei Russen und Ukrainern zu Beginn des 20. Jahrhunderts große Fortschritte, doch blieb die weit überwiegende Mehrheit der Ukrainer bis zum Ersten Weltkrieg analphabetisch.

In Galizien lag die Quote der Analphabeten mit 61 Prozent der über zehnjährigen Ukrainer (und 69% der Frauen) im Jahre 1910 niedriger als in Russland. Von den Polen Galiziens konnten aber nur 28 Prozent nicht lesen und schreiben. Der Vorsprung der Ruthenen gegenüber den Ukrainern in Russland, der wohl aufgrund der unterschiedlichen Kriterien der Volkszählungen noch größer war, ist auf das besser ausgebaute Schulwesen, vor allem auf die lange Tradition der ukrainischsprachigen Grundschulen zurückzuführen. Im Jahre 1911 gab es in Galizien 2542 öffentliche ukrainische Volksschulen. Allerdings waren es mehrheitlich nur Ein- bis Zweiklassenschulen auf dem Land, während die polnischen Elementarschulen oft mehrklassig waren. In der mittleren und höheren Bildung fasste die ukrainische Sprache dagegen nur schwer Fuß. Immerhin gab es um 1910 neun ukrainische Gymnasien und zehn Lehrerseminare. Zwar blieb damit das ukrainischsprachige Bildungswesen weit hinter dem polnischen zurück, gab es doch in Galizien 1911 nicht weniger als 90 polnische Gymnasien. Der Anteil der Ukrainer an den Mittel- und Hochschülern stieg dennoch bis zum Ersten Weltkrieg kontinuierlich an. Im Vergleich zum Russischen Reich war in Galizien damit ein solides Fundament gelegt worden. Ähnlich war die Situation in der Bukowina, während in der Karpaten-Ukraine der Anteil ukrainischsprachiger Schulen infolge der Magyarisierungspolitik stark zurückging. Die Analphabetenquote der Ukrainer blieb hier erheblich höher als in den anderen Regionen der Habsburgermonarchie.

Zwar wurde auch in Russland in den letzten Jahrzehnten vor dem Weltkrieg das Grundschulnetz immer dichter. Staatliche Schulen, Pfarrschulen und Zemstvo-Schulen gab es auch in der Ukraine, doch existierte im ganzen Russischen Reich keine einzige ukrainischsprachige Grundschule, von Gymnasien oder Universitäten ganz zu schweigen. Das Fehlen eines muttersprachlichen Schulunterrichts hemmte die Alphabetisierung der Ukrainer. Andererseits hob auch das russischsprachige Schulwesen ihren Bildungsstand allmählich an, und immer mehr Ukrainer besuchten vor dem Ersten Weltkrieg Priesterseminare, Gymnasien und Universitäten.

An den Universitäten des Russischen Reiches entfalteten einzelne Ukrainer eine wissenschaftliche Tätigkeit, so in Kiev der Historiker Antonovyč und seine Schule, in Charkiv der Historiker Dmytro Bahalij und der Sprachwissenschaftler Oleksandr Potebnja. Allerdings wurde ein bedeutender Teil dieser sozial aufsteigenden Ukrainer ganz oder partiell russifiziert. Viele machten Karriere in Moskau, Petersburg oder im Ausland. Sie fühlten sich in der Regel als russische Wissenschaftler, auch wenn manche von ihnen einen ukrainischen Regionalpatriotismus behielten. Zu nennen wären etwa der zunächst an der Kiever Geistlichen Akademie, dann an der Universität Moskau lehrende Philosoph P. Jurkevyč, der in Petersburg wirkende Wirtschaftswissenschaftler M. Tuhan-Baranovs'kyj und der in Moskau lehrende Mineraloge und Geochemiker V. Vernads'kyj. Im Ausland zu Ruhm kamen der Soziologe M. Kovalevs'kyj, und der Zoologe und Bakteriologe I. Mečnykov, der 1908 den Nobelpreis für Medizin erhielt.

Die ukrainische Wissenschaft und Kultur hatten – mindestens bis 1905 – ihren Schwerpunkt in Galizien. Zwar war die Universität Lemberg eine vorwiegend polnische Hochschule mit 1902 73 Prozent polnisch- und 26 Prozent ukrainischsprachigen Studierenden. Immerhin gab es zehn ukrainischsprachige Lehrstühle, unter ihnen der historische von Mychajlo Hruševs'kyj. Hruševs'kyj begann in Lemberg mit der Publikation seiner monumentalen Geschichte der Ukraine-Rus', die den Grundstein für die moderne ukrainische Geschichtswissenschaft legte. Außerhalb der Universität Lemberg wurden wissenschaftliche Bestrebungen von der schon 1873 begründeten Ševčenko-Gesellschaft getragen. Sie war unter der Leitung Hruševs'kyjs praktisch zu einer ukrainischen Akademie der Wissenschaften geworden. Hruševs'kyj und Franko begründeten 1898 eine wissenschaftliche Zeitschrift, den *Literaturno-naukovyj vistnyk,* der 1905 nach Kiev verlagert wurde.

An der bukowinischen Universität Czernowitz, wo Ukrainer und Rumänen etwa ein Viertel der Studierenden stellten, war Deutsch Unterrichtssprache, an der orthodoxen Fakultät das Ukrainische und Rumänische. In Czernowitz gab es einen Lehrstuhl für ukrainische Sprache und Literatur, den der Sprachwissenschaftler Stefan Smal-Stoc'kyj innehatte, der gleichzeitig Abgeordneter im Wiener Reichsrat war.

Die ukrainische Literatur blieb zunächst ihrer von Ševčenko begründeten populistischen Ausrichtung treu. Die sozialkritische Konzentration auf das Leben der Bauern entsprach auch einem Haupttrend der russischen Literatur der Zeit. Zu nennen wären die Volkserzählungen von Marko Vovčok (Pseudonym für Marija Vilins'ka Markovyč), dann die Bauernerzählungen von Panas Myrnyj (Rudčenko), vor allem aber Ivan Franko (1856–1916), dessen Prosa und Lyrik den Gipfelpunkt dieser Phase der ukrainischen Literatur darstellen. Die in der Bukowina lebende Ol'ha Kobyljans'ka veröffentlichte 1896 den ersten ukrainischen Roman mit feministischer Programmatik.

Um die Jahrhundertwende kamen in der ukrainischen (wie in der russischen) Literatur neue modernistische Strömungen auf, die sich von der Fixierung auf soziale Probleme lösten. Sie zeigten sich in den Werken der beiden bedeutendsten Autoren dieser Zeit, den Erzählungen von Mychajlo Kocjubyns'kyj (1864–1913) und der Poesie von Lesja Ukrainka (1871–1913), einer Nichte Drahomanovs, die eigentlich Larysa Kosač hieß. Psychologisch orientiert waren die Romane des in der Ukrainischen Sozialdemokratischen Arbeiterpartei auch politisch aktiven Volodymyr Vynnyčenko. Eine bedeutende Rolle für die Wiedererweckung der ukrainischen Kultur spielte das Theater, das seit den 1880er Jahren mit Wandertruppen ukrainischsprachige Volksstücke auch auf dem Lande spielte. Auf die national-ukrainischen Traditionen der Volksmusik griff der aus einer Kosakenfamilie stammende Komponist Mykola Lysenko (1842–1912) zurück, der ein vielseitiges Werk hinterließ.

Trotz dieser Verbindungen zur Folklore war die ukrainische Hochkultur noch immer die Angelegenheit einer schmalen intellektuellen Elite. Für die Masse der ukrainischen Bauern blieb die traditionelle Volkskultur wichtiger. Eine reiche mündliche Folklore, Sprichwörter, Volkslieder, Fabeln, Legenden und historische Lieder und Epen über die Kosaken waren weit verbreitet und wurden nun auch vermehrt aufgezeichnet.

Ukrainische Wissenschaft und Kultur standen bis zum Ersten Weltkrieg eindeutig im Schatten der russischen und polnischen. Obwohl das geistige Leben Russlands auf die beiden Hauptstädte Petersburg und Moskau ausgerichtet war, wurden auch die Universitäten Kiev, Charkiv und Odessa zu wichtigen Zentren der russischen Wissenschaft, so die Theoretische Physik in Kiev oder die Mathematik und Chemie in Charkiv.

War Ostgalizien das Piemont der Ukrainer, so war ganz Galizien das Piemont der Polen. Die beiden Universitäten Lemberg und Krakau waren damals die einzigen polnischsprachigen Hochschulen und wurden deshalb zu Pflanzstätten der polnischen Kultur und zum Zufluchtsort für Intellektuelle aus anderen Teilungsgebieten. In Lemberg war schon 1827 ein nationales polnisches Volksbildungs-Institut, das Ossolineum, begründet worden, das reiche Sammlungen besaß und eine rege Publikationstätigkeit entfaltete. Lemberg war Sitz der Polnischen Historischen Gesellschaft, die seit 1887 den *Kwartalnik historyczny*, die bis heute führende polnische historische Zeitschrift, herausgab. Seit 1901 existierte in Lemberg eine polnische Gelehrte Gesellschaft.

In der Ukraine befanden sich einige Zentren jüdischer rabbinischer Gelehrsamkeit. Das orthodoxe Rabbinertum, der volkstümliche mystische Chassidismus und die jüdische Aufklärung (Haskalah) standen im 19. Jahrhundert als wichtigste miteinander konkurrierende Grundrichtungen nebeneinander. Die jüdische Literatur nahm einen neuen Aufschwung, sowohl in hebräischer wie nun vermehrt in jiddischer Sprache. An beiden Strömungen hatten Juden aus der Ukraine wesentlichen Anteil, an der Ersten etwa der aus Wolhynien stammende und lange in Odessa lebende hebräische Dichter Chaim Nachman Bialik (1873–1934), an der Zweiten der im linksufrigen Perejaslav geborene berühmte Erzähler Scholem Alejchem (1859–1916). Das traditionelle religiöse jüdische Schulwesen bestand weiter, doch besuchten immer mehr Juden die russischen bzw. polnischen Bildungsstätten und entfremdeten sich so allmählich ihrer Kultur. Sowohl im Habsburger Reich wie in Russland waren vor dem Ersten Weltkrieg Juden unter den Studierenden der Hochschulen überproportional vertreten. Manche von ihnen blieben in den großen Städten und gaben die jiddische Sprache zugunsten des Russischen, Polnischen oder Deutschen auf.

Die Kulturen der wichtigsten ethnischen Gruppen der Ukraine, der Ukrainer, Russen, Juden und Polen, entwickelten sich nicht getrennt voneinander, sondern standen in vielfältigen Wechselwirkungen. Besonders Neurussland und Odessa wurden zu Schmelztiegeln der Kulturen. In Odessa ist Isaak Babel (1894–1941) aufgewachsen, jüdischer Kaufmannssohn, später Rotarmist in Budennyjs Reiterarmee und russischsprachiger Schriftsteller, ebenso wie der berühmte Geiger Nathan Milstein. Aus Neurussland, dem Gouvernement Cherson, stammte Lev Davidovič Bronštejn, der später als Trotzki Weltgeschichte machen sollte, aus Elisavethrad Hirsch Apfelbaum, der als Grigorij Zinov'ev Präsident der Komintern wurde.

Eine ganze Anzahl von Ukrainern wurden als russische Schriftsteller weltberühmt. Der Bedeutendste von ihnen war schon in der ersten Hälfte des 19. Jahrhunderts der aus einer ukrainischen Adelsfamilie des Gouvernements Poltava stammende Nikolaj Gogol' (1809–1852) gewesen, der in zahlreichen Werken Traditionen der ukrainischen Volksüberlieferung, des Volkstheaters und der Kosakenlieder verarbeitete. Seine Novelle *Taras Bul'ba* ist eine der klassischen Bearbeitungen des Kosakenstoffes. Schon bei Gogol' (ukrainisch Hohol) zeigte sich die auch für spätere Persönlichkeiten typische doppelte Identität, etwa wenn er an eine Freundin schrieb, er wisse nicht, ob seine Seele ukrainisch oder russisch sei. Im rechtsukrainischen Žytomyr ist der russische Schriftsteller Vladimir Korolenko aufgewachsen, dessen Mutter eine polnische Adlige und dessen Vater ein partiell russifizierter Ukrainer war. Aus derselben Stadt stammt der polnische General Jarosław Dąbrowski, der als Führer des Aufstandes von 1863 und der Pariser Commune berühmt wurde. Wurzeln in der Ukraine hat auch die bedeutendste russische Dichterin Anna Achmatova, wie ihr eigentlicher Name Anna Horenko verrät. In Kiev lebte der russische Schriftsteller Michail Bulgakov, und er setzte der Stadt in seiner «Weißen Garde» ein Denkmal.

Kulturelle Schmelztiegel waren auch die österreichischen Kronländer Galizien und Bukowina. In Lemberg gab es vor dem Ersten Weltkrieg je einen römisch-katholischen, griechisch-katholischen und armenisch-katholischen Erzbischof, 19 römisch-katholische, neun griechisch-katholische, eine armenische und eine evangelische Kirche sowie über fünfzig Synagogen und jüdische Bethäuser. Ivan Franko schrieb nicht nur auf Ukrainisch, sondern auch auf Deutsch und Polnisch. In Lemberg ist Martin Buber aufgewachsen, der große jüdische Denker, der chassidische Traditionen wiederbelebte. Aus dem galizischen Brody stammt Joseph Roth (1894–1939), der zu einem der bedeutendsten deutschsprachigen Schriftsteller seiner Zeit wurde und in dessen Werk die jüdisch-polyethnische Welt Galiziens eine große Rolle spielt. In Lemberg ist Karl Radek geboren, der später gleichzeitig die deutsche, russische und polnische Arbeiterbewegung mitprägen sollte.

Die Vorkriegs-Ukraine als polyethnische Welt, als Neben- und Durcheinander unterschiedlicher Religionen, Sprachen, Kulturen, Traditionen, darf sicher nicht idealisiert werden. Tief waren die sozialen Gegensätze und die Spannungen zwischen religiösen und ethnischen Gruppen. Es herrschten Armut, soziale, politische und kulturell-sprachliche Unterdrückung. Und doch – vor dem Hintergrund dessen, was seit 1914 über die Bevölkerung der Ukraine hereinbrach, der schrecklichen Leiden und der Massenmorde, die ihnen Nationalismus, Antisemitismus, Sowjetkommunismus und Nationalsozialismus brachten, kommt Nostalgie auf. Nostalgie nach einer Welt, die trotz ihrer Mängel weltoffener, farbiger, menschlicher war als die durch soziale und ethnische «Säuberungen» unvorstellbaren Ausmaßes «gereinigte» nationalstaatliche Welt von heute.

10. Krieg, Revolution und gescheiterte Staatsbildung 1914–1920

Der Krieg, der im Jahre 1914 ausbrach und in der Ukraine bis zum Jahre 1920 dauerte, brachte dem Land ungeheure Zerstörungen, Menschenverluste und große wirtschaftliche Not. Der Krieg war eine der Ursachen der Revolution in Russland, die auch in der Ukraine zu einer grundlegenden sozialen und politischen Umwälzung führte. Krieg und Revolution versetzten den drei großen Vielvölkerimperien Osteuropas, dem Russischen, dem Habsburger und dem Osmanischen Reich, den Todesstoß. Zahlreiche Völker Mittel- und Osteuropas nutzten die Gelegenheit und organisierten sich in Nationalstaaten. Auch die Ukrainer erklärten nach der Oktoberrevolution die Unabhängigkeit ihres Landes, doch konnten sich die unterschiedlichen Varianten eines ukrainischen Nationalstaates nur kurze Zeit halten. Schon seit 1920 war die ganze Ukraine wieder Bestandteil fremder Staaten, zum größeren Teil der Sowjetunion, im Westen Polens, Rumäniens und der Tschechoslowakei. Weshalb, so fragten sich die Ukrainer seither immer wieder, ist es uns im Gegensatz zu Tschechen, Polen, Litauern, Esten und Letten nicht gelungen, nach dem Ersten Weltkrieg einen Nationalstaat zu begründen?

Zwischen zwei Feuern im Ersten Weltkrieg

Der Erste Weltkrieg führte zu einer Internationalisierung der ukrainischen Frage. Russland betrachtete nun Österreich und das Deutsche Reich als Drahtzieher der ukrainischen Nationalbewegung. Umgekehrt sah man in Wien hinter den Aspirationen der Ruthenen das aggressive panslawistische Russland. Die Ukrainer gerieten also, wie schon oft in ihrer Geschichte, zwischen das Feuer der Großmächte. Dies war auch wörtlich zu verstehen, denn seit 1914 kämpften Ukrainer direkt gegeneinander: die Ruthenen in den Uniformen Österreichs, die Kleinrussen in denen Russlands.

Wie sehr sie Spielbälle der großen Politik waren, mussten als Erste die Ukrainer Galiziens erfahren. Als russische Armeen Galizien im Herbst 1914 eroberten, ließen die österreichisch-ungarischen Behörden und Truppen zahlreiche Ukrainer als angebliche Verräter verhaften und in Lager stecken; etwa 1500 wurden standrechtlich hingerichtet. Doch auch die russischen Besatzer verbrüderten sich keineswegs mit den Ruthenen, sondern der russische Generalgouverneur Graf G. Bobrinskij betrachtete Ostgalizien als «altes russisches Land». Er ging sofort mit Gewalt gegen die nationalen Kräfte vor und erklärte: «Ich werde hier die russische Sprache, die russischen Gesetze und Institutionen einführen.» Die muttersprachlichen Periodika und die nationalen Institutionen der Ukrainer wurden verboten, die ukrainische Sprache aus den Schulen verbannt.

Auch die Griechisch-Katholische Kirche wurde verfolgt. Zahlreiche Geistliche wurden verhaftet und nach Russland verbannt, an ihrer Spitze der seit 1900 als Metropolit wirkende Graf Andrej Šeptyc'kyj (1865–1944). Šeptyc'kyj stammte aus einem polonisierten Adelsgeschlecht; einer seiner Brüder wurde polnischer General. Nach Militärdienst in der österreichischen Armee und einem Rechtsstudium an der Universität Krakau war Šeptyc'kyj 1888 vom römisch- zum griechisch-katholischen Glauben übergetreten und 1892 zum Priester geweiht worden. Schon acht Jahre später wurde er Metropolit von Galizien und der Bukowina. Vor dem Ersten Weltkrieg machte er sich als Förderer wissenschaftlicher und kultureller Bestrebungen verdient, so bei der Begründung eines ukrainischen Nationalmuseums in Lemberg. Er war Mitglied des galizischen Landtags und des Herrenhauses in Wien.

Besonders rücksichtslos gingen die russischen Truppen gegen die der Spionage beschuldigten Juden Galiziens vor. Als die Russen im Mai 1915 den größten Teil Galiziens wieder räumen mussten, evakuierten sie zahlreiche Ukrainer mit Gewalt. Die österreichischen Behörden, die wieder Einzug hielten, setzten die repressive Politik fort: Viele Ukrainer wurden verhaftet und nach Österreich geschickt, wo viele im berüchtigten Lager Thalerhof interniert wurden. Die Mittelmächte suchten nun die Zusammenarbeit mit den Polen: Im November 1916 erklärten sie Polen (ohne Galizien) zum unabhängigen Königreich und erweiterten die Autonomie des von Polen dominierten Galiziens im Rahmen des Habsburger Reiches. Wien setzte also die Kooperation mit der polnischen Elite fort, während es die Ruthenen als unzuverlässige Irredentisten betrachtete. Dies geschah, obwohl die Ukrainer des Habsburger Reiches 1914 ihre Loyalität gegenüber dem Kaiser erklärt und auch mit Freiwilligenverbänden wie den Sič-Schützen unter Beweis gestellt hatten. Ein in Lemberg von Emigranten aus Russland begründeter «Bund zur Befreiung der Ukraine» versuchte seit Kriegsbeginn, die Mittelmächte für die ukrainische Sache gegen Russland zu mobilisieren.

Obwohl die Ukrainer des Russischen Reiches ihre Loyalität erklärten und in den zarischen Armeen mitkämpften, löste der Ausbruch des Ersten Weltkriegs auch hier eine neue Welle der Repression aus. Die wichtigsten noch bestehenden ukrainischen Publikationen und Organisationen wurden verboten. Der als Führer der national-kulturellen Wiedergeburt hervorgetretene Historiker Hruševs'kyj wurde 1916 ins Innere Russlands verbannt.

Revolution in Russland und in der Ukraine

Erst der Zusammenbruch der russischen Autokratie in der Februarrevolution von 1917 brachte eine allgemeine Liberalisierung des politischen und kulturellen Lebens. Alle Bewohner Russlands bekamen die bürgerlichen Grundrechte und Freiheiten und individuelle national-kulturelle Rechte. Allerdings hielt die Provisorische Regierung grundsätzlich am Ideal «des einen und unteilbaren Russland» fest und gewährte den Nationalitäten mit Ausnahme der Polen und Finnländer keine kollektiven territorialen Rechte. Die Provisorische Regierung und der zweite Träger der Doppelherrschaft, der Petrograder Sowjet der Arbeiter und Soldatendelegierten, unterschätzten die Bedeutung des Nationalitätenproblems, das eng mit den ebenfalls ungelösten sozialen Fragen verknüpft war. Die Lösung beider Probleme wurde auf die noch zu wählende Verfassunggebende Versammlung vertagt.

Zum wichtigsten Kontrahenten der Provisorischen Regierung in der Peripherie wurde im Jahre 1917 die politische Organisation der Ukrainer – eine angesichts des Rückstandes der ukrainischen Nationsbildung überraschende Tatsache. Schon eine Woche nach der Februarrevolution begründeten Vertreter unterschiedlicher gesellschaftlicher Gruppen in Kiev den Ukrainischen Zentralrat (Rada), eine Art Vorparlament. Die Rada wurde wenige Wochen später von einem Nationalkongress legitimiert. Den Ton gab die schon vor dem Krieg begründete Gesellschaft der ukrainischen Progressisten an, und deren führendes Mitglied Mychajlo Hruševs'kyj wurde zum Präsidenten der Rada gewählt. Der ukrainische Zentralrat erklärte seine Loyalität gegenüber der Provisorischen Regierung und verfolgte das gemäßigte Ziel einer national-territorialen Autonomie der Ukraine im Rahmen Russlands.

Gemeinsam mit den sozialen und politischen Bewegungen ganz Russlands radikalisierten sich die Zielsetzungen der Ukrainer im Laufe des Jahres 1917. Von den gemäßigten Progressisten und Sozial-Föderalisten ging die Führung zunächst an die Ukrainische Sozialdemokratische Arbeiterpartei über, die seit 1907 im Untergrund gewirkt hatte und nationale mit sozialen Forderungen verband. Ihr Führer, der Schriftsteller Volodymyr Vynnyčenko (1880–1951), wurde im Juni erster Vorsitzender des Generalsekretariats der Rada, der ersten Regierung der Ukraine.

Am 10. Juni 1917 erklärte die Zentralrada die Autonomie der Ukraine. Das Manifest wurde in Anknüpfung an die Erlasse der Kosaken-Hetmane als Universal bezeichnet und wandte sich in pathetischen Worten an «das ganze ukrainische Volk»:

> «Deine gewählten Vertreter haben ihren Willen kundgetan: Ukraine sei frei!... Ukrainisches Volk! Dein Schicksal ruht in Deiner Hand! Beweise in dieser schweren Zeit der allgemeinen Unordnung und des Zerfalls durch Deine Einigkeit und Staatsklugheit, dass Du, die Nation der Arbeiter und Bauern, Dich stolz und würdig in die Reihe der organisierten Staatsvölker als Gleiches unter Gleiche stellen kannst.»

Die Provisorische Regierung reagierte eine Woche später mit einem Gegenaufruf und wies erneut auf die Notwendigkeit der Einberufung der Konstitutierenden Versammlung hin:

> «Dies ist auch Eure Aufgabe, Bürger der Ukraine! Seid Ihr nicht ein Teil des freien Russland? Ist das Schicksal der Ukraine nicht untrennbar mit dem Schicksal des gesamten befreiten Russland verbunden? Wer kann im Zweifel darüber sein, dass Russland im Zeichen der uneingeschränkten Demokratie die Rechte aller seiner Völker sicherstellen wird?... Brüder Ukrainer! Wählt nicht den verhängnisvollen Weg der Zersplitterung der Kräfte des befreiten Russland! Reißt Euch nicht vom gemeinsamen Vaterland los!»

Der Konflikt zwischen Zentralrada und Provisorischer Regierung konnte Anfang Juli mit einem Kompromiss beigelegt werden: Die Provisorische Regierung erkannte die Rada und deren Generalsekretariat de facto als Vertretung der ukrainischen Nation an. Damit hatte das russische Zentrum einen Teil der Macht an eine national-ukrainische Körperschaft abgetreten. Dieses Abgehen vom Prinzip des «einen und unteilbaren Russland» führte zu einer Regierungskrise in Petrograd, und die Mehrheit der liberalen Regierungsmitglieder trat zurück. Das Ergebnis der Verhandlungen mit Petrograd machte die Rada am 16. Juli in ihrem 2. Universal bekannt.

Schon im Sommer 1917 wurde die Dynamik der Entwicklung aber nicht mehr von der Regierung und den Parteien bestimmt, die lediglich eine schmale Intelligenzschicht repräsentierten, sondern von den sozialen Bewegungen der Unterschichten. Wie in Russland kam es auch in der Ukraine im Laufe des Jahres 1917 zu einer weitgehend spontanen Agrarrevolution. Ukrainische Bauern nahmen Ländereien des polnischen und russischen Adels in ihren Besitz. Ein Teil der Bauern organisierte sich in einem ukrainischen Bauernverband und in Bauernsowjets. Die ukrainischsprachige Zeitung des Bauernverbandes *Narodnja Volja* erreichte im Mai 1917 eine Auflage von 200 000 Exemplaren. Im Juni trafen sich etwa 1000 Delegierte zu einem ukrainischen Bauernkongress, der nicht nur eine Lösung der Landfrage, sondern auch die politische Autonomie der Ukraine forderte. Gleichzeitig organisierte sich eine große Zahl ukrainischer Soldaten, indem sie eigene Truppenformationen bildeten und in mehreren Kongressen soziale und nationale Forderungen erhoben.

Für die mobilisierten Massen der Ukrainer reichten die Zugeständnisse der Provisorischen Regierung nicht mehr aus. Die Rada hatte sich in ihren Augen diskreditiert, als sie mit der Provisorischen Regierung paktierte, die nicht bereit war, die dringenden sozialen Probleme, an ihrer Spitze die Landfrage, zu lösen. Außerdem brachen Konflikte innerhalb der politisch unerfahrenen ukrainischen Führung aus. Die erst im April 1917 begründete Ukrainische Sozialrevolutionäre Partei wurde im Spätsommer zur führenden Kraft. Sie vertrat wie die russischen Sozialrevolutionäre einen radikalen Populismus, der aber neben agrarrevolutionären auch nationale Forderungen erhob.

Im Laufe des Sommers 1917 kam es auch zu Auseinandersetzungen der ukrainischen nationalen Bewegung mit den nichtukrainischen politischen Kräften. Die Russen hatten nach der Februarrevolution wie in Petrograd auch in den wichtigsten Städten der Ukraine mit Komitees der Provisorischen Regierung und Sowjets der Arbeiter- und Soldatendeputierten eine Doppelherrschaft etabliert. Zwar versuchte die Rada im Sommer, die Unterstützung der Nichtukrainer zu gewinnen, indem sie ihnen kulturelle Autonomie versprach und 30 Prozent der Sitze in der Rada zubilligte. Dennoch blieb die Mehrheit der russischen Stadtbevölkerung gegenüber der ukrainisch-nationalen Sache skeptisch und war weiter auf die russischen Parteien, die liberal-konservativen Kadetten oder die Sozialrevolutionäre und Sozialdemokraten, hin orientiert, während die

Juden mehrheitlich ihren eigenen sozialistischen und zionistischen Parteien anhingen.

Das politische Kräfteverhältnis in der Ukraine spiegeln die Ergebnisse der – allerdings schon nach dem Umsturz der Bolschewiki – im November 1917 durchgeführten Wahlen zur Konstitutierenden Versammlung. Die mehrheitlich nichtukrainischen Bewohner der Städte und der Industriegebiete im Süden wählten russische und jüdische Parteien, doch erhielten die Bolschewiki im Ganzen nur 10 Prozent, in den Städten etwa ein Viertel der Stimmen. Auf dem Lande errangen die ukrainischen Parteien, vor allem die ukrainischen Sozialrevolutionäre, einen deutlichen Sieg. In den vier ukrainischen Kerngouvernements erhielten ukrainische Parteien über 70 Prozent der Stimmen. Die Wahlen zur Konstituante dokumentieren damit, welch großen Schub sozialer und politischer Mobilisierung die ukrainischen Bauern im Jahre 1917 erlebt hatten.

Die Oktoberrevolution in Petrograd veränderte die politische Konstellation in Russland fundamental. Die Bolschewiki hatten sich mit der Forderung des Selbstbestimmungsrechts der Völker unter Einschluss der Sezession um die Unterstützung der Nichtrussen bemüht, bei den Ukrainern jedoch wenig Anhang gefunden. Dennoch weckten die Dekrete über Land und Frieden und die Deklaration der Rechte der Völker Russlands noch einmal Hoffnungen. Die ukrainische Zentralrada arbeitete deshalb vorübergehend mit den Bolschewiki zusammen, um die Truppen der Provisorischen Regierung aus Kiev zu vertreiben. Am 7. November 1917 proklamierte die Rada in ihrem 3. Universal die Ukrainische Volksrepublik als Teil einer russischen Föderation.

Die Ukraine im Bürgerkrieg: Ablauf der Ereignisse

Dies wollten die Bolschewiki jedoch nicht akzeptieren. Die Leninsche Partei ordnete das nationale Selbstbestimmungsrecht dem Prinzip des Klassenkampfes unter. Sie wollte einen zentralisierten Staat und die alleinige Macht. Nach politischen Misserfolgen in Kiev bildeten die Bolschewiki am 12. Dezember in

Charkiv eine ukrainische Sowjetregierung und begannen mit der militärischen Besetzung der Ukraine, die durch Aufstände in den Städten unterstützt wurde. Die Zentralrada bemühte sich um die Hilfe der Alliierten und dann der Mittelmächte, geriet aber immer mehr in Bedrängnis. Am 12. Januar 1918 (25. Januar neuen Kalenders) erklärte sie im 4. Universal die Unabhängigkeit der Ukraine: «Von diesem Tag an wird die Ukrainische Volksrepublik unabhängig und selbständig, ein freier und souveräner Staat des ukrainischen Volkes.»

Zwei Wochen später, am 26. Januar (8. Februar), eroberten die Bolschewiki Kiev. Fast gleichzeitig, am 27. Januar (9. Februar), schlossen die Mittelmächte mit der Zentralrada einen Separatfrieden und anerkannten den unabhängigen ukrainischen Staat. Sie versprachen militärische Hilfe gegen die Bolschewiki und verlangten dafür Lebensmittellieferungen.

Nach dem Abbruch der Friedensverhandlungen mit Sowjetrussland eröffneten die Mittelmächte im Februar eine Offensive, die in wenigen Wochen zur Besetzung der Ukraine führte. Schon am 1. März (neuen Kalenders) eroberten sie Kiev und setzten die Zentralrada wieder ein. Im Frieden von Brest-Litovsk musste die Russische Sowjetrepublik am 3. März 1918 die Unabhängigkeit der Ukraine anerkennen. Bald brachen Meinungsverschiedenheiten zwischen der deutschen und österreichisch-ungarischen Militärverwaltung, der vor allem an Lebensmittellieferungen aus der Ukraine gelegen war, und der sozialrevolutionär ausgerichteten Rada aus, die diese Forderungen nicht erfüllten konnte. Sie führten schon am 29. April zur Absetzung der Rada und zur Einsetzung einer neuen, von Deutschland protegierten Regierung unter Pavlo Skoropads'kyj.

Der General und Großgrundbesitzer Pavlo Skoropads'kyj (1873–1945) war russifizierter Nachkomme eines alten Kosakengeschlechts, das schon zwei Jahrhunderte früher einen Hetman gestellt hatte. Sein neues Hetmanat knüpfte bewusst an die frühere ukrainische Staatlichkeit an. Mit Hilfe alter, auch russischer und russifizierter ukrainischer Eliten und der deutschen Militärbehörden versuchte die neue Regierung, Ruhe und Ordnung in der Ukraine wiederherzustellen und einen Verwaltungsapparat aufzubauen. Sie förderte das ukrainischsprachige Schulwesen auf allen Stufen; so wurde am 24. November 1918 eine Ukrainische Akademie der Wissenschaften begründet. Im sozialen Bereich wollte die Regierung Skoropads'kyj den Status quo wiederherstellen und den Gutsbesitzern ihr Land zurückgeben. Gleichzeitig hatte sie die Getreidelieferungen an Deutschland zu organisieren. Die Anhänger der Zentralrada und die Masse der ukrainischen Bauern lehnten das konservative Regime Skoropads'kyjs vehement ab. Zehntausende ukrainischer Bauern erhoben sich und lieferten den deutschen Truppen erbitterte Gefechte.

Die nationale Opposition hatte im Sommer eine gegen das Hetmanat Skoropads'kyjs gerichtete Ukrainische Nationale Union begründet, die am 14. November 1918 eine Direktorium genannte fünfköpfige Exekutive unter Volodymyr Vynnyčenko bildete. Das Direktorium gewann rasch an Anhang unter den ukrainischen Bauern und Soldaten des Hetmanats. Seine Truppen zogen nach dem Abzug der Deutschen und der Flucht Skoropads'kyjs am 14. Dezember in Kiev ein. Das Direktorium der Ukrainischen Volksrepublik wurde damit zur vierten Regierung der Ukraine im Jahre 1918. Die Atmosphäre der Bürgerkriegszeit fängt Michail Bulgakov in seiner «Weißen Garde» am kleinen Ausschnitt des Machtwechsels von Skoropads'kyj zum Direktorium aus der Optik der russischen Oberschicht von Kiev ein.

Die Ukraine wurde im Jahre 1919 zu einem Hauptschauplatz des Bürgerkriegs, in dem sich nicht nur Bolschewiki und antirevolutionäre weiße Truppen gegenüberstanden, sondern in den auch Polen und die Interventionstruppen der Entente eingriffen und in dem die ukrainischen Bauern mit eigenen, oft von Kosaken-Atamanen befehligten Formationen für ihre Ziele kämpften. Auch innerhalb der Führungsgruppe des Direktoriums gab es Konflikte zwischen der stärker sozialrevolutionär ausgerichteten Fraktion unter Vynnyčenko und der nationaldemokratisch orientierten Gruppe um den begabten Militärführer Symon Petljura (1879–1926). Angesichts der chaotischen Zustände vermochte das Direktorium kaum eine konsequente Politik zu betreiben. Im Angesicht einer neuen bolschewistischen Offensive wurde am 22. Januar 1919 ein alter Traum der ukrainischen Nationalbewegung verwirklicht: «Von jetzt an vereinigen sich die über Jahrhunderte hin auseinandergerissenen Teile der Ukraine, die Westukrainische Volksrepublik und die Große Dnjepr-Ukraine.»

In der Westukraine hatten sich mit dem Zusammenbruch des Habsburger Reiches die nationalen ukrainischen Kräfte neu organisiert. In Lemberg formierte sich im Oktober 1918 ein Ukrainischer Nationalrat. Er übernahm die Macht im vorwiegend von Nichtukrainern bewohnten Lemberg und proklamierte am 13. November die Westukrainische Volksrepublik. Lemberg ging zwar bald wieder an die Polen verloren, doch errichtete die überparteiliche Regierung, das sogenannte Staatssekretariat, auf dem Lande eine Verwaltung und eine Armee, deren Kern die Sič-Schützen unter Jevhen Konovalec' bildeten. Sie beschloss im Januar 1919 die Vereinigung mit der Ostukraine. Das neu als Staat erstandene Polen wollte sich jedoch mit dem Verlust Galiziens nicht abfinden. Im kriegerischen Konflikt mit Polen wurden die Westukrainer weder von den Alliierten noch vom militärisch ebenfalls bedrängten Direktorium unterstützt, sodass sie im Sommer 1919 den polnischen Armeen unterlagen.

Am 6. November 1918 hatte in Czernowitz eine ukrainische Organisation die Macht übernommen und beabsichtigte die Vereinigung der nördlichen Bukowina mit der Westukrainischen Volksrepublik. Doch besetzten nach wenigen Tagen rumänische Truppen die Stadt. In der Karpaten-Ukraine erklärte sich am 9. November 1918 eine Ruthenische nationale Rada für eine Lösung innerhalb Ungarns, aber im Frühjahr 1919 besetzten tschechoslowakische Truppen das Gebiet, worauf eine Zentrale ruthenische Rada am 8. Mai 1919 die Vereinigung mit der Tschechoslowakei vollzog. Damit waren bis zum Sommer 1919 die westukrainischen Gebiete auf Polen, Rumänien und die Tschechoslowakei aufgeteilt worden.

In der Ostukraine bildeten die Bolschewiki im November 1918 eine ukrainische Sowjetregierung unter Georgij Pjatakov und Christian Rakovskij und zogen Anfang Februar 1919 zum zweiten Mal in Kiev ein. Zahlreiche ukrainische Bauern unterstützten zunächst die sowjetische Regierung, doch wurden ihre Hoffnungen enttäuscht, sodass sie sich schon bald wieder von ihr abwandten. Das Direktorium floh nach Podolien, wo Symon Petljura Vynnyčenko als führende Persönlichkeit ablöste. Dort schlossen sich die aus Ostgalizien vertriebenen westukrainischen Truppen der Armee des Direktoriums an, und gemeinsam zogen sie gegen Kiev. Es waren jedoch nicht die national-ukrainischen Kräfte, sondern die Soldaten der von der Entente unterstützten russischen Freiwilligenarmee unter dem weißen General Denikin, die im Sommer 1919 die Bolschewiki aus der Ukraine vertrieben. Am 30. August marschierten westukrainische Verbände in Kiev ein, doch überließen sie noch am selben Tag die Stadt den Truppen Denikins. Die Weißen wollten das «eine und unteilbare Russische Reich» wiedererrichten und lehnten deshalb eine Zusammenarbeit mit der Volksrepublik ab. Petljura blieben als letzte mögliche Verbündete nur mehr die Polen, denen er am 2. Dezember 1919 Galizien und das westliche Wolhynien abtrat. Die Kooperation mit Polen, deren Herrschaft über Galizien Petljura anerkannte, führte automatisch zum Bruch mit den Westukrainern, deren Regierung nach Wien ins Exil ging.

Schon am Ende des Jahres 1919 zogen die Bolschewiki ein drittes Mal in Kiev ein und vertrieben Denikin auch aus den übrigen Gebieten der Ukraine. Noch einmal mussten sie die Stadt verlassen, als am 7. Mai 1920 durch Soldaten Petljuras verstärkte polnische Truppen unter Józef Piłsudski Kiev eroberten. Schon im Juni wurden sie aber von der Roten Armee vertrieben. Damit vollzog sich in Kiev der neunte Machtwechsel innerhalb von zweieinhalb Jahren. Allerdings dauerte es noch bis zum folgenden Jahr, bis die Bolschewiki den Widerstand bäuerlicher Partisanen überwunden und die Kontrolle über die Ukraine gewonnen hatten.

In den Pariser Friedensverträgen und im Frieden von Riga wurden dann die Grenzen neu gezogen. Die Zugehörigkeit der nördlichen Bukowina und Bessarabiens zu Rumänien, die der Karpaten-Ukraine zur Tschechoslowakei und die Galiziens zu

Polen wurden bestätigt, in den beiden letzten Fällen allerdings unter dem Vorbehalt der Gewährung von Autonomie. Die westukrainische Exilregierung brachte die Angelegenheit vor den Völkerbund, und dieser anerkannte erst im Jahre 1923 die Zugehörigkeit Ostgaliziens zu Polen, vorerst nur auf 25 Jahre. Im Frieden von Riga verzichtete 1921 die Sowjetregierung zugunsten Polens auf das westliche Wolhynien, das zum Zarenreich gehört hatte.

Die Ereignisse der Jahre 1917 bis 1920 in der Ukraine waren außerordentlich bewegt. Unterschiedliche politische Kräfte und militärische Formationen agierten gleichzeitig. Die Verbindungen zwischen den einzelnen Regionen und zwischen Stadt und Land wurden immer wieder unterbrochen. In weiten Teilen der Ukraine herrschten Anarchie und Chaos. Ich will im Folgenden die am Bürgerkrieg beteiligten Lager kurz charakterisieren.

Die Ukraine im Bürgerkrieg: Die beteiligten Kräfte

1. Aus ukrainischer Optik stehen die *nationalen Kräfte* im Vordergrund. Die vier ukrainischen Regierungen der Jahre 1917 bis 1920 unterschieden sich nicht unwesentlich voneinander.

Die Zentralrada und ihr Generalsekretariat waren die ersten autonomen politischen Institutionen der modernen Ukraine. Dass sie so rasch entstehen und bedeutenden Einfluss auch auf die gesamtrussische Politik ausüben konnten, ist erstaunlich. Die Zentralrada suchte liberal-demokratische und sozialistische Zielsetzungen mit den nationalen Forderungen zu vereinen und hatte zunächst einen recht breiten Anhang. Eine effiziente Verwaltung und eine Ordnungsmacht vermochte sie im Chaos von 1917 aber nicht aufzubauen. Die zunehmende Radikalisierung der Bauern entzog ihr zusehends den Boden. Dennoch blieb die Rada bis über die Oktoberrevolution hinweg ein wichtiger politischer Faktor, und sie war es, die kurz vor ihrem Fall die Unabhängigkeit der Ukrainischen Volksrepublik erklärte.

Das Hetmanat Skoropads'kyjs versuchte unter dem Schutzschirm der deutschen und österreichisch-ungarischen Besatzungstruppen die ukrainische Staatsbildung voranzutreiben. Es blieb jedoch unpopulär, sowohl wegen seiner reaktionären Sozialpolitik wie wegen seiner Zusammenarbeit mit den Mittelmächten, die an der Ukraine als Getreidelieferantin interessiert waren. Ohne deren Unterstützung konnte das mit gestrigen Parolen antretende Regime nicht überleben.

Das Direktorium der Ukrainischen Volksrepublik knüpfte personell an die Zentralrada an. Unter der Leitung Vynnyčenkos vermochte es mit einem sozialrevolutionären Programm noch einmal breite Bevölkerungsschichten zu mobilisieren. Dabei wurde allerdings der Aufbau einer staatlichen und militärischen Organisation vernachlässigt, sodass die ukrainisch-nationalen Kräfte den sich nun von allen Richtungen auf die Ukraine zubewegenden Gegnern nicht gewachsen waren. In den militärischen Auseinandersetzungen des Bürgerkriegs gewann der Truppenführer Symon Petljura an Gewicht und verdrängte Vynnyčenko. Gleichzeitig verschob sich das Programm des Direktoriums von sozialrevolutionären zu nationalen Zielen.

In der Anarchie des Jahres 1919 verlor das Direktorium fast jede Kontrolle über die Ukraine. Zahlreiche ukrainische Bauern schlossen sich in autonomen bewaffneten Verbänden unter Führung selbstherrlicher Atamane zusammen. Sie unterstützten teilweise die Truppen Petljuras, blieben aber in ihren Regionen weitgehend unabhängig. Sie waren verantwortlich für einen Teil der entsetzlichen Judenpogrome, die in der Bürgerkriegszeit in der Ukraine stattfanden. Die Mehrheit der Bauern und der Stadtbevölkerung war vom Direktorium bald enttäuscht, und nicht wenige wandten sich den Bolschewiki zu. Zur mangelnden Effektivität und Kontrolle trug außerdem der militärische Druck der beiden russischen Bürgerkriegsgegner bei, sodass das Direktorium im Frühjahr 1919 auf ein kleines Territorium im Südwesten der Ukraine zurückgedrängt wurde. Die Koalition mit den Polen, die Petljura in der Schlussphase des Bürgerkriegs einging, kostete ihn dann einen Teil seiner Popularität und die Koalition mit den Westukrainern.

Die Regierung der Westukrainischen Volksrepublik war stärker von österreichischen Traditionen geprägt. Sie verfolgte ein gemäßigtes politisches Programm und gewann breite Unterstützung unter der ukrainischen Bevölkerung. Aufbauend auf der hier weiter fortgeschrittenen Nationsbildung, gelangen ihr wichtige Schritte zur Staatsbildung. Dass sie dennoch scheiterte, ist in erster Linie darauf zurückzuführen, dass sie ohne Bundesgenossen gegenüber dem militärisch viel stärkeren polnischen Staat keine Chance hatte.

2. Das wichtigste Instrument der *Bolschewiki* war die disziplinierte, gut ausgebildete Rote Armee, die den ukrainischen Streitkräften überlegen war. Außerdem konnten sie sich in der Ukraine auf Teile der russischen und jüdischen Bevölkerung der Städte und auf die Industriearbeiter der Ost- und Südukraine stützen, die alle in ihrer Mehrheit der ukrainischen Nationalbewegung ablehnend gegenüberstanden. Die Kommunisten der Ukraine setzten sich noch im Jahre 1920 zu vier Fünfteln aus Nichtukrainern zusammen.

Ziel der Bolschewiki war von Anfang an die direkte Herrschaft über die Ukraine, deren wirtschaftliche Ressourcen und geopolitische Lage für das Überleben des sowjetischen Staates von entscheidender Bedeutung waren. Wie dieses Ziel erreicht werden sollte, darüber war man sich nicht einig. Der linke Parteiflügel, angeführt von Pjatakov, war für gewaltsame Invasion, Machtergreifung und direkte Einführung des Kommunismus. Der rechte Flügel sprach sich für eine flexiblere Politik der Zusammenarbeit mit gewissen nationalen Kräften und der Rücksichtnahme auf die Bevölkerungsmehrheit der Bauern aus. In den Jahren des Kriegskommunismus setzte sich die linke Variante durch. Die Bolschewiki zeigten während ihrer gut halbjährigen Herrschaft im Jahre 1919 völliges Unverständnis gegenüber den Bedürfnissen der ukrainischen Bauern, von den nationalen Kräften ganz zu schweigen. Der Boden wurde verstaatlicht, Kommunen und Kolchosen wurden eingerichtet, große Mengen Getreide gewaltsam requiriert. Die ukrainischen Bauern reagierten mit einer Kette antibolschewistischer Aufstände.

Erst nach dem Scheitern der zweiten bolschewistischen Herrschaft setzte Lenin im Dezember 1919 nach scharfer Kritik am «großrussischen Imperialismus und Chauvinismus» die gemäßigte Linie durch: Er versprach eine föderative Verbindung der Ukraine mit Sowjetrussland, die freie Entwicklung von Sprache und Kultur und die Verteilung des Bodens an die Bauern. Diese flexible Politik erleichterte die dritte Eroberung der Ukraine durch die Rote Armee im Jahre 1920. In der Praxis wurde aber wie in Russland die Beschlagnahmung des Getreides fortgesetzt, was erneut den Widerstand der ukrainischen Bauern weckte.

3. Die *weißen antibolschewistischen Truppen* fassten schon im Jahre 1918 in der südlichen Ukraine Fuß, und im Jahre 1919 konnte General Denikin eine Militärdiktatur über weite Teile der östlichen und südlichen Ukraine errichten. Die Freiwilligenarmee Denikins war militärisch stark, und sein Programm einer Wiedererrichtung des Russischen Imperiums fand bei der mehrheitlich russischen Oberschicht der Ukraine Anklang. Seine reaktionäre Agrarpolitik schreckte aber die Bauern ab, sein Monarchismus die Liberalen, sein großrussischer Nationalismus und seine Ablehnung einer eigenständigen ukrainischen Nation die national-ukrainische Intelligenz. Die Juden schließlich wurden durch die Pogrome der weißen Truppen terrorisiert. Zwar vertröstete Denikin manche Wünsche formaldemokratisch auf eine künftige Konstituierende Versammlung – sein reaktionäres Programm ließ ihn jedoch für die weit überwiegende Mehrheit der Bevölkerung der Ukraine nicht als akzeptablen Partner erscheinen. Denikin lehnte eine Zusammenarbeit mit den national-ukrainischen Kräften Petljuras ebenfalls ab. Dass er militärisch so erfolgreich war, ist zum Teil auf die Unterstützung durch die alliierten Interventionstruppen zurückzuführen.

4. Teile der Ukraine wurden in den Jahren 1918 bis 1920 immer wieder von *ausländischen Truppen* besetzt. Sie verfolgten naturgemäß ihre eigenen Ziele.

Die Besatzungstruppen der Mittelmächte betrachteten die Ukraine im Jahre 1918 in erster Linie als Getreidelieferantin, die das hungernde Deutschland und Österreich-Ungarn mit Brot versorgen sollte. Die Zwangsrequisitionen von Getreide machten die Besatzungsmacht und das konservative Regime Skoropads'kyjs besonders unbeliebt. Im Gegensatz zu den anderen ausländischen Interventen brachten die Mittelmächte ein gewisses Verständnis für die Belange der ukrainischen Nation auf, die sie dem russischen und sowjetischen Gegner als Puffer entgegenzustellen hofften.

Die Alliierten dagegen, die Ende 1918 in den Bürgerkrieg eingriffen, betrachteten die Ukrainer nicht als eigenständige Nation, sondern als Bestandteil der russischen Nation. Ihr Ziel waren der Sturz der bolschewistischen Herrschaft und die Wiederherstellung des Ancien Régime, auch als Gegenkraft zu Deutschland. Deshalb unterstützten sie konsequent die weißen Generäle in ihrem Kampf gegen die Bolschewiki. In der Ukraine waren es vor allem französische Truppen, die die Weißen zunächst militärisch, dann materiell unterstützten und auch ihre Zielsetzungen mit vertraten. Ein Zusammengehen mit den ukrainischen nationalen Regierungen, die zusätzlich eine starke sozialistische Färbung hatten, stand deshalb nicht zur Debatte.

Der neu erstandene polnische Staat war seit Ende 1918 in einen Krieg mit der Westukrainischen Volksrepublik um Ostgalizien verwickelt. Aus polnischer Sicht war es ein rechtmäßiger Kampf um ein altes Gebiet Polens. Die Ruthenen wurden nicht als eigenständige Nation anerkannt. Als polnische Truppen gemeinsam mit Verbänden Petljuras im Jahre 1920 auf die Ostukraine ausgriffen, ging es nicht um die Befreiung der Ukraine, sondern um den Krieg gegen Sowjetrussland. Doch fanden die Polen in der Ostukraine kaum Unterstützung.

5. Die *ukrainischen Bauern* waren von ihrer Zahl her die wichtigste Kraft im Bürgerkrieg. Die Agrarrevolution war eine der wichtigsten Triebkräfte des Geschehens der Jahre 1917 bis 1920. Die Bauernaufstände nahmen 1918 besonders große Ausmaße an, als sie sich nicht nur gegen die Gutsbesitzer, sondern auch gegen die deutschen Besatzer und ihre Getreiderequisitionen richteten. Ähnliches wiederholte sich im folgenden Jahr im Widerstand gegen die Herrschaft der «Weißen». Das weist darauf hin, dass die ukrainischen Bauern für nationale Zielsetzungen nicht unzugänglich waren. Dennoch hatten soziale Anliegen Priorität: Sie wollten mehr Land, eine Aufteilung des Groß-

grundbesitzes ohne Entschädigung. Dieses egalitäre radikale Programm suchten sie mit eigenen Kräften durchzusetzen. Die agrarrevolutionäre Bewegung war eine spontane Reaktion auf den Zusammenbruch der politischen und sozialen Ordnung.

Die ukrainischen Regierungen versuchten ohne Erfolg, die Bauern zu führen und zu kontrollieren. Dennoch mussten sie sich der Unterstützung der Bauern versichern, daher die sozialrevolutionäre Ausrichtung der meisten ukrainischen Regierungen. Ihr noch konsequenteres Agrarprogramm trug den Bolschewiki Sympathien bei zahlreichen ukrainischen Bauern ein. Viele der Bauern-Atamane wandten sich deshalb den Bolschewiki zu, so im Jahre 1918 gegen Skoropads'kyj und Anfang 1919 aus Enttäuschung über das Direktorium. Die radikale Agrarpolitik der Bolschewiki in den Jahren 1918 und 1919, ihre rücksichtslosen Eingriffe in die traditionale Welt des Dorfes und ihre gewaltsamen Methoden der Getreiderequisition ließen aber solche Hoffnungen rasch wieder schwinden.

Was blieb, war eine Verstärkung der traditionellen Abwehrhaltung gegen außen, gegen alle Intellektuellen, gegen die Stadt. In diesen Jahren lebten unter den ukrainischen Bauern die alten Ideale der Kosaken und Hajdamaken wieder auf. Einige Bauernführer, unter ihnen der russifizierte Nestor Machno, verbanden diesen kosakischen Egalitarismus mit anarchistischem Gedankengut. Machno versammelte im Jahre 1919 in der südöstlichen Ukraine eine mehrere zehntausend Mann zählende Streitmacht. Der ukrainische neokosakische bäuerliche Anarchismus und seine partielle Verwirklichung in Machnos Guljaj-Pole haben in der historischen Forschung viel Aufmerksamkeit gefunden. Auch andere bäuerliche Partisanen machten den Regierenden und Besatzern das Leben schwer. Als sich im Jahre 1920 die gemäßigte Linie der bolschewistischen Agrarpolitik durchsetzte, war der Höhepunkt der Agrarrevolution überschritten, und im August 1921 wurden auch die Kampfgruppen Machnos von der Roten Armee zerschlagen.

6. Die *Russen und Juden*, die zusammen die Bevölkerungsmehrheit in allen größeren Städten und Industriezentren stellten, waren grundsätzlich skeptisch gegenüber den nationalen

ukrainischen Regierungen. Dennoch hatten ihre Parteien teilweise mit der Zentralrada zusammengearbeitet. In der Folge unterstützten aber russische Arbeiter mit bewaffneten Erhebungen wiederholt die Bolschewiki, die Reste der russischen Elite erst Skoropads'kyj, dann die Weißen.

Die Juden der Ukraine sahen sich in einer besonders schwierigen Lage. Der Zusammenbruch der alten Ordnung löste wie schon in der Revolution von 1905 judenfeindliche Bewegungen aus. Seit 1881 waren Juden mit Revolutionären in einen Topf geworfen worden; jetzt identifizierten die antikommunistischen Kräfte die Juden mit den Bolschewiki, obwohl sich nur eine kleine Minderheit russifizierter ukrainischer Juden in der Partei Lenins engagierte. Zwar blieb es im Revolutionsjahr 1917 und bis zum Herbst 1918 erstaunlich ruhig. Die Bürgerkriegsjahre 1919 und 1920 brachten aber in der Ukraine eine Welle von Pogromen, deren Ausmaß weit über das der vorangegangenen Jahrzehnte hinausging. Mindestens 40 000 Juden wurden getötet, erheblich mehr wurden verwundet und verloren ihren Besitz.

Über die Verantwortung für diese schrecklichen Massenmorde und Verwüstungen ist sich die Forschung nicht einig. Unbestritten ist, dass sich daran in erster Linie Soldaten, Russen und Ukrainer sowie (in Galizien) Polen, beteiligten. Die ukrainische Forschung sieht in den Abteilungen der Freiwilligenarmee Denikins die wichtigsten Täter, die systematisch ganze jüdische Gemeinschaften ausgerottet hätten; den ukrainischen Bauern unter ihren selbstherrlichen Atamanen werden lediglich spontane, sozial motivierte Judenpogrome angelastet. Aus jüdischer Sicht waren die Truppen des Direktoriums und sein oberster Ataman Petljura die Hauptverantwortlichen, und die Judenpogrome der Bürgerkriegszeit stehen aus dieser Optik in der alten Tradition eines ukrainischen Antisemitismus, der in der Mitte des 17. Jahrhunderts begonnen hatte. Danach war es folgerichtig, dass der Jude Samuel Schwartzbard im Jahre 1926 in Paris Symon Petljura ermordete, um die Judenpogrome zu rächen, und dass er im folgenden Jahr freigesprochen wurde. Die neuere Forschung ist sich darüber einig, dass Truppenteile des Direktoriums Judenpogrome verübten. So ermordeten Truppen des ukrainischen Kommandanten Semosenko im Februar 1919 in Proskuriv wohl gegen 2000 Juden. Dies geschah aber offensichtlich nicht auf Anweisung der Regierung. Petljura und die führenden ukrainischen Politiker waren keine Antisemiten; sie gewährten den Juden ebenso wie den Russen und Deutschen national-personale Autonomie und nahmen Juden in die Regierung auf. Sie hatten jedoch ihre Truppen nicht unter Kontrolle und konnten deren Gewalttaten nicht verhindern.

Obwohl die meisten Judenpogrome der Jahre 1919 und 1920 einerseits von den vorwiegend aus russischen Offizieren und Kosaken bestehenden weißen Truppen Denikins, unter denen der Antisemitismus verbreitet war, andererseits von autonomen ukrainischen Kampfgruppen und Bauern verübt wurden, ist die Regierung der Ukrainischen Volksrepublik deshalb nicht von jeder Verantwortung freizusprechen. Die Judenpogrome werfen einen Schatten auf die ukrainische Befreiungsbewegung. Ähnlich wie schon im Aufstand unter der Führung Bohdan Chmel'nyc'kyjs fiel auch jetzt eine Periode ukrainischer Staatsbildung mit einer Periode des Massenmords an Juden zusammen. Für die Juden der Ukraine waren die Pogrome von 1919 und 1920 eine schreckliche Erfahrung, die das Verhältnis zu den Ukrainern schwer belastete.

Das Scheitern der Staatsbildung: Innere und äußere Faktoren

Für das Geschichtsbild der Ukrainer ist die kurze Periode zwischen 1917 und 1921 von zentraler Wichtigkeit. Zwei Fragen werden immer wieder gestellt: Weshalb gelang es den Ukrainern nicht wie zahlreichen anderen Völkern, nach dem Ersten Weltkrieg einen unabhängigen Nationalstaat zu bewahren? Und weshalb gingen die Bolschewiki als Sieger aus dem Bürgerkrieg hervor?

Für das Scheitern des ukrainischen Nationalstaats war von großer Bedeutung, dass sich die Chance der Staatsbildung zu einem Zeitpunkt bot, als die ukrainische Nationsbildung im

Russischen Reich noch wenig fortgeschritten war und erst seit wenigen Jahren ihre politische Phase erreicht hatte. Ihre soziale Basis war schmal, die Städte und Industriegebiete waren russisch und zum Teil jüdisch geprägt. Die Masse der ukrainischen Bauern war national noch nicht mobilisiert. Es fehlte an politischen Erfahrungen, an ausgebildeten Kadern und an stabilisierenden Institutionen zur Lenkung und Verwaltung eines großen Staates. Die von Intellektuellen dominierten ukrainischen Regierungen mussten versuchen, die Bauern für sich zu gewinnen. Diesem Ziel diente ihre agrarsozialistische Ausrichtung, die aber nicht konsequent in die Tat umgesetzt werden konnte. Die intellektuelle Führung war in sich keineswegs geschlossen, sondern stritt ständig um Programme und politische Taktik.

Andererseits waren das Auftreten nationaler Regierungen und die von ihnen erhobene Forderung nach Unabhängigkeit vor dem Hintergrund der stark verzögerten Nationsbildung der Ukrainer und der ethnischen Heterogenität der Bevölkerung der Ukraine keineswegs selbstverständlich. Die Tatsache, dass erstmals ein moderner ukrainischer Staat entstand, macht die kurze und bewegte Geschichte der Ukrainischen Volksrepublik zu einer wichtigen Etappe der ukrainischen Nationsbildung.

Die inneren Schwächen und die verzögerte Nationsbildung waren nicht die einzige, ja nicht einmal die entscheidende Ursache für das Scheitern des ukrainischen Nationalstaats. Die äußeren Umstände hatten, im Ganzen gesehen, größeres Gewicht. Das zeigt der Blick auf die Ruthenen Galiziens, deren Nationsbildung weiter fortgeschritten war und die im österreichischen Verfassungsstaat politische Erfahrungen gesammelt und Institutionen geschaffen hatten. Dennoch konnte die Westukrainische Volksrepublik den polnischen Truppen nicht lange standhalten.

Die Ukrainer standen in den Jahren 1917 bis 1920 im Brennpunkt des russischen Bürgerkriegs und internationaler Konflikte. Ähnlich wie zu Zeiten Bohdan Chmel'nyc'kyjs waren sie allein zu schwach, um ihre Unabhängigkeit zu behaupten. Weder die Bolschewiki noch die Weißen, weder die Interventionstruppen der Entente noch die Mittelmächte und Polen waren an der Unabhängigkeit der Ukraine interessiert. Sie alle akzeptierten die Ukrainer nicht als Nation, sondern instrumentalisierten sie für ihre eigene Machtpolitik. Niemand bot sich als Partner für die ukrainischen Regierungen an, und allein auf sich selbst gestellt, hatte der ukrainische Nationalstaat in der Konstellation der Jahre 1917 bis 1920 kaum eine Überlebenschance.

Weshalb gelang es den Bolschewiki, den größten Teil der Ukraine unter ihre Herrschaft zu bringen? Daran schließt sich die Frage an, welcher der anderen beteiligten Kräfte dies hätte gelingen können. Aufgrund der vorherigen Überlegungen schließen wir die ukrainischen Nationalregierungen, die Mittel- und die Ententemächte aus. Es bleiben die weißen Russen und die Polen. Ihnen gegenüber besaßen die Bolschewiki die stärkere und diszipliniertere Armee, die geschlossenere und besser organisierte politische Führung und das für die Masse der Ukrainer attraktivere Programm. Zwar desavouierten die Bolschewiki durch ihre rücksichtslose Agrar- und Nationalitätenpolitik in den Jahren 1918 und 1919 ihre theoretischen Zielsetzungen weitgehend und verloren die Sympathie, die ihnen Teile der ukrainischen Bauernschaft entgegengebracht hatten. Die Weißen und Polen waren jedoch für die Masse der Ukrainer noch weniger akzeptabel. Als die Bolschewiki dann im Jahre 1920 zu einer flexibleren Politik übergingen, betrachteten die meisten Russen und Juden sie als Retter, zahlreiche ukrainische Intellektuelle und die vom langen Krieg und den gewaltigen Zerstörungen erschöpften ukrainischen Bauern als das im Vergleich zu den reaktionären Weißen und den Polen kleinere Übel. Dies war nicht nur für die Geschichte der Ukraine, sondern für das ganze Russische Reich ein entscheidender Wendepunkt, der den Bürgerkrieg endgültig für die Roten entschied.

Am Ende des 20. Jahrhunderts hat die Ukraine wieder eine Schlüsselrolle gespielt, diesmal im Prozess des Zerfalls der Sowjetunion. Zwar zeigten sich auch jetzt in der Bildung des ukrainischen Nationalstaates eine ganze Reihe von inneren Schwächen, doch war die ukrainische Nationsbildung in den zwanziger und seit den fünfziger Jahren weiter vorangeschritten. Vor allem aber war die äußere Lage am Ende des 20. Jahrhunderts sehr viel günstiger. Weder war ein großer Krieg vorangegangen, noch entspann sich ein Bürgerkrieg um das Erbe des Sowjetimperiums, noch griffen die Nachbarstaaten in die Auseinandersetzungen ein. Zwar brauchten die Westmächte auch jetzt lange, sich mit dem Ende des Imperiums abzufinden, doch unterstützten sie diesmal die reaktionären russischen Kräfte nicht. So hatte der ukrainische Staat 1991 trotz der schlimmen wirtschaftlichen Lage erheblich bessere Startchancen als zu Beginn des 20. Jahrhunderts.

11. Die Ukrainische Sowjetrepublik: Nationsbildung in den zwanziger, Terror in den dreißiger Jahren

Die Ukraine war nach insgesamt sechs Jahren Krieg völlig erschöpft und ausgeblutet. Die Industrie war weitgehend zerstört und ihre Produktion auf ein Zehntel des Vorkriegsstandes gefallen. Die Landwirtschaft war ebenfalls zusammengebrochen, nicht zuletzt als Folge der gewaltsamen Getreiderequisitionen des Kriegskommunismus. 1921 kam es zu einer Hungersnot, die in der Ukraine Hunderttausende, im Süden Russlands Millionen von Opfern forderte.

Die katastrophale ökonomische Situation und der Widerstand unter Bauern, Nationalitäten und Arbeitern zwangen die Bolschewiki dazu, neue Prioritäten zu setzen. Vorrang hatten nun der Wiederaufbau der Wirtschaft, die politische Konsolidierung der Sowjetherrschaft und die Stabilisierung der zerrütteten sozialen Verhältnisse, besonders auch in der Peripherie. In erster Linie mussten die vom Kriegskommunismus gewaltsam ausgebeuteten Bauern, die noch immer die Mehrheit der Bevölkerung stellten, in den Sowjetstaat integriert werden. Diesen Zielen diente die von Lenin im März 1921 proklamierte Neue Ökonomische Politik, eine flexible Sozial- und Wirtschaftspolitik, die mit der partiellen Zulassung marktwirtschaftlicher Elemente die wirtschaftliche, soziale und politische Krise des Landes überwinden sollte.

Der wirtschaftliche Wiederaufbau gelang erstaunlich rasch: Schon 1926 erzeugte die ukrainische Industrie 95 Prozent der Vorkriegsproduktion. Die Abwendung von den Zwangsmethoden der Getreidebeschaffung und die Förderung der Eigeninitiative und der Genossenschaften verhalfen auch der Landwirtschaft zu einem Wiederaufschwung.

Die Neue Ökonomische Politik begleitete eine flexible Nationalitätenpolitik, die zur Integration der im Bürgerkrieg zu einem beträchtlichen Teil abgefallenen nichtrussischen Völker in den sowjetischen Staat beitragen sollte. Den Ukrainern kam dabei eine Schlüsselrolle zu, stellten sie doch 1926 nicht weniger als 21 Prozent der Gesamtbevölkerung und fast 45 Prozent der Nichtrussen des Sowjetreiches.

In der Theorie hatte Lenin mit der Parole vom «Selbstbestimmungsrecht der Völker bis zur Lostrennung und Bildung eines selbständigen Staates» schon lange vor der Revolution eine radikale Abkehr von der zarischen Nationalitätenpolitik vollzogen. Doch spielte die nationale Frage im marxistischen Denken eine untergeordnete Rolle. Vorrang hatte der Klassenkampf. Nationale Probleme waren an die bürgerliche Gesellschaft gebunden. Sie würden, so dachte man, mit der Ablösung des Kapitalismus durch den Sozialismus automatisch verschwinden.

In der Herrschaftspraxis der Bolschewiki war vom Selbstbestimmungsrecht nicht mehr die Rede. In den Vordergrund trat nun die Forderung nach Gleichheit der Völker innerhalb der sowjetischen Föderation. Die rechtliche, politische und kulturelle Gleichberechtigung der Nationalitäten und die Angleichung ihres sozio-ökonomischen Entwicklungsstandes sollten die Ursachen für nationale Antagonismen beseitigen und damit die nationale Frage lösen.

> «Die einzig richtige Haltung gegenüber den Interessen der Nationen ist die maximale Befriedigung ihrer Interessen und die Schaffung von Verhältnissen, die jede Möglichkeit eines Konfliktes ausschließen» (Lenin 1922).

In den letzten Jahrzehnten des Zarenreiches waren die Russen auch zur politisch führenden Nation geworden. In Verwaltung, Partei und Armee des sowjetischen Nachfolgereiches dominierten Russen, unter denen ein Überlegenheitsgefühl gegenüber den Ukrainern und anderen Nichtrussen weit verbreitet war. Die Überreste des «russischen Großmachtchauvinismus nisten in unseren staatlichen Institutionen. Mit ihnen ist das Bewusstsein unserer Sowjetfunktionäre behaftet», sagte Stalin 1923. «Deshalb ist die entschlossene Bekämpfung der Überreste des großrussischen Chauvinismus die erste Tagesaufgabe unserer Partei.» Als zweite Aufgabe nannte Stalin die Liquidierung der faktischen Ungleichheit der Nationalitäten und erst an dritter Stelle den Kampf gegen die nationalistischen Überreste bei einzelnen Völkern. Aus diesen Prioritäten ergab sich die flexible Nationalitätenpolitik, wie Lenin sie schon in der zweiten Phase des Bürgerkriegs eingeleitet hatte.

Die flexible Nationalitätenpolitik stieß allerdings immer dann an ihre Grenzen, wenn sie mit den grundlegenden Prioritäten der sowjetischen Politik kollidierte. Die Erhaltung der Sowjetmacht und der politischen Stabilität, die Hegemonie des Proletariats und die Herrschaft der Kommunistischen Partei hatten Vorrang. Auch das Fernziel einer national einheitlichen sozialistischen Gesellschaft blieb erhalten, obwohl seine Verwirklichung aufgeschoben wurde. In der Forschung ist die Interpretation der Neuen Ökonomischen Politik und der flexiblen Nationalitätenpolitik deshalb umstritten. War diese Politik ein von den instabilen Verhältnissen erzwungenes, rein taktisches Manöver, um die seit 1917 sozial und politisch mobilisierten Bauern und Nationalitäten an den sowjetischen Staat zu binden, und sollte sie möglichst bald wieder aufgegeben werden zugunsten der schon im Kriegskommunismus eingeleiteten rigorosen Einführung von Sozialismus und Zentralismus? Oder war sie auf längere Dauer angelegt, um über materielle Erfolge und Gleichberechtigung die Bauern und Nationalitäten freiwillig und, nach der marxistischen Lehre, quasi automatisch zum Sozialismus zu führen? Da in der bolschewistischen Führung beide Auffassungen vertreten wurden, ist eine eindeutige Antwort auf diese Frage nicht einfach. Ex eventu, aus der Sicht der dreißiger Jahre, ist deutlich, dass sich die zweite Zielvorstellung nicht durchsetzte.

Den administrativen Rahmen für die neue Nationalitätenpolitik gegenüber den Ukrainern bildete die Ukrainische Sowjetrepublik (vgl. Karte 4). Sie stand zwar unter der Kontrolle der Bolschewiki, war aber zunächst theoretisch ein souveräner

Staat. Auch als sich die Ukrainische Republik im Dezember 1922 zusammen mit der Russischen, Weißrussischen und Transkaukasischen Republik zur Union der Sozialistischen Sowjetrepubliken vereinigte, blieb ihr das Austrittsrecht erhalten. Die Verfassung von 1923/24 machte aber deutlich, dass die Sowjetunion kein Bund völkerrechtlich souveräner Staaten war, sondern ein föderativer Bundesstaat. Außenpolitik, Verteidigung, Wirtschaftsplanung und politische Kontrolle blieben der Zentrale vorbehalten. Die Republiken erhielten Volkskommissariate des Inneren, für Landwirtschaft, Justiz und für Volksbildung und Kultur. Noch wichtiger war, dass neben und über der föderativen Staatsorganisation die zentralistische Kommunistische Partei als Leitungs- und Kontrollorgan stand.

Trotz dieser Einschränkungen hatte die Ukraine einen territorial-administrativen Rahmen erhalten, innerhalb dessen sich ihre Nationsbildung fortsetzen konnte. Die Republik umfasste 443 000 Quadratkilometer und 29 Millionen Einwohner (1926). Davon waren 80 Prozent Ukrainer, 9,2 Prozent Russen, 5,5 Prozent Juden, 1,6 Prozent Polen und 1,4 Prozent Deutsche. Die ländlichen ethnischen Minderheiten der Russen, Deutschen, Juden, Polen, Bulgaren und Griechen erhielten auf unterer administrativer Ebene zusammen 28 nationale Rayons (1930) und Hunderte von nationalen Dorfsowjets mit einer gewissen Kulturautonomie. Zur Ukraine gehörte auch die 1924 begründete Moldauische Autonome Sowjetrepublik, in der die Ukrainer die größte ethnische Gruppe waren. Hauptstadt der Ukrainischen Sowjetrepublik war bis 1934 Charkiv, dann Kiev. Ihre Grenzen, wie sie 1924 festgelegt wurden, haben im Norden und Osten bis heute Bestand.

Ukrainisierung

Ein zentrales Element der sowjetischen Nationalitätenpolitik der zwanziger Jahre war die *korenizacija* (Einwurzelung), die systematische Besetzung von Kaderpositionen mit einheimischen Kräften. Die Politik der *korenizacija* nahm die zarische

Methode der Kooptation nichtrussischer Eliten wieder auf, doch wurden nun weniger alte Oberschichten berücksichtigt als neue Eliten geschaffen. Dem Sowjetregime loyale nationale Eliten sollten ihre Gebiete kontrollieren, damit an die neue Ordnung gebunden werden und zu deren Stabilisierung beitragen.

Diese Politik führte schon nach wenigen Jahren zu eindrucksvollen quantitativen Ergebnissen. Hatten die Ukrainer in der Ukrainischen Kommunistischen Partei 1922 erst 23 Prozent der Mitglieder gestellt (gegenüber 54 Prozent Russen), so waren es 1927 schon 52 und 1933 61 Prozent (gegenüber 23 Prozent Russen). Damit hatte sich ihr Anteil fast verdreifacht, aber immer noch nicht ihren Bevölkerungsanteil von 80 Prozent erreicht. Allerdings war der ukrainische Anteil in den Führungspositionen geringer, doch stieg er im Zentralkomitee von 1923 bis 1930 immerhin von 16 auf 43 Prozent. In den administrativen Leitungsorganen machten die Ukrainer 1929 auf Republiksebene nur 36 Prozent, auf Rayonsebene aber schon 76 Prozent aus.

Ein zweites wichtiges Element der sowjetischen Nationalitätenpolitik der zwanziger Jahre war die Förderung der nationalen Sprachen und Kulturen. «National in der Form, sozialistisch im Inhalt», hieß die Devise: Mit Hilfe der Muttersprache sollten die neuen sowjetischen Wertvorstellungen unter den Massen der Nichtrussen verankert werden. «Wir Kommunisten sind für die Ukrainisierung, weil sie ein fundamentales Mittel zum Aufbau des Sozialismus darstellt», erklärte der ukrainische Parteichef Lazar Kaganovič. Gleichzeitig sollten damit die kulturpolitische Diskriminierung der Nichtrussen beseitigt und dadurch bedingte Spannungen abgebaut werden. Die liberale Kulturpolitik diente auch als Aushängeschild für das Ausland und sollte die Ukrainer in Polen und Rumänien, die unter einer repressiven Sprachpolitik litten, von den Vorteilen der sowjetischen Ordnung überzeugen.

Die Förderung der nationalen Sprachen wurde in den zwanziger und frühen dreißiger Jahren konsequent umgesetzt. In der ganzen Sowjetunion wurden nicht nur die Sprachen der großen Nationen, sondern zahlreiche bisher nicht kodifizierte Sprachen kleiner ethnischer Gruppen zu Schrift- und Schulsprachen. Das

Ukrainische wurde als Schrift- und Amtssprache offiziell anerkannt. Dekrete verlangten von allen Partei- und Regierungsleuten in der Ukraine, die ukrainische Sprache zu lernen und zu verwenden. Auch in den ukrainischen Einheiten der Armee führte man das Ukrainische ein. Daneben blieb das Russische als Lingua franca wichtig.

Kernbereich der Ukrainisierung war das Schulwesen. Mit Hilfe muttersprachlicher Schulen sollten der Analphabetismus bekämpft und sozialistische Ideen verbreitet werden. Schon 1920 erklärte man das Ukrainische zur obligatorischen Schulsprache. Nachdem es vor 1917 im Russischen Reich keine einzige ukrainischsprachige Schule gegeben hatte, besuchten 1929 97 Prozent der ukrainischen Schüler ukrainischsprachige Grundschulen. 1933 erfassten die ukrainischsprachigen Schulen 88 Prozent aller Schüler der Ukraine. Bei einem Bevölkerungsanteil der Ukrainer von 80 Prozent hieß das, dass auch ein beträchtlicher Teil der russischen und jüdischen Kinder ukrainischsprachige Schulen besuchte. Der Ausbau des muttersprachlichen Schulwesens beschleunigte die Alphabetisierung: Der Anteil der lese- und schreibfähigen Ukrainer verdoppelte sich im Laufe der zwanziger Jahre und stieg zu Beginn der dreißiger Jahre, als die allgemeine Schulpflicht und die Unterrichtspflicht für Analphabeten eingeführt wurden, weiter an.

Die Fach- und Hochschulen wurden langsamer und weniger vollständig ukrainisiert. Hier machte sich der Mangel an ukrainischen Kadern stärker bemerkbar. Immerhin erhöhte sich der Anteil an ukrainischsprachigen Veranstaltungen an den Hochschulen der Ukraine im Laufe der zwanziger Jahre beträchtlich und überstieg im Jahre 1929 den der russischsprachigen Kurse.

Im Verlauf der zwanziger Jahre nahmen die ukrainischsprachigen Publikationen rasch zu. Schon in den Jahren 1917 und 1918 waren in der Ukraine mehr ukrainischsprachige als russische Bücher erschienen, doch ging ihr Anteil bis 1922 auf 27 Prozent zurück. Bei einem raschen Anwachsen aller Publikationen stieg der Anteil ukrainischsprachiger Bücher bis 1930 auf 80 Prozent, derjenige der Zeitungen von einem Viertel (1925) auf über 80 Prozent (1933). Wenn man die gedruckten Exemplare zugrunde legt, waren die Werte allerdings tiefer. Überhaupt scheinen die Prozentzahlen nach oben korrigiert worden zu sein, um die Erfolge der Ukrainisierung zu dokumentieren. Dennoch steht fest, dass die ukrainische Sprache in dieser Zeit gegenüber dem Russischen erheblich an Boden gewann.

Die relativ liberalen Bedingungen der zwanziger Jahre erlaubten eine Entfaltung der ukrainischen Kultur. Opern, Theaterstücke und Rundfunksendungen wurden zunehmend ukrainisiert. In der ukrainischen Literatur wetteiferten eine modernistische, eine neo-klassische und eine proletarisch-sozialistische Strömung miteinander. Als eigenwilliger Vertreter einer neuen ukrainischen sozialistischen Literatur trat Mykola Chvyl'ovyj (1893–1933) mit seiner Freien Akademie Proletarischer Literatur hervor. Allerdings kam Chvyl'ovyj mit seiner Polemik gegen die Abhängigkeit der ukrainischen von der russischen Kultur (vom «Allunions-Kleinbürgertum», wie er sie despektierlich nannte) und seinem Appell einer Orientierung nach Westeuropa bald in Konflikt mit der Zentrale und wurde des bürgerlichen Nationalismus bezichtigt.

Gefördert wurde auch die ukrainische Wissenschaft. Die neu begründete Ukrainische Akademie der Wissenschaften entfaltete breite Aktivitäten. Eine Reihe von ins Ausland emigrierten Wissenschaftlern kehrten nach Kiev zurück, an ihrer Spitze Mychajlo Hruševs'kyj, der ehemalige Präsident der Zentralrada. Er wurde zum Vorsitzenden der historischen Abteilung der Akademie ernannt und setzte die Arbeit an seiner monumentalen ukrainischen Geschichte fort. Präsident der Akademie wurde der Naturwissenschaftler Volodymyr Vernads'kyj, ihr Sekretär der Orientalist Ahatanhel Kryms'kyj.

Gleichzeitig mit Sprache und Kultur der Ukrainer wurden auch die der nationalen Minderheiten der Ukraine gefördert. Zahlreiche Zeitungen, Zeitschriften und Bücher in jiddischer, deutscher, polnischer, griechischer und bulgarischer Sprache wurden gedruckt. Neben den ukrainischsprachigen gab es in der Ukraine Hunderte von russisch-, jiddisch-, deutsch- und polnischsprachigen Schulen. 92 Prozent der Ukraine-Deutschen besuchten 1929 deutschsprachige Grundschulen. Die staatlichen jiddischen Schulen verdrängten allmählich die traditionellen religiösen Schulen. Immer mehr Juden besuchten aber auch ukrainische und russische Schulen und die Hochschulen der Ukraine, die jetzt für sie offen waren. Zwar war die rechtliche Diskriminierung der Juden beseitigt, doch wurden die zahlreichen Juden, die nicht als werktätige Arbeiter oder Bauern, sondern als Kleinhändler, Wirte oder Geldverleiher ihr Auskommen fanden, in der Sowjetunion nicht als gleichberechtigte Staatsbürger anerkannt. Seit dem Ende der zwanziger Jahre wanderten Juden vermehrt in die russischen und ukrainischen Großstädte und in andere Berufszweige ab, in die Industriearbeiterschaft, die Verwaltung und in qualifizierte Tätigkeiten als Ärzte, Ingenieure, Juristen und Lehrer. Dies führte dazu, dass Juden in Leitungspositionen und auch in der Kommunistischen Partei der Ukraine überproportional vertreten waren. Obwohl sich diese Juden in der Regel assimilierten, weckten sie bei einem Teil der Ukrainer und Russen eine neue Judenfeindlichkeit, die sich jetzt mit der Gegnerschaft zum Kommunismus verband.

Dass die herrschende Kommunistische Partei nicht an eine völlige Liberalisierung des geistigen Lebens dachte, zeigte sich am deutlichsten an ihrer Kirchen- und Religionspolitik. Im Jahre 1921 war eine vom Moskauer Patriarchat unabhängige Ukrainische Autokephale Orthodoxe Kirche, die bereits unter Petljura eingerichtet worden war, neu begründet worden. Sie gewann rasch an Anhängern, doch wurde sie von der Russischen Orthodoxen Kirche nie anerkannt. Schon in der zweiten Hälfte der zwanziger Jahre wurde die Autokephale Kirche von den Behörden diskriminiert und 1930 wieder aufgelöst; es folgten Verhaftungen und Prozesse gegen ihre Würdenträger. Repressionen gab es nicht nur gegenüber der Autokephalen Kirche, sondern auch gegenüber dem ukrainischen Klerus der Moskau unterstellten Orthodoxen Kirche, die seit 1921 als autonomes Exarchat organisiert war, und gegenüber der jüdischen Religionsgemeinschaft.

Obwohl die sowjetische Nationalitätenpolitik der zwanziger Jahre vor dem Hintergrund der vorangegangenen repressiven zarischen und kriegskommunistischen Ukrainepolitik und im Vergleich mit dem darauffolgenden Stalinschen Terror als liberal erscheint, sollte sie nicht idealisiert werden. Wenn die herrschende Partei ihre primären Zielsetzungen gefährdet sah, griff sie ohne Zögern durch. Dennoch trug die Ukrainisierungspolitik wesentlich zur Konsolidierung der ukrainischen Nation bei. Nachdem die Umbrüche der Jahre 1917 bis 1920 die Masse der Ukrainer sozial und zum Teil auch politisch mobilisiert hatten, ging in den zwanziger Jahren die Nationsbildung rasch voran. Dazu trugen der muttersprachliche Schulunterricht und die Entfaltung ukrainischsprachiger Publikationen ebenso bei wie die soziale Umschichtung der ukrainischen Bevölkerung. In den zwanziger Jahren wurde das ukrainische Bauernvolk allmählich zu einer modernen Nation mit einer vollständigen Sozialstruktur. Im Jahre 1926 betrug der Anteil ukrainischer Arbeiter in der Ukraine schon 43 Prozent. Hatten die Ukrainer 1897 30 und 1920 33 Prozent der städtischen Bevölkerung der Ukraine ausgemacht, so waren es 1926 47 Prozent (gegenüber 25 % Russen und 23 % Juden). Auch in größeren Städten wie Kiev und Charkiv verfügten sie schon über eine relative Mehrheit. Ihr Urbanisierungsgrad stieg im selben Zeitraum von 5,6 auf 11 Prozent. Die Zahl ukrainischer Studenten nahm rasch zu. Im Jahre 1922 betrug ihr Anteil an den Hochschulen 19 und an den Fachschulen 16 Prozent, im Jahre 1928 aber bereits 54 bzw. 63 Prozent. Damit wurde erstmals eine breite nationale Elite herangebildet.

Die Hoffnung der Bolschewiki, dass die flexible Nationalitätenpolitik zusammen mit der sozialistischen Ideologie nationale Antagonismen automatisch zum Verschwinden bringen würde, erfüllte sich nicht. Im Gegenteil, die beschleunigte Nationsbildung und sprachlich-kulturelle Konsolidierung weckten auch politische Ansprüche. Vertreter der in die Führungsschicht kooptierten ukrainischen Elite artikulierten im Laufe der zwanziger Jahre einen Nationalkommunismus, der sich darum bemühte, die Interessen der Ukraine und der Ukrainer gegenüber der Zentrale wahrzunehmen und ihren Freiraum zu vergrößern. Dabei handelte es sich nicht um eine einheitliche, geschlossene Gruppierung, sondern eher um eine allgemeine Tendenz, die sich um einzelne Persönlichkeiten kristallisierte. Diese nationalkommunistischen Bestrebungen verbanden sich mit den Linienkämpfen in der Kommunistischen Partei, die um die Nachfolge Lenins entbrannt waren. Den ukrainischen Kommunisten stellten sich einzelne russische, russifizierte und jüdische Kommunisten entgegen, denen die kulturelle Ukrainisierung zu weit ging.

Protagonisten nationalkommunistischer Regungen waren in den zwanziger Jahren der Schriftsteller Chvyl'ovyj mit seinem Appell «Los von Moskau», dann die jeweiligen Volkskommissare für Volksbildung. So wandte sich Oleksandr Šums'kyj (1890–1946) schon 1926 gegen den Moskauer Zentralismus und die Einsetzung nicht-ukrainischer Kader in der Ukraine. Die nationalkommunistischen Tendenzen innerhalb der ukrainischen Partei mussten früher oder später in Moskau Misstrauen erwecken. Ein Konflikt mit der zentralen Parteiführung, in der jetzt Stalin den Ton angab, war unumgänglich. Stalin warf Šums'kyj vor, er habe die Ukrainisierung zu weit getrieben, «sie zu einem Kampf gegen ‹Moskau›, die russische Kultur und ihre höchste Errungenschaft, den Leninismus», werden lassen. 1927 wurde Šums'kyj als Minister abgesetzt. Sein Nachfolger wurde Mykola Skrypnyk (1872–1933), der ein enger Vertrauter Lenins gewesen und seit 1917 in leitenden Positionen in Moskau und in der Ukraine tätig gewesen war. Auch er setzte jedoch die Ukrainisierungspolitik konsequent fort.

Im Zusammenhang mit der Zwangskollektivierung der Landwirtschaft wurden laufend angebliche konterrevolutionäre Organisationen ukrainischer Nationalisten entlarvt, die als Sündenböcke für politische Fehler der Regierung herhalten mussten. So wurden im Jahre 1930 45 ukrainische Intellektuelle, die meist Mitglieder nationaler Parteien gewesen waren, vor Gericht gestellt. Man warf ihnen vor, einen (von der Geheimpolizei erfundenen) terroristischen und separatistischen «Bund zur Befreiung der Ukraine» begründet zu haben. Sie wurden zu längeren Freiheitsstrafen verurteilt. Auch andere Vertreter der ukrainischen Kultur und Wissenschaft wurden zu Zielscheiben der Propaganda, so Mychajlo Hruševs'kyj, der im Jahre 1931 entlassen wurde und 1934 im russischen Exil starb. Die Ukrainer wurden also schon vor der «Großen Säuberung» von 1933 zu Objekten repressiver Massnahmen der Zentrale. Es ist kein Zufall, dass dies früher als bei den meisten anderen Nationalitäten geschah. Die strategische und wirtschaftliche Bedeutung der Region, die enge Verflechtung der ukrainischen mit der russischen Nation und die große Zahl der Ukrainer ließen die Ukraine wie schon zur Zarenzeit als besonders sensibles Gebiet erscheinen, das man enger an die Zentrale binden wollte als andere periphere Regionen.

Industrialisierung, Zwangskollektivierung, Hungersnot und «Säuberungen»

Am Ende der zwanziger Jahre entschloss sich die Führung in Moskau zu einer radikalen Neuorientierung der Politik. An die Stelle der Neuen Ökonomischen Politik trat die Stalinsche Revolution von oben, die mit forcierter Industrialisierung und Zwangskollektivierung der Landwirtschaft die Sowjetunion in einen modernen Industriestaat verwandeln und ihre Gesellschaft fundamental transformieren sollte. Die auf dem Lande basierende hergebrachte Sozial- und Wertordnung, die den marxistischen Vorstellungen widersprach, sollte eliminiert und damit gleichzeitig potenzieller Widerstand ausgeschaltet werden.

Die im Ersten Fünfjahresplan (1929–1933) eingeleitete forcierte Industrialisierung brachte der südukrainischen Schwerindustrie gewaltige Wachstumsraten. Trotz der Erschließung neuer Industriegebiete im Osten blieb das Industrierevier Donbass-Dnipropetrovs'k-(seit 1926 für Katerynoslav-)Kryvyj Rih das Rückgrat der sowjetischen Schwerindustrie. Hier wurden in den Jahren 1932/33 70 Prozent der Steinkohle und 70 Prozent des Eisenerzes der UdSSR gefördert und 63 Prozent des Stahls produziert. Auch in den folgenden Jahren blieben die Wachstumsraten hoch, obwohl der relative Anteil der ukrainischen Schwerindustrieproduktion und die Investitionen in der Ukraine zurückgingen. So stand die Ukrainische Sowjetrepublik im Jahre 1937 in der Roheisenproduktion auf dem dritten, in der Kohleförderung auf dem vierten Platz der Welt. Wichtige neue Projekte waren das riesige Dnjepr-Kraftwerk, das Stahlkombinat von Zaporižžja und das Traktorenwerk in Charkiv. Die Konsumgüterindustrie blieb dagegen ein vernachlässigter Sektor.

Die südliche Ukraine wurde damit zu einer modernen Industrieregion. Gleichzeitig veränderte sich auch die Sozialstruktur der Ukraine: Die Zahl der Industriearbeiter vervierfachte sich mindestens. Dabei stieg der Anteil der ukrainischen Arbeiter von 43 Prozent im Jahre 1926 auf 58 Prozent im Jahre 1933 und auf 66 Prozent im Jahre 1939. Der offiziellen Statistik zufolge gehörten im Jahre 1939 29 Prozent der Ukrainer zur Arbeiterklasse, 55 Prozent waren Kolchosbauern und 13 Prozent Angestellte. Zwischen 1926 und 1939 verdoppelte sich die Stadtbevölkerung der Ukraine, wobei der Löwenanteil auf die Städte der Industrieregion entfiel. Die Bevölkerung von Stalino (heute Donec'k) wuchs von 105 000 auf 462 000, diejenige von Zaporižžja von 56 000 auf 289 000. Der Anteil der Ukrainer an der Stadtbevölkerung der Ukraine stieg von 47 auf 58 Prozent an. Die für die Formierung einer modernen Nation wichtigen Prozesse der Industrialisierung und Urbanisierung erreichten also in der Ukraine in den dreißiger Jahren ihren Höhepunkt. Die Dichotomie zwischen dem traditionalen ukrainischen Dorf und der fremden modernen Stadt schien beseitigt zu sein. Gleichzeitig zerschlug jedoch die Stalinsche Gewaltpolitik mit der Bauernschaft die Basis der ukrainischen Nation und schickte sich an, den politischen und kulturellen Freiraum der ukrainischen städtischen Eliten drastisch einzuschränken, dafür aber russische Kader und die russische Sprache wieder stärker zu fördern.

Die ukrainischen Bauern hatten sich in den Jahren 1917 bis 1920 in einer spontanen Agrarrevolution das Land der Großgrundbesitzer angeeignet. Damit war ihr wichtigstes Ziel erreicht. Eine strukturelle Transformation des Agrarbereichs, wie sie die Bolschewiki im Kriegskommunismus durchsetzen wollten, fand kaum Unterstützung. Die Neue Ökonomische Politik gab den Bauern dann wieder einen gewissen Freiraum, was die Situation entspannte. Erst die Wiederaufnahme der Getreiderequisitionen am Ende der zwanziger Jahre führte wie in anderen Gebieten der Sowjetunion erneut zu Unruhen.

Den entscheidenden sozialen Umbruch brachte die Zwangskollektivierung der Landwirtschaft, die Stalin Ende 1929 eröffnete. Tausende von Parteifunktionären, Arbeitern und Studenten, unter ihnen viele Nichtukrainer, zogen aufs Land und bewegten die Bauern mit Agitation, immer häufiger aber mit Gewalt zum Eintritt in die Kolchosen. Um den Klassenkampf auf dem Dorf zu entfesseln und den Widerstand der wohlhabenderen Bauern zu brechen, wurde parallel dazu die «Liquidierung des Kulakentums als Klasse» verkündet und durchgesetzt. Mit Kulak (ukrainisch kurkul) war zunächst der reichere Bauer gemeint, bald wurden damit all diejenigen bezeichnet, die sich der Kollektivierung widersetzten. Etwa 200 000 sogenannte Kulaken-Höfe wurden in der Ukraine liquidiert. Manche «Kulaken» wurden erschossen und Hunderttausende aus der Ukraine in den Osten der Sowjetunion deportiert. Viele kamen dabei ums Leben.

Die Zwangskollektivierung wurde in der Ukraine wie in allen Schwarzerdegebieten besonders rasch und brutal durchgeführt. Schon im Winter 1929/30 stieg der Anteil der kollektivierten Höfe in der Ukraine von 2,5 Prozent auf 63 Prozent. Der im März 1930 von Stalin dekretierte vorübergehende Rückzieher führte auch hier zu einem Massenaustritt der Bauern aus den Kolchosen, sodass der Anteil der kollektivierten Höfe wieder auf 41 Prozent sank. Schon im folgenden Jahr schraubte eine Kollektivierungswelle den Anteil wieder auf 65 Prozent, und im Jahre 1936 war die Kollektivierung der ukrainischen Landwirtschaft im Wesentlichen abgeschlossen. Zwar erwies sich die Kollektivierung als wirtschaftlicher Fehlschlag, doch konnte der Staat mit Hilfe der Kolchosen die Getreideablieferung effizienter organisieren und die unzuverlässigen Bauern kontrollieren.

Die ukrainischen Bauern, bei denen die Tradition des bäuerlichen Eigentums an Grund und Boden fester verwurzelt war als bei den Russen, leisteten der Zwangskollektivierung besonders heftigen Widerstand. Zahlreiche Bauern sabotierten die Getreideablieferungen, schlachteten ihr Vieh ab und zerstörten ihr Inventar. In den Jahren 1930 und 1931 wurden gewaltsame Protestaktionen häufiger: Häuser und Dörfer wurden in Brand gesetzt und zahlreiche Parteifunktionäre erschlagen. Auf eine gute Getreideernte im Jahre 1930 folgten zwei Missernten, und die landwirtschaftliche Produktion ging drastisch zurück. Trotzdem verminderte die Sowjetregierung die Ablieferungsquoten nicht, sondern verstärkte die Zwangsmaßnahmen zur Beschlagnahmung von Getreide noch, um die Versorgung der Städte und Industriearbeiter und die für die Finanzierung der Industrialisierung notwendigen Getreideexporte sicherzustellen. Die ukrainischen Bauern wurden mit brutaler Gewalt gezwungen, ihre Getreidevorräte, auch das für das folgende Jahr bestimmte Saatgetreide, abzuliefern. Die Parteiführung behauptete, dass «der Klassenfeind, Petljuristen und Weißgardisten» «neue Formen des Kampfes gegen die Getreidebeschaffung entwickelt hätten».

Die Folge war eine schreckliche Hungersnot, an die sich Seuchen anschlossen. Sie forderte in den Jahren 1932 und 1933 in der Ukraine 3 bis 4 Millionen Tote. Ganze Familien und ganze Dörfer starben aus. Der Schriftsteller Lew Kopelew, der als junger Aktivist an den Gewaltmaßnahmen in der Ukraine teilnahm, berichtet in seinen Memoiren:

> «Im schrecklichen Frühjahr 1933 sah ich Menschen Hungers sterben. Ich sah Frauen und Kinder mit aufgedunsenen Bäuchen, sah sie blau werden, noch atmend, aber mit leeren, leblosen Augen. Und Leichen – Leichen in abgerissenen Schafspelzen und billigen Filzstiefeln, Leichen in Bauernhütten ... Ich sah dies alles und wurde weder verrückt noch beging ich Selbstmord. Und ich verfluchte jene nicht, die mich ausschickten, den Bauern das Getreide im Winter wegzunehmen ... Denn ich war davon überzeugt, dass ich die große und notwendige Transformation der Landgebiete vollzog, dass in den kommenden Tagen die Menschen, die dort lebten, deshalb besser dran sein würden, dass ihr Kummer und ihre Leiden die Folge ihrer eigenen Unwissenheit oder der Machenschaften des Klassenfeinds seien.»

Die Moskauer Regierung leugnete die Hungersnot einfach ab. Stalin sprach damals «vom Märchen einer Hungersnot», und die sowjetische Historiographie schwieg die Hungersnot von 1932/33 tot. Auch im Westen hat man das Ausmaß der Katastrophe lange kaum zur Kenntnis genommen, obwohl schon aufmerksame Zeitgenossen wie der Journalist William Chamberlin darüber berichteten. Auch die Daten der sowjetischen Volkszählungen hätten zum Nachdenken anregen können. Danach verringerte sich die Zahl der Ukrainer in der Sowjetunion zwischen 1926 und 1939 um etwa 3 Millionen, also um etwa 10 Prozent, während die sowjetische Gesamtbevölkerung gleichzeitig um über 15 Prozent, die Zahl der Russen um 27 und die der Weißrussen um 11 Prozent anstieg. Zwar dürften die Unterschiede in der Bevölkerungsentwicklung der Ukrainer und Russen teilweise darauf zurückzuführen sein, dass sich zahlreiche Menschen, die 1926 als Ukrainer gezählt worden waren, im Jahr 1939 als Russen deklarierten. Dennoch ist unbestritten, dass der größte Teil dieser gewaltigen Bevölkerungsverluste auf die Hungersnot von 1932/33 zurückzuführen ist.

Die Hungersnot von 1932/33 mit ihren Millionen Toten ist vielen Ukrainern als traumatisches Geschehen noch heute gegenwärtig. Nur die Kasachen, die in diesen Jahren mit brutaler Gewalt zur Sesshaftigkeit gezwungen wurden, hatten vergleichbare Bevölkerungsverluste zu beklagen. Die Russen und andere Völker der Sowjetunion litten zwar auch unter dem Hunger, doch überstieg die Zahl der ukrainischen Hungertoten die aller anderen Nationalitäten zusammen. Von großer Bedeutung ist, dass die Hungersnot nicht primär durch natürliche, zu Missernten führende Bedingungen verursacht war, sondern durch die brutale Politik der Getreiderequisition. Die weit überproportionalen Zahlen von ukrainischen Hungertoten und das zeitliche Zusammenfallen mit den «Säuberungsaktionen» in der Ukraine gaben Anlass zu der These, dass Stalin mit der Hungersnot die ukrainische Nation dezimieren wollte, um ihren Widerstand zu brechen, dass er also die Hungersnot nicht nur als Folge der Getreiderequisition in Kauf nahm, sondern sie bewusst als Mordwaffe gegen die Ukrainer einsetzte. Dafür spricht, dass die

Grenze der Ukraine zu Russland 1933 abgeriegelt wurde, um die Flucht hungernder Bauern zu verhindern. Die Hungersnot (Holodomor) gilt heute in der Ukraine offiziell als Genozid und wird der Ermordung der Juden durch die Nationalsozialisten an die Seite gestellt. Das Bewusstsein, mehr als die anderen Völker unter dem Sowjetkommunismus gelitten zu haben, ist heute ein wichtiger Bestandteil des ukrainischen Nationalbewusstseins.

Die Auffassung von einem bewussten Genozid am ukrainischen Volk ist nicht unbestritten geblieben. Man hat darauf hingewiesen, dass die Ablieferungsquoten in allen traditionellen Getreideexportgebieten, von denen die Ukraine das wichtigste war, aufgrund der guten Ernten der vorangehenden Jahre höher angesetzt worden seien als in den weniger fruchtbaren Gebieten im Norden und Osten der Sowjetunion. Infolge der Missernten und der Zerrüttung der Landwirtschaft waren diese Quoten aber nicht annähernd zu erfüllen. Betont wird außerdem, dass der Hunger auch in anderen fruchtbaren Schwarzerdegebieten wütete, so nördlich des Kaukasus und an der Unteren Wolga, wo vor allem Russen wohnten, dass aber andererseits die nordwestlichen, weniger fruchtbaren Regionen der Ukraine von der Hungersnot weniger schlimm heimgesucht wurden. Man hat auch gefragt, weshalb Stalin der Hungersnot im Jahre 1934 ein Ende setzte, wenn er einen Genozid an den Ukrainern hätte verüben wollen.

Die Forschungskontroverse kann aufgrund der bisher bekannten Quellen nicht entschieden werden. Zwar ist die Hypothese eines von Stalin geplanten Völkermords bisher nicht nachgewiesen worden. Neu erschlossene Archivquellen belegen, dass Stalin gegenüber den Ukrainern, unter denen in diesen Jahren national-kommunistische Strömungen aufgekommen waren, tiefes Misstrauen hegte. Es ist wahrscheinlich, dass er die Gelegenheit nutzte, um sie durch den künstlich herbeigeführten Hunger nachhaltig zu schwächen. Ein Genozid im Sinne einer Ausrottung der Ukrainer war aber nicht intendiert. Im Grunde betrifft die Kontroverse den Kern der schrecklichen Tatsachen aber gar nicht: Millionen von Ukrainern mussten sterben, weil die sowjetischen Behörden ihnen unbarmherzig das Getreide wegnahmen, das ihr Überleben hätte sichern können.

Die Krise des Hungerjahres 1933 führte zum ersten direkten Angriff Moskaus auf die ukrainische Parteiführung. Sündenbock war zunächst der Landwirtschaftsminister, dann wiederum der Volkskommissar für Volksbildung. Mykola Skrypnyk hatte in den vergangenen fünf Jahren die Ukrainisierung mit Erfolg vorangetrieben. Er wurde zum Rücktritt gezwungen und zur Selbstkritik aufgefordert, der er sich im Juli 1933 durch Selbstmord entzog. Denselben Weg wählte der Schriftsteller Chvyl'ovyj. Es folgte eine groß angelegte, vom aus Moskau Anfang 1933 in die Ukraine entsandten Pavel Postyšev geleitete «Säuberung» unter der ukrainischen Elite, der bisher umfangreichste Schlag gegen eine nichtrussische Elite der Sowjetunion überhaupt. Ukrainische Kader in Landwirtschaft, Bildungswesen und Kultur wurden massenhaft entlassen, 20 Prozent der Parteimitglieder ausgeschlossen, die Hälfte der regionalen Führungskräfte und drei Viertel der Parteiführung ausgewechselt. Viele Intellektuelle, Schriftsteller, Künstler und selbst Volkssänger (kobzary) wurden erschossen oder nach Sibirien deportiert. Nachdem die von «Agenten ukrainischer Geheimdienste» und Ideologen eines «ukrainischen Faschismus» getragene «ukrainische nationalistische Konterrevolution» zerschlagen worden war, versetzte man vermehrt russische Kader in die Ukraine – die Politik der *korenizacija* hatte damit ihren Höhepunkt überschritten.

In den Jahren 1934 bis 1936 herrschte relative Ruhe, es war aber eine Ruhe vor dem Sturm. In den Jahren 1937/38 erreichten die «Säuberungen» wie überall in der Sowjetunion ihren Höhepunkt. Das Ausmaß der «Großen Säuberungen» war unter den Nichtrussen der Peripherie, also auch unter den Ukrainern, noch größer als bei den Russen. Die gesamte ukrainische Partei- und Staatsführung wurde, zum Teil mehrmals, ausgewechselt. Von 102 Mitgliedern und Kandidaten des ukrainischen Zentralkomitees waren 1939 noch drei in Freiheit und wahrscheinlich nur wenig mehr als weitere drei am Leben geblieben. Vom Sommer 1937 bis Frühjahr 1938 lösten sich in der Ukraine nicht weniger als drei Vorsitzende des Rats der Volkskommissare und der Geheimpolizei des NKVD ab. Neben den ukrainischen Kommunisten und den Resten der ukrainischen Intelligenz wurde auch die Orthodoxe Kirche der Ukraine verfolgt. Das 1921 begründete Exarchat wurde aufgehoben, und fast der gesamte Klerus wurde verhaftet und nach Sibirien verschickt.

Die erhobenen Vorwürfe der nationalen Abweichung, des bürgerlichen Nationalismus bis hin zum Separatismus verschleierten die wahren Ziele der «Säuberungen», die darin bestanden, alle potenziell illoyalen Elemente und jeden denkbaren Widerstand gegen die weise Politik Stalins auszuschalten und die Volksmassen einzuschüchtern.

Die Folgen der «Großen Säuberungen» waren in der ganzen Sowjetunion verheerend. So erlitten auch die Polen, Deutschen, Juden und Russen der Ukraine große Verluste. Für die Ukrainer mit ihrer schmalen, noch jungen Intelligenz waren sie besonders schlimm. Nicht nur die gesamte politische Führung, sondern auch die Mehrheit der ukrainischen Elite, der Ingenieure, Agronomen, Wissenschaftler, Lehrer, Priester und Offiziere, wurden hingerichtet oder in den Osten deportiert, wo ein Teil von ihnen ebenfalls ums Leben kam. Zurück blieben einige Mitläufer und eine terrorisierte und von der Propaganda eingenebelte Grundschicht. Mit dem neuen 1. Sekretär der Ukrainischen KP Nikita Chruščev (1894–1971) kamen 1938 zahlreiche Russen in die Ukraine, um die entstandenen Lücken aufzufüllen.

Die Kette von Gewaltmaßnahmen, die die dreißiger Jahre kennzeichneten, wirkte sich auch auf die Kulturpolitik aus. Der allmähliche Wandel von der Ukrainisierung zur Russifizierung vollzog sich allerdings nur schrittweise und teilweise erst nach dem Zweiten Weltkrieg. Eine erste Etappe brachte das Jahr 1933. Die Ukrainische Akademie der Wissenschaften wurde geschlossen, und ihre Institute wurden in die gesamtsowjetische Akademie eingegliedert. Im Anschluss an die «Säuberungen» veränderte sich die offizielle Sprachregelung: Erstmals bezeichnete man den ukrainischen Nationalismus gegenüber dem russischen Großmachtchauvinismus als Hauptgefahr. Bildungswesen und Kultur wurden nun in der gesamten Sowjetunion gleichgeschaltet und als Instrumente des sozialistischen Aufbaus eingesetzt. 1934 wandte sich die Partei vom leninistischen Internationalismus ab und erhob den Sowjetpatriotismus zusammen mit dem Stalinkult zur Leitideologie. Mit dem Sowjetpatriotismus verbanden sich bald auch russisch-nationale Strömungen. Im März 1938 wurde die russische Sprache zum Pflichtfach an den Schulen und Universitäten der Ukraine erklärt; die ukrainische Unterrichtssprache blieb aber vorerst erhalten. Die Sprachen der Minderheiten, so das Jiddische und Deutsche, verloren seit 1935 im Schul- und Publikationswesen zusehends an Boden. «Genossen», erklärte der neue ukrainische Parteiführer Chruščev,

> «jetzt lernen alle die russische Sprache, weil die russischen Arbeiter die Flagge der Revolution gehisst haben. Die Völker der ganzen Welt lernen die russische Sprache, um den Leninismus und Stalinismus zu studieren und zu lernen, ihre Feinde zu zerstören. Die bürgerlichen Nationalisten, die polnischen und deutschen Spione, verstanden sehr wohl die Kraft und den Einfluss der russischen Sprache, der russischen Kultur, den Einfluss der Lehren Lenins und Stalins auf das ukrainische Volk. Deshalb entfernten sie die russische Sprache aus den Schulen.»

Das Fazit der dreißiger Jahre war für die Ukrainer schrecklich. Erst waren die Bauern terrorisiert und in der Dekulakisierung und Hungersnot dezimiert worden, während ihre traditionelle wirtschaftliche und soziale Ordnung zerschlagen und durch das von Parteileuten kontrollierte Kolchossystem ersetzt wurde. Dann war praktisch die gesamte in den Jahren 1917 bis 1920 und während der Ukrainisierung neu geschaffene ukrainische politische, wirtschaftliche und kulturelle Elite umgebracht oder in Straflager gesteckt worden. Schließlich wurden auch die sprachlich-kulturellen Zugeständnisse zugunsten einer stärkeren Berücksichtigung des Russischen allmählich zurückgenommen. Die ukrainische Nationsbildung der Jahre 1917 bis 1933 wurde damit zum Teil rückgängig gemacht.

12. Die Ukrainer außerhalb der Sowjetunion zwischen den Weltkriegen

Als Resultat des Bürgerkriegs war der größte Teil der Ukraine an Sowjetrussland gefallen. Die Bolschewiki hatten alle ukrainischen Gebiete des Zarenreiches mit Ausnahme des an Polen verlorenen westlichen Wolhyniens wiedergewonnen. Zu Polen gehörte nun auch wieder Galizien, das seit der Ersten Teilung Polens österreichisch gewesen war. Die österreichische Bukowina und das russische Bessarabien fielen an Rumänien, die Karpaten-Ukraine, die seit dem Mittelalter Bestandteil des Königreichs Ungarn gewesen war, an die Tschechoslowakei (vgl. Karte 4).

Assimilationspolitik und ukrainischer Widerstand in Polen

Das nach der Sowjetukraine weitaus wichtigste und größte ukrainische Gebiet gehörte nach dem Ersten Weltkrieg zum wiedererstandenen Polen, also zu dem Staat, in dessen Verband sich fast alle Ukrainer bis zur Mitte des 17. Jahrhunderts und ein großer Teil bis 1793 befunden hatten. Das neue Polen war jedoch nicht mehr die vornationale polyethnische Adelsrepublik, sondern verstand sich als Nationalstaat. Allerdings orientierte sich dieser Nationalstaat weiter an den Grenzen des alten Königreichs Polen-Litauen, in dem die ethnischen Polen weniger als die Hälfte der Bevölkerung ausgemacht hatten.

Der polnische Staat hatte infolge seines partiellen Sieges im Krieg gegen Sowjetrussland im Jahre 1920 sein Territorium im Osten auf überwiegend von Weißrussen und Ukrainern bewohnte Gebiete ausgedehnt, doch erreichte er die alten Ostgrenzen der Adelsrepublik bei Weitem nicht. Die wichtigsten überwiegend von Ukrainern besiedelten Regionen waren Galizien und das westliche Wolhynien. Außerdem lebten Ukrainer in Polesien, Podlachien und im Gebiet von Cholm. Die Zahl der Ukrainer in ganz Polen wurde im Jahre 1931 offiziell mit 4,4 Millionen angegeben, was 13,9 Prozent der Bevölkerung entsprach. In Wirklichkeit gab es in Polen zwischen 5 und 6 Millionen Ukrainer. Auf jeden Fall waren die Ukrainer vor den Juden, Weißrussen und Deutschen die größte der ethnischen Minderheiten Polens, die zusammen etwa ein Drittel der Gesamtbevölkerung stellten.

Obwohl Polen dies als Beschränkung seiner Souveränität betrachtete, hatte es den Minderheitenschutzvertrag des Völkerbunds garantieren müssen und die entsprechenden Artikel in die Verfassung von 1921 aufgenommen. Zwar legte die Verfassung die Vorherrschaft der Polen und der katholischen Kirche fest, doch garantierte sie den Nationalitäten volle Gleichberechtigung und die freie Entfaltung von Sprache, Kultur und Konfession. Der polnische Sejm beschloss im Jahre 1922 ein Gesetz, das den drei ostgalizischen Wojewodschaften eine gewisse Selbstverwaltung zusprach. Auch eine ukrainische Universität sollte begründet werden. Diese Konzessionen erreichten ihr Ziel: Die Alliierten anerkannten im folgenden Jahr die polnische Herrschaft über das nun als östliches Kleinpolen bezeichnete Ostgalizien, mindestens für das nächste Vierteljahrhundert. Die Gesetze von 1922 wurden daraufhin nie in Kraft gesetzt.

Ganz im Gegenteil verfolgten alle polnischen Regierungen nach 1923 gegenüber den Ukrainern eine Politik der Polonisierung, wenn auch mit unterschiedlicher Konsequenz und Intensität. So hatte die polnische Ukrainerpolitik in der zweiten Hälfte der zwanziger Jahre und zwischen 1933 und 1937 ein relativ liberales Gesicht, und in Wolhynien gelang es den polnischen Behörden im Gegensatz zu Galizien, die Unterstützung von Teilen der ukrainischen Bevölkerung zu gewinnen. Dennoch war Polen nicht bereit, die Ukrainer als eigenständige Nation anzuerkennen. Außerdem fürchtete man einen zur Sowjetukraine tendierenden Irredentismus. Polen versuchte die Ukrainer auch dadurch zu schwächen, dass es sie nicht als einheitliches Volk betrachtete, sondern in die großen Gruppen der Ruthenen und Ukrainer und die Stämme der Lemken, Bojken und Huzulen aufspaltete. Römisch-katholische Ukrainer wurden als Polen klassifiziert.

Die Polonisierung vollzog sich auf unterschiedlichen Ebenen. Am wichtigsten war der kulturelle Bereich. Das ukrainischsprachige Schulwesen, das bis 1914 in Galizien aufgeblüht war, wurde nach 1924 stark behindert. Die Zahl der ukrainischen Schulen ging in Ost-Galizien zwischen 1922 und 1928 von 2426 auf 745 und bis 1937 auf 352 zurück. An ihrer Stelle wurden zweisprachige polnisch-ukrainische Schulen eingerichtet, in denen die polnische Sprache das Übergewicht besaß. Die Universität Lemberg wurde vollständig polonisiert, und alle ukrainischen Lehrstühle wurden abgeschafft. Die ukrainischsprachige Presse und die national-kulturelle *Prosvita*-Gesellschaft wurden wesentlichen Beschränkungen unterworfen. In der Verwaltung dominierte das Polnische als Staatssprache, doch behielt das Ukrainische im regionalen Bereich gewisse Rechte. Allerdings verschwand es in der Praxis aus den Behörden, Gerichten und Aufschriften.

Auch die Nichtkatholiken in Polen wurden benachteiligt, vor allem die auf Wolhynien und das Gebiet von Cholm konzentrierten orthodoxen Ukrainer. Die in Galizien dominierende Griechisch-Katholische Kirche blieb zwar anerkannt und erreichte 1925 offiziell die Gleichberechtigung, doch wurde die unierte Geistlichkeit gegenüber der katholischen benachteiligt.

Die polnische Regierung ging gegen die numerische Übermacht der Ukrainer im Osten des Landes auch mit einer gezielten Boden- und Siedlungspolitik vor. Nach Wolhynien und in das ohnehin schon übervölkerte Ost-Galizien wurden zahlreiche polnische Bauern umgesiedelt. Ihnen wurden ein – allerdings geringer – Teil des polnischen Großgrundbesitzes und finanzielle Unterstützung zugewiesen. Gleichzeitig wurde jedoch in Wolhynien der größte Teil des Großgrundbesitzes an die ukrainischen Bauern verteilt. Die ukrainischen Gebiete Polens blieben vorwiegend agrarische Randgebiete mit einer wenig entwickelten Industrie. Die Städte waren wie vor dem Ersten Weltkrieg polnisch und jüdisch geprägt.

Die Ukrainer Polens, die zum Teil schon im österreichischen Verfassungsstaat politische Erfahrungen gesammelt und Organisationen begründet hatten, waren zwar am politischen Leben der 2. Republik beteiligt, ihr Einfluss blieb aber gering. Auch in den Behörden waren sie nur in unteren Chargen vertreten. Immerhin hatten die ukrainischen Abgeordneten im Sejm und Senat ein Forum, wo sie auf ihre Probleme hinweisen konnten. Auch ukrainische Parteien konnten politisch wirken, als wichtigste die 1925 begründete national-liberale Ukrainische National-Demokratische Union. Dazu kamen verschiedene sozialistische Parteien, die antisowjetischen Radikalsozialisten, die Sozialdemokraten, die illegale Kommunistische Partei der Westukraine und die ihr nahestehende legale Sozialistische Bauern-Arbeiter-Union. Wie schon vor 1914 entwickelten die ukrainischen landwirtschaftlichen Genossenschaften, die wissenschaftliche Ševčenko Gesellschaft und die Plast-Pfadfinder rege Aktivitäten. Eine bedeutsame gesellschaftliche und politische Rolle spielte auch der Zehntausende von Mitgliedern zählende Ukrainische Frauenbund, der seit 1928 von Milena Rudnyc'ka, die auch Abgeordnete im polnischen Sejm war, präsidiert wurde. Die wichtigste nationale Organisation blieb die Griechisch-Katholische Kirche, die unter Metropolit Andrej Šeptyc'kyj große moralische Autorität besaß.

Unter den Ukrainern Galiziens erhob sich früh Widerstand gegen die polnische Politik. Sie äußerte sich in Untergrundaktivitäten, so einer bis 1925 bestehenden geheimen Universität, in Wahlboykotts und Sabotageakten. Seit 1924 kam es in den östlichen Gebieten zu einem richtigen Kleinkrieg, der von der Sowjetregierung noch gefördert wurde. Gegen die polnische Herrschaft kämpfte mit den Mitteln des Terrors die schon 1920 begründete Ukrainische Militärische Organisation (UVO) unter dem früheren Kommandanten der Sič-Schützen Jevhen Konovalec' (1891–1938). Polnische Gutshöfe wurden verbrannt, Attentate auf polnische Politiker verübt; ein Anschlag auf Staatschef Piłsudski im Jahre 1921 scheiterte. Aus der UVO und einem seit 1926 in Galizien aktiven Bund der Ukrainischen Nationalistischen Jugend ging die «Organisation Ukrainischer Nationalisten» (OUN) hervor, die 1929 in Wien begründet wurde. Neben der OUN schufen ukrainische Emigranten in Prag, Warschau, Berlin und Paris zahlreiche politische Organisationen unterschiedlicher Ausrichtung und kulturelle Institutionen wie die Ukrainische Freie Universität in Prag und das Ukrainische Wissenschaftliche Institut in Berlin.

Die ukrainische Nationalbewegung hatte bis zum Ersten Weltkrieg eine überwiegend sozialistische und populistisch-demokratische Ausrichtung gehabt. Erst nach dem Scheitern des ukrainischen Nationalstaats und der politischen Intervention der westukrainischen Exilregierung bei den Alliierten begannen sich ukrainische Intellektuelle in Galizien und in der Emigration undemokratischen Formen des Nationalismus zuzuwenden. So artikulierten Anhänger des nach Deutschland emigrierten Hetmans Skoropads'kyj wie der zum Ukrainertum übergetretene polnische Adlige Vjačeslav Lypyns'kyj (1882–1931) einen konservativ-monarchistischen Nationalismus, der dem Adel die Führungsrolle im ukrainischen Staat zuwies. Lypyns'kyj hatte schon vor dem Ersten Weltkrieg in Opposition zur herrschenden populistisch-föderalistischen Strömung nicht das Volk, sondern den unabhängigen Staat ins Zentrum gerückt und entwickelte seine Idee eines korporativen Staates in den zwanziger Jahren weiter.

Mehr Erfolg hatte der exklusive aggressive Nationalismus, den der aus der Ostukraine stammende und ehemals der Ukrainischen Sozialdemokratischen Arbeiterpartei zugehörige Dmytro Doncov (1883–1973) formulierte. Doncov betonte die absolute Priorität und Einheit (sobornist) der ukrainischen Nation. Um das Ziel eines unabhängigen nationalen Führerstaates zu erreichen, seien Opfermut und rücksichtsloser Kampf notwendig.

> «Wir wollen diese Phrasen ... ersetzen durch einen reinen nationalen Egoismus» (1923).
> «Anstelle von Pazifismus ... – die Idee von Kampf, Expansion, Gewalt ... Anstelle von Skeptizismus, Mangel an

> Glauben und Charakter – ein fanatischer Glaube an die eigene Wahrheit, Exklusivität, Härte. Anstelle von Partikularismus, Anarchismus und Demo-Liberalismus – die Interessen der Nation über allem, ... und die Unterordnung des Individuums unter das Nationale» (1926).

Der extreme ukrainische Nationalismus war keine isolierte Erscheinung, sondern stand im Kontext faschistischer und anderer rechtsextremer Bewegungen in ganz Mittel- und Osteuropa. Nach der Ermordung Symon Petljuras durch Samuel Schwartzbard 1926 und dessen Freisprechung durch ein Pariser Gericht im folgenden Jahr zeigten sich im Denken Doncovs auch antisemitische Elemente, ohne aber zentrale Bedeutung zu gewinnen.

Der integrale Nationalismus Doncovs hatte großen Einfluss auf die ukrainische Emigration und die «Organisation ukrainischer Nationalisten». Deren «zehn Gebote des ukrainischen Nationalisten» von 1929 forderten unter anderem:

> «1. Du wirst einen ukrainischen Staat erreichen oder im Kampf dafür sterben,
> 8. Behandle die Feinde Deiner Nation mit Hass und ohne Rücksicht,
> 10. Strebe danach, die Macht, den Reichtum und den Ruhm des ukrainischen Staates zu mehren.»

Die OUN und ihre Ideologie gewannen vor allem in Galizien unter der ukrainischen Jugend zahlreiche Anhänger. Unter Oberst Konovalec' wurde sie zur disziplinierten militärischen Untergrundbewegung. Sie organisierte vom Jahre 1930 an terroristische Anschläge auf polnische Einrichtungen, polnische Beamte und Gutsbesitzer und mit den Polen kooperierende Ukrainer. Neben zahlreichen anderen fielen 1931 Tadeusz Hołówko, ein Vertrauter Marschall Piłsudskis und Fürsprecher der nationalen Minderheiten, und 1934 der polnische Innenminister Bronisław Pieracki Attentaten zum Opfer.

Die polnische Regierung reagierte auf die Guerillaaktionen der OUN mit Verhaftungen und Einschüchterungsmaßnahmen. Besonders brutal verlief die «Pazifizierung» ukrainischer Dörfer im Jahre 1930. 1934 wurden die regionalen Führer der OUN in Galizien, unter ihnen der junge Stepan Bandera (1909–1959), verhaftet und zu langen Gefängnisstrafen verurteilt. Nachdem Polen im Jahre 1934 den Minderheitenschutzvertrag gekündigt hatte, suchte die gemäßigte Ukrainische National-Demokratische Union einen Ausgleich mit der autoritären Regierung. Dennoch kam es bald wieder zu einer Verhärtung der Politik. So ging man schärfer gegen die Orthodoxe Kirche vor. Sie wurde zum Gebrauch des Polnischen im Gottesdienst gezwungen, und im Jahre 1938 wurde ein großer Teil der orthodoxen Kirchen im Gebiet Cholm und in Podlachien zerstört.

Trotz aller Schwankungen war die polnische Politik gegenüber den Ukrainern (und gegenüber anderen Minderheiten) in der Zwischenkriegszeit im Ganzen gesehen assimilatorisch und repressiv. Die wichtigsten Ursachen dafür waren die zahlreichen Probleme des aus heterogenen Teilgebieten zu integrierenden Nationalstaates und die außenpolitische Konfrontation mit der Sowjetunion, die in den zwanziger Jahren den Ukrainern Polens ein flexibleres Modell anbot. Auch wenn Polen trotz aller Einschränkungen der Minderheitenrechte und Übergriffe der Behörden ein Rechtsstaat war und obwohl die Anziehungskraft der Sowjetukraine infolge der Stalinschen Gewaltpolitik in den dreißiger Jahren stark zurückging: Zu loyalen, in die polnische Zweite Republik integrierten Staatsbürgern waren die Ukrainer bis 1939 nicht geworden.

Die Juden Galiziens und Wolhyniens hatten während des Ersten Weltkriegs unter Pogromen zu leiden; den schlimmsten mit über 70 Todesopfern verübten die polnischen Eroberer Lembergs im November 1918. Im Laufe der zwanziger Jahre verbesserte sich ihre Stellung etwas. Doch blieb die polnische Judenpolitik ambivalent. Einerseits waren unter den Nationaldemokraten antisemitische Strömungen verbreitet, und es wurden diskriminierende Maßnahmen erlassen, die den Juden die Vertretung in den Behörden und den Zugang zu den Universitäten erschwerten. Andererseits setzten sich die Sozialisten für die Gleichberechtigung der Juden ein, und die Regierung arbeitete in der Regel mit den religiösen Organisationen der Juden zusammen, garantierte die jüdischen Gemeinden und Schulen und ließ jiddische Zeitungen, Theater und Filme zu. In der zweiten Hälfte der dreißiger Jahre verstärkten sich allerdings der Antisemitismus und die Diskriminierung der Juden in Polen.

Die Juden stellten in Galizien und Wolhynien nach wie vor einen großen Prozentsatz der Stadtbevölkerung, in kleineren Städten wie Brody oder Drohobyč sogar die Mehrheit. Noch immer nahmen sie ihre traditionelle Mittlerrolle zwischen Stadt und Land wahr. Die Mehrheit der Juden war weiter im Kleingewerbe tätig, und ihre wirtschaftliche Lage verschlechterte sich, auch als Folge eines starken demographischen Wachstums. Eine Minderheit konnte ihre Stellung in Handel, Kreditwesen und freien Berufen ausbauen.

Die Ukrainer in Rumänien und der Tschechoslowakei

Die etwa 800 000 in Rumänien, vor allem in der nördlichen Bukowina und im südlichen Bessarabien lebenden Ukrainer waren wie die Ukrainer Polens einer assimilatorischen Sprach- und Kulturpolitik ausgesetzt. Sie wurden nicht als Nation anerkannt, sondern galten seit 1924 als «Rumänen, die ihre Muttersprache vergessen haben». Bis zum Jahre 1927 waren die zahlreichen in österreichischer Zeit entstandenen ukrainischen Schulen in der Bukowina rumänisiert. Die ukrainische Sprache war nicht einmal mehr als Schulfach vertreten, ebenso wenig wie an der Universität Czernowitz. Ukrainische Zeitungen und Organisationen wurden verboten und die Orthodoxe Kirche ebenfalls rumänisiert. Nach einer gewissen Lockerung am Ende der zwanziger Jahre, die auch die Begründung einer ukrainischen Partei erlaubte, setzte in der zweiten Hälfte der dreißiger Jahre erneut Repression ein.

Mehr Freiraum als in Polen und Rumänien hatten die etwa 450 000 Ukrainer oder Rusynen, wie sie sich meist selbst nannten, in der Tschechoslowakei. Die Verfassung der ČSR garantierte die Autonomie der Karpaten-Ukrainer, die allerdings auch hier nicht voll verwirklicht wurde. Doch war die Tschechoslowakei eine parlamentarische Demokratie und förderte das rückständige Gebiet im Osten auch wirtschaftlich. Die Bedingungen für eine kulturelle Entwicklung waren besser denn je, sodass das ukrainischsprachige Schulwesen und die ukrainische Kultur aufblühten. Auch politische Gruppen formierten sich, wobei sich die traditionelle russophile, eine populistisch-ukrainophile und eine magyarophile, für eine selbständige rusynische Nation eintretende Gruppierung gegenüberstanden.

Die Zerschlagung der Tschechoslowakei durch das nationalsozialistische Deutschland führte im Oktober 1938 zur Ausrufung der Autonomie in Transkarpatien. Hoffnungen auf Selbstständigkeit erfüllten sich nicht, sondern Hitler sprach den Süden als Gebiet Ungarn zu. Zwar erklärte sich die Rest-Karpaten-Ukraine im März 1939 für unabhängig, doch wurde sie kurz darauf von ungarischen Truppen besetzt.

Die Situation der Ukrainer war am Ende der dreißiger Jahre in der Sowjetunion am schlimmsten, doch auch in Polen und Rumänien lebten sie als Bürger zweiter Klasse. Dies macht verständlich, dass sich zahlreiche Ukrainer vom 1939 beginnenden Krieg eine Verbesserung ihrer Lage, manche auch das Ende ihrer Zersplitterung und die Errichtung eines Nationalstaats erhofften. Tatsächlich führte der Zweite Weltkrieg zur erstmaligen Vereinigung fast aller Ukrainer in einem Staat, allerdings nicht in einem ukrainischen Nationalstaat, sondern in der stalinistischen Sowjetunion.

13. Die Ukraine zwischen Stalinismus und Nationalsozialismus im Zweiten Weltkrieg

Im Gefolge des Molotov-Ribbentrop-Pakts vom 23. August 1939 besetzten sowjetische Truppen Ost-Galizien, West-Wolhynien und die übrigen Gebiete des östlichen Polen. Im Sommer 1940 wurde Rumänien dazu gezwungen, die nördliche Bukowina und Bessarabien abzutreten. Alle überwiegend von Ukrainern bewohnten Gebiete, unter ihnen das südliche Bessarabien, wurden darauf in die Ukrainische Sowjetrepublik eingegliedert, während ein Teil der bisher zur Ukrainischen Sowjetrepublik gehörenden Moldauischen ASSR zur neuen Moldauischen Sowjetrepublik geschlagen wurde. Damit wurden die Ukrainer Galiziens und der Bukowina erstmals Untertanen eines russisch dominierten Staates. Mit Ausnahme der Karpaten-Ukraine waren nun alle wichtigen von Ukrainern besiedelten Gebiete Bestandteile der Sowjetunion.

Die neuen Territorien wurden konsequent in das sowjetische System integriert. Industrie, Banken und Handel wurden verstaatlicht, die politischen Parteien, die Gewerkschaften, die ukrainischen, polnischen und jüdischen nationalen Organisationen verboten. Die meisten Vertreter der alten Elite wurden verhaftet und in mehreren Wellen zu Hunderttausenden in den Osten der Sowjetunion deportiert. Dies traf in erster Linie die Polen, aber auch zahlreiche Juden und Ukrainer. Sie wurden durch Kader aus der Ostukraine ersetzt. Damit war die seit fast sechs Jahrhunderten bestehende soziale Dominanz der Polen in der Westukraine gebrochen.

Neben diesen repressiven Maßnahmen wandte die Sowjetregierung auch flexiblere Methoden an, um die Westukrainer in die neue Ordnung zu integrieren. Molotov hatte schon die Besetzung damit gerechtfertigt, dass man «gegenüber dem Schicksal der eigenen Blutsbrüder, der Ukrainer und Weißrussen, die in Polen lebten, nicht gleichgültig bleiben könne». Auch in der Folge betonte die sowjetische Führung immer wieder, dass man die Ukrainer von der polnischen Herrschaft befreit habe. Zunächst kam man den Ukrainern auch entgegen. Die polnischen Schulen und die Universität Lemberg wurden ukrainisiert. Die Griechisch-Katholische Kirche ließ man vorerst in Ruhe und schränkte ihre Tätigkeitsfelder erst allmählich ein. Die polnischen Großgrundbesitzer wurden enteignet, und man begann ihre Ländereien an die ukrainischen Bauern zu verteilen.

So empfanden zahlreiche Ukrainer die Anfänge der Sowjetherrschaft als Verbesserung ihrer Lage. Allerdings weckte die 1940 einsetzende Kollektivierung der Landwirtschaft bei den Bauern Widerstand. Auch die Mehrheit der nationalen Intelligenz war bald desillusioniert, und manche setzten ihre Hoffnungen auf die Organisation Ukrainischer Nationalisten (OUN), die als einzige antisowjetische Kraft im Untergrund weiterbestand. Die OUN hatte sich nach 1933 immer stärker auf das nationalsozialistische Deutschland ausgerichtet. Nachdem ihr Führer Konovalec' im Jahre 1938 ermordet worden war, fand im Jahre 1940 allerdings eine Spaltung der Organisation statt. Auf der einen Seite stand die vor allem aus Emigranten bestehende Gruppe unter Oberst Andrij Melnyk, auf der anderen Seite die Fraktion unter Stepan Bandera, die ihre Basis in Galizien hatte und den bewaffneten Kampf der Westukrainer befürwortete.

Die Ukraine unter deutscher Besatzung

Der deutsche Überfall auf die Sowjetunion im Juni 1941 beendete dieses Zwischenspiel. Bis zum November 1941 wurde praktisch die gesamte Ukraine von deutschen und (im Südwesten) rumänischen Truppen besetzt. Die sowjetischen Behörden flohen, zahlreiche Industrieunternehmungen wurden evakuiert, zusammen mit über drei Millionen Menschen, vor allem Spezialisten und Industriearbeitern. Was man zurücklassen musste, wurde nach Möglichkeit zerstört, und Tausende politischer Gefangener wurden vom NKVD ermordet.

Die deutsche Eroberung weckte zunächst bei Teilen der ukrainischen Bevölkerung Hoffnungen auf eine Besserung der Lage. Besonders die nationalistische Intelligenz Galiziens erwartete von den Deutschen die nationale Befreiung und Unabhängigkeit. Zwei von der OUN organisierte militärische Einheiten mit den Decknamen Nachtigall und Roland waren mit der Wehrmacht in der Ukraine einmarschiert. Schon am 30. Juni 1941 proklamierten Mitglieder der Bandera-Fraktion der OUN in Lemberg einen souveränen ukrainischen Staat. Die deutschen Behörden reagierten aber nicht wie erwartet, sondern Bandera und seine Mitkämpfer wurden wenige Tage später verhaftet und ins Konzentrationslager Sachsenhausen verschickt. Anhänger beider Fraktionen der OUN versuchten in den folgenden Monaten die Verwaltung in der besetzten Ostukraine unter ihre Kontrolle zu bekommen. Es gelang ihnen infolge der anfänglichen Zurückhaltung der deutschen Behörden, national-ukrainische Aktivitäten zu beleben. Organisationen wie die traditionsreiche *Prosvita* wurden neu begründet, nichtkommunistische ukrainische Zeitungen kamen heraus. Auch die ukrainischen Kirchen und Klöster begannen wieder zu wirken.

In Galizien gaben die deutschen Behörden den Ukrainern einen noch größeren Freiraum. Schon im Jahre 1940 war in Krakau ein vom Geographieprofessor Volodymyr Kubijovyč geleitetes Ukrainisches Zentralkomitee begründet worden, das kulturelle und soziale Aktivitäten zugunsten der ukrainischen Bevölkerung im Osten Polens entfaltete und später seine Tätigkeit auf Galizien ausdehnen konnte. Ukrainische Schulen und Genossenschaften wurden wieder zugelassen, Ukrainer in Lokalverwaltung und Polizei angestellt. Die deutsche Besatzungsmacht spielte damit die Ukrainer bewusst gegen die in der Westukraine bis dahin dominierenden Polen aus, die viel härteren Repressionen unterworfen wurden.

Trotz dieser anfänglichen Erfolge ging die Gleichung «Der Feind deines Feindes ist dein Freund» für die Ukrainer nicht auf. Obwohl die Deutschen die Sowjetmacht, die Russen und die Polen erbarmungslos bekämpften, dachten sie nicht daran, die Ukrainer zu gleichberechtigten Partnern zu machen und einen ukrainischen Staat zuzulassen. Schon die administrative Aufteilung der Ukraine hatte dies deutlich gemacht: Galizien wurde dem Generalgouvernement, den 1939 besetzten Gebieten Polens, zugeschlagen. Die Nord-Bukowina, Bessarabien und das Gebiet zwischen Dnjestr und (südlichem) Bug mit Odessa wurden dem mit Deutschland verbündeten Rumänien überlassen. Die Gebiete ganz im Osten nahe der Front unterstanden der deutschen Militärverwaltung. Der größte Teil der zentralen und südlichen Ukraine wurde zum Reichskommissariat erklärt. Als Reichskommissar wurde Erich Koch eingesetzt, der zum Symbol der brutalen Nazi-Herrschaft wurde. Koch definierte im August 1942 seine Aufgaben folgendermaßen:

> «Es gibt keine freie Ukraine. Das Ziel unserer Arbeit muss sein, dass die Ukrainer für Deutschland arbeiten, und nicht, dass wir das Volk hier beglücken. Die Ukraine hat das zu liefern, was Deutschland fehlt. Diese Aufgabe muss ohne Rücksicht auf Verluste durchgeführt werden … Für die Haltung der Deutschen im Reichskommissariat ist der Standpunkt maßgebend, dass wir es mit einem Volk zu tun haben, das in jeder Hinsicht minderwertig ist … Das Bildungsniveau der Ukrainer muss niedrig gehalten werden … Es muss ferner alles getan werden, um die Geburtenrate dieses Raumes zu zerschlagen. Der Führer hat besondere Maßnahmen hierfür vorgesehen.»

Hitler hatte schon im September 1941 klargestellt, dass «die Ukrainer genauso faul, unorganisiert und nihilistisch-asiatisch seien wie die Großrussen». Dies wird in einem Wehrmacht-Befehl vom März 1943 zur Behandlung der Zivilbevölkerung der Ukraine umgesetzt:

> «Wir sind ein Herrenvolk, das bedenken muss, dass der geringste deutsche Arbeiter rassisch und biologisch tausendmal wertvoller ist als die hiesige Bevölkerung.»

Im Rahmen der nationalsozialistischen Ostpolitik war der Ukraine demnach die Rolle einer Kolonie zugedacht, die zugunsten der deutschen Kriegswirtschaft ausgebeutet werden sollte. Die ukrainischen «Untermenschen» hatten der deutschen «Herrenrasse» zu dienen und Getreide, Milch und Fleisch nach Deutschland zu liefern. Um die Bauern besser kontrollieren zu können, wurden die Kolchosen nicht, wie erwartet, aufgelöst, sondern lediglich in «Gemeinwirtschaften» umbenannt. Außerdem wurden weit über zwei Millionen Ukrainerinnen und Ukrainer als Zwangsarbeiter (sogenannte Ostarbeiter) ins Reich deportiert. Mit vielen anderen Angehörigen der Sowjetarmee kamen Hunderttausende Ukrainer in deutscher Gefangenschaft infolge von Hunger, Seuchen und Misshandlungen ums Leben. Auch die bescheidenen kulturellen Aktivitäten und die ukrainischen Kirchen wurden nun vermehrt unterdrückt, und seit Ende 1941 gingen die deutschen Behörden und die Einsatztruppen der SS mit Verhaftungen und Erschießungen gegen beide Fraktionen der OUN vor.

Die Juden der Ukraine wurden von den deutschen Eroberern von Anfang an unbarmherzig verfolgt und getötet. Gleich nach der Eroberung wurden in der Westukraine Zehntausende von Juden ermordet, wobei sich an den Pogromen in Lemberg, Ternopil' und anderen Städten Ukrainer aktiv beteiligten. In der ganzen Ukraine wurden in der zweiten Hälfte des Jahres 1941 Juden von den «Einsatzgruppen der Sicherheitspolizei und des Sicherheitsdienstes (SD)», die hinter der Wehrmacht ins Land kamen, zu Hunderttausenden planmäßig getötet. Zu einem Symbol nationalsozialistischer Barbarei wurde die Erschießung von über 30 000 Juden in der Schlucht von Babyn Jar in Kiev am 29. und 30. September 1941, an deren Vorbereitung auch Einheiten der Wehrmacht beteiligt waren. Die überlebenden Juden wurden in Gettos zusammengetrieben und in den Jahren 1942 und 1943 umgebracht. Auch daran beteiligten sich ukrainische Polizisten im Dienste der Besatzer. Ein großer Teil der westukrainischen Juden wurde im Vernichtungslager Bełżec ermordet, die Juden der Ostukraine in ihren Wohngebieten von Mordkommandos erschossen oder in Gaswagen getötet. Auch etwa 10 000 ukrainische Roma fielen dem Rassenwahn der Nationalsozialisten zum Opfer.

Die deutsche Eroberungs- und Vernichtungspolitik bedeutete das Ende der Geschichte der ukrainischen Juden als einer der tragenden ethnischen Gruppen des Landes. Seit dem Mittelalter hatten sie den ukrainischen Städten ihr unverwechselbares Gepräge gegeben, als Mittler zwischen Stadt und Land gewirkt und in ihren städtischen und dörflichen Gemeinschaften ein reiches kulturelles Leben entwickelt.

Neben den Wolgadeutschen war 1941 auch etwa ein Viertel der Schwarzmeerdeutschen nach Sowjet-Asien verschickt worden. Die meisten in Galizien und Wolhynien wohnenden Deutschen waren schon zuvor von Deutschland in den Warthegau umgesiedelt worden. Die restlichen ungefähr 300 000 Ukraine-Deutschen kamen unter deutsche und rumänische Besatzungsherrschaft. Sie begrüßten mehrheitlich den Einzug der deutschen Truppen und wurden in der Folge bevorzugt behandelt. Manche standen im Dienst der deutschen Behörden, der Wehrmacht und der SS. Aus Ukraine-Deutschen gebildete Selbstschutzverbände beteiligten sich an der Massenermordung von Juden. Die Ukraine-Deutschen zogen sich gegen Ende des Krieges nach Westen zurück, wurden aber zu großen Teilen von der Roten Armee eingeholt und dann ebenfalls nach Osten deportiert. Damit nahm die hundertfünfzigjährige Geschichte der deutschen Kolonisten in der Ukraine ihr Ende.

Von jüdischer, polnischer und russischer Seite ist den Ukrainern immer wieder Kollaboration mit der deutschen Besatzungsmacht und Beteiligung am Massenmord an den Juden vorgeworfen worden. Zusammenarbeit zwischen Ukrainern und Deutschen gab es vor allem in den ersten Monaten der Besatzung, als die Ukrainer Hoffnungen auf die neuen Herren setzten. Dies ist angesichts der schlimmen Erfahrungen, die die Ukrainer in den dreißiger Jahren unter dem Stalinismus gemacht hatten, verständlich. Weshalb sollten sie dem Regime Loyalität zeigen, das sie terrorisiert und Millionen von ihnen hatte umbringen lassen? Ukrainer kollaborierten auch später, zum Teil aus Opportunismus, zum Teil, um zu überleben. Viele Kollaborateure waren ehemalige sowjetische Kriegsgefangene, die vor der Wahl standen, mit großer Wahrscheinlichkeit zu verhungern oder sich anwerben zu lassen. Auch ukrainische Organisationen arbeiteten immer wieder mit den Deutschen zusammen, wurden aber meist enttäuscht. An der Verfolgung und Ermordung von Juden waren Ukrainer ebenfalls beteiligt, in der Anfangsphase auch Mitglieder der in dieser Zeit explizit antisemitischen OUN, dann vor allem diejenigen, die als Dorfälteste oder Hilfspolizisten im Dienst der Besatzungsmacht standen. Ukrainer, unter denen judenfeindliche Strömungen verbreitet waren und sich zum Teil mit Antikommunismus verbanden, beteiligten sich im Jahre 1941 aktiv an Judenpogromen.

Während im Reichskommissariat die brutale Besatzungspolitik den Willen der Ukrainer zur Zusammenarbeit mit den Deutschen bald zurückgehen ließ, blieb er in Galizien länger erhalten. Da hier mehr Ukrainer in Verwaltung und Polizei beschäftigt wurden, war ihre Beteiligung an der Verfolgung und Vernichtung der Juden größer als im Osten. Noch im Jahre 1943 gelang es mit Hilfe des Ukrainischen Zentralkomitees, etwa 80 000 ukrainische Freiwillige anzuwerben, von denen dann 17 000 in der Waffen-SS-Division Galizien auf deutscher Seite kämpften. Auch unter den Soldaten der in der Endphase des Krieges gegen die Sowjetunion aufgestellten, russisch dominierten Vlasov-Armee waren Zehntausende von Ukrainern.

Die Forschung ist sich über das Ausmaß der ukrainischen Kollaboration nicht einig. Es ist verständlich, dass aus der Perspektive der Juden und der Polen, die viel schlimmer unter der Besatzungspolitik zu leiden hatten, die Ukrainer als Volk von Kollaborateuren erschienen. Der Historiker muss solche pauschalen Schuldzuweisungen indessen zurückweisen. *Die* Ukrainer waren ebenso wenig Kollaborateure wie Antisemiten. Zahlreiche Ukrainer ließen sich als Instrumente der Gewaltpolitik missbrauchen und beteiligten sich an der Ermordung von Juden. Auch unterließen es ihre politischen Organisationen, gegen die Vernichtung der Juden zu protestieren. Die überwiegende Mehrheit der Ukrainer wirkte aber nicht aktiv am Terror der deutschen Besatzer mit, sondern hatte selber unter ihm zu leiden. Einzelne Ukrainer, an ihrer Spitze Metropolit Andrej Šeptyc'kyj, versuchten, Juden vor der Verfolgung zu schützen. Verantwortlich für die ungeheuren Massenmorde und Zerstörungen waren nicht primär Ukrainer, sondern das nationalsozialistische Deutschland.

Nachdem die Bevölkerung der Ukraine ihre Erfahrungen mit der brutalen deutschen Besatzungspolitik gemacht hatte, verstärkte sich ihr Widerstand. Die Partisanentätigkeit nahm zu, sei es in spontan gebildeten Verbänden, sei es in Zusammenarbeit mit der Roten Armee. Allerdings waren die Ukrainer unter den kommunistischen Partisanen erheblich weniger stark vertreten als Russen und Weißrussen. Die Organisation Ukrainischer Nationalisten wandte sich nun auch gegen die deutsche Besatzung:

> «Wir wollen nicht für Moskau, die Juden, die Deutschen und andere Fremde arbeiten, sondern für uns. Wir schaffen einen selbständigen ukrainischen Staat oder gehen für ihn zugrunde»,

heißt es in einem Flugblatt der Bandera-Fraktion Mitte 1942; im Februar 1943 beschloss dieselbe Organisation:

> «Die Ukraine befindet sich gegenwärtig zwischen Hammer und Amboss zweier feindlicher Imperialisten, Moskaus und Berlins ... Eine unwiderrufliche Forderung für das ukrainische Volk ist deshalb der Kampf gegen beide Imperialismen.»

Schon Ende 1942 hatten Angehörige der OUN eine von Taras Borovec' begründete Ukrainische Aufstandsarmee (UPA, Ukrajins'ka Povstans'ka Armija) in der nordwestlichen Ukraine übernommen und in Polesien und Wolhynien einen Guerillakrieg entfesselt. Gegner Nummer 1 waren die kommunistischen Partisanen und später die Rote Armee, Gegner Nummer 2 die hier ansässigen Polen. Die UPA richtete seit 1943 Terroraktionen gegen polnische Siedler in Wolhynien und Galizien; Etwa 60–80 000 Polen, unter ihnen viele Frauen und Kinder, wurden von ukrainischen Einheiten ermordet. Den Gegenschlägen der polnischen Untergrundarmee (Armia Krajowa) fielen dann ungefähr 20 000 Ukrainer zum Opfer. Erst in dritter Linie kämpfte die UPA auch gegen deutsche Behörden, Polizeikräfte und Truppen. Dennoch hatte die Wendung gegen die deutschen Besatzer zur Folge, dass sich OUN und UPA vom integralen Nationalismus der Zwischenkriegszeit distanzierten und demokratische Zielsetzungen in ihr Programm aufnahmen. Auch der im Juli 1944 von Führern der UPA begründete «Oberste ukrainische Befreiungsrat» hatte eine demokratische Plattform. Trotz dieser taktischen Anpassung blieben in der Ideologie mindestens einiger Gruppen Elemente eines extremen Nationalismus erhalten. Auseinandersetzungen um die politische Orientierung der ukrainischen Organisationen setzten sich nach 1945 in der Emigration in Deutschland und Nordamerika fort.

Die Rückeroberung der Ukraine durch die Rote Armee brachte vom August 1943 (Charkiv) über den November 1943 (Kiev) und den August 1944 (Lemberg) bis zum Oktober 1944 alle von Ukrainern bewohnten Gebiete wieder unter sowjetische Herrschaft. Erstmals kam damit auch die Karpaten-Ukraine unter die Herrschaft eines russisch dominierten Staates. Die Deutschen zerstörten auf ihrem Rückzug zahlreiche Industrieanlagen und deportierten Teile der Bevölkerung. Zahlreiche Ukrainer flohen vor den sowjetischen Truppen nach Westen.

Wiedereingliederung in die Sowjetunion und Gleichschaltung

Die sowjetische Politik war während des Krieges vorsichtig zurückhaltend, um die Ukrainer nicht zu brüskieren. Die sprachliche Ukrainisierung wurde fortgesetzt, und mit patriotischen Appellen und einem Chmel'nyc'kyj-Orden versuchte man die Ukrainer für Moskau zu gewinnen. Nachdem die Sowjetrepubliken schon 1944 die Möglichkeit erhalten hatten, Volkskommissariate für Verteidigung und Auswärtige Angelegenheiten zu bilden, gehörte die Ukraine mit Weißrussland im April 1945 zu den Gründungsmitgliedern der Vereinten Nationen. Doch blieb diese außenpolitische Bewegungsfreiheit auch in der Folgezeit auf dem Papier. Die sowjetische Propaganda begann sogleich mit einer Umerziehungskampagne in ukrainischer Sprache unter der «von der faschistischen Propaganda verseuchten» Bevölkerung.

Die Ukraine, einer der Hauptschauplätze des Zweiten Weltkriegs, war im Jahre 1945 weitgehend zerstört. Nur 19 Prozent der Industrieanlagen waren noch intakt, die Industrieproduktion war auf etwa ein Viertel des Vorkriegsstandes gesunken. Die meisten Städte lagen in Trümmern. Die Bevölkerung der Ukraine hatte erneut gewaltige Verluste erlitten, die Schätzungen bewegen sich zwischen 6 und 8 Millionen. Im Ganzen waren in der Ukraine zwischen 1930 und 1944 zwischen 12 und 14 Millionen Menschen durch Terror, Hungersnot und Krieg ums Leben gekommen.

Der Zweite Weltkrieg brachte die Vereinigung fast aller Ukrainer in einem Staatswesen, der Sowjetunion. Die Ukrainische Sowjetrepublik umfasste jetzt 580 000 Quadratkilometer und 41 Millionen Einwohner. Die Ostukrainer waren nach 125- bis 250-jähriger russischer und 21-jähriger sowjetischer Herrschaft nur während zwei bis drei Jahren unter nationalsozialistischer Okkupation gewesen. Die Ukrainer Galiziens hatten dagegen nicht einmal zwei Jahre sowjetischer Herrschaft hinter sich, die Rusynen Transkarpatiens befanden sich überhaupt erstmals in einem russisch dominierten Staat. Die Integration der Westukraine war deshalb ein vordringliches Anliegen der sowjetischen Politik in der Nachkriegszeit.

In Jalta war die Curzon-Linie als sowjetische Westgrenze festgelegt worden, wodurch zwei kleinere Gebiete Galiziens, die zwischen 1939 und 1941 sowjetisch gewesen waren, an Polen zurückfielen. Gegenüber Rumänien wurden die Grenzen von 1940 wiederhergestellt, und alle von Ukrainern bewohnten Gebiete kamen zur Ukrainischen Sowjetrepublik. In den Jahren 1944 bis 1946 fand wie in anderen Gebieten Ostmitteleuropas eine groß angelegte «ethnische Säuberung» statt: Über 800 000 Polen wurden vorwiegend in die ehemals deutschen

Gebiete im Westen Polens ausgesiedelt. Umgekehrt wurden über 500 000 Ukrainer aus Polen in die Westukraine umgesiedelt. Damit verschwanden auch die Polen, die seit dem Spätmittelalter in Galizien und Wolhynien gelebt hatten, aus diesen Gebieten. Die Bevölkerung Galiziens war nun erstmals fast geschlossen ukrainisch. In den Jahren 1946 bis 1949 wurden dann 200 000 Westukrainer nach Sibirien deportiert, und gleichzeitig begann die Einwanderung von Russen.

Nachdem der größte Teil der Juden von den deutschen Besatzern ermordet, die Vertreter der polnischen Elite getötet oder deportiert worden waren und auch die Ukraine-Deutschen ausgesiedelt worden bzw. ausgewandert waren, hatte die Ukraine ihren polyethnischen Charakter, der ihre Geschichte seit Jahrhunderten geprägt hatte, verloren. Die einzige größere nichtukrainische Gruppe blieben die Russen, und das russisch-ukrainische Verhältnis ist bis heute ein zentrales Problem geblieben.

Die sowjetischen Behörden gingen nach dem Zweiten Weltkrieg sofort energisch gegen die national-ukrainischen Kräfte in der Westukraine vor, die zum Teil mit den Deutschen zusammengearbeitet hatten. Die wichtigste nationale Organisation, die Griechisch-Katholische oder Unierte Kirche, wurde nun verfolgt. Metropolit Šeptyc'kyj war 1944 hochbetagt gestorben. Sein Nachfolger Josif Slipyj und zahlreiche andere Geistliche wurden im folgenden Jahr nach Sibirien deportiert. Der Druck auf den Klerus, die Union mit Rom aufzukündigen, wurde immer größer, und im März 1946 annullierte eine inszenierte Synode die 1596 abgeschlossene Union von Brest. In der Karpaten-Ukraine wurde die Union im Jahre 1949 aufgehoben. Damit waren alle Ukrainer mit Zwang in der Russisch-Orthodoxen Kirche vereinigt worden. Trotz massiver Repression gelang es nicht, die Unierte Kirche ganz zum Schweigen zu bringen, sondern sie konnte sich im Untergrund halten. Auch in der Emigration lebte sie fort.

Noch gefährlicher für die sowjetischen Behörden war die Ukrainische Aufstandsarmee (UPA), die ihre Aktionen in der Westukraine auch nach Kriegsende fortsetzte. Die mehrere 10 000 Mann zählenden Partisanen verübten Sabotageaktionen und Attentate auf sowjetische Funktionäre, die Tausende von Opfern forderten. Die UPA kontrollierte noch immer einige Gebiete vor allem in den Wäldern Galiziens und in den Karpaten, wo sie auf den Rückhalt der ukrainischen Bevölkerung zählen konnte. Die sowjetischen Behörden, an vorderster Front die politische Polizei, führten einen erbitterten Kleinkrieg gegen die ukrainischen Partisanen und versuchten mit Gewaltmaßnahmen auch die übrige Bevölkerung einzuschüchtern. Erst seit 1948 gelang es, die UPA entscheidend zu schwächen, und im Jahre 1950 fiel ihr Kommandeur Roman Šuchevyč in einem Gefecht mit sowjetischen Polizeikräften. Kleinere Abteilungen setzten jedoch den Guerillakrieg bis in die Mitte der fünfziger Jahre fort. Die UPA hatte nach dem Krieg auch in den östlichen Gebieten Polens ihren Kampf gegen die polnischen Behörden weitergeführt. In der sogenannten Operation Weichsel führte die polnische Volksarmee im Jahre 1947 den entscheidenden Schlag gegen die ukrainischen Partisanen und deportierte gleichzeitig etwa 150 000 Ukrainer, unter ihnen zahlreiche Lemken, in andere Gebiete Polens.

Nach einer gewissen Schonfrist wurde nun auch die Umwandlung der sozio-ökonomischen Struktur der Westukraine nach sowjetischem Modell vorangetrieben. In den Jahren 1947 bis 1951 wurde die Landwirtschaft zwangskollektiviert, die sogenannten Kulaken wurden verfolgt und zum Teil deportiert. Gleichzeitig begann der Aufbau einer neuen Industrie, wodurch vor allem Lemberg allmählich zu einer Industriestadt wurde. Bis zur Mitte der fünfziger Jahre erreichte die industrielle Produktion der Westukraine das Vierfache des Vorkriegswerts. Als Arbeiter und Fachkräfte wanderten nun Zehntausende von Russen in die Westukraine ein. Gleichzeitig zogen viele Ukrainer in die Städte und besetzten die bisher von Polen und Juden innegehabten Positionen. Erstmals bildeten nun auch die Westukrainer eine vollständige Sozialstruktur mit einer eigenen Elite und einer Industriearbeiterschaft heraus. Der Nationsbildung dienten auch die wieder durchwegs ukrainischsprachigen Grundschulen. An den ebenfalls ukrainischsprachigen Hochschulen verstärkte sich allerdings bald der Einfluss der russischen Sprache. Damit war die Westukraine weitgehend mit der übrigen Ukraine gleichgeschaltet worden. Allerdings blieb die Mehrheit der Bevölkerung in innerer Opposition zum Sowjetregime, und die Kommunistische Partei hatte wenig einheimische Mitglieder.

Wie in der ganzen Sowjetunion hatte nach dem Krieg auch in der Ukraine der wirtschaftliche Wiederaufbau Priorität. Besonders die Schwerindustrie der Südukraine wurde gefördert, während die Produktion von Konsumgütern zurückblieb. Schon im vierten Fünfjahresplan der Jahre 1946 bis 1950 gelang es, den Vorkriegsstand in der Produktion von Kohle, Eisenerz und Stahl wieder zu erreichen. Obwohl die Investitionen in die ukrainische Industrie zugunsten des weiteren Ausbaus der Schwerindustriekomplexe im Osten der Sowjetunion zurückgingen, wuchs die Industrieproduktion bis in die Mitte der fünfziger Jahre kräftig an. Die Landwirtschaft, die traditionelle wirtschaftliche Basis der Ukraine, erholte sich dagegen nur langsam. Infolge einer Dürre kam es im Winter 1946/47 in der Ukraine wie in einigen Gebieten Russlands noch einmal zu einer schlimmen Hungersnot, die Zehntausende von Opfern forderte. Die Kolchosen und darüber hinausgehende Projekte von Agrostädten erwiesen sich als produktionshemmende Faktoren.

Neben den wirtschaftlichen trat der politische und ideologische Wiederaufbau der Ukraine. Das schon in den dreißiger Jahren bestehende Misstrauen Stalins gegenüber den Ukrainern war durch die Ereignisse des Krieges, vor allem die zeitweise Zusammenarbeit der ukrainischen Nationalisten mit den Deutschen und die Aktionen der UPA, verstärkt worden. Chruščev behauptete später in seiner Rede vor dem 20. Parteitag, dass Stalin die Ukrainer wie die Deutschen, Krimtataren und zahlreiche Kaukasier als Kollaborateure habe bestrafen wollen und dass «sie diesem Schicksal lediglich deshalb entgingen, weil sie zu zahlreich sind und kein Raum vorhanden ist, wohin man sie hätte deportieren können». Mitglieder nationalistischer Organisationen und wirkliche oder angebliche Kollaborateure wurden sofort ausgeschaltet. Die Ukrainer, die die deutsche Kriegsgefangenschaft überlebt hatten und zurückkehrten, wurden wie die Russen zu einem großen Teil in Straflager gesteckt.

Nach einer kurzen Phase der Entspannung begann im Jahre 1946 eine neue Runde im Kampf gegen den «bürgerlichen ukrainischen Nationalismus». Mit einer Resolution des Zentralkomitees über die Irrtümer der Kommunistischen Partei der Ukraine wurde eine Massenkampagne gegen «die feindliche bürgerlich-nationale Ideologie», gegen Schriftsteller, Historiker, Komponisten und Literaturwissenschaftler gestartet. Etwa 10 000 Vertreter der ukrainischen intellektuellen Elite wurden verhaftet und deportiert. Die Kampagne gegen den ukrainischen Nationalismus wurde bis zum Tode Stalins weitergeführt und ergänzt durch die Agitation gegen jüdische Intellektuelle, die überall in der Sowjetunion als «wurzellose Kosmopoliten» verfolgt wurden. Im Jahre 1952 wurden die beiden jüdisch-ukrainischen Schriftsteller L. Kvitko und I. Fefer verhaftet und erschossen. Man hatte ihnen vorgeworfen, mit Hilfe «des internationalen Judentums» geplant zu haben, die Krim von der Sowjetunion zu lösen.

Die «Säuberungen» der Nachkriegszeit erreichten zwar nicht die Ausmaße des Terrors der dreißiger Jahre. Doch verengte sich nun der Horizont des geistigen Lebens noch mehr. Im Spätstalinismus verwandelte sich der Sowjetpatriotismus endgültig in einen russischen Nationalismus, der nun neben dem Stalinkult zur wichtigsten Integrationsideologie der Sowjetunion wurde. Die Ukrainer hatten unentwegt «das große russische Volk» als «ihren älteren Bruder» zu preisen, mit dem sie ewige Freundschaft in Vergangenheit, Gegenwart und Zukunft verband. Während die Grundschulen ukrainischsprachig blieben, führte die Zentralisierung des Hochschulwesens zu seiner Russifizierung und damit zu einem Rückgang ukrainischer Studenten. Die loyale ukrainischsprachige Elite vermochte ihre Stellung in Partei und Regierung allerdings trotz der Repressionen zu halten. Lediglich die politische Polizei und die Leitung der großen Industriebetriebe wurden zu Domänen der Russen.

Nachdem die Hoffnungen, die zahlreiche Ukrainer auf die Deutschen gesetzt hatten, von der brutalen nationalsozialistischen Besatzungspolitik rasch enttäuscht worden waren, hatten viele die Rote Armee als Befreier begrüßt und erwarteten nun von der Sowjetherrschaft eine Verbesserung ihrer Lage. Doch auch diese Hoffnungen erfüllten sich nicht. Zwar waren nun erstmals die Ukrainer in Ost und West in einem Staat vereint, doch der repressive, ideologisch engstirnige, dogmatische und zunehmend russisch-nationalistische Spätstalinismus legte der ukrainischen Gesellschaft erneut eiserne Fesseln an.

14. Tauwetter und neuer Frost: Die Ukraine 1953–1985

Mit dem Tode Stalins veränderten sich Staat und Gesellschaft der ganzen Sowjetunion und gleichzeitig auch die Moskauer Politik gegenüber der Ukraine. Zwar kam es zu keiner konsequenten Abwendung vom politischen System der Stalinzeit, doch ging das Ausmaß an Repression erheblich zurück. Die Zentrale war deshalb wieder dazu gezwungen, die Ukrainer und die anderen Nationalitäten des Reiches durch Konzessionen zu gewinnen.

Partielle Entstalinisierung und neue Ukrainisierung

Die neue Führung, in der Nikita Chruščev, der ehemalige Parteichef der Ukraine, bald den Ton angab, knüpfte an die Politik der *korenizacija* (Einwurzelung) der zwanziger und frühen dreißiger Jahre an. Nachdem der Anteil der Ukrainer an den Parteimitgliedern der Ukraine im Jahre 1933 61 Prozent betragen hatte, war er infolge der «Säuberungen» rapide gesunken. Bis zum Jahre 1956 hatte er wieder 60 Prozent erreicht (gegenüber 28 Prozent Russen), bis 1968 stieg er auf 65 Prozent, blieb damit aber immer noch erheblich hinter dem Anteil der Ukrainer an der Gesamtbevölkerung ihrer Republik zurück, der 1959 76,8 und 1970 74,9 Prozent betrug. Erheblich besser als vor dem Krieg waren die Ukrainer nun in den regionalen Führungsgremien der Partei vertreten: Waren 1940 nur 40 Prozent der leitenden Parteifunktionäre der Republik Ukrainer gewesen, waren es 1956 schon 68 Prozent. Im Obersten Sowjet der Ukraine stellten sie in demselben Jahr mehr als drei Viertel der Abgeordneten. Damit waren die politischen Führungspositionen in der Ukraine erstmals weit überwiegend von Einheimischen besetzt.

Die *korenizacija* verlief also jetzt anders als in der Zwischenkriegszeit, als der Anteil der Ukrainer in den Basisorganisationen der Partei erheblich schneller angestiegen war als in den Führungsgremien.

Mehr als symbolische Bedeutung hatte die 1953 eingeführte Regel, dass der Parteichef der Ukrainischen Republik Ukrainer sein musste, nachdem zuvor Nichtukrainer diese Funktion innegehabt hatten. In den ersten Jahren stand ihm auch, im Gegensatz zur Zeit nach Chruščev und zu anderen Republiken, ein ukrainischer 2. Sekretär zur Seite. Das erste Gespann nach 1953 waren Oleksij Kyryčenko als 1. Sekretär und Mykola Pidhirnyj (russ. Podgornyj) als 2. Sekretär. Pidhirnyj löste 1957 Kyryčenko als 1. Sekretär ab, als dieser Sekretär des gesamtsowjetischen Zentralkomitees wurde. Kyryčenko war gleichzeitig seit 1955 Mitglied des obersten Führungsgremiums, des Präsidiums des ZK, und galt in den späten fünfziger Jahren als aussichtsreicher Kandidat für die Nachfolge Chruščevs; er fiel dann aber schon 1960 in Ungnade. Dennoch waren noch 1964 unter den elf Mitgliedern des obersten Führungsgremiums drei Ukrainer. Über Chruščevs Seilschaft rückten zahlreiche Vertreter des ukrainischen Parteiapparats in Moskauer Führungspositionen auf. Ihr Anteil an den Mitgliedern und Kandidaten des Zentralkomitees der Kommunistischen Partei der Sowjetunion stieg zwischen 1952 und 1961 von 6,8 auf 18,5 Prozent. Auch im sowjetischen Staatsapparat kamen Ukrainer zu hohen Ehren. Unter den nichtslawischen Nationalitäten entstand der Eindruck einer russisch-ukrainischen Vorherrschaft über die Sowjetunion.

Es war offensichtlich, dass Chruščev die Ukrainer als Juniorpartner für die Leitung des «Unternehmens Sowjetunion» zu gewinnen suchte. Diesem Ziel diente auch die Eingliederung der Krim in die Ukrainische Sowjetrepublik im Jahre 1954, mit der die Krim im Gegensatz zur RSFSR durch eine Landbrücke verbunden war. Die Krim war in der Zwischenkriegszeit als Autonome Republik der Krimtataren Bestandteil der Russischen Föderativen Sowjetrepublik gewesen. Daran änderte sich auch nichts, als Stalin die Krimtataren wegen angeblicher Kollaboration mit den deutschen Besatzungstruppen im Jahre 1944 nach Mittelasien deportieren und ihre Republik auflösen ließ. Das Gebiet Krim hatte nun eine deutliche russische Bevölkerungsmehrheit von 71 Prozent, der nur 22 Prozent Ukrainer gegenüberstanden – ein Problem, das nach dem Ende der Sowjetunion wieder aktuell werden sollte.

Dass die Ukrainer nicht als gleichberechtigte Partner herangezogen wurden, machten die ebenfalls 1954 mit großem Pomp gefeierten Feiern zum dreihundertjährigen Jubiläum der «Wiedervereinigung der Ukraine mit Russland» deutlich. Die zu diesem Anlass verkündeten Thesen des Zentralkomitees zementierten das national-russische Geschichtsbild, das den Ukrainern die Rolle des jüngeren Bruders zuwies, der dem älteren russischen Bruder in ewiger Freundschaft verbunden war. Doch hob die Propaganda die Ukrainer hinter den Russen als zweites der slawischen Völker der Sowjetunion heraus.

Ein bedeutsamer Einschnitt war für die ganze Sowjetunion der 20. Parteitag von 1956. In der Folge wurde die überwiegende Mehrheit der zahlreichen politischen Gefangenen freigelassen, und Hunderttausende kehrten aus Sibirien in die Ukraine zurück. Gleichzeitig wurde ein Teil der Opfer des stalinistischen Terrors rehabilitiert. In der Regel wurden indessen nur die nach 1934 «liquidierten» Persönlichkeiten berücksichtigt, sodass die Opfer der früheren Säuberungswellen wie Šums'kyj oder Skrypnyk vorläufig nicht rehabilitiert wurden. Erst im Jahre 1962 wurde Skrypnyk dann partiell rehabilitiert. Nicht rehabilitiert wurden dagegen die Opfer der Zwangskollektivierung oder früherer «Säuberungen». Auch die durch die Sowjetmacht herbeigeführte Hungersnot von 1932/33 blieb weiter tabu, ebenso die «bürgerlichen Nationalisten» vom Schlage eines Hruševs'kyj.

Die nur partielle Abrechnung mit dem Stalinismus spiegelte sich in der Politik Chruščevs wider. Sie verstärkte zunächst die föderalistischen Elemente der staatlichen Struktur der UdSSR. Dazu trugen die Zurückstufung der Geheimpolizei, die Einrichtung von Justizministerien in den Republiken und die eine Dezentralisierung anstrebenden Wirtschaftsreformen bei. Allerdings rückte der sprunghafte Chruščev schon nach wenigen

Jahren wieder von dieser Politik ab. Obwohl sich einige Reformen als Misserfolg erwiesen, brachten die fünfziger und sechziger Jahre nicht nur den Industriearbeitern, sondern auch den Kolchosbauern der Ukraine eine spürbare Verbesserung ihres Lebensstandards. Dazu trugen der Ausbau der Konsumgüterindustrie in den westlichen und zentralen Regionen der Ukraine ebenso bei wie eine Lockerung des Drucks auf die Landwirtschaft, vor allem das Zugeständnis an die Bauern, auf ihren kleinen privaten Grundstücken eigenständig wirtschaften zu können. Es scheint, dass die ukrainischen Bauern diese Gelegenheit noch intensiver nutzten als die russischen. Die Wirtschaft der Ukraine behielt ihre traditionellen Schwerpunkte: Landwirtschaft (besonders Zuckerrüben und Getreide), Bergbau, Schwer- und Zuckerindustrie.

Wie in den zwanziger Jahren brachte die allgemeine Liberalisierung der Politik auch einen größeren kulturellen Freiraum. Schon im Jahre 1953 begannen Ukrainer die spätstalinistische Russifizierungspolitik zu kritisieren und eine Rückkehr zur Ukrainisierung zu fordern. Im Jahre 1955 wurde ein ukrainisches Hochschulministerium geschaffen, das die Ukrainisierung förderte. Die partielle Entstalinisierung von 1956 löste eine Bewegung zugunsten der ukrainischen Sprache aus. In der sogenannten Rebellion der Dichter protestierten führende Kulturschaffende gegen die Verarmung der ukrainischen Sprache und Literatur und forderten die Rehabilitierung aller unter Stalin verfolgten bedeutenden ukrainischen Schriftsteller. Die ukrainischen Historiker begannen Tabu-Themen wie den ukrainischen Nationalstaat der Jahre 1917 bis 1920 und die Nationalkommunisten der zwanziger Jahre zu behandeln. Als neues Forum diente ihnen die 1957 begründete ukrainischsprachige «Ukrainische Historische Zeitschrift».

Das Tauwetter war aber wie in der ganzen Sowjetunion nur von kurzer Dauer. Schon das Jahr 1959 brachte einen Rückzug von der liberalen Nationalitätenpolitik. Der 21. Parteitag griff wieder einmal die «lokalegoistischen Auffassungen» einzelner Sowjetrepubliken, auch der ukrainischen, an, die den gesamtstaatlichen Interessen zuwiderliefen. Zu Konflikten führte die

Schulreform von 1959. Seit den zwanziger Jahren waren die Schüler grundsätzlich in ihren Muttersprachen unterrichtet worden. Die nationalen Minderheiten hatten zusätzlich die Sprache ihrer Republik zu lernen, die Russen in der Ukraine also Ukrainisch. Für alle Nichtrussen war 1938 als Pflichtfach Russisch eingeführt worden. Die Reform von 1959 stellte den Eltern nun die Wahl der Unterrichtssprache und der weiteren Sprache frei. In der Praxis blieb Russisch aber Pflichtfach in den nichtrussischen Schulen. Angesichts der faktischen Dominanz des Russischen als Lingua franca der Sowjetunion führte diese scheinbare Liberalisierung zu einer Verstärkung der Stellung der russischen Sprache. Die Russen brauchten nun nicht mehr Ukrainisch zu lernen, während die Ukrainer trotzdem weiter Russisch lernten. Immer mehr ukrainische Eltern, die ihren Kindern gute Berufschancen geben wollten, schickten sie an russischsprachige Schulen.

Gegen die Schulreform erhoben sich Proteste, zunächst aus Lettland und Aserbaidschan. In der Ukraine setzte sich der Kiever Schriftstellerverband für die Beibehaltung des Ukrainischen als Pflichtsprache ein. Als Reaktion darauf kam es in den Jahren 1959 bis 1961 zur ersten nachstalinschen «Säuberungswelle» in einigen Republiken. Auch in der Ukraine wurden Intellektuelle verhaftet, zwei nationalistische Geheimorganisationen ausgehoben und zwei ihrer Mitglieder zum Tod verurteilt und erschossen.

Trotz dieses vorübergehenden Frostes brachten die sechziger Jahre ein erneutes Wiederaufleben der Ukrainisierung. Eine 1963 in Kiev stattfindende Konferenz setzte sich für die Aufwertung der ukrainischen Sprache in der Republik und die Einrichtung ukrainischsprachiger Schulen für die außerhalb der Republik lebenden Ukrainer ein. Wissenschaftler forderten den Ausbau der ukrainischen Sprachwissenschaft, die Herausgabe von Lehr- und Wörterbüchern. Der Minister für Hochschulerziehung verlangte 1965, dass alle Dozenten in der Ukraine Ukrainisch lernen sollten. Die ukrainische Literatur und Geschichtswissenschaft nahmen einen Aufschwung. Besonderes Aufsehen erregte 1968 der Roman «Die Kathedrale» *(Sobor)* von Oles' Hončar, der am Beispiel einer alten Kirche ukrainischer Kosaken für die Erhaltung kultureller Traditionen eintrat.

Die Ukrainisierungstendenzen dieser Zeit wurden auch von den Parteiführern der Republik mindestens indirekt unterstützt. Damit hatte schon Mykola Pidhirnyj begonnen, der im Jahre 1964 als Nikolaj Podgornyj zusammen mit Leonid Brežnev und Aleksej Kosygin Mitglied des Moskauer Triumvirats wurde, das die Nachfolge Chruščevs antrat. Sein Nachfolger Petro Šelest (1908–1986), ebenfalls Mitglied des Moskauer Politbüros, setzte diese Politik verstärkt fort. Sie richtete sich nun auch gegen die seit 1965 wieder hervortretenden Bemühungen, die Ukraine enger an die Zentrale zu binden. Šelest trat für eine größere administrative Autonomie der Ukraine und für ihre wirtschaftlichen Interessen ein, indem er gegen die Bevorzugung Sibiriens in der Industriepolitik protestierte und einen Ausbau des traditionellen Donbass-Steinkohlereviers forderte. Er befürwortete eine gewisse Ukrainisierung und protegierte Kiever Intellektuelle und ihre kulturellen Bestrebungen. Vor dem 5. Kongress der Schriftsteller der Ukraine sagte er im Jahre 1966:

> «Wir müssen unsere schöne ukrainische Sprache mit viel Sorgfalt und Respekt behandeln. Sie ist unser Schatz, unser großes Erbe, das alle von uns, aber in erster Linie Ihr, unsere Schriftsteller, erhalten und entwickeln müsst ... Eure Anstrengungen in dieser Richtung hat die Kommunistische Partei immer unterstützt und wird es auch weiter tun.»

Šelest war kein Liberaler, der das politische System der Sowjetunion reformieren wollte. Das gilt sowohl für sein Durchgreifen gegen Oppositionelle wie für seine außenpolitische Haltung. So soll er sich 1968 im Politbüro für die Invasion in die Tschechoslowakei starkgemacht und gegen die Entspannungspolitik Brežnevs Stellung bezogen haben. Es scheint, dass die nationalukrainischen Elemente seiner Politik eng mit seinen machtpolitischen Zielen verknüpft waren.

Zu Beginn der siebziger Jahre begann der Stern Šelests zu sinken. Im Jahre 1972 wurde er als Parteisekretär der Ukraine abgesetzt, und im folgenden Jahr schied er aus dem Politbüro aus. Dieser Machtwechsel vollzog sich nicht, wie üblich, in aller Stille, sondern Šelest wurde öffentlich kritisiert, wie seit den Zeiten Stalins nie mehr ein Mitglied des Führungsgremiums kritisiert worden war. Die Kritik konzentrierte sich auf seine Wirtschaftspolitik und auf ein Buch Šelests, das 1970 unter dem Titel «Ukraine, unser sowjetisches Land!» erschienen war. Der Parteiführer äußert darin seinen Stolz über die Errungenschaften der Gegenwart und die Größe der ukrainischen Vergangenheit, wie sie die Dnjepr-Kosaken oder die Kiever Akademie verkörpert hatten. Diese patriotischen Ergüsse nahm man in Moskau zum Anlass, Šelest lokal-ukrainischen Nationalismus und nationale Engstirnigkeit vorzuwerfen. Er habe die Geschichte der ukrainisch-russischen Beziehungen nicht korrekt behandelt, die Kosaken idealisiert und überhaupt den ukrainischen Nationalismus ins Kraut schießen lassen. Damit war Šelest politisch ausgeschaltet und ging in Pension.

«Säuberungen» und Russifizierung

Nachfolger von Šelest wurde Volodymyr Ščerbyc'kyj (1918–1990), der als Ministerpräsident der Ukraine eine gegen Šelest gerichtete Gruppe der Kommunistischen Partei angeführt hatte. Während Šelest der Seilschaft Chruščevs zugerechnet wurde, stammte Ščerbyc'kyj aus dem Dnipropetrovs'ker Clan des neuen Parteiführers Leonid Brežnev, der wie Chruščev in der ukrainischen Parteiorganisation Karriere gemacht hatte. Ščerbyc'kyj führte seit 1972 eine groß angelegte «Säuberung» in der Ukraine durch, die wohl umfangreichste Aktion der sowjetischen Geheimpolizei seit 1953. Die *korenizacija* wurde gebremst, sodass der Anteil der Ukrainer in den Führungsgremien der Republiks-Partei im Laufe der siebziger Jahre auf 66 Prozent absank (1956 74%). Die Aktionen der Polizei richteten sich vor allem gegen ukrainische Intellektuelle, gegen Literaten, Historiker und andere Wissenschaftler. Etwa tausend intellektuelle Kader verloren ihre Stellungen. Gleichzeitig setzte eine scharfe Zensur der Presse und anderer Publikationen ein. Die Folge war eine Verarmung des geistigen Lebens und der Kultur in der Ukraine, die man mit der gleichzeitigen Entwicklung in der Tschechoslowakei vergleichen kann. Sie lässt sich zum Beispiel an der «Ukrainischen Historischen Zeitschrift» ablesen, die in den siebziger Jahren zu einem vorwiegend parteihistorischen Agitationsorgan verkam.

Während die gesamtsowjetische Nationalitätenpolitik bis in die Mitte der siebziger Jahre am flexiblen Kurs festhielt und vorerst weiter verkündete, dass zwischen Annäherung und Aufblühen der sowjetischen Nation ein Gleichgewicht zu wahren sei, ging man in der Ukraine schon seit 1972 zu einer repressiven Linie über. Wie schon im 19. und frühen 20. Jahrhundert und in der Zwischenkriegszeit betrachtete das russisch dominierte Zentrum auch diesmal nationale Bestrebungen in der Ukraine als besonders gefährlich und ging mit besonderer Schärfe gegen sie vor. Wie damals folgte nach einiger Zeit die gesamtsowjetische Politik der gegenüber der Ukraine eingeschlagenen Richtung.

In der zweiten Hälfte der siebziger und zu Beginn der achtziger Jahre verstärkten sich überall die Russifizierungstendenzen. Der Russischunterricht auf allen Stufen wurde stärker gefördert, 1979 wurde auch in den Vorschuleinrichtungen der obligatorische Russischunterricht eingeführt. Die Hochschulen der Unionsrepubliken sollten möglichst vollständig zur russischen Unterrichtssprache übergehen, und Russisch sollte zur «zweiten Muttersprache» aller Völker und zur Verwaltungs- und Bildungssprache in allen Regionen der Sowjetunion werden. Ziel der Politik war nicht primär die vollständige Assimilation, sondern das allmähliche «Verschmelzen» der Nationalitäten zu einem «Sowjetvolk». Diese von Brežnev propagierte «neue historische Gemeinschaft von Menschen» ließ Raum für Zweisprachigkeit, sollte aber eine vorwiegend russische Prägung erhalten.

Die Förderung der russischen Sprache, die mit der Schulreform von 1959 eingesetzt hatte, hatte in der Ukraine viel tiefer gehende Auswirkungen als in den nichtslawischen Republiken. Zwar gab es weiter ukrainischsprachige Grundschulen, doch der Prozentsatz der von ihnen erfassten Schüler ging sukzessive zurück. Im Jahre 1954 besuchten in der Ukraine noch 72 Prozent der Schüler ukrainischsprachige Grundschulen (bei einem Bevölkerungsanteil der Ukrainer von 77 Prozent). Bis zum Jahr 1974 war der Anteil auf 60 Prozent gesunken, und 1986 besuchten schon mehr als die Hälfte der Schüler der Ukraine russischsprachige Schulen. In der Westukraine blieb der Anteil von Schülern in ukrainischsprachigen Schulen allerdings viel höher als im Osten. So boten im Gebiet Lemberg 1968 noch 95 Prozent der Schulen ukrainischsprachigen Unterricht an. Im Jahre 1989 besuchten in ländlichen Gebieten Galiziens fast alle Kinder ukrainischsprachige Schulen, während es in der Ost- und Südukraine nur etwa ein Viertel war. Große Unterschiede bestanden zwischen Stadt und Land. Während auf dem Dorf weiter die überwiegende Mehrheit der ukrainischen Kinder muttersprachliche Schulen besuchte, wurden es in den Städten immer weniger.

In den Hochschulen verlor das Ukrainische gegenüber dem Russischen noch erheblich rascher an Boden. Schon 1965 waren an den acht Universitäten der Republik nur 34 Prozent der Vorlesungen in ukrainischer Sprache gehalten worden, bei einem ukrainischen Studentenanteil von 61 Prozent. Am niedrigsten war der Prozentsatz in Odessa mit 10 und in Charkiv mit 13 Prozent, am höchsten in Lemberg und Užhorod in der Karpaten-Ukraine. In den meisten wirtschaftlichen und naturwissenschaftlichen Spezialhochschulen hatte sich die russische Unterrichtssprache schon ganz durchgesetzt. Der Prozentsatz der Ukrainer unter den Studierenden der Ukraine ging infolgedessen zurück. Der Unterschied im Bildungsgrad zu den Russen, der sich seit den zwanziger Jahren stark verringert hatte, wurde nun wieder größer.

Auch der Anteil der ukrainischsprachigen Publikationen ging in den siebziger Jahren massiv zurück. Nachdem um 1930 mehr als drei Viertel der Publikationen der Republik ukrainischsprachig gewesen waren, sank ihr Anteil auf 49 Prozent im Jahre 1960, 39 Prozent im Jahre 1971 und nur mehr 22 Prozent im Jahre 1987. An ihre Stelle traten russischsprachige Publikationen.

Der Versuch, die Ukraine als Juniorpartner an der Beherrschung des Sowjetimperiums zu beteiligen, war gescheitert. Ihr Anteil in den Moskauer Führungsgremien wurde deshalb in den siebziger Jahren vermindert. Im Jahre 1966 waren die Ukrainer im Zentralkomitee der sowjetischen Partei mit 18,5 Prozent (bei einem Bevölkerungsanteil der Ukrainer von etwa 17 Prozent) sogar etwas übervertreten gewesen, im Jahre 1982 stellten sie nur noch 14,3 Prozent der ZK-Mitglieder. Auch Volodymyr Ščerbyc'kyj, der die Sitzung des Politbüros nach dem Tode Brežnevs im Jahre 1982 leitete und als dessen möglicher Nachfolger gehandelt wurde, verlor in den achtziger Jahren an Einfluss. Immerhin berief Brežnevs Nachfolger Andropov mit Fedorčuk und Čebrikov zwei ukrainische KGB-Spezialisten nach Moskau und würdigte damit nachträglich die Verdienste der ukrainischen politischen Polizei in den «Säuberungen» der siebziger Jahre.

Die fortschreitende Russifizierung eines Teils der Ukrainer, die durch die sozio-ökonomische Entwicklung und die Nationalitätenpolitik der Zentrale gefördert wurde, spiegelt sich auch in den Daten der Volkszählungen wider. Infolge der Zuwanderung von Russen und der Assimilation von Ukrainern ging der Anteil der Ukrainer an der Gesamtbevölkerung der Ukrainischen Sowjetrepublik zwischen 1959 und 1989 von 76,8 auf 73 Prozent zurück, während derjenige der Russen von 16,9 auf 22 Prozent anstieg. Die absolute Zahl der Russen in der Ukraine nahm in den sechziger und siebziger Jahren von 7 auf 10 Millionen zu. Russen wanderten bevorzugt in die Städte der ost- und südukrainischen Industriegebiete, wo sich schon seit dem Ende des 19. Jahrhunderts viele Russen angesiedelt hatten. Der Anteil der übrigen ethnischen Gruppen nahm von 6,3 auf 5 Prozent ab, die größte von ihnen, die Juden, schrumpfte infolge Auswanderung und Assimilation von 2,0 (1959) auf 0,9 Prozent (1989).

Zusätzlich sank in der Ukrainischen Republik die Zahl der Ukrainer, die in den Volkszählungen das Ukrainische als ihre Muttersprache angaben, zwischen 1959 bis 1979 von 93,5 auf 89,1 und bis 1989 weiter auf 87,7 Prozent. Von den Ukrainern der gesamten Sowjetunion betrachteten 1979 nur 82,8 Prozent das Ukrainische als ihre Muttersprache, in den Städten waren es nur noch 73,7 Prozent. Während es in der Westukraine fast keine Ukrainer mit russischer Muttersprache gab, waren es im weit überdurchschnittlich urbanisierten ostukrainischen Gebiet Donec'k 1979 fast 38 Prozent. Die sprachliche Russifizierung, die nicht automatisch zu einem Wechsel der nationalen Identität führen musste, betraf also in erster Linie die ukrainische Stadtbevölkerung im Osten, Süden und im Zentrum, die immer schlechter mit ukrainischen Grundschulen versorgt wurde. Ohne gute Russischkenntnisse wurde eine Karriere in der Stadt immer schwieriger.

Das Ukrainische verlor immer mehr Funktionen, die es in den zwanziger Jahren übernommen hatte, und wurde in den Städten allmählich wieder zu einer Sprache der Unterschichten, die dem Russischen als Sprache der Gebildeten gegenüberstand. Auf dem Lande blieb es dagegen fest verwurzelt, oft als einzige Umgangssprache, die von der Mehrheit verstanden wurde. Noch im Jahre 1970 bejahten jedenfalls von allen Ukrainern der Sowjetunion mit ukrainischer Muttersprache nur 36 Prozent die Frage, ob sie «die russische Sprache frei beherrschten». In der Volkszählung von 1979 war der Anteil auf fast 50 Prozent gestiegen, doch sind diese Daten möglicherweise künstlich überhöht, wie es bei den entsprechenden Angaben zu den Usbeken der Fall war. Immerhin gaben auch 1989 56 Prozent der Ukrainer an, Russisch zu beherrschen.

Die Verteilung von Russen und Ukrainern auf Stadt und Land und auf die einzelnen Regionen des Landes näherte sich also in der Nachkriegszeit wieder der Situation an, wie sie vor der Ukrainisierung der zwanziger Jahre bestanden hatte. Die ukrainische Sprache und Kultur wurden zusehends aus der Stadt verdrängt und wieder vermehrt mit Bauerntum und Provinzialismus verbunden.

Allerdings hatte sich die Gesellschaft der Ukraine in der Zwischenzeit grundlegend verändert. Mit fortschreitender Industrialisierung stieg die Stadtbevölkerung der Ukraine zwischen 1959 und 1979 von rund 20 auf rund 30 Millionen an, was einer prozentualen Steigerung von 46 auf 61 Prozent der Gesamtbevölkerung entspricht. Auch der Urbanisierungsprozess des ukrainischen Volkes setzte sich ungehindert fort. Der Urbanisierungsgrad der Ukrainer in der ganzen Sowjetunion stieg zwischen 1959 und 1979 von 39,2 auf 55,6 Prozent, doch blieb der Abstand zu den Russen (57,7 bzw. 74,7 Prozent) erhalten. Die Sozialstruktur der Ukrainer modernisierte sich weiter, indem ihr Anteil an den Industriearbeitern und Angestellten stark anwuchs; doch blieben sie unter der Kolchosbauernschaft weiter überdurchschnittlich vertreten. Die ukrainische Gesellschaft hatte sich in den drei Jahrzehnten seit Stalins Tod grundlegend verändert. Die stürmische Entwicklung der Industrie und des Bildungswesens brachten in der Ukraine wie in anderen Teilen der Sowjetunion eine neue urbane Elite mit Hochschulbildung hervor, deren Erwartungen vom herrschenden System nicht mehr befriedigt wurden und die wirtschaftliche und politische Veränderungen anstrebte.

Während die Ukrainer in der westlichen Ukraine ihre Sprache und ihre ethnische Identität weitgehend erhalten konnten, waren sie im russisch geprägten städtischen Milieu der östlichen und südlichen Ukraine und außerhalb ihrer Republik einem starken Assimilationsdruck ausgesetzt. Der Übergang zur russischen Nationalität vollzog sich oft über russisch-ukrainische Mischehen, die vor allem in den Städten immer häufiger wurden. Schon in den dreißiger bis fünfziger Jahren waren ein großer Teil der außerhalb der Ukraine siedelnden ukrainischen Bauern russifiziert worden. Hatte man in den östlich der Ukrainischen Republik gelegenen Regionen des nördlichen Kaukasus und des russischen Schwarzerdegebiets in der Volkszählung von 1926 noch 4,7 Millionen Ukrainer gezählt, waren es 1959 nur noch etwa 450 000, also ein Zehntel. Der Prozess der Russifizierung war ein wichtiges Motiv für die Opposition, die in der Ukraine seit den sechziger Jahren ihre Stimme erhob.

Wie überall in der Sowjetunion ermöglichte die Abkehr von den stalinistischen Methoden nicht nur das Entstehen einer systemimmanenten nationalkommunistischen Strömung (beispielhaft verkörpert durch Šelest), sondern auch einer potentiell systemsprengenden Opposition. Die sogenannten Dissidenten begannen sich vor allem in den sechziger Jahren zu organisieren, als endgültig klar wurde, dass die Destalinisierung auf halbem Wege stehen geblieben war. Träger und Führer der ukrainischen Opposition rekrutierten sich vornehmlich aus der städtischen Intelligenz, die sich neu formiert hatte und in einem gewissen Konkurrenzverhältnis zu den russischen und russifizierten Eliten stand. Unter den Berufsgruppen waren Lehrer aller Stufen, Wissenschaftler, Kulturschaffende, Studenten und Ingenieure vertreten. Die Basis der ukrainischen Oppositionsbewegung war in der Westukraine, vor allem in Lemberg, und in Kiev breiter als im Osten und Süden. Im Ganzen blieb sie auf einen erheblich kleineren Teil der Bevölkerung beschränkt als etwa bei den Litauern, Georgiern oder Krimtataren.

Die Ziele der ukrainischen Opposition waren uneinheitlich. Im Vordergrund standen national-kulturelle Forderungen, die sich jedoch immer mit allgemein-politischen verbanden. In nationalkommunistischem Rahmen bewegte sich ein großer Teil der Oppositionellen der sechziger Jahre. Am bekanntesten wurde der aus der Ostukraine stammende Literat Ivan Dzjuba mit seinem 1965 geschriebenen Werk «Internationalismus oder Russifizierung?». Dzjuba kritisierte scharf die Russifizierung des ukrainischen Bildungswesens und rief dazu auf, zur internationalistischen leninistischen Nationalitätenpolitik zurückzukehren. Das Werk konnte in der Ukraine nicht erscheinen, wurde aber unter der Elite bekannt. In der Westukraine bildeten sich einige kleine separatistische Untergrund-Gruppen. Unter ihren Anführern war Lev Luk'janenko, der schon 1961 einen unabhängigen Nationalstaat gefordert hatte, deshalb zum Tode verurteilt und dann zu 15 Jahren Lagerhaft begnadigt wurde. Hier gab es auch nationalistische Gruppen, die an die Traditionen der OUN und UPA anknüpften. Doch waren in der ganzen ukrainischen Opposition die Verfechter eines exklusiven ukrainischen Nationalismus schwach vertreten. Zu ihnen gehörte der Historiker Valentyn Moroz, der schon 1965 erstmals verhaftet worden war und 1979 in die USA ausreisen durfte.

Die Mehrheit der national-ukrainischen Oppositionellen setzte sich öffentlich gegen die Russifizierung und für die freie Entwicklung der ukrainischen Kultur im Rahmen der europäischen Kultur ein. Historiker versuchten, das offizielle russozentrische Geschichtsbild zu korrigieren. Einer ihrer Exponenten war Juryj Badz'o, der 1979 einen Offenen Brief an das Präsidium des Obersten Sowjets der UdSSR und an das Zentralkomitee der KPdSU richtete, in dem er die Falsifizierung der ukrainischen Geschichte und die Russifizierung der ukrainischen Kultur anprangerte:

> «Die gegenwärtige Nationalitätenpolitik der Partei nimmt dem ukrainischen Volk das Recht auf die Vergangenheit: Die gegenwärtige sowjetische Historiographie der Ukraine macht die abhängige, nicht gleichberechtigte Lage des ukrainischen Volkes nicht weniger deutlich als die offizielle Konzeption der Zukunft der Nationen – es handelt sich um zwei Enden der gleichen Politik der Erneuerung des ‹unteilbaren Russland›.»

Solche primär kulturellen Zielsetzungen verbanden sich mit den politischen Ideen der Menschenrechte und Demokratie, wobei in der Regel eine Reformierung, nicht die Abschaffung des Sowjetsystems angestrebt wurde. Der Kiever Journalist Vjačeslav Čornovil, auch er ursprünglich Kommunist, dokumentierte das rechtswidrige Vorgehen der Behörden gegen die ukrainische Opposition in einer Materialsammlung. In der ersten Hälfte der siebziger Jahre erschienen acht Nummern der Untergrundzeitschrift «Ukrainischer Bote».

Dazu kam eine religiöse Opposition in der Westukraine. Hier wirkte im Untergrund die verbotene Griechisch-Katholische Kirche weiter und blieb Kristallisationskern national-oppositioneller Kräfte. Eine militante Minderheit organisierte eine

Art Katakombenkirche, hielt Gottesdienste ab, weihte Priester und verbreitete religiöses Schrifttum. Im Jahre 1982 wurde eine Initiativgruppe zur Verteidigung der Ukrainischen Katholischen Kirche begründet, die sich für deren Legalisierung einsetzte.

In der Mitte der siebziger Jahre verbanden sich unterschiedliche oppositionelle Richtungen im ukrainischen Helsinki-Komitee, das die allgemeinen Ziele der Demokratisierung und der Menschenrechte in den Vordergrund rückte und mit oppositionellen Gruppen anderer Nationalitäten, auch der Russen, zusammenarbeitete. Die Helsinki-Komitees setzten sich für die Einhaltung der an der KSZE-Konferenz von Helsinki getroffenen Vereinbarungen, besonders den Schutz der Grundrechte ein. Vorsitzender des 1976 begründeten Ukrainischen Helsinki-Komitees war der Schriftsteller Mykola Rudenko, der früher offizielle Funktionen innegehabt hatte. Zu den Gründungsmitgliedern des Moskauer Komitees gehörte mit dem ehemaligen sowjetischen Generalmajor Petro Hryhorenko ein Ukrainer; er war schon seit den sechziger Jahren in der Dissidentenbewegung aktiv gewesen und hatte sich unter anderem für die Krimtataren eingesetzt. Dem Ukrainischen Helsinki-Komitee schlossen sich eine ganze Reihe von Oppositionellen an, die schon in den sechziger Jahren aktiv gewesen und dafür in Straflager geschickt worden waren, so Luk'janenko und Čornovil, und einige frühere Mitglieder von OUN und UPA, die in den Straflagern überlebt hatten. Gerade die Erfahrung der gemeinsamen Leiden im Archipel Gulag trug bei zur Entschlossenheit dieser Menschen und zu ihrer Bereitschaft, mit Oppositionellen anderer Nationen zusammenzuarbeiten.

Obwohl die Breitenwirkung der ukrainischen Oppositionsbewegung gering blieb, reagierte Moskau scharf. Schon in der Mitte der sechziger Jahre, also unter Šelest, kam es zu einer ersten Verhaftungswelle. Viel repressiver waren dann die «Säuberungen» von 1972/73: Mindestens 70 Oppositionelle wurden verhaftet, unter ihnen Čornovil; er wurde zu sechs Jahren Lager und drei Jahren Verbannung verurteilt. Zahlreiche der Verurteilten setzten nach ihrer Entlassung ihre oppositionelle Tätigkeit fort und wurden dann erneut verhaftet und verurteilt. So Čornovil, so der Dichter Vasyl' Stus, der schon in der ersten Säuberungswelle zu fünf Jahren Lager verurteilt worden war und nach einer weiteren Verhaftung im Jahre 1985 im Lager starb. Die Führer des ukrainischen Helsinki-Komitees wurden in der Regel zu 10 bis 15 Jahren Freiheitsentzug verurteilt. Von seinen 33 Mitgliedern waren 1983 21 im Straflager oder in Haft, vier in der Verbannung und fünf im Exil im Westen. Unter den politischen Gefangenen der Sowjetunion waren die Ukrainer erheblich übervertreten, und auch das Strafmaß war gegenüber den ukrainischen Dissidenten in der Regel höher als gegenüber russischen. Oft wandten die sowjetischen Behörden die barbarische Methode der Zwangseinweisung in psychiatrische Anstalten an. Die Haltung Moskaus gegenüber der ukrainischen Opposition setzte also die Tradition der besonders harten Reaktion des Zentrums auf alle destabilisierenden Tendenzen unter dem zweitgrößten Volk des Reiches fort.

Eine ganze Anzahl von Personen, die seit den sechziger Jahren mit national-ukrainischen Aktivitäten in Erscheinung getreten und dafür zum Teil lange in sowjetischen Straflagern eingesperrt gewesen waren, spielten am Ende der achtziger Jahre in der Unabhängigkeitsbewegung und darauf im neuen ukrainischen Staat eine hervorragende Rolle. Außer Čornovil, Dzjuba und Luk'janenko wäre etwa der Schriftsteller Ivan Drač zu nennen. Trotz ihrer schmalen Basis hatte also die Oppositionsbewegung der sechziger und siebziger Jahre große Bedeutung für die Heranbildung einer kleinen Gruppe von unabhängig denkenden Politikern.

15. Der Zusammenbruch der Sowjetunion und die Entstehung eines unabhängigen Staates

In der Mitte der achtziger Jahre galten die Ukrainer im Westen und in weiten Teilen der Sowjetunion als regionale Variante der russischen Nation und als treue Satrapen der Sowjetmacht, als enge Verbündete des «älteren russischen Bruders». Als der im März 1985 zum Generalsekretär der Kommunistischen Partei der Sowjetunion gewählte Michail Gorbačev seine Politik der Transparenz (Glasnost') und des Umbaus (Perestrojka, ukrain. Perebudova) einleitete, änderte sich daran vorerst wenig.

Das Ziel Gorbačevs war die Modernisierung der Sowjetunion, deren Rückständigkeit in zahlreichen Bereichen immer offensichtlicher geworden war. Im Vordergrund stand die Reformierung der maroden Wirtschaft, die von einem Umbau der Gesellschaft und einer durch Glasnost' geschaffenen Meinungsvielfalt begleitet werden sollte. Der Versuch der Reform führte jedoch nach wenigen Jahren zur Zerstörung des Sowjetsystems und zum Auseinanderbrechen des sowjetischen Staates.

Der Zusammenbruch der Sowjetunion als Staat war zu einem guten Teil die Folge der Unabhängigkeitsbewegungen seiner Nationalitäten. Die nationale Frage war indessen auf der Liste der vorrangigen Probleme, die Gorbačev lösen wollte, nicht zu finden. Der Marxist Gorbačev scheint vielmehr daran geglaubt zu haben, dass, wie es noch im Parteiprogramm von 1986 hieß, «die nationale Frage in der Sowjetunion erfolgreich gelöst wurde». Dementsprechend ungeschickt reagierte die neue Führung auf die ersten Herausforderungen der nationalen Frage wie die Demonstrationen in Kasachstan im Dezember 1986. Gorbačev selber gestand im Juli 1990 ein: «Wir standen unvorbereitet da, als die akutesten Probleme, die sich unter der Kruste scheinbarer Eintracht angesammelt hatten, diese durchbrachen und hervorströmten.»

Seit 1988 musste sich Gorbačev mit den nationalen Bewegungen im Baltikum und in Transkaukasien auseinandersetzen. Im Laufe der Zeit wurde ihm die Bedeutung der nationalen Probleme allmählich bewusst, doch hielt er an der Einheit der Sowjetunion fest, und seine Politik hinkte hinter der dramatischen Entwicklung in der Peripherie hinterher.

Der Weg in die Unabhängigkeit

In der Ukraine veränderte sich zunächst wenig. Sie wurde weiter als Nebenland Russlands verwaltet. Während die zentralen und regionalen Kader in der gesamten Sowjetunion in den ersten Jahren der Perestrojka zu über drei Vierteln erneuert wurden, behielt in der Ukraine die Mehrheit der alten Nomenklatura ihre Ämter. Der konservative Parteichef Ščerbyc'kyj, der die Ukraine seit 1972 mit eiserner Faust regierte, blieb in Kiev an der Macht und war weiterhin Mitglied des Moskauer Politbüros. Als letzter der alten Garde Brežnevs (Gorbačev ausgenommen) trat er erst im September 1989 aus Alters- und Gesundheitsgründen zurück, wobei er von Gorbačev ehrenvoll verabschiedet wurde. Sein Nachfolger Volodymyr Ivaško blieb nicht einmal ein Jahr im Amt und wurde im Sommer 1990 von Gorbačev als stellvertretender Generalsekretär der Unionspartei nach Moskau geholt.

Weshalb hielt Gorbačev so lange an dem Reformgegner Ščerbyc'kyj fest? Eine Erklärung dürfte in dessen starker Machtbasis unter der kommunistischen Elite der Ukraine liegen. Mitgespielt haben dürfte auch, dass Gorbačev in der risikoreichen Reformzeit mit Hilfe Ščerbyc'kyjs die zweitwichtigste Unionsrepublik unter Kontrolle halten wollte. Die Tatsache, dass die Ukraine bis zum Ende der achtziger Jahre unter alter Führung blieb, hemmte im Vergleich mit Russland Glasnost' und Perestrojka und damit auch die Entfaltung oppositioneller Bewegungen in der Ukraine.

Einen Anstoß zur Kritik am herrschenden System gab allerdings schon im April 1986 die Katastrophe im Kernkraftwerk von Černobyl' (ukrainisch Čornobyl'), etwa 130 Kilometer nördlich der ukrainischen Hauptstadt Kiev. Zwar wurde die Ukraine infolge der Windverhältnisse von den Folgen des Unglücks etwas weniger hart getroffen als das nördlich angrenzende Weißrussland. Trotzdem wurden weite Teile der Ukraine mit etwa 1600 Ortschaften und 1,4 Millionen Bewohnern zu Katastrophengebieten erklärt. Etwa 12 Prozent ihrer landwirtschaftlichen Nutzfläche gelten seither als radioaktiv verseucht. Man evakuierte zahlreiche Ukrainer aus dieser Region, doch hatte man einen großen Teil der Menschen in den verseuchten Gebieten lange nicht ausreichend über die Gefahr informiert.

Die verbrecherische Verharmlosung der Katastrophe und die verantwortungslose Verschleppung der Gegenmaßnahmen durch die sowjetischen Behörden in Kiev und Moskau mobilisierten erstmals breitere Kreise in der Ukraine. Černobyl' weckte ein ökologisches Bewusstsein, das zu einem wichtigen Element der politischen Opposition wurde. Der Kiever Arzt und Schriftsteller Jurij Ščerbak begründete Ende 1987 die Vereinigung «Grüne Welt», die 1990 in die «Partei der Grünen» umgewandelt wurde. Sie prangerte auch die durch die Industrie verursachten Umweltschäden in der Ostukraine an. Das Festhalten der Behörden am Kernkraftwerkprogramm machte die Abhängigkeit der Ukraine vom Zentrum deutlich und verstärkte den Trend zur Souveränität.

Dass in der Ukraine auch ein soziales Unruhepotential bestand, machten die Massenstreiks der Bergleute deutlich, die im Sommer 1989 nach Sibirien auch die Kohlebergwerke des Donez-Beckens erfassten. Es war eine Überraschung, dass sich die als passiv geltenden, kaum von der ukrainischen Nationalbewegung erfassten, stark russifizierten und von der Kommunistischen Partei kontrollierten Bergleute der Ostukraine effizient organisierten, Elemente einer Selbstverwaltung entwickelten und neben wirtschaftlichen und sozialen auch politische Forderungen gegenüber den Regierungen in Kiev und Moskau erhoben.

Trotz der innenpolitischen Stagnation ermöglichten Perestrojka und Glasnost' und die damit einhergehende Lockerung der politischen Unterdrückung auch in der Ukraine das Wiederaufleben oppositioneller Kräfte.

Zu den ersten Manifestationen einer ukrainischen Nationalbewegung gehörte der Kampf um die Wiederzulassung der mit Rom unierten Ukrainischen Griechisch-Katholischen Kirche in Galizien. Im August 1987 begann ein Komitee aus Geistlichen und Laien eine Kampagne zur Rückgabe der Kirchen an die Unierten und rief den Papst um Hilfe an. Die Russisch-Orthodoxe Kirche bekämpfte diese Bestrebungen und wurde dabei vom konservativen Ščerbyc'kyj-Regime unterstützt. Dennoch wandte sich die Mehrheit der Priester und Gemeinden in Galizien von der Orthodoxen Kirche ab und der Ukrainischen Griechisch-Katholischen Kirche zu, die Ende 1989 nach einem Besuch Gorbačevs im Vatikan de facto wieder zugelassen wurde. Im Jahre 1991 kehrte ihr Oberhaupt, Kardinal Ljubačivs'kyj, aus dem römischen Exil nach Lemberg zurück. Der Kampf für die Unierte Kirche gab der nationalen Bewegung in der Westukraine entscheidende Impulse und war wesentlich dafür verantwortlich, dass sie in Galizien eine erheblich breitere Massenbasis fand als in der übrigen Ukraine. In der engen Verbindung von Konfession und Nation und in der Vorreiterrolle der Westukrainer zeigten sich am Ende des 20. Jahrhunderts erstaunliche Parallelen zur Nationalbewegung am Ende des 19. Jahrhunderts.

Seit 1989 wurden von Kiev und Lemberg aus auch Versuche zur Wiederbelebung der Ukrainischen Autokephalen Orthodoxen Kirche der Zwischenkriegszeit, die im Exil überlebt hatte, unternommen. Zwar wurde schon 1990 ein eigenes Patriarchat unter dem nach Galizien zurückgekehrten Mstyslav (Skrypnyk) proklamiert, doch blieb die Breitenwirkung der Autokephalen Kirche zunächst relativ gering. Die Russische Orthodoxe Kirche reagierte auf diese Herausforderungen, indem sie ihren ukrainischen Zweig neu als «Ukrainische Orthodoxe Kirche» bezeichnete.

Die national-kulturellen Strömungen, die sich seit 1986 in Lemberg und Kiev regten, knüpften an die zwanziger Jahre und an die oppositionellen Bewegungen der Nach-Stalin-Zeit an.

Kiever Schriftsteller und Literaten wie Hončar, Drač und Dzjuba traten erneut für eine sprachliche Ukrainisierung ein. Ein «Ukrainischer kulturologischer Club» und eine «Ševčenko-Gesellschaft für ukrainische Sprache» wurden begründet. Historische Tabus wie die Ukrainische Volksrepublik von 1918–1920 oder die Hungersnot von 1932/33 wurden immer offener diskutiert, so durch die Ukrainische Memorial-Gesellschaft, die eine Aufarbeitung der stalinistischen Vergangenheit in die Hand nahm. Die Entdeckung von Massengräbern aus der Stalinzeit trug wie in Weißrussland zur Mobilisierung der ukrainischen Intelligenz bei. Manche der in den Jahren 1987 und 1988 aus dem Lager entlassenen politischen Gefangenen wie Čornovil, Luk'janenko und Badz'o begannen sich wieder politisch zu engagieren. Einige von ihnen traten mit einer erneuerten «Ukrainischen Helsinki-Union» an die Öffentlichkeit, die neben der Garantie der Grundrechte nun auch die politische Autonomie der Ukraine in ihr Programm aufnahm. In Galizien kam es schon im Sommer 1988 zu Massendemonstrationen, die von der alten Garde von Oppositionellen mitorganisiert wurden.

Nach längeren, von den Behörden behinderten Vorbereitungen schlossen sich im September 1989 die unterschiedlichen oppositionellen Gruppen in der nach baltischem Vorbild begründeten «Volksbewegung der Ukraine für die Perestrojka» zusammen. Die Bewegung (ukrainisch: Ruch) ging, wie ihr Name zeigt, von zunächst mäßigen, meist kulturpolitischen Zielsetzungen aus und stellte den sowjetischen Bundesstaat nicht infrage. Im Januar 1990 organisierte Ruch zum Gedenken an die Vereinigung der Westukrainischen mit der Ukrainischen Volksrepublik im Jahre 1919 eine Menschenkette von über 400 000 Personen zwischen Kiev und Lemberg. Die blaugelbe Nationalfahne der Volksrepublik und andere nationale Symbole erschienen nun vermehrt in der Öffentlichkeit. Entgegen dem gerade auch in Deutschland verbreiteten Stereotyp vom fanatischen ukrainischen Nationalisten orientierte Ruch sein Programm an den Zielen von Demokratie und Menschenrechten und nahm von Anfang an Juden und Russen in seine Reihen auf.

In den Wahlen zum Obersten Sowjet der Ukraine im März 1990 errang die von Ruch angeführte oppositionelle Allianz 117 von 450 Mandaten, die meisten in der Westukraine und in Kiev.

An die Spitze einiger regionaler Verwaltungen in der Westukraine traten Oppositionelle, so im Gebiet Lemberg der erst kurz zuvor aus dem Straflager entlassene Čornovil. Die Mehrheit der Abgeordneten des ukrainischen Parlaments und der regionalen Behörden rekrutierte sich jedoch weiter aus der alten kommunistischen Nomenklatura.

Nachdem das Monopol der KPdSU aufgehoben worden war, vollzog sich im Laufe des Jahres 1990 unter dem Schirm von Ruch die Bildung von politischen Parteien. Dabei spielten erneut politische Oppositionelle der sechziger und siebziger Jahre eine wichtige Rolle. So wurde Luk'janenko Vorsitzender der Ukrainischen Republikanischen Partei, und Badz'o leitete die Demokratische Partei der Ukraine. Das Spektrum der neu begründeten Parteien reichte von den Kommunisten über die Grünen bis zu nationalistischen Gruppierungen, doch blieben alle Parteien verhältnismäßig klein, und es gelang ihnen nicht, die Masse der Bevölkerung zu mobilisieren.

Mehr Unterstützung in der Bevölkerung gewann Ruch. Die von Ruch zusammengefasste Opposition wurde im Jahre 1990 zu einer nationalen Unabhängigkeitsbewegung und beeinflusste die Politik in der Ukraine immer stärker. Bereits zum Jahresbeginn 1990 wurde das Ukrainische zur Staatssprache erklärt. Entscheidend für die weitere Entwicklung war, dass Teile der alten Partei-Elite wesentliche Punkte des Programms von Ruch übernahmen und ebenfalls Kurs auf die Unabhängigkeit der Ukraine nahmen. Als Führer dieser Gruppe trat Leonid Kravčuk (geb. 1934) auf, der Ende Juli 1990 anstelle des zunächst für kurze Zeit amtierenden Parteichefs Ivaško zum Parlamentspräsidenten gewählt wurde.

Schon am 16. Juli 1990 erklärte der Oberste Rat der Ukraine die Souveränität der Ukrainischen Sozialistischen Sowjetrepublik. Das bedeutete wie die Souveränitätserklärungen der anderen Sowjetrepubliken zwar nicht die Unabhängigkeit der Ukraine, doch betonte die Erklärung die Neutralität der Ukraine und ihr Recht auf eigene Streitkräfte. Die Ukraine schloss in der Folge eine Reihe von bilateralen Abkommen mit anderen Unionsrepubliken und begann, außenpolitisch aktiv zu werden. Am 19. November 1990 anerkannten sich die Russische und Ukrainische Republik in einem Vertrag gegenseitig Grenzen und Souveränität. Das war insofern ein Wendepunkt in den Beziehungen Moskaus zu Kiev, als erstmals von russischer Seite die politische Existenz der Ukraine offiziell anerkannt wurde. Gleichzeitig ging die innere Oppositionsbewegung gegen die noch immer von Kommunisten dominierte Regierung weiter. Ein Studentenstreik erzwang im Oktober 1990 den Rücktritt des kommunistischen Ministerpräsidenten.

In den Beziehungen zum sowjetischen Zentrum trat die Ukraine immer selbstbewusster auf. Im Oktober 1990 erklärte der Oberste Rat in Kiev den Vorrang der Republiks-Gesetze gegenüber denen der Union. Im Referendum vom März 1991 sprachen sich zwar 70 Prozent der Stimmbürger der Ukraine für die Erhaltung der Sowjetunion aus, doch bejahten 80 Prozent gleichzeitig die zweite, nur in der Ukraine gestellte Frage, dass die Ukraine Bestandteil einer Union souveräner Staaten auf den Prinzipien der Souveränitätserklärung sein werde. Hier war im Kern schon die am Ende des Jahres entstehende «Gemeinschaft unabhängiger Staaten» angelegt. Es war nur konsequent, dass die ukrainische Führung unter Kravčuk im Laufe des Jahres 1991 die Bemühungen Gorbačevs um einen neuen Unionsvertrag blockierte.

Dem gescheiterten Moskauer Putsch vom August 1991 folgte wie in zahlreichen anderen Sowjetrepubliken auch in der Ukraine die Unabhängigkeitserklärung. Am 24. August verkündete der Oberste Rat

> «in Fortsetzung der ein Jahrtausend alten Tradition der Staatsbildung in der Ukraine und gestützt auf das Selbstbestimmungsrecht ... feierlich die Unabhängigkeit der Ukraine und die Schaffung eines unabhängigen Staates Ukraine. Das Territorium der Ukraine ist unteilbar und unantastbar. Von heute an gelten auf dem Territorium der

Ukraine ausschließlich die Verfassung und die Gesetze der Ukraine.»

Es folgten die Auflösung der Kommunistischen Partei und Gesetze über eigene Streitkräfte und eine Nationalgarde. Der Unabhängigkeitskurs wurde in der Abstimmung vom 1. Dezember 1991 von 90 Prozent der Bevölkerung bestätigt, also nicht nur von Ukrainern, die lediglich 73 Prozent der Gesamtbevölkerung ausmachten. Für die Unabhängigkeit sprachen sich die Wähler aller Regionen aus, wobei im galizischen Gebiet Ternopil' die Ja-Stimmen 98,7 Prozent, im ostukrainischen Gebiet Charkiv dagegen nur 75,8 und auf der Krim (bei geringer Wahlbeteiligung) 54,2 Prozent ausmachten.

In der Wahl zum Präsidenten der Ukraine standen sich als wichtigste Kandidaten Parlamentspräsident Leonid Kravčuk, in den achtziger Jahren für Propaganda und ideologische Fragen in der Kommunistischen Partei der Ukraine zuständiger Funktionär, und Vjačeslav Čornovil gegenüber, der seit den sechziger Jahren in der politischen Opposition aktiv gewesen war und dafür viele Jahre in sowjetischen Straflagern und Gefängnissen verbracht hatte. Kravčuk wurde mit 61 Prozent der Stimmen zum Präsidenten der Ukraine gewählt, während Čornovil 23 Prozent der Stimmen erhielt, die meisten davon in der Westukraine.

Die Sezession der nach Russland bevölkerungsreichsten und wirtschaftlich stärksten Republik traf die schon dahinsiechende Sowjetunion ins Herz. Am 5. Dezember 1991 beschloss das ukrainische Parlament, den Vertrag von 1922 über die Bildung der Sowjetunion zu kündigen. Wenige Tage später begründeten die Präsidenten Russlands, der Ukraine und von Belarus' in Minsk die lockere Gemeinschaft unabhängiger Staaten (G.U.S.), der sich am 21. Dezember auch die übrigen ehemaligen Sowjetrepubliken mit Ausnahme der drei baltischen Staaten und Georgiens anschlossen. Damit war die Existenz des Staates Sowjetunion beendet, und Präsident Gorbačev trat zurück.

Die Ukrainer erreichten die Unabhängigkeit rasch und ohne größere Konflikte und Rückschläge. Im Gegensatz zu den Litauern, Esten oder Georgiern fiel ihnen der neue Staat fast kampflos in den Schoß. Für die Staatsbildung fehlt ihnen deshalb die integrative Wirkung des gemeinsamen Befreiungskampfes. Mit der Unabhängigkeit war das wichtigste Ziel, auf das die Opposition hingearbeitet hatte, überraschend schnell verwirklicht, und die wichtigsten Probleme schienen gleichsam automatisch gelöst zu sein. Diese Annahme erwies sich jedoch wie in anderen Fällen der Entstehung von Nationalstaaten als Trugschluss. Viele vom Hauptziel der Unabhängigkeit verdrängte Probleme traten jetzt mit besonderer Schärfe hervor.

16. Die Ukraine in der politischen und wirtschaftlichen Transformation (1991–2004)

Nach dem Zusammenbruch der Sowjetunion stand die unabhängige Ukraine zu Beginn der 1990er Jahre vor der Aufgabe, die Transformation zu einer neuen Ordnung nach dem Vorbild des Westens zu vollziehen. An die Stelle der sieben Jahrzehnte währenden autoritären Parteidiktatur sollten parlamentarische Demokratie und Rechtsstaat treten. Die zentralgeleitete Planwirtschaft sollte durch marktwirtschaftliche Prinzipien abgelöst werden. Dabei standen die politische und ökonomische Transformation in enger Wechselwirkung. Der junge Staat stand weiter vor der Aufgabe, die Grenzen seines Territoriums zu sichern und die einzelnen Regionen mit ihrer polyethnischen Bevölkerung zu einem Staatsvolk, einer politischen Nation, zu integrieren. Schließlich musste der junge ukrainische Staat das Verhältnis zu seinen Nachbarn, besonders zu Russland, zur Europäischen Union und zu den Vereinigten Staaten regeln.

Präsident und Parlament: Die innenpolitische Entwicklung

Die Etablierung einer demokratischen Ordnung war eine der zentralen und schwierigsten Aufgaben in den ersten Jahren der Unabhängigkeit. Demokratische Traditionen fehlten weitgehend, wenn man von der kurzen Periode von 1905 bis 1920 absieht, die von Krieg und sozio-ökonomischen Umwälzungen geprägt war. Lediglich die Westukrainer hatten unter österreichischer und polnischer Herrschaft Erfahrungen mit Parlamenten, Parteien und Verfassungen sammeln können. Das sowjetische System, in dem die wichtigen politischen Entscheidungen von einer kleinen Gruppe von Funktionären der Kommunistischen Partei in Moskau gefällt wurden, lastete schwer auf der postsowjetischen Ukraine. So kann es nicht verwundern, dass sich der Übergang zu parlamentarischer Demokratie und Rechtsstaat langsam und mit Rückschlägen vollzog. Die Orange Revolution vom Herbst 2004 zeigte aber, dass sich Herrschaftssystem und Öffentlichkeit der Ukraine in 13 Jahren ganz wesentlich verändert hatten.

Im Herrschaftssystem der unabhängigen Ukraine hatte der vom Volk gewählte Präsident zwar eine starke Stellung, doch mussten er und der von ihm bestellte Ministerpräsident ihre Politik mit dem Parlament abstimmen. Das Kräftespiel zwischen Präsident, Regierung und Parlament bestimmte die ukrainische Politik in hohem Maß. Dabei prägten die alten Führungskader, die politische und wirtschaftliche Elite der Sowjetukraine, das politische und wirtschaftliche Leben der unabhängigen Ukraine zunächst weiter. Präsident Kravčuk, ehemaliger hoher Parteifunktionär, mauserte sich zwar vom Hüter der kommunistischen Ideologie zum konsequenten Vertreter der nationalen Interessen der Ukraine. Durchgreifende innenpolitische und wirtschaftliche Reformen lagen ihm allerdings weniger am Herzen. Im März 1992 ließ er sich Sondervollmachten erteilen, die seinen zusehends autoritären Führungsstil absicherten. Die mehrfachen Wechsel in der Regierungsmannschaft ließen zunächst eine Tendenz zu größerer Reformbereitschaft erkennen. So wurden vorübergehend eine Reihe von Oppositionellen wie Dzjuba und Ščerbak in die Regierung kooptiert. Der im Oktober 1992 ernannte Ministerpräsident Leonid Kučma (geb. 1938), als ehemaliger Direktor des größten sowjetischen Rüstungskonzerns in Dnipropetrovs'k ein erfahrener Wirtschaftsmanager, versuchte den Reformprozess zu beschleunigen. Schon im September 1993 trat er zurück, Präsident Kravčuk übernahm selber die Regierungsgewalt und drosselte das ohnehin schon langsame Tempo der Wirtschaftsreformen.

In den auf Druck der Bergleute des Donbass vorgezogenen Präsidentenwahlen setzte sich Kučma im Juli 1994 in der Stichwahl mit 52,1 Prozent der Stimmen gegen den ersten Präsidenten Kravčuk durch, nachdem er im ersten Wahlgang mit 31,3 gegenüber 37,7 Prozent für Kravčuk noch an zweiter Stelle gelegen hatte. Den Ausschlag gaben die bevölkerungsreichen Gebiete der Ost- und Südukraine, denen Kučma einen Ausweg aus der Wirtschaftskrise und eine Verbesserung der Beziehungen zu Russland versprochen hatte. Im November 1999 wurde Kučma als Präsident wiedergewählt, diesmal als Garant der Stabilität und der Unabhängigkeit und als Bollwerk gegen eine Rückkehr des Kommunismus. Er erhielt in der Stichwahl 56 Prozent, sein kommunistischer Herausforderer Petro Symonenko lediglich 38 Prozent der Stimmen.

Nachdem zunächst das alte sowjetische, schon im März 1990 gewählte, von ehemaligen kommunistischen Funktionären dominierte Parlament weitergearbeitet hatte, fanden im März 1994 in der Ukraine die ersten freien Parlamentswahlen statt. Sie brachten keine eindeutigen Mehrheiten. Die im Mai 1993 wieder zugelassenen Kommunisten wurden mit etwa 25 Prozent der Sitze zur stärksten Partei im Obersten Rat (Verchovna Rada). Das Parlament wählte Oleksandr Moroz, den Führer der Sozialisten, die zusammen mit den Kommunisten einen linken Block bildeten, zu seinem Vorsitzenden. Allerdings gehörte gegen die Hälfte der Abgeordneten keiner Partei an. Das direkte Mehrheitswahlrecht mit einem Quorum von 50 Prozent der Wahlberechtigten führte dazu, dass Wahlen in einzelnen Kreisen ständig wiederholt werden mussten und noch zwei Jahre nach der Wahl 25 Sitze nicht vergeben waren.

In den zweiten Parlamentswahlen vom März 1998 wurde aufgrund eines neuen Wahlgesetzes nur mehr die Hälfte der Sitze direkt, die andere Hälfte nach Parteilisten besetzt, und das Quorum wurde abgeschafft. Die Kommunisten und andere linke Parteien verstärkten ihre Position und erreichten zusammen 37 Prozent der Sitze, während 30 Prozent (60 Prozent der Direktmandate) an Unabhängige gingen. Diese rekrutierten sich zum großen Teil aus politischen und wirtschaftlichen Funktionären, die mehrheitlich den Präsidenten und dessen Parteiblock unterstützten. Dazu kamen Abgeordnete aus den Reihen einiger kleinerer Parteien, die in der Regel regionale und/oder ökonomische Partikularinteressen vertraten.

Die beiden Wahlen zeigten, dass die Parteien noch immer wenig Rückhalt in der Bevölkerung der Ukraine besaßen. Wie nach der Erreichung des wichtigsten Zieles, der Unabhängigkeit, zu erwarten war, hatten sich die oppositionellen Kräfte schon früh gespalten. Ein Flügel von Ruch mit Ivan Drač an der Spitze unterstützte Präsident Kravčuk und seine Politik, der andere Flügel unter Führung von Čornovil strebte eine konsequentere Demokratisierung an und verfolgte gleichzeitig einen stärker ukrainisch-nationalen Kurs. Im Dezember 1992 erklärte sich Ruch unter Führung von Čornovil zur Partei, doch hatte sie damit ihren Zenit schon überschritten. Im Frühjahr 1999 spaltete sich Ruch erneut; Čornovil kam kurz darauf bei einem Verkehrsunfall ums Leben.

Die unübersichtliche Parteienlandschaft der Ukraine behinderte die Demokratisierung. Die Tatsache, dass etwa hundert Parteien offiziell registriert waren, erschwerte die Orientierung der Bevölkerung. Die Parteien hatten mit Ausnahme der Kommunisten kein klares Profil. Sie waren mehr an Personen und Seilschaften gebunden als an Programme und einer starken Fluktuation unterworfen. Die «Partei der Macht», die direkt vom Präsidenten und der Regierung gestützt wurde, war attraktiv, weil sie ihren Kandidatinnen und Kandidaten Vorteile verschaffen konnte.

Die Innenpolitik der Ukraine war von den Auseinandersetzungen zwischen dem Präsidenten und dem Parlament bestimmt. Diese hatten einen häufigen Wechsel der Regierungen zur Folge, die zu Spielbällen des Machtkampfes wurden. Die von Präsident Kučma ernannten Ministerpräsidenten Leonid Marčuk (1995–1996), Pavlo Lazarenko (1996–1997), Valerij Pustovojtenko (1997–1999), Viktor Juščenko (1999–2001), Anatolij Kinach (2001–2002) und Viktor Janukovyč (2002–2004) waren meist Vertreter regionaler Interessengruppen, in erster Linie des sogenannten Clans von Dnipropetrovs'k, mit dem Kučma eng verbunden war.

Nur schleppend kam im Obersten Rat die Ausarbeitung einer neuen Verfassung voran. Im Juni 1995 schlossen Präsident Kučma und das Parlament einen «Verfassungsvertrag», der erstmals die Gewaltenteilung festschrieb und dem Präsidenten größere Vollmachten für Wirtschaftsreformen verlieh. Am 28. Juni 1996 verabschiedete das Parlament eine neue Verfassung. Die Ukraine war damit die letzte ehemalige Sowjetrepublik, in der die sowjetische Verfassung von 1978 ersetzt wurde. Die Verfassung stellte einen Kompromiss zwischen Exekutive und Legislative dar. Obwohl dem Präsidenten eine starke Stellung zugesprochen wurde, blieben seine Vollmachten durch das Einkammer-Parlament stärker eingeschränkt als in Russland. Die Verfassung garantiert die Grundrechte, auch das Recht auf Privateigentum an Grund und Boden, erklärt die Ukraine zum Einheitsstaat, bestätigt das Ukrainische als alleinige Staatssprache, bekennt sich aber zur staatsbürgerlichen supra-ethnischen Nation, «dem Volk der Ukraine».

Präsident Kučma weitete nach seiner Wiederwahl seine Machtstellung systematisch aus. Der Präsident ernannte und entließ die Gouverneure und kontrollierte so die Regionalverwaltung. Der von ihm präsidierte Rat für Nationale Sicherheit und Verteidigung und die schon unter Kravčuk als Mini-Kabinett aufgebaute Präsidialverwaltung erhielten immer neue Kompetenzen, die den Handlungsspielraum des Parlaments zunehmend einschränkten. In den späten 1990er Jahren nahmen die Übergriffe des Präsidenten und seiner Administration auf Legislative und Rechtsprechung zu. Der Präsident kontrollierte auch zunehmend die Medien, besonders das Fernsehen, und kritische Journalisten wurden in ihrer Arbeit massiv behindert.

Hinter der Auseinandersetzung zwischen Präsident und Parlament vollzog sich ein Kampf der Eliten um ihre Partikularinteressen und um politische und wirtschaftliche Macht. Dabei spielten regionale Seilschaften, allen voran die Clans von Dnipropetrovs'k und Donec'k, eine bedeutende Rolle. Am Ende der 1990er Jahre kam es zu einer immer engeren Verflechtung von Politik und Ökonomie. Die neuen Oligarchen, die sich mit Handels- und Finanzoperationen und der Übernahme privatisierter Betriebe Industrieunternehmen, Banken und Medien angeeignet hatten, gewannen steigenden Einfluss auf die

Politik. Zunächst brachten die Seilschaften ihre Regionen unter Kontrolle, und seit 1999 weiteten sie ihre Aktivitäten auf die gesamtstaatliche Ebene aus, indem sie Parteien gründeten und finanzierten, Politiker «kauften», persönlich in die Politik eingriffen und sich ins Parlament wählen ließen.

Die Grenzen zur organisierten Kriminalität waren dabei fließend. Unterschlagungen, Bestechungen, Schutzgeldzahlungen und Gewaltakte wurden zu Bestandteilen des politischen und wirtschaftlichen Lebens. Nur als Spitze des Eisbergs kann der Fall des zum Dnipropetrovs'ker Clan gehörenden ehemaligen Ministerpräsidenten Pavlo Lazarenko gelten, der 1998 der Veruntreuung öffentlicher Gelder in Millionenhöhe und ihrer Transferierung ins Ausland beschuldigt wurde. Ein Haftbefehl wurde erlassen, die Verchovna Rada hob seine Immunität auf, und im Februar 1999 wurde Lazarenko in den USA festgenommen und dort im Jahre 2004 verurteilt. Viele andere Politiker machten sich ebenfalls Veruntreuungen, Bestechungen und Unterschlagungen schuldig, ohne dass sie gerichtlich belangt worden wären. Auch Präsident Kučma wurden mehrfach illegale finanzielle Machenschaften vorgeworfen, ohne dass dies Konsequenzen gehabt hätte. In einem auch im Ausland umstrittenen Referendum, dessen Resultate offensichtlich gefälscht wurden, ließ Kučma im April 2000 das Volk die Befugnisse des Präsidenten gegenüber dem Parlament erweitern. Allerdings wurden die geplanten Maßnahmen nicht umgesetzt.

Unter internationalem Druck ernannte Kučma im Dezember 1999 den Präsidenten der Nationalbank Viktor Juščenko (geb. 1954) zum Ministerpräsidenten. Juščenko galt als reformfreundlich, und seine Politik leitete eine Wende in der wirtschaftlichen Entwicklung der Ukraine ein. Juščenko wurde von der Vize-Ministerpräsidentin für Energiefragen Julija Tymošenko (geb. 1960) unterstützt, die als Managerin in Dnipropetrovs'k ein Vermögen gemacht hatte. Die neue Regierung begann gegen illegale Machenschaften von Behörden vorzugehen. Dies brachte die beiden beim Präsidenten und seiner Umgebung in Misskredit, machte sie aber in der Öffentlichkeit als Reformer bekannt. Der unausweichliche Konflikt wurde aufgeschoben, da Präsident Kučma im Jahre 2000 die schwerste Krise seiner Präsidentschaft erlebte.

Der kritische Journalist Heorhij Gongadze hatte in seiner Internet-Zeitung die herrschende Korruption und andere Missstände der Regierung angeprangert. Im September 2000 wurde er entführt und kurz darauf seine Leiche entdeckt. Politisch brisant wurde der Fall dadurch, dass Kučma im Parlament von dessen Vorsitzenden Moroz beschuldigt wurde, den Mord in Auftrag gegeben zu haben. Als Beweismittel dienten Tonband-mitschnitte eines Geheimdienstoffiziers. Kučma stritt jede Verwicklung in den Fall ab. Drei Polizisten wurden verhaftet, des Mordes an Gongadze beschuldigt und im Jahre 2008 verurteilt; der Vierte entkam ins Ausland. Obwohl ihm Mitwisserschaft oder gar Mittäterschaft an dem Verbrechen nicht nachgewiesen werden konnten, führte die Affäre zu einem dramatischen Vertrauensverlust des Präsidenten innerhalb und außerhalb der Ukraine. Dazu trug bei, dass Kučma zugeben musste, dass die Tonbandaufzeichnungen, die ihn als skrupellosen Manipulator und Intriganten und als vulgären Frauenfeind und Antisemiten entlarvten, im Prinzip authentisch seien; nur die inkriminierten Passagen seien gefälscht worden. Die Affäre Gongadze weckte breiten Protest, und erstmals seit zehn Jahren wurde wieder eine breitere Öffentlichkeit mobilisiert. Unter dem Slogan «Ukraine ohne Kučma» errichteten Jugendliche im Winter 2000/01 in Kiev Zeltlager, und Tausende Demonstranten forderten Kučmas Rücktritt als Präsident. Der Besuch von Papst Johannes Paul II. in der Westukraine wurde im Sommer 2001 zum Anlass einer nicht nur religiös, sondern auch politisch ausgerichteten Massenveranstaltung in Lemberg mit etwa einer Million Teilnehmern.

Die Protestbewegung erhielt mit Julija Tymošenko und Viktor Juščenko zwei Führungsfiguren. Tymošenko wurde im Januar 2001 entlassen, darauf vorübergehend verhaftet und wegen Korruption angeklagt; sie musste aber nach sechs Wochen freigelassen werden. Im April 2001 wurde auch Ministerpräsident Juščenko entlassen. Da im März 2002 Parlamentswahlen anstanden, machten sich beide Persönlichkeiten daran, ihre Anhänger politisch zu organisieren. Julija Tymošenko bildete eine Koalition kleinerer Gruppierungen um ihre Partei Batkivščyna (Vaterland) im nach ihrem Namen benannten Block (BJUT), Juščenko einen Wahlblock «Unsere Ukraine», der nicht nur die Nachfolger von Ruch, sondern auch einige Oligarchen wie Petro Porošenko integrierte. Angesichts dieser neuen Konkurrenz organisierte sich das Kučma-Lager im Block «Für eine einheitliche Ukraine», der mehrheitlich von Oligarchen finanziert wurde.

Die Wahlen vom März 2002, die erneut nach dem gemischten System von Majorz und Proporz durchgeführt wurden, brachten keine eindeutigen Ergebnisse. Von den kandidierenden Parteien ging Juščenkos «Unsere Ukraine» mit 70 Sitzen als stärkste Kraft hervor vor den Kommunisten mit 59 und dem Kučma-Block mit 36 Sitzen. Bei den Wahlen in den Einerwahlkreisen, wo administrativer Druck und Bestechungen leichter anwendbar waren, gewann hingegen der Präsidentenblock nicht weniger als 66 Sitze. Dies brachte der Präsidentenpartei im Parlament eine knappe Mehrheit von 119 Sitzen gegenüber 113 von «Unsere Ukraine» und 66 der Kommunisten. Der Parteiblock Tymošenkos und die von Moroz angeführten Sozialisten blieben dagegen zurück. Die unklaren Mehrheiten schränkten die Handlungsfähigkeit des neuen Parlaments erheblich ein. Präsident Kučma ernannte nach den Wahlen Viktor Janukovyč (geb. 1950), den Gouverneur der Region Donec'k, zum Ministerpräsidenten und honorierte damit die Unterstützung, die seine Partei vom Donec'ker Clan erhalten hatte.

Die Tatsache, dass sich die präsidententreuen Kräfte noch einmal durchsetzten, konnte nicht verschleiern, dass das Regime Kučma seine Legitimation unter der Bevölkerung mehr und mehr eingebüßt hatte. Auch im Ausland hatte der Präsident seit der Gongadze-Affäre stark an Ansehen verloren. Die Protestbewegung gegen Präsident Kučma setzte sich während und nach der Parlamentswahl fort. So kam es im März 2003 zu einer großen Demonstration mit 50 000 Teilnehmern, von denen einige verhaftet wurden. Die Parlamentswahlen, die Neugruppierung der politischen Kräfte und das politische Leben insgesamt standen nach den Parlamentswahlen schon im Vorfeld der für Herbst 2004 angesetzten Präsidentenwahlen. Diese wurden zum Anlass für die Orange Revolution und für eine Neuordnung der politischen Kräfte.

Wirtschaftlicher Kollaps und langsame Erholung

Die unabhängige Ukraine stand wie die anderen postkommunistischen Staaten vor enormen wirtschaftlichen Problemen. Schon seit dem Ende der achtziger Jahre und besonders seit 1992 sank die Wirtschaftsleistung der Ukraine ständig ab. Das reale Bruttosozialprodukt betrug am Ende der neunziger Jahre weniger als 40 Prozent des Niveaus von 1989. Dieser dramatische wirtschaftliche Zusammenbruch kam für viele überraschend. Experten der Deutschen Bank hatten zunächst das Potential der Ukraine als recht vielversprechend eingeschätzt, indem sie auf die gut ausgebildete Bevölkerung, die entwickelte Industrie und eine relativ starke Landwirtschaft, die auf besseren natürlichen Bedingungen beruht als die russische, verwiesen. Dabei unterschätzte man die Hinterlassenschaft der Sowjetwirtschaft, Strukturschwächen wie das Übergewicht der Schwer- und Rüstungsindustrie, die technisch veralteten Produktionsanlagen besonders im Bergbau, die ökologischen Schäden und die fortbestehenden planwirtschaftlichen Denkmuster.

Zum historischen Erbe gehörte die Einbindung der Ukraine in die arbeitsteilige Sowjetwirtschaft. Der Zerfall der Rubelzone und der starke Rückgang der Wirtschaftsbeziehungen zu den anderen ehemaligen Sowjetrepubliken, mit denen die Ukraine ökonomisch eng verflochten gewesen war, trugen zum Niedergang der Wirtschaft bei. Das betraf unter anderem die in der Ukraine besonders stark vertretenen Unternehmen der Rüstungsindustrie, deren Produkte zunächst keine Abnehmer mehr fanden. Von existentieller Bedeutung waren die Beziehungen zu Russland, dessen Erdöl- und Erdgaslieferungen für die Ukraine lebenswichtig waren. Umgekehrt bezog die Ukraine von Russland beträchtliche Transitgebühren für die durch ihr

Gebiet nach Westen führenden Pipelines, die gelegentlich auch illegal abgezapft wurden. Die russische Regierung nutzte die wirtschaftliche Abhängigkeit und die hohe Verschuldung der Ukraine wiederholt als politisches Druckmittel. Eine drastische Kürzung der Lieferungen löste im Winter 1993/94 eine schwere Energiekrise aus. Im Jahre 2000 erhöhte sich der Druck der vom russischen Staat kontrollierten Gazprom auf die Ukraine, ihre immensen Schulden zu bezahlen. Der Konflikt endete 2004 mit einem für die Ukraine nicht ungünstigen Kompromiss.

Die dringend notwendige Umstrukturierung und Modernisierung der Wirtschaft kamen in den neunziger Jahren nur langsam voran. In der Durchführung von Wirtschaftsreformen blieb die Ukraine hinter Russland zurück und reagierte zum Teil nur auf dessen Reformschritte. Dies begann schon 1992 mit der Freigabe der Preise und der Einführung der Coupons als Zahlungsmittel. Ein 1992 erlassenes, schon auf dem Papier halbherziges Privatisierungsgesetz wurde zunächst nur zögernd in die Tat umgesetzt, ebenso wie das im Herbst 1994 vom neuen Präsidenten Kučma verkündete Programm marktwirtschaftlicher Reformen. Erst in den Jahren 1995 und 1996 trieb die Regierung die Privatisierung von mittleren und großen Betrieben und eine Bodenreform mit privatem Grundbesitz voran, doch stieß sie immer wieder auf den Widerstand des Parlaments. Der Privatisierungsanteil stieg dennoch in der zweiten Hälfte der neunziger Jahre sukzessive an.

Vertreter der alten Eliten, die sogenannten roten Manager, eigneten sich über Auktionen beträchtliche Teile der neuen Eigentumsrechte an, ohne dass sich daraus Reformimpulse ergeben hätten. Sie wurden von der Regierung unterstützt, indem ausländische Konkurrenten benachteiligt, die Privatisierungen manipuliert und die Preise zu niedrig angesetzt wurden. Sie wurden konkurrenziert und dann abgelöst von meist jungen Geschäftsleuten, die mit Handelsaktivitäten und Finanzoperationen riesige Vermögen anhäuften. In einer rechtlichen Grauzone und mit staatlicher Billigung erwarben sie Unternehmen vornehmlich in der Energie- und Metallbranche und bauten sie zu diversifizierten Wirtschaftsimperien aus. Am Ende der 1990er Jahre verbanden sich diese Oligarchen mit politischen Seilschaften des Kučma-Regimes zu Interessengemeinschaften, die die wirtschaftliche und politische Entwicklung der Ukraine wesentlich bestimmten.

Als reichster Ukrainer galt Rinat Achmetov (geb. 1966), ein Bergarbeitersohn tatarischer Abstammung, der sich in Donec'k im Bankwesen ein Vermögen erwarb, das er in zahlreiche Unternehmen der Metallurgie, des Maschinenbaus und des Kommunikationswesens investierte und in einer Holding zusammenfasste. Er wurde auch als Eigentümer des Fussballklubs Šachter Donec'k bekannt. Achmetov unterstützte Viktor Janukovyč, den langjährigen Gouverneur von Donec'k und Ministerpräsidenten der Jahre 2002 bis 2004. Der wichtigste Vertreter des Clans von Dnipropetrovs'k war Viktor Pinčuk (geb. 1960), dessen Wirtschaftsimperium auf Metallurgie, Öl, Gas und Massenmedien basierte. Er trat außerdem als Sponsor von moderner Kunst hervor. Pinčuk stand Präsident Kučma nahe, dessen Tochter er geehelicht hatte. Zum informellen Netzwerk von Dnipropetrovs'k wurden auch Ihor' Kolomojs'kyj, der Ölraffinerien und Metallunternehmen besaß, und die junge Julija Tymošenko gerechnet. Der Kiever Clan, nach dem Fußballclub auch als Dynamo bezeichnet, scharte sich um Viktor Medvečuk, der verschiedene hohe politische Ämter bekleidete.

Die aus der Sowjetzeit ererbte Konzentration auf die Schwerindustrie verstärkte sich in den neunziger Jahren noch, wozu staatliche Subventionen beitrugen. Dies betraf die meisten Steinkohlegruben des Donbass, die immer unrentabler wurden. Die Metall verarbeitende Branche und besonders die Rüstungsindustrie erlitten in der ersten Hälfte der neunziger Jahre einen Einbruch, von dem sie sich gegen Ende des Jahrhunderts erholten. In der Folge produzierten sie wieder erfolgreich für den Export nach Russland und in außereuropäische Länder. Die Tätigkeit privater Mittel- und Kleinunternehmer wurde weiter durch Kapitalmangel, Steuerdruck, Rechtsunsicherheit, bürokratische Willkür und Korruption behindert. In der Landwirtschaft blieben die unrentablen Kolchosen und Sowchosen bis zum Jahr 2000 erhalten. Die Agrarproduktion war am Ende der neunziger Jahre auf die Hälfte des Standes von 1989 gesunken. Nur dank des forcierten privaten Anbaus von Kartoffeln, Gemüse und Obst sowie privater Viehhaltung konnte die Ernährung der Bevölkerung einigermaßen gewährleistet werden.

Gewisse Impulse für wirtschaftliche Reformprogramme gingen vom Internationalen Währungsfonds (IWF) und der Weltbank aus, die der Ukraine seit Herbst 1994 und verstärkt seit 1998 wiederholt hohe Kredite zur Verfügung stellten. Diese sollten zur Umstrukturierung der Landwirtschaft, des Finanzsektors, des Kohlebergbaus (so zur Schließung längst unrentabler Zechen) und für eine Steuer- und Verwaltungsreform verwendet werden; ein beträchtlicher Teil diente jedoch der Bezahlung der dringendsten Schulden der Ukraine. Da die mit der Kreditvergabe verbundenen Auflagen nicht erfüllt wurden, suspendierten IWF und Weltbank ihre Kredite immer wieder, nahmen dann aber die Auszahlung wieder auf, wenn Regierung und Parlament neue Reformprogramme verabschiedeten. Private Direktinvestitionen aus dem Ausland blieben im Vergleich zu Russland und zu anderen postsozialistischen Staaten bescheiden.

Immerhin gelang es der Regierung, die galoppierende Inflation, die zwischen 1990 und 1996 jährlich etwa 800 Prozent betragen hatte, durch eine restriktive Geldpolitik und die im Herbst 1996 eingeführte neue Währung Hryvnja erheblich zu bremsen. Der Name Hryvnja hatte Symbolcharakter, war er doch die Bezeichnung der Währungseinheit der mittelalterlichen Kiever Rus', die in der nationalen Historiographie als erster ukrainischer Staat gilt. Seit 1997 bremste sich der Prozess der wirtschaftlichen Schrumpfung ab, und um die Jahrhundertwende war die Talsohle der Transformationskrise überschritten. Zu der Wende trug die Reformpolitik des damaligen Ministerpräsidenten und Bankfachmanns Viktor Juščenko bei. Juščenko gelang es, die horrenden Auslandsschulden der Ukraine zu verringern und dem Staat Einnahmequellen zu sichern, indem er illegale Steuerprivilegien abschaffte und einige besonders günstige Privatisierungen zugunsten von Oligarchen rückgängig machte. Gleichzeitig sanierte er das Rentenwesen und förderte durch Steuerreformen Kleinunternehmer. Dass seine Reformpolitik sich auch gegen Missbräuche der staatlichen Instanzen richtete, führte, wie schon erwähnt, zu seiner Absetzung.

Im Jahre 2000 verzeichnete die Agrar- und Industrieproduktion der Ukraine erstmals wieder ein Wachstum. Das Bruttosozialprodukt erreichte in den Jahren 2000 bis 2003 reale Wachstumsraten zwischen 6 und 9 Prozent, im Jahr 2004 sogar von 12 Prozent, was damals die höchste Wachstumsrate in ganz Europa war. Zu diesem Wirtschaftswachstum trugen die Produktionssteigerungen der Industrie und die steigenden Weltmarktpreise für Stahl ebenso bei wie das verstärkte wirtschaftliche Engagement Russlands in der Ukraine. Die eindrücklichen Wachstumsraten müssen allerdings vor dem Hintergrund des totalen wirtschaftlichen Kollapses der 1990er Jahre gesehen werden. Sie leiteten erst allmählich eine Verbesserung der Lebensstandards der Bevölkerung ein.

Probleme der Staats- und Nationsbildung

Die unabhängige Ukraine stand vor der Aufgabe, staatliche Strukturen zu schaffen. Zwar hatte die Ukrainische Sowjetrepublik über einen eigenen Verwaltungsapparat verfügt, doch fehlten eine Reihe von Behörden wie das Verteidigungsministerium, und in anderen, etwa dem Außenministerium, genügte das Personal den Erfordernissen eines unabhängigen Staates bei Weitem nicht. Zunächst gab es keine andere Wahl, als den sowjetischen Apparat zu übernehmen und personell aufzustocken. Damit hatten die ehemaligen kommunistischen Bürokraten gute Startchancen für die Verteilung von staatlichen und wirtschaftlichen Pfründen.

Mit der Unabhängigkeit der Ukraine wurde die Frage ihrer Grenzen, ihres territorialen Bestandes, aufgeworfen (vgl. Karte 5). Die Grenzen zu Russland, die mit den Grenzen der beiden Sowjetrepubliken zusammenfielen, standen mit Ausnahme der umstrittenen kleinen Insel Tuzla in der Meerenge von Kerč nicht zur Diskussion. Zu Kontroversen Anlass gab der Status der Krim. Die Krim war erst seit 1954 Bestandteil der Ukrainischen SSR und hatte zuvor zur Russländischen SFSR gehört, bis 1945 als Autonome Republik. Auf der Krim hatte die ethnisch russische Bevölkerung 1989 eine Zweidrittel-Mehrheit, und fast die Hälfte der nur 26 Prozent Ukrainer gaben Russisch als ihre Muttersprache an. Dennoch sprachen sich im Dezember 1991 54 Prozent der Abstimmenden der Krim für die Unabhängigkeit der Ukraine aus; allerdings war hier die Beteiligung gering. 1992 erklärte das Parlament der Krim die Unabhängigkeit der Halbinsel. Darauf kam es zu verbalen Schlagabtäuschen zwischen Russland und der Ukraine, die sich mit dem Streit um die sowjetische Schwarzmeerflotte und deren Basis Sevastopol' verbanden. In einem ersten Kompromiss wurden die Rechte der Krim als Autonome Republik im Rahmen der Ukraine ausgeweitet. Dafür zogen die sezessionistischen Kräfte ein auf Anschluss an Russland zielendes Referendum zurück.

Die regionalen Präsidentenwahlen von 1994 und die regionalen Parlamentswahlen von 1995 ergaben klare Mehrheiten für die Separatisten. Der folgende Machtkampf mit Kiev führte im Frühjahr 1995 zur vorübergehenden faktischen Aufhebung der Autonomie der Krim. In der neuen Krim-Verfassung von 1995, die 1998 überarbeitet wurde, erhielt die Krim erneut den Status einer Autonomen Republik als «eines integralen Bestandteils der Ukraine» mit einem Parlament, aber ohne Präsidenten. Die Krim hatte die Hoheit in Recht, Verwaltung und Finanzen; als Sprachen waren Ukrainisch, Russisch und Krimtatarisch garantiert. Von Souveränität oder eigener Staatsangehörigkeit war nicht mehr die Rede.

Nicht zufrieden mit dem neuen Kompromiss waren die etwa 250 000 Krimtataren, die seit dem Ende der 1980er Jahre in ihre Heimat, aus der ihre Eltern und Großeltern 1944 nach Mittelasien deportiert worden waren, zurückkehrten. Sie wurden auf der Krim wirtschaftlich und politisch diskriminiert. Die sprachliche und kulturelle Autonomie, über die sie in der Krimrepublik der Zwischenkriegszeit verfügt hatten, wurde nicht wiederhergestellt. Seit 1995 forderten Krimtataren in Massendemonstrationen eine Verbesserung ihrer wirtschaftlichen und sozialen

Lage und eine angemessene Vertretung in den Behörden. Sie verbündeten sich in der Regel mit der Zentralregierung gegen die auf Russland orientierte Regierung der Krim. Nachdem sie 1998 die Garantie einer festen Zahl von Vertretern im Parlament der Krim verloren hatten, wurde die Wiederherstellung dieser Quote zu einem Ziel der krimtatarischen Bewegung. Die Situation der Krimtataren blieb das einzige innere Problem der Ukraine mit einem Gewaltpotential. So kam es 1995, 1998 und auch später wiederholt zu Demonstrationen und Auseinandersetzungen demonstrierender Krimtataren mit den Ordnungskräften.

Im Westen der Ukraine war zunächst die Grenze zu Rumänien nicht klar geregelt. Das südliche Bessarabien und die nördliche Bukowina gehörten seit 1940 und wieder seit 1944 zur Ukraine, nachdem sie in der Zwischenkriegszeit Bestandteile Rumäniens gewesen waren. Sowohl die Volksfront in der Republik Moldova wie das rumänische Parlament anerkannten diese von Stalin veranlasste Grenzziehung zunächst nicht. Der beträchtliche Zündstoff, der durch die Konfrontation zwischen Russen (und Ukrainern) und Rumänen in der Moldau-Republik am Dnjestr besondere Bedeutung erhielt, konnte am 2. Juni 1997 durch einen Vertrag mit Rumänien über Freundschaft, gute Nachbarschaft und Zusammenarbeit entschärft werden. Beide Seiten anerkannten ihre Grenzen und erhoben keine territorialen Ansprüche. Lediglich die Zugehörigkeit der kleinen, wegen Ölvorkommen wichtigen Schlangeninsel vor der Donaumündung blieb umstritten.

Nachdem die Ukrainische Sowjetrepublik im Wesentlichen lediglich eine Verwaltungseinheit ohne politische Bedeutung gewesen war, stellte sich für den unabhängigen Staat die schwierige Aufgabe der Integration der unterschiedlichen ethnischen Gruppen und der heterogenen Regionen der Ukraine. In allen Teilregionen wohnten neben Ukrainern andere ethnische Gruppen. Allerdings hatten die Vernichtungs- und Vertreibungsaktionen des Nationalsozialismus und Stalinismus die ethnische Heterogenität der Ukraine wesentlich vermindert. Die meisten Juden wurden getötet, zahlreiche andere übersiedelten im Krieg nach Russland, und viele emigrierten seit den siebziger Jahren nach Israel, Deutschland und in die USA, sodass 2001 nur noch 100 000 Juden in der Ukraine lebten. Auch die seit Jahrhunderten im Westen der Ukraine ansässigen Polen wanderten bis auf 144 000 Menschen aus bzw. wurden vertrieben. Die Deutschen wurden im Zweiten Weltkrieg nach Sowjetasien deportiert oder zogen sich mit der abziehenden Wehrmacht nach Deutschland zurück. In den westlichen Grenzgebieten lebten Gruppen von Rumänen (bzw. Moldauern) und Ungarn; die Letzteren stellten in der Karpaten-Ukraine 12 Prozent der Bevölkerung.

Die einzige ethnische Minderheit der Ukraine, die zahlenmäßig ins Gewicht fiel, waren die 1989 etwa 12 Millionen Russen, die damit nicht weniger als 22 Prozent der Gesamtbevölkerung ausmachten. Im Süden und Osten und in den Städten war der russische Anteil höher, im Westen und auf dem Land niedriger. In einigen Gebieten des Donez-Beckens stellten die ethnischen Russen über 40 Prozent der Bevölkerung. Nur auf der Krim waren sie mit zwei Dritteln der Bevölkerung zahlreicher als die Ukrainer. Die Verständigung mit den in der Ukraine lebenden Russen gehörte zu den wichtigen Aufgaben ukrainischer Staatsbildung. Das Problem der russischen Minderheit wurde in den Jahren 1991 und 1992 von Russland hochgespielt und diente auch in der Folge national-russischen Kräften als willkommenes ideologisches Futter. Trotz der zurückhaltenden Sprachpolitik der ukrainischen Regierung prangerten russische Medien immer wieder die angeblich gewaltsame Ukrainisierung und Diskriminierung der Russen an. Im Gegenzug wies man von ukrainischer Seite darauf hin, dass die etwa vier Millionen in der Russländischen Föderation lebenden Ukrainer weder über muttersprachliche Schulen noch über andere nationale Institutionen verfügten.

Die offizielle Politik suchte von Anfang an den Ausgleich mit der russischen Minderheit. So erklärte Präsident Kravčuk schon im Juli 1991:

> «Die Russen in der Ukraine dürfen nicht mit den Russen in den baltischen Republiken verglichen werden. Hier sind

> sie … seit Hunderten von Jahren ansässig… Und wir werden nicht zulassen, dass sie auf irgendeine Weise diskriminiert werden.»

Und in der Souveränitätserklärung hieß es: «Die Bürger der Republik aller Nationalitäten bilden das Volk der Ukraine.» Dementsprechend erhielten im Herbst 1991 alle damaligen Bewohner der Ukraine unabhängig von ihrer ethnischen Zugehörigkeit automatisch die Staatsbürgerschaft. Am 1. November 1991 nahm das Parlament eine «Deklaration der Rechte der Nationalitäten der Ukraine» an, die festlegte, dass alle Bürger der Ukraine das Recht hätten, sich der russischen Sprache zu bedienen. Im Juni 1992 folgte ein Minderheitenschutzgesetz, das die sprachlichen und kulturellen Rechte der Russen und der anderen Minderheiten festschrieb. Auch in der Verfassung von 1996 werden die Sprachen der ethnischen Minderheiten garantiert.

Im Unterschied zu anderen Nachfolgestaaten der Sowjetunion gab es in der Ukraine keine Traditionen einer Russophobie, mit der partiellen Ausnahme Galiziens. Im Gegensatz zu anderen postsowjetischen Regionen kam es bis 2014 in der Ukraine auch nicht zu offenen interethnischen Konflikten, von bewaffneten Auseinandersetzungen wie in der benachbarten Republik Moldau ganz zu schweigen. Eine nennenswerte Auswanderung der Russen aus der Ukraine gab es bisher ebenfalls nicht. Dennoch war es für zahlreiche Russen nicht leicht, sich damit abzufinden, dass sie nicht mehr die dominante Mehrheit des sowjetischen Gesamtstaates, sondern eine ethnische Minderheit in der unabhängigen Ukraine waren.

Die Integration der ethnischen Minderheiten, besonders der Russen, war eng verknüpft mit der Integration der Regionen der Ukraine mit ihren unterschiedlichen historischen Erfahrungen. Besonders Galizien, das sich bis zum Zweiten Weltkrieg nach Westen orientiert hatte, hob sich in mancher Beziehung von der übrigen Ukraine ab. Die Ukrainer Galiziens hatten die nationaldemokratische Bewegung Ruch dominiert und am 1. Dezember 1991 fast geschlossen für die Unabhängigkeit votiert. Auch die Präsidentschaftswahl von 1994 ergab klare Fronten: Während über 90 Prozent der Westukrainer für Kravčuk votierten, sprach sich im Osten und Süden des Landes eine Mehrheit für Kučma aus. In der Wahl von 1999 war es dann der Westen, der zu 90 Prozent für Kučma votierte, während im Osten und Süden eine Mehrheit den kommunistischen Kandidaten unterstützte. Die politische Polarisierung der Regionen wurde in den drei ersten Parlamentswahlen bestätigt.

Eine regionalistische Bewegung machte sich schon im Jahre 1991 in der Karpaten-Ukraine bemerkbar. In der Volksabstimmung vom 1. Dezember 1991 sprachen sich 78 Prozent der Bevölkerung, die zum Teil an der Selbstbezeichnung Rusynen festhielt, für eine Selbstverwaltung ihres Territoriums innerhalb der Ukraine aus. In der Folge schwächte sich aber diese Bewegung erheblich ab.

Regionalistische Strömungen zeigten sich auch im Osten und Süden. Die Mehrheit der Bevölkerung hatte zwar auch hier für die Unabhängigkeit der Ukraine votiert, doch blieb ihre Haltung abwartend. Im Vordergrund standen die wirtschaftlichen Probleme, und in den Bergbau- und Schwerindustriegebieten war der soziale Zündstoff groß. Nationalistische Parolen, wie sie zum Teil von «Wessis» aus Lemberg zu hören waren, stießen in Donec'k oder Odessa auf Misstrauen. Ein bedeutender Teil der russischsprachigen Stadtbevölkerung im Süden und Osten des Landes hielt an sowjetischen Traditionen und an einer «kleinrussischen», ukrainisch-russischen, kulturellen Identität fest. Für diese Menschen hatten die nationale Emanzipation von Russland und die kulturell-sprachliche Abgrenzung von den Russen keinen Vorrang. Viele von ihnen traten im Gegenteil für engere Beziehungen zu Russland und den anderen GUS-Staaten ein.

Zur Heterogenität der Ukraine trugen die durch die Wiedererrichtung der Ukrainischen Griechisch-Katholischen Kirche und der Ukrainischen Autokephalen Orthodoxen Kirche verstärkten konfessionellen Unterschiede bei. Beide hatten ihren Schwerpunkt in der Westukraine. Im Sommer 1992 spaltete sich die Ukrainische Orthodoxe Kirche: Eine Richtung unter dem ehemaligen russisch-orthodoxen Metropoliten von Kiev, Filaret, löste sich von Moskau und organisierte sich neu als «Ukrainische Orthodoxe Kirche – Patriarchat Kiev». Ihr schlossen sich einige Bischöfe der Ukrainischen Autokephalen Orthodoxen Kirche an, doch blieben die beiden Kirchen als getrennte Institutionen bestehen und wählten im Jahre 1993 je einen eigenen Patriarchen. Diesen beiden Kirchen, die von den Patriarchen von Konstantinopel und Moskau nicht anerkannt wurden, stand die weiter dem Moskauer Patriarchat unterstehende «Ukrainische Orthodoxe Kirche – Patriarchat Moskau» gegenüber. Trotz ihrer Abhängigkeit von der Russischen Orthodoxen Kirche blieb sie die Kirche mit der größten Zahl von Gläubigen in der Ukraine. Sie zählte 11 500 registrierte Gemeinden, die Konkurrenzkirche des Kiever Patriarchats 4000, die Autokephale Kirche 1200 und die Ukrainische Griechisch-Katholische Kirche 3600. Dazu kamen etwa 1000 Gemeinden von Römisch-Katholiken und eine steigende Zahl christlicher und nichtchristlicher Sekten. Für die ukrainische Nationsbildung war die Existenz von mehreren konkurrierenden Kirchen ein desintegrierendes Element, und die offizielle Politik strebte wiederholt, aber erfolglos die Vereinigung der drei orthodoxen Kirchen zu einer nationalen ukrainischen Kirche an.

Die Aufgabe, die ethnisch und regional heterogenen Staatsbürger der Ukraine zu einer Staatsbürgernation zu integrieren, blieb auf der Tagesordnung. Nachdem in der späten Sowjetunion das Russische in Staat, Gesellschaft und Kultur klar dominiert hatte, wurde die Förderung der ukrainischen Sprache in Schulen und Behörden zu einem Anliegen der offiziellen Politik. Regierung und Parlament betrieben aber eine zurückhaltende Sprachpolitik. Zwar war das Ukrainische nun alleinige Staatssprache und für eine politische Karriere unerlässlich. Dennoch behielt das Russische einige Sonderrechte, in der Ost- und Südukraine auch im amtlichen Schriftverkehr.

Ein weiterer Bestandteil nationaler Identität ist die kollektive Erinnerung. Die offizielle Politik unterstützte eine Neubewertung der ukrainischen Geschichte, die von den Verfälschungen der Sowjetzeit befreit wurde. Das ideologische Vakuum, das durch den Wegfall der kommunistischen Ideologie entstanden war, wurde mit nationalen Inhalten gefüllt. Nationale Mythen wurden wiederbelebt, Vorgänger des Nationalstaats in der Geschichte gesucht und in der Kiever Rus', im Kosaken-Hetmanat und in der Ukrainischen Volksrepublik von 1918–1920 gefunden. Eine zentrale Rolle spielte der Kosakenmythos, der für die nationale Mobilisierung der Bevölkerung am unteren Dnjepr, dem Kerngebiet der Zaporožer Sič, besondere Bedeutung hatte. Hetman Mazepa wurde vom Verräter Russlands zum weitsichtigen ukrainischen Staatsmann umgewertet. Die Nationalbewegung des 19. und frühen 20. Jahrhunderts und ihre führenden Figuren wurden enttabuisiert; besonders der Historiker und Politiker Hruševs'kyj erhielt einen zentralen Platz im nationalen Pantheon, gleich hinter Taras Ševčenko. Die wichtigsten nationalen Heldenfiguren von Volodymyr dem Heiligen über Bohdan Chmel'nyc'kyj und Mazepa bis zu Ševčenko und Hruševs'kyj zieren seither die Hryvnja-Noten. Schon Anfang 1992 hatte das ukrainische Parlament offiziell nationale Symbole eingeführt, die mit der Ukrainischen Volksrepublik der Jahre 1918–20 assoziiert wurden, aber auf ältere Traditionen zurückgingen: die blau-gelbe Staatsfahne, der im Wappen abgebildete Tryzub (Dreizack) und die Nationalhymne «Noch ist die Ukraine nicht verloren».

In der Sowjetzeit tabuisierte Probleme des 20. Jahrhunderts wurden zu wichtigen Elementen nationaler Identität: die Ukrainische Volksrepublik und Petljura, die großen «Säuberungen» unter der ukrainischen Elite, die Rolle von OUN und UPA. Parallel zur politischen Emanzipation von der Sowjetunion und von Russland wurde die ukrainische Geschichte von ihrer offiziell verordneten engen Bindung an das «große russische Volk» befreit. Am wichtigsten für die nationale Identifikation wurde die Erinnerung an die von Stalin herbeigeführte Hungersnot (Holodomor) von 1932/33, die nicht selten in eine Reihe mit dem Holocaust gestellt wurde. Der Holodomor wurde zu einem zentralen Element der nationalen Leidensgeschichte. Im Jahr 2003 verabschiedete das ukrainische Parlament einen «Apell an das ukrainische Volk», der die künstlich herbeigeführte Hungersnot verurteilte und als einen Akt des Genozides am ukrainischen Volk betrachtete. Auf der anderen Seite wurden auch Elemente des sowjetischen Geschichtsbildes integriert, etwa im hohen Titel «Held der Ukraine» oder in der von Kučma im Jahr 2003 veranlassten Feier zum 85. Geburtstag Ščerbyc'kyjs, des ehemaligen Chefs der Ukrainischen Kommunistischen Partei, der die «Säuberungen» der 1970er Jahre zu verantworten und die Perestrojka behindert hatte.

Zwar verlief der Prozess der Nationsbildung unter der Bevölkerung im Westen und im Zentrum erfolgreicher als im Osten und Süden. Dennoch erfüllten sich Prognosen westlicher Medien, dass der ukrainische Staat bald in seine heterogenen Bestandteile zerfallen werde, nicht. Separatistische Bewegungen blieben mit der Ausnahme der Krim ohne nennenswerte Bedeutung.

Multivektorale Außenpolitik

Die Ukraine musste sich nach 1991 zunächst als unabhängiger Staat im internationalen System etablieren. Am wichtigsten und schwierigsten war das Verhältnis zu Russland. Moskau war von der raschen Loslösung der Ukraine geschockt. Und zwar beide Moskaus. Zum einen das sowjetische Zentrum: Gorbačev erklärte am 30. August 1991:

> «Ohne Ukraine kann es keine Union geben, und es kann auch keine Ukraine ohne Union geben. Diese beiden slawischen Staaten waren für Jahrhunderte die Achse, an der sich ein riesiger multinationaler Staat entwickelte. So wird es auch bleiben.»

Zum anderen reagierte auch die russländische Regierung, die sich anschickte, die Rolle des Rechtsnachfolgers der Sowjetunion zu übernehmen, nervös: Der Informationsminister Poltoranin drohte der Ukraine, ihr antirussisches Verhalten werde nicht hingenommen werden, und ein Sprecher von Präsident Jelzin kündigte eine mögliche Revision der Grenzen zugunsten Russlands an.

Im Jahre 1992 entbrannte ein heftiger russländisch-ukrainischer Streit um die symbolträchtige sowjetische Schwarzmeerflotte. Von beiden Seiten wurden Emotionen geschürt. Besonders das Schicksal der «Heldenstadt» Sevastopol', die infolge ihrer Rolle im Krimkrieg und im Zweiten Weltkrieg ein nationaler Mythos ist, wurde in Russland hochgespielt, und im Juli 1993 erklärte das russländische Parlament Sevastopol', den wichtigsten Flottenstützpunkt, zur russischen Stadt. Schon im September 1993 kam es zu einem ersten Kompromiss, der im Jahre 1995 erweitert und am 28. Mai 1997 festgeschrieben wurde. Die Schwarzmeerflotte und ihre militärische Infrastruktur wurden aufgeteilt und Sevastopol' zum größeren Teil von Russland auf zwanzig Jahre gepachtet; das ukrainische Parlament ratifizierte dieses Abkommen im März 1999. Im Jahre 1995 kam es zum Abschluss eines Handels- und Wirtschaftsabkommens und eines Vertrags über militärische Zusammenarbeit zwischen den beiden Ländern. Am 31. Mai 1997 wurde anlässlich eines Besuches Präsident Jelzins in Kiev ein Grundlagenvertrag über Freundschaft, Zusammenarbeit und Partnerschaft zwischen der Ukraine und der Russländischen Föderation abgeschlossen, der die Prinzipien der Gleichberechtigung, der gegenseitigen Anerkennung und Achtung der staatlichen Souveränität und territorialen Integrität festschrieb. Wie schwer Russland die Anerkennung der ukrainischen Unabhängigkeit fiel, wird dadurch dokumentiert, dass die Duma den Vertrag erst im Dezember 1998, der Föderationsrat erst im Februar 1999 ratifizierte, während die Verchovna Rada dies schon im Januar 1998 getan hatte.

Die Hahnenkämpfe der russländischen und ukrainischen Politiker während der neunziger Jahre dienten in erster Linie ihrer innenpolitischen Profilierung, der Stärkung ihrer Position durch den Appell an nationale Gefühle und damit auch der Ablenkung von ungelösten inneren Problemen. Nach mehrfachem harten verbalen Schlagabtausch normalisierten sich die offiziellen Beziehungen zusehends. Dies betraf auch die Wirtschaftsbeziehungen. Die Abhängigkeit von den Erdgas- und Erdölimporten aus Russland und die dadurch entstandene hohe Verschuldung der Ukraine schränkten den Spielraum der ukrainischen Russlandpolitik allerdings ein. Russland besaß hier einen Hebel, um nicht nur wirtschaftlichen, sondern auch politischen Druck auf die Ukraine auszuüben. Die Ukraine bemühte sich auch um eine Diversifizierung ihrer Außenhandelsbeziehungen. Nachdem im Jahre 1994 noch 50 Prozent der Exporte nach Russland gegangen waren, waren es acht Jahre später nur mehr 17 Prozent. Höher blieb der Anteil der Importe, in erster Linie von Erdöl und Erdgas. Die Ukraine widersetzte sich erfolgreich einer stärkeren politischen, wirtschaftlichen und militärischen Integration in die GUS.

Für Russland und die Russen war die ukrainische Frage eng mit dem bis heute nicht gelösten Problem der russischen nationalen Identität verknüpft: Ist es der Staat, das Imperium, oder ist es die Sprache, ist es der orthodoxe Glaube, oder ist es die ostslawische Kulturgemeinschaft, die die russische Nation ausmacht? Dass reaktionäre Protagonisten des russischen Nationalismus oder konservative Slawophile wie Aleksandr Solženicyn die Emanzipationsbewegung der Ukrainer als Gefahr für die russische Nation sahen, kann nicht verwundern. Auch die russischen Kommunisten gaben sich als Sachwalter des imperialen Erbes. So schrieb ihr Parteichef Gennadij Zjuganov im Jahre 1997 von der in drei Teile zerrissenen «russischen Zivilisation» und leitete daraus «die strategische Aufgabe einer neuen Wiedervereinigung der Ukraine und von Belarus' mit Russland» ab. Selbst liberale Politiker blieben gegenüber der Unabhängigkeit der Ukraine skeptisch. Eine solche Haltung verstärkte in der Ukraine das Misstrauen gegenüber Russland.

Erstaunlich harmonisch entwickelte sich dagegen das historisch stark belastete Verhältnis zu Polen. Das hatte auch damit zu tun, dass beide Staaten gemeinsame Interessen in der Abschirmung gegenüber Russland hatten. Polen anerkannte im Dezember 1991 als erster Staat die Unabhängigkeit der Ukraine, nachdem es schon im Herbst 1990 dessen Grenzen garantiert hatte. Im Mai 1992 wurde ein Freundschaftsvertrag mit Polen abgeschlossen, im Juni 1996 ein «Memorandum über strategische Partnerschaft». Regelmäßige Konsultationen auf höchster Ebene trugen zu dem besonders engen Verhältnis der Ukraine zu Polen bei. Im Mai 1997 legte eine «Gemeinsame Deklaration über Verständigung und Aussöhnung» die strittigen Probleme der jüngeren Geschichte auf den Tisch. Trotz dieser Bemühungen blieben vor allem die ukrainisch-polnischen Auseinandersetzungen während und nach dem Zweiten Weltkrieg unter Historikern und in der Öffentlichkeit der beiden Länder umstritten.

Auch die Beziehungen zu Ungarn, in denen die Frage der ungarischen Minderheit in der Karpaten-Ukraine eine gewisse Rolle spielte, und zur Slowakei, wo eine beachtliche Minderheit von Rusynen und Ukrainern lebte, wurden früh vertraglich geregelt und gestalteten sich gutnachbarlich. Das Gleiche gilt für das Verhältnis zur Republik Moldova, in der eine große ukrainische Minderheit lebte. Ein Unsicherheitsfaktor war allerdings die zwischen den beiden Staaten liegende de-facto-unabhängige Republik Transnistrien. Schwieriger waren die Beziehungen zum nördlichen Nachbarn Belarus', da dessen Bestrebungen für eine Union mit Russland der ukrainischen Politik zuwiderliefen. Im Ganzen war die Normalisierung des Verhältnisses der Ukraine zu ihren Nachbarstaaten ein bedeutender Erfolg ukrainischer Politik. Die Annäherung an die Staaten Ostmitteleuropas schuf ein Gegengewicht zur Abhängigkeit von Russland.

Der Beitritt Polens, der Slowakei und Ungarns zur Europäischen Union am 1. Mai 2004 stellte das Verhältnis der Ukraine zu seinen ostmitteleuropäischen Nachbarn allerdings vor eine Belastungsprobe. Die neuen EU-Außengrenzen mit Handelstarifen und Visaregelungen schotteten die Ukraine nach Westen ab und drohten zu einem neuen «Eisernen Vorhang» zu werden, der die Ukraine von Ostmitteleuropa trennt und sie stärker dem Einfluss Russlands aussetzt.

Das Verhältnis der Ukraine zu den USA und den Staaten Westeuropas war zunächst von Abwarten bestimmt, und die Ukraine blieb international isoliert. Viele Politiker im Westen glaubten nicht an ein Überleben des selbständigen ukrainischen Staates und hielten sich, auch mit Rücksicht auf Russland, zurück.

Die Auflösung des sowjetischen Imperiums hatte eine Reihe von sicherheitspolitischen Problemen aufgeworfen. Die Ukraine begann nach der Unabhängigkeitserklärung mit dem Aufbau einer eigenen Armee. Die Basis dafür waren die in der Ukraine stationierten Sowjetstreitkräfte von fast 800 000 Mann, die den Loyalitätseid auf den ukrainischen Präsidenten zu leisten hatten. Diese energischen Maßnahmen lösten in Russland, aber auch im Westen negative Reaktionen aus, dies vor allem wegen des großen Potentials an Nuklearwaffen in der Ukraine. Die Ukraine hatte zwar versprochen, auf Kernwaffen zu verzichten, und lieferte schon 1991 die meisten taktischen Atomwaffen an Russland ab. Das Faustpfand der strategischen Atomwaffen gab man jedoch vorerst nicht aus der Hand, nicht zuletzt aus Misstrauen gegenüber Russland. Das ukrainische Parlament forderte deshalb Sicherheitsgarantien und finanzielle Entschädigung vonseiten des Westens. Die Ukraine blockierte damit den nuklearen Abrüstungsprozess und machte die Weltöffentlichkeit auf sich aufmerksam. Im Jahr 1994 wurde ein Abkommen mit den USA, Großbritannien und Russland abgeschlossen, das sogenannte Budapester Protokoll, in dem sich die Ukraine verpflichtete, die 176 Interkontinentalraketen und alle ehemaligen sowjetischen Kernwaffen auf ukrainischem Territorium zu vernichten. Nachdem die Sicherheitsgarantien erteilt und US-Finanzhilfe zugesagt worden waren, wurde das Abkommen zügig umgesetzt. Die Ukraine trat Ende 1994 dem Atomwaffensperrvertrag (NPT) und dem Start-I-Vertrag bei und erklärte sich am 1. Juni 1996 zum atomwaffenfreien Staat. Die Ukraine reduzierte auch ihre konventionellen Streitkräfte, die 2006 nur mehr etwa ein Viertel des Bestandes von 1991 aufwiesen.

Mit Sorge blickten die westliche Staatenwelt und Öffentlichkeit auch auf Černobyl' (Čornobyl'). Die Belastung der Ukraine und ihrer Bevölkerung durch die Folgen der Atomkatastrophe blieb gravierend, wie die große Häufung von Schilddrüsenkrebs unter den Kindern in den betroffenen Regionen zeigte. Im Jahre 1995 wurde eine Vereinbarung mit der Ukraine getroffen, die beiden noch in Betrieb befindlichen Reaktorblöcke bis zum Jahr 2000 abzuschalten. Dafür wurden hohe Subventionen und

Kredite bereitgestellt. Als Ersatz für das Kraftwerk von Černobyl' sollten mit westlicher Hilfe die beiden Reaktoren sowjetischen Typs von Rivne und Chmel'nyc'kyj fertiggestellt werden. Reaktorblock 1 wurde im November 1996 abgeschaltet, während Reaktorblock 3 erst im Dezember 2000 abgestellt wurde. Statt des alten brüchig gewordenen Beton- und Stahlmantels des Unglücksreaktors (sog. Sarkophag) sollte ein neues Schutzdach errichtet werden, das bis zum Jahr 2015 fertiggestellt werden sollte. Zu diesem Zweck wurde von den westlichen Staaten bedeutende finanzielle Unterstützung geleistet. Damit war das Problem der Entsorgung des radioaktiven Mülls noch nicht gelöst.

Erst als die Ukraine auf Kernwaffen verzichtet und Reformen angegangen hatte, leiteten ein Besuch Präsident Kučmas in den USA im November 1994 und ein Gegenbesuch von US-Präsident Clinton in Kiev im Mai 1995 eine Intensivierung der Beziehungen zu den USA und der Europäischen Union ein. In der Folge wurde die Ukraine zu einem festen Bestandteil des Systems europäischer Mächte. Im Juni 1994 unterzeichnete die Ukraine als erster GUS-Staat ein vorläufiges Partnerschafts- und Kooperationsabkommen mit der Europäischen Union, das 1998 in Kraft trat. Im November 1995 wurde die Ukraine Mitglied des Europarats, der jedoch wiederholt Kritik an den politischen und rechtlichen Missständen im Lande übte.

Nachdem im Mai 1995 erstmals gemeinsame Manöver von amerikanischen und ukrainischen Truppen in der Westukraine stattgefunden hatten, beschloss die NATO im Juli 1997 eine «Charta über besondere Partnerschaft (distinctive partnership)» mit der Ukraine. Ein Beitritt der Ukraine zur NATO stand zunächst nicht zur Diskussion, doch opponierte die Ukraine im Gegensatz zu Russland nicht gegen die Osterweiterung der NATO. Ukrainische Kontingente beteiligten sich an den internationalen Friedensaktionen in Bosnien und im Kosovo.

Seit dem Ende der neunziger Jahre forcierte die Ukraine den Kurs in Richtung Europäische Union. In seiner Antrittsrede nach der Wiederwahl am 30. November 1999 bezeichnete Kučma den Beitritt der Ukraine zur EU als strategisches Ziel, ohne dass dabei die guten Beziehungen zu Moskau vernachlässigt werden sollten. Die Parlamentarische Versammlung des Europarats forderte im Jahre 1999 von der Ukraine die Einhaltung der 1995 eingegangenen Verpflichtungen, so die Abschaffung der Todesstrafe (die von der Verchovna Rada im Februar 2000 beschlossen wurde), eine neue Gesetzgebung zum Schutz der Menschenrechte, eine Rechtsreform und ein neues Parteiengesetz. Auch die wirtschaftlichen Beziehungen zu den Ländern der EU wurden erheblich intensiviert.

Die Ukraine verfolgte unter Präsident Kučma eine als multivektoral bezeichnete Außenpolitik, die ein pragmatisches Verhältnis mit Russland mit guten Beziehungen zu den übrigen Nachbarstaaten, zu Westeuropa und den USA verband. Dieses Gleichgewicht wurde durch die Orange Revolution, die eine klare Ausrichtung nach Westen anstrebte und Russland diskreditierte, erschüttert.

17. Die Orange Revolution und ihre Folgen

Die gefälschten Präsidentenwahlen, die Protestbewegung im Spätherbst 2004 und die Wahl Viktor Juščenkos

Im Herbst 2004 lief die zweite Amtszeit Präsident Kučmas aus; die Verfassung von 1996 untersagte eine dritte Amtszeit. Überlegungen, diese Bestimmung zu umgehen, um Kučma eine Wiederwahl zu ermöglichen, wurden angesichts von dessen katastrophalen Umfragewerten bald aufgegeben. Die führenden Politiker und Oligarchen hatten nun einen Kandidaten zu finden, der ihre politische und wirtschaftliche Macht nicht antasten und ihre illegalen Machenschaften nicht aufdecken würde. Ihre Wahl fiel auf Viktor Janukovyč. Dieser war seit 2002 Ministerpräsident, verfügte also über Regierungserfahrung und hatte den mächtigen Donec'ker Clan hinter sich. Allerdings konnten Janukovyč' Biographie und seine persönlichen Eigenschaften Zweifel an seiner Befähigung aufkommen lassen: Er hatte als junger Mann zwei Gewaltdelikte begangen, besaß eine beschränkte Bildung, sprach schlecht Ukrainisch und überzeugte bei seinen öffentlichen Auftritten nicht. Für ihn sprach, dass man von ihm erwarten konnte, dass er die politische Linie der Kučma-Administration fortsetzen und sich von den herrschenden Eliten lenken lassen würde.

Als Gegenkandidat schälte sich schon früh Viktor Juščenko heraus. Im Gegensatz zu Janukovyč war er eine charismatische Persönlichkeit. Er war ukrainischer Muttersprachler und von gewinnendem Aussehen, trat als gläubiger orthodoxer Christ und besorgter Familienvater auf. Er hatte sich als Ministerpräsident durch seine Wirtschaftsreformen und seinen Kampf gegen Missbräuche profiliert, und der von ihm geführte Wahlblock «Unsere Ukraine» war aus den Parlamentswahlen von 2002 als stärkste Kraft hervorgegangen. Juščenko gelang es, einige wichtige Persönlichkeiten hinter sich zu scharen. Erst im Sommer 2004 einigte er sich mit der populären Julija Tymošenko, die ihr Wahlbündnis in den Dienst Juščenkos stellte, der ihr im Gegenzug das Amt der Ministerpräsidentin versprach. Dazu kamen Anatolij Kinach, Nachfolger Juščenkos als Ministerpräsident, und überraschend auch der Vorsitzende der Sozialistischen Partei Moroz. Die im Frühling 2004 begründete Jugendorganisation Pora! («Es ist Zeit!»), die ihre Basis vor allem in der Westukraine hatte, stellte sich ganz hinter Juščenko.

Zwar gab es außerdem noch 22 andere Kandidatinnen und Kandidaten, doch wurde bald deutlich, dass die Wahl auf einen Zweikampf Janukovyč/Juščenko hinauslaufen würde. Für Janukovyč sprach, dass er von der Mehrheit der herrschenden politischen und wirtschaftlichen Eliten und ihren Apparaten unterstützt wurde. Dies sicherte ihm nicht nur bedeutende finanzielle Ressourcen, sondern auch direkte Vorteile bei Behörden, Polizei und in den mehrheitlich staatlich kontrollierten Medien. Janukovyč stand für Kontinuität, für die Weiterführung der Politik Kučmas, für einen Ausbau des Wohlfahrtsstaats, für eine Stärkung der Stellung der russischen Sprache und für eine engere Bindung an Russland. Das offizielle Russland sprach sich eindeutig für Janukovyč aus, der als verlässlicher Partner und als Garant gegen Umstürze wie die «Rosenrevolution» in Georgien hingestellt wurde. Präsident Putin nahm bei wiederholten Besuchen der Ukraine eindeutig Partei für ihn. Dies schloss auch eine beträchtliche finanzielle Unterstützung, vor allem vonseiten des staatlich kontrollierten Konzern Gazprom, mit ein.

Hinter Juščenko standen die Kräfte der Erneuerung, die sich aus den nationalen Demokraten in der Nachfolge von Ruch, aus der sich allmählich formierenden Mittelschicht von kleinen Unternehmern und Intellektuellen und zahlreichen Jugendlichen rekrutierten, die alle von Juščenko den weiteren Ausbau von Marktwirtschaft und Demokratie erwarteten. Sein Wahlkampf konzentrierte sich auf Wirtschaftsreformen, den Aufbau einer sozialen Marktwirtschaft, die Bekämpfung von Korruption und administrativer Willkür und eine Annäherung an die Europäische Union und die USA. Amerikanische Politiker sprachen sich eindeutig für Juščenko aus, und aus den USA flossen beträchtliche Gelder in die ihn unterstützenden Organisationen. Dies und die finanzielle Unterstützung einiger Oligarchen erlaubten es dem Juščenko-Lager, einen professionellen Wahlkampf zu führen, der die administrativen Hindernisse konterkarierte. Die Anhänger Juščenkos begannen orangefarbene Flaggen und Schals als Markenzeichen zu verwenden, was in Anlehnung an die georgische «Rosenrevolution» von 2003 zum Slogan der Orangen Revolution führte.

Als Umfragen einen Sieg Juščenkos voraussagten, wurden Präsident Kučma und die Machteliten nervös. Im Juni ließ Kučma in einer Blitzaktion Kryvorižstal, das größte Stahlwerk der Ukraine, privatisieren und für einen Schleuderpreis an Achmetov und seinen Schwiegersohn Pinčuk verkaufen. Janukovyč versprach eine erhebliche Erhöhung der Renten, um die älteren Wählerinnen und Wähler für seine Kandidatur zu mobilisieren. Die Polemik gegen Juščenko wurde schärfer: Er wurde als Nationalist und Marionette Amerikas (er war mit einer Amerikanerin verheiratet) hingestellt. Versprechen und Verleumdungen verfehlten ihre Wirkung nicht, und die Umfragewerte für Janukovyč stiegen deutlich an.

Juščenkos Gegner schreckten vor Verbrechen nicht zurück. Bei einem Abendessen mit dem Vorsitzenden von Kučmas Sicherheitsdienst am 5. September 2004 wurde Juščenko eine mit Dioxin vergiftete Speise vorgesetzt, die nach kurzer Zeit schwere Wirkungen zeitigte. Juščenko wurde für eine Spezialbehandlung nach Wien geflogen, kam mit dem Leben davon, kehrte jedoch mit einem Gesicht und einem Körper voller Narben in die Ukraine zurück. Juščenko war damit in der Spätphase des Wahlkampfs für einige Zeit außer Gefecht gesetzt und auch in den folgenden Monaten gesundheitlich beeinträchtigt. Weite Teile der Öffentlichkeit im In- und Ausland, für die der Fall Gongadze noch gegenwärtig war, machten Präsident Kučma und seinen Schützling Janukovyč für den Anschlag verantwortlich. Die offiziellen Stellen versuchten zunächst den Verdacht einer Vergiftung zu entkräften; erst im Dezember wurde er durch Untersuchungen im Ausland bestätigt. Die Giftaffäre wurde zu einem Thema des Wahlkampfs und verlieh Juščenko in den Augen seiner Anhänger den Nimbus eines Märtyrers. Es ist nie aufgeklärt worden, wer hinter dem Anschlag steckte.

Der erste Wahlgang der Präsidentenwahl fand am 31. Oktober 2004 statt. Juščenko erreichte 39,9%, Janukovyč 39,3% der Stimmen, der Sozialist Moroz (5,8%) und der Kommunist Symonenko (5,0%) folgten abgeschlagen auf den nächsten Plätzen. Dies waren die Zahlen, die die offizielle Wahlkommission vorlegte. Wie damalige Beobachter vermuteten und wie später bestätigt wurde, waren die Resultate zugunsten Janukovyč' gefälscht worden, ganz abgesehen von massiven Unregelmäßigkeiten bei der Stimmabgabe.

Eine Stichwahl zwischen den beiden bestplatzierten Kandidaten wurde auf den 21. November 2004 angesetzt. Zwischen den beiden Wahlgängen mobilisierten beide Seiten noch einmal ihre Reserven. Vor allem die Janukovyč unterstützenden Kräfte setzten ein ganzes Arsenal an Einschüchterungen und Bestechungen ein, um ihren Kandidaten durchzubringen. Aus dem zweiten Wahlgang ging, so die schon nach einem Tag verkündeten offiziellen Ergebnisse, Janukovyč als Sieger hervor mit 49,5% der Stimmen gegen 46,6% für Juščenko. Der russische Präsident Putin gratulierte Janukovyč einen Tag nach der Wahl zum Sieg. Offensichtlich beruhten diese Wahlergebnisse auf massiven Fälschungen. Verlässliche *exit-polls* hatten 53% für Juščenko und 44 für Janukovyč ergeben. Das Janukovyč-Lager hatte die Datenbank der Zentralen Wahlkommission direkt manipuliert, wie durch (illegal) abgehörte Telefongespräche bekannt wurde. In der Ostukraine wurden eine Million Wahlzettel erst nach Schließung der Wahllokale abgegeben. Die zahlreichen Fälschungen waren voller Widersprüche und zum Teil von naiver Plumpheit. So sollten in Donec'k 100% der Wählerinnen und Wähler ihre Stimme Janukovyč gegeben haben.

Die grobe Fälschung der richtungweisenden Präsidentenwahlen wurde zum Auslöser einer Massenbewegung, wie man sie nicht für möglich gehalten hätte. Schon nach dem manipulierten ersten Wahlgang wurden Vorbereitungen getroffen. Sie gingen von zivilgesellschaftlichen Gruppierungen aus, die sich seit 2000 im Kampf gegen das Kučma-Regime formiert und Erfahrungen mit Demonstrationen gesammelt hatten. Eine besonders wichtige Rolle spielte die Jugendorganisation Pora!. Gleich nach der Bekanntgabe des offiziellen Wahlergebnisses strömten am Morgen des 22. November mehr als 200000 protestierende Bewohner Kievs auf den zentralen Unabhängigkeitsplatz (Majdan nezaležnosti). Sie erhielten bald Verstärkung aus der Provinz, und auf dem winterlich kalten Majdan wurde ein riesiges Zeltlager errichtet. An den folgenden Abenden kamen regelmäßig etwa 500000 bis über eine Million Menschen auf den Majdan, um ihren Protest kundzutun und Reden von Juščenko und Tymošenko oder Konzerten zu lauschen. Die Demonstranten gingen weiter planmäßig vor. Sie blockierten Regierungsgebäude, zogen vor das Parlament, vermieden jedoch Anwendung von Gewalt. Juščenko hatte sich früh an die Spitze der Protestbewegung gestellt und die Wahlen als versuchten Staatsstreich bezeichnet. Am 23. November erklärte er sich zum Sieger der Stichwahl und legte voreilig einen Eid auf die Verfassung ab.

Unter den Demonstrierenden waren besonders viele junge Menschen. Sie waren nicht mehr vom Sowjetsystem geprägt, orientierten sich auf Westeuropa und Amerika und hatten wenig zu verlieren. Die Demonstranten forderten die Annullierung der Wahl und mehr Demokratie. Neben Juščenko begeisterte Julija Tymošenko die Demonstranten durch ihre engagierten Reden. Zahlreiche andere Prominente schlossen sich ihnen an, unter ihnen Filaret, der Patriarch der Ukrainischen Orthodoxen Kirche (Kiever Patriarchat), und der mehrfache Box-Weltmeister Vitalij Klyčko. Im Ausland lösten die Massenproteste, die von den Fernsehanstalten in alle Welt getragen wurden, ein breites Echo aus. Die USA und die EU erkannten die Wahlresultate nicht an. Am 26. November kamen die Präsidenten von Polen und Litauen mit dem Hohen Vertreter der EU Solana und dem russischen Parlamentsvorsitzenden Boris Gryzlov nach Kiev, um zu vermitteln.

Die Regierungsseite hatte schon früh mit Gegenmaßnahmen reagiert. In Donec'k demonstrierten 150000 Menschen gegen

Juščenko, und regionale Gouverneure drohten für ihre Regionen die Autonomie zu erklären. Schon zwei Tage nach der Wahl wurden etwa 10000 Anhänger Janukovyčs, mit blauen Flaggen versehen, aus der Ostukraine nach Kiev gebracht; es folgten große Gruppen von Bergleuten. Auch die «Blauen» errichteten im Zentrum von Kiev Zeltlager. Zwar gab es Vorbereitungen für ein bewaffnetes Eingreifen von Truppen des Innenministeriums, doch kam es auch jetzt nicht, wie befürchtet, zu gewaltsamen Auseinandersetzungen. Die große Protestwelle weichte das Regierungslager auf und zwang es zum Nachgeben. Am 27. November verurteilte die Verchovna Rada die gefälschten Wahlen, und am 1. Dezember sprach sie der Regierung Janukovyč das Misstrauen aus. Am 3. Dezember erklärte das Oberste Gericht die Resultate der Stichwahl für ungültig und setzte ihre Wiederholung auf den 27. Dezember an.

Am 8. Dezember 2004, zwischen den beiden Wahlgängen, beschloss das Parlament eine noch von Kučma initiierte Verfassungsänderung, die die Befugnisse des Präsidenten einschränkte und die des Parlaments erweiterte. Die Verfassungsänderung trat erst am 1. Januar 2006 in Kraft. Die zweite Stichwahl, die unter regulären Bedingungen stattfand, brachte die von den Umfragen vorausgesagten Resultate: Juščenko erhielt 52, Janukovyč 44% der Stimmen. Die regionale Verteilung der Stimmen entsprach dem Muster vorangegangener Urnengänge. Janukovyč erreichte in den meisten Gebieten der Ost- und Südukraine mehr als 60% der Stimmen, mit Spitzen in den Gebieten Donec'k und Luhans'k (93,5 bzw. 91,2%). Juščenko dagegen bekam im westukrainischen Galizien über 90% der Stimmen, in der Nord- und Zentralukraine zwischen 63 und 84%. Zwar blieb die Polarisierung zwischen Ost und West erhalten, doch war das Wahlverhalten der Süd- und Zentralukraine nicht eindeutig auf einen Kandidaten fixiert. Am 23. Januar 2005 wurde Juščenko als dritter Präsident der Ukraine vereidigt, am 4. Februar die neue Regierung unter dem Vorsitz von Julija Tymošenko vom Parlament bestätigt.

Ob die Orange Revolution, die mehr als zwei Wochen dauerte, zu Recht als Revolution bezeichnet wird, ist meines Erachtens zweifelhaft. Zwar war sie eine Massenbewegung, die einen wichtigen Einschnitt in der Geschichte der Ukraine bedeutete, doch brachte sie keine fundamentale Umwälzung in Staat und Gesellschaft. Zwar wurde die Führungsmannschaft ausgewechselt, das seit 1991 etablierte politische System blieb aber ebenso erhalten wie die wirtschaftlichen und politischen Eliten. Das schmälert die Bedeutung der Orangen Revolution nicht. Erstmals seit den Jahren der Russischen und Ukrainischen Revolution von 1917 bis 1920 erreichte die ukrainische Gesellschaft durch ihren Protest eine Veränderung und machte die Erfahrung, dass sie gegenüber den herrschenden Eliten nicht machtlos war. War der Ukraine die Unabhängigkeit im Jahre 1991 quasi in den Schoß gefallen, so hatte sie jetzt sich selber und der Welt bewiesen, dass sie die Demokratie mit zivilgesellschaftlichen Mitteln zu verteidigen imstande war. Obwohl die Orangenblüten bald verwelkten, blieb diese Erfahrung lebendig und ein Faktor für die künftige politische Entwicklung des Landes. Dies zeigte sich neun Jahre später in einer neuen, noch eindrücklicheren zivilgesellschaftlichen Massenbewegung.

Die Orangenblüten verwelken: Demokratische Wahlen und Machtkämpfe (Januar 2005 bis Februar 2010)

Die idealistischen Ziele der Orangen Revolution und die Eintracht der oppositionellen Kräfte wurden schon bald von den Realitäten des politischen Alltags und der sozio-ökonomischen Probleme eingeholt.

Ministerpräsidentin Tymošenko formierte eine Regierungskoalition des nach ihr benannten Blocks (BJUT) mit Juščenkos «Unsere Ukraine» und den Sozialisten. Sie ersetzte zahlreiche Kučma-treue Beamte durch reformfreudige Kräfte und eröffnete den Kampf gegen die Oligarchen, indem sie die Verstaatlichung von Unternehmen, die unter Kučma zu Schleuderpreisen privatisiert worden waren, und ihres Verkaufs an neue Eigentümer ankündete. Durchgeführt wurden allerdings nur wenige solche Maßnahmen. Das prominenteste Beispiel war erneut

Kryvorižstal, das im Oktober 2005, schon nach der Entlassung Tymošenkos, für den sechsfachen Preis, den Achmetov und Pinčuk im Vorjahr bezahlt hatten, an den indischen Mittal-Konzern verkauft wurde. Außerdem erhöhte Tymošenko die Gehälter im öffentlichen Dienst, die Renten und andere Sozialleistungen, hob Steuervergünstigungen auf und sagte der Korruption den Kampf an. Diese populistischen Maßnahmen trugen zu einer steigenden Inflation, zu einem Rückgang ausländischer Investitionen und zum Absinken des Wirtschaftswachstums bei, das sich im Jahr 2005 abzeichnete. Andere Ursachen dafür waren der Einbruch der Stahlpreise, eine Missernte und die Erhöhung der Erdgaspreise infolge des «Erdgaskrieges» mit Russland.

Schon bald kam es zu Konflikten innerhalb des Regierungslagers. Einer der Juščenko nahestehenden Oligarchen, Petro Porošenko, der Ambitionen auf das Amt des Ministerpräsidenten hatte, baute als Sekretär des Nationalen Sicherheits- und Verteidigungsrates eine Gegenposition zu Tymošenko auf – hier liegen Wurzeln des Konflikts zwischen den beiden Präsidentschaftskandidaten von 2014. Präsident Juščenko lavierte zwischen den beiden Lagern und zeigte Entscheidungsschwächen. Die versprochene Justizreform wurde nicht durchgeführt, sondern die Justiz wurde immer wieder politisch instrumentalisiert. Der Präsident setzte sich für die Schaffung eines ukrainischen Patriarchats ein, in dem alle drei orthodoxen Kirchen vereinigt werden sollten – eine Unternehmung ohne Chancen auf Verwirklichung. Er förderte die Ukrainisierung der Medien, ohne die Dominanz der russischen Sprache brechen zu können. Der staatliche Druck auf die Medien ging erheblich zurück, und die Ukraine kam in den Genuss einer weitgehenden Pressefreiheit. Informationen über den luxuriösen Lebensstil von Juščenkos Sohn aus erster Ehe trugen zum raschen Popularitätsverlust des Präsidenten bei. Umfragen zeigten, dass die Exponenten der Orangen Revolution schon nach einem halben Jahr viel von ihrem Kredit verspielt hatten. Das neue Regime erlebte eine Legitimitätskrise, die den Gegenkräften in die Hände spielte.

Im Herbst 2005 eskalierte der Konflikt zwischen Tymošenko und Porošenko, und Präsident Juščenko ließ am 8. September die Ministerpräsidentin fallen. An ihre Stelle trat der farblose Jurij Jechanurov, für den auch Anhänger Janukovyč' die Stimme abgaben. Die Auseinandersetzung machte die Rivalität zwischen den beiden Galionsfiguren der Orangen Revolution um die politische Führung deutlich. Tymošenko profilierte sich weiter als Verfechterin der orangen Ideale, während Juščenko Unterstützung bei Oligarchen und Exponenten der alten Ordnung fand, was seinen Wahlversprechen widersprach. Die Gegner der Orangen Revolution formierten sich in der «Partei der Regionen», die bis 2005 Teil des Kučma-Blocks gewesen war. Diese hatte ihren Rückhalt im Osten der Ukraine und wurde von den dortigen Oligarchen unterstützt. Sie trat unter anderem für die Anerkennung des Russischen als zweite Staatssprache ein. Zu ihren Mitgliedern gehörten Donec'ker Oligarchen und ehemalige Spitzenbeamte der Kučma-Administration, an ihrer Spitze Janukovyč, der sich nun ein neues reformerisches Image gab. Die Tatsache, dass ein Teil der Oligarchen Janukovyč, ein anderer Juščenko unterstützte, sorgte für einen Interessenausgleich und ein gewisses Gleichgewicht der Kräfte, das es unter Präsident Kučma nicht gegeben hatte.

Am 1. Januar 2006 trat die noch von Kučma initiierte und am 8. Dezember 2004, mitten in der Orangen Revolution, beschlossene Verfassungsänderung in Kraft, die die Befugnisse des Präsidenten einschränkte und eine wesentliche Gewichtsverschiebung zugunsten des Parlaments brachte. Das Parlament erhielt das Recht, Ministerpräsident, Regierung und sogar die einzelnen Minister (mit Ausnahme des Außen- und Verteidigungsministers sowie der Direktoren des Sicherheitsdienstes und der Nationalbank und des Sekretärs des Sicherheitsrats) mit einfacher Mehrheit ein- und abzusetzen.

Die Resultate der Parlamentswahlen vom 26. März 2006, die erstmals ganz nach dem Proporzprinzip durchgeführt wurden, spiegelten den Niedergang der Reformer und das Gleichgewicht der politischen Kräfte. Nur fünf der angetretenen 45 Parteien schafften die 3-Prozent-Quote. Wahlsieger mit 32,1 % der Stimmen war die Partei der Regionen unter Führung von Viktor Janukovyč, der ein gutes Jahr nach seiner Schlappe ein Comeback feierte. Unter den gewählten Kandidaten dieser Partei war mit Rinat Achmetov auch ihr wichtigster Geldgeber. Es folgten der Tymošenko-Block (22,3%) und erst an dritter Stelle Juščenkos «Unsere Ukraine» (13,9%). Auch die beiden orangen Parteien wurden von Oligarchen finanziell unterstützt. Dahinter folgten die Sozialisten (5,7%) und die Kommunisten, die mit einem Rückgang auf 3,7% (gegenüber 20% im Jahre 2002) eine katastrophale Niederlage einsteckten. 15 Jahre nach dem Ende der Sowjetunion trat damit die Kommunistische Partei der Ukraine in den Hintergrund der Politik. Trotz des enttäuschenden Abschneidens der Präsidentenpartei, das den Popularitätsverlust Juščenkos spiegelte, hatten rechnerisch die Parteien der Orangen Revolution im Parlament eine klare Mehrheit von 243 gegen 207 Sitzen.

Es folgten monatelange Verhandlungen, die daran scheiterten, dass Juščenko vor einer Zusammenarbeit mit seiner Konkurrentin Tymošenko, die erneut Anspruch auf das Amt der Ministerpräsidentin erhob, zurückschreckte. Den Ausschlag gab seine Weigerung, den Posten des Parlamentspräsidenten mit dem Vorsitzenden der Sozialistischen Partei Oleksandr Moroz zu besetzen, da sein Vertrauter Porošenko dieses Amt anstrebte. Die Sozialisten kündigten darauf ihre Zusammenarbeit auf, womit die orange Mehrheit verloren ging. Es formierte sich eine Koalition aus der Partei der Regionen, den Sozialisten und Kommunisten. Ihnen schloss sich mindestens partiell «Unsere Ukraine» an, was von vielen Reformern als Verrat an der Orangen Revolution, von anderen als Sieg des pragmatischen Konsenses betrachtet wurde. Der Weg war frei für eine Regierung Janukovyč, der am 4. August 2006 zum zweiten Mal Ministerpräsident wurde, vier Jahre zuvor unter Präsident Kučma, diesmal neben Präsident Juščenko, seinem Konkurrenten in den skandalösen Wahlen von 2004. Unter den Ministern waren fünf Vertreter von «Unsere Ukraine». Tymošenko und ihr Block blieben die einzige nennenswerte Opposition. Trotz dieser langen Querelen der Regierungsbildung zeigten die Wahlen von 2006, dass, wie Wahlbeobachter bestätigten, internationale Standards eingehalten wurden und dass sich in der Ukraine nun ein parlamentarisches System mit einer Konkurrenz von wenigen Parteien etabliert hatte.

Das Gespann Juščenko-Janukovyč arbeitete, wie zu erwarten, mehr schlecht als recht zusammen. Im Laufe der Monate kam es immer wieder zu Machtkämpfen. Vier der fünf von «Unsere Ukraine» bestellten Minister traten schon im Oktober 2006 wieder aus der Regierung aus. Der Ministerpräsident, der im Wahlkampf reformistische und europafreundliche Positionen vertreten hatte, kehrte wieder zu seiner russlandfreundlichen Linie zurück. Mit einer Parlamentsmehrheit im Rücken versuchte er Juščenko aus dem politischen Entscheidungsprozess zu verdrängen. Ein «Gesetz über das Ministerkabinett», das die Stellung des Präsidenten weiter schwächen sollte, konnte Juščenko nur durch ein Veto aufschieben. Auch in anderen Fragen griff der Präsident zur Notbremse des Vetos oder rief das Verfassungsgericht an und blockierte oder verzögerte damit die Arbeit des Parlaments.

Obwohl die Verfassung einen Fraktionswechsel untersagte, traten im März 2007 mehr als ein Dutzend oppositionelle Abgeordnete unter Führung des ehemaligen Ministerpräsidenten Kinach zur Regierungskoalition über, was die Stellung der orangen Kräfte schwächte und die Parlamentsmehrheit nahe an die für eine Verfassungsänderung notwendige Zweidrittelmehrheit brachte. Der zunehmend in die Enge getriebene Staatspräsident unternahm eine Reihe von verfassungsrechtlich nicht unbedenklichen Schritten. Am 2. April 2007 löste Juščenko die Verchovna Rada auf und setzte für Ende Mai Neuwahlen an. In der Folge entließ er einige Verfassungsrichter und stärkte als Gegengewicht zum Parlament den ihm unterstehenden Rat für nationale Sicherheit und Verteidigung.

Fortgesetzte Machtkämpfe, die von Massenkundgebungen beider Seiten begleitet wurden, verzögerten die Durchführung der vorgezogenen Neuwahlen des Parlaments bis zum 30. September 2007. Diese bestätigten im Wesentlichen die politischen Lager der Wahlen des Vorjahres. Allerdings fand eine Kräfteverschiebung statt. Während sich die Stimmenzahl für die beiden Präsidenten-Parteien nur leicht vermehrte (Partei der Regionen um 2,3% auf 34,4%) bzw. stagnierte («unsere Ukraine» 14,2 statt 14,0%), stieg der Anteil des Tymošenko-Blocks von 22,3 auf 30,7%. Die Kommunisten konnten wieder etwas an Boden gewinnen und kamen auf 5,4%, die Gruppierung um den ehemaligen Parlamentspräsidenten Volodymyr Lytvyn auf 4%, während die Sozialisten das Quorum von 3% nicht erreichten. BJUT wurde in 16 der 26 Wahlkreise und in der Hauptstadt Kiev stärkste Partei.

Tymošenkos Parteiblock hatte sich damit als einzige nennenswerte Oppositionspartei profiliert, die die mit der herrschenden Koalition unzufriedenen Wähler, unter ihnen besonders viele junge Menschen, anzog. Die Taktik der charismatischen Politikerin machte sich bezahlt, die im Gegensatz zu ihren Konkurrenten nicht auf regionale oder ethnisch-ukrainische Parolen setzte, sondern auf die ukrainische Staatsbürgernation und gesamtukrainische Ziele. In den neun Wahlkreisen der bevölkerungsreichen Regionen des Ostens und Südens blieb allerdings die Partei der Regionen siegreich. «Unsere Ukraine» wurde nur in einer Region, in Transkarpatien, stärkste Partei. Ihr Abschneiden war wie schon 2006 enttäuschend, zumal sie sich Ende Juni 2007 die Unterstützung des Wahlbündnisses «Verteidigung des Volkes» des ehemaligen Innenministers Jurij Lucenko gesichert hatte.

Im Ganzen ergaben die als korrekt eingestuften Parlamentswahlen eine sehr knappe Mehrheit der ehemaligen orangen Parteien um Tymošenko und Juščenko von 228 Sitzen gegenüber 222 der übrigen drei Parteien. Nachdem Präsident Juščenko die Möglichkeiten einer Fortsetzung der «Großen Koalition» mit Janukovyč ausgelotet und verworfen hatte, schlossen die beiden Parteiblöcke eine Koalition, und nach mehreren Fehlversuchen wurde Julija Tymošenko am 18. Dezember 2007 von der Verchovna Rada mit der Mindestzahl von 226 Stimmen zur Ministerpräsidentin gewählt. Damit erhielten die orangen Kräfte nach Anfang 2005 eine zweite Chance. Die Stellung der Ministerpräsidentin gegenüber dem Präsidenten hatte sich durch den neuen, im Januar 2006 in Kraft gesetzten Verfassungsartikel verstärkt, andererseits war sie auf die Unterstützung aller Abgeordneten der Präsidentenpartei (oder allenfalls des kleinen Lytvyn-Blocks) angewiesen. Ihre Handlungsfähigkeit war dadurch eingeschränkt.

Trotz dieser knappen Mehrheit wurden die Machtkämpfe fortgesetzt, und die Selbstzerstörung der Orangen Koalition schritt weiter voran. Wie ehemals gestaltete sich die Zusammenarbeit zwischen Staatspräsident Juščenko und Ministerpräsidentin Tymošenko als schwierig. Infolge des Austritts einzelner Abgeordneter verlor die regierende Koalition im Juni 2008 ihre knappe Mehrheit im Parlament. Anfang September brachte der Block Tymošenkos gemeinsam mit der Partei der Regionen mehrere Gesetzentwürfe durch das Parlament, die die Macht des Präsidenten einschränkten. Das Bündnis von BJUT mit der Opposition sprengte die Regierungskoalition und belastete das persönliche Verhältnis zwischen Juščenko und Tymošenko weiter.

In der Folge ging es vor allem um politische Profilierung im Hinblick auf die für das Jahr 2010 anstehenden Präsidentenwahlen. Tymošenko setzte ihre populistische Politik fort, kündigte eine Überprüfung der von der Regierung Janukovyč durchgeführten Privatisierungen und der Staatsbetriebe an und leitete eine Aktion ein, die der Bevölkerung eine Erstattung der verlorenen Ersparnisse aus der Sowjetzeit bringen sollte. Juščenko kündigte die Einrichtung eines Nationalen Verfassungsrates an, der die Revision der Verfassung vorantreiben sollte. Konflikte innerhalb des orangen Machtdreiecks (Präsident und Präsidialverwaltung – Ministerpräsidentin und Regierung – Parlamentsmehrheit) waren an der Tagesordnung, blockierten die Politik und verhinderten eine konsequente Durchführung von Reformen. Die Verchovna Rada bot erneut das Bild von Instabilität und Chaos. Blockaden der Rednertribüne, Rangeleien, Unklarheiten über die Auslegung von Verfassungsbestimmungen und Gesetzen waren an der Tagesordnung. Die politische Situation wurde verschärft durch die Weltwirtschaftskrise, die im Herbst 2008 die Ukraine hart traf und im ersten Halbjahr 2009 zu einem dramatischen Einbruch der Volkswirtschaft führte. Dazu kam, dass zu Beginn des Jahres 2009 Russland die Lieferung von Erdgas an die Ukraine vorübergehend einstellte. Im Herbst 2009 führte eine Grippeepidemie zu Streitigkeiten über die Methoden und die Finanzierung ihrer Bekämpfung.

Die Partei der Regionen organisierte nun vermehrt Demonstrationen gegen Präsident Juščenko und Ministerpräsidentin Tymošenko. Der Präsident und seine Partei «Unsere Ukraine» verloren zusehends den Rückhalt in der Bevölkerung, Im April 2009 erklärte nur 1% der Bevölkerung, «Unsere Ukraine» in Parlamentswahlen ihre Stimme geben zu wollen, im August waren es 4%, die Juščenko wiederwählen wollten. Auch die Popularität der Ministerpräsidentin Tymošenko sackte bis August 2009 auf lediglich 13% ab. Neu ins Rampenlicht trat der junge Parlamentspräsident Arsenij Jacenjuk (geb. 1974), der 11% erreichte. Janukovyč profitierte vom Konflikt zwischen Juščenko und Tymošenko und erreichte in der Umfrage 22% Zustimmung. Das Parlament wurde immer mehr zum Schauplatz des Wahlkampfs für die bevorstehenden Präsidentenwahlen. An die Stelle dringender Reformen traten populistische Wahlversprechen. So erklärte Janukovyč, nach seiner Wahl die Mindestrenten zu verdoppeln, was ihm zahlreiche Stimmen der älteren Bevölkerung eintrug, ohne dass er nach seinem Wahlsieg sein Versprechen einhielt.

Die Bilanz der Herrschaft der «Orangen» war verheerend. In kurzer Zeit verspielten Juščenko und Tymošenko ihr Vertrauenskapital und rieben sich gegenseitig auf. Im Vordergrund standen Machtkämpfe, endlose gegenseitige Beschuldigungen und Diskussionen um Personalfragen. Innerhalb von fünf Jahren fanden drei Parlamentswahlen statt, und fünf Regierungen wechselten sich ab. Seit Dezember 2007 war das Parlament nur mehr eingeschränkt handlungsfähig, da seine Tätigkeit von einzelnen Gruppen immer wieder blockiert wurde. Dabei kam es nicht selten zu Handgreiflichkeiten, die nicht zum Ansehen der Abgeordneten und der Institution beitrugen. Die politischen Spielregeln der demokratischen Ordnung wurden ständig verletzt, die strukturelle Dauerkrise setzte sich fort. Die Sieger der Orangen Revolution hatten ihre Chance nicht genutzt, sie erfüllten ihre großen Versprechen nicht. Der Glauben der Bevölkerung an die Politiker und die politischen Institutionen war erneut erschüttert, Apathie und Misstrauen machten sich breit, verstärkt durch die dramatische Verschlechterung der wirtschaftlichen und sozialen Lage.

In den Präsidentenwahlen von Januar und Februar 2010 erteilten die Ukrainerinnen und Ukrainer den Regierenden die Quittung für ihr Versagen. Im ersten Wahlgang vom 17. Januar 2010 landete wie erwartet Viktor Janukovyč auf dem ersten Platz, mit 35,3 % der Stimmen, vor Julija Tymošenko (25,1 %). Präsident Juščenko erreichte nur 5,5 %, weniger als der Wirtschaftsfachmann und ehemalige Präsident der Nationalbank Serhij Tihipko (13,1 %) und Jacenjuk (7,0 %). Damit fällten die Wählerinnen und Wähler ein vernichtendes Urteil über die Präsidentschaft des einen Helden der Orangen Revolution. Die zweite Heldin Tymošenko dagegen wurde nicht abgestraft. Sie unterlag im zweiten Wahlgang vom 7. Februar Janukovyč nur knapp und erhielt 45,48 % gegenüber 48,95 % der Stimmen. Zwar bestätigte die regionale Verteilung der Stimmen die West-Ost-Polarisierung der vorangegangenen Wahlen: Janukovyč errang die Mehrheit im Osten und Süden, Tymošenko im Westen, Zentrum und Norden. Die beiden Kandidaten polarisierten aber weniger als Juščenko und Janukovyč im Jahr 2004. Beide betonten die Notwendigkeit guter Beziehungen zu Russland und zur Europäischen Union. Die Ost-West-Grenze verwischte sich, und in einigen Gebieten im Zentrum lagen die beiden ungefähr gleichauf. Die Wahlbeobachter der Organisation für Sicherheit und Zusammenarbeit in Europa (OSZE) bescheinigten eine im Ganzen korrekte Durchführung der Wahl.

Mit der Präsidentenwahl von 2010 wurden die Ergebnisse der Orangen Revolution rückgängig gemacht. Ausgerechnet Janukovyč, dessen gefälschte Wahl im Herbst 2004 die zivilgesellschaftliche Massenbewegung ausgelöst hatte, die eine Wiederholung der Stichwahl erzwang, ging nun aus fairen Wahlen als Sieger hervor. Ein Motiv seiner Politik als Präsident sollte die Rache für die damalige Schmach sein.

Autoritäre Kleptokratie: Die Präsidentschaft Viktor Janukovyč' (Februar 2010–Februar 2014)

Viktor Janukovyč trat sein Amt am 25. Februar 2010 an. Infolge des Seitenwechsels von 16 Abgeordneten erhielt die Regierungskoalition, bestehend aus der Partei der Regionen, den Kommunisten und dem Block Lytvyn, bis zum 11. März eine Mehrheit im Parlament. Dies verletzte die Verfassung, die vorsah, dass eine Mehrheit nur durch eine Koalition von Fraktionen, nicht durch eine Mehrheit der Abgeordneten gebildet werden könne, und verfälschte nachträglich die Ergebnisse der Parlamentswahl von 2007. Dieses Manöver ermöglichte die Einsetzung einer Janukovyč ergebenen Regierung unter Ministerpräsident Mykola Azarov (geb. 1947). Azarov, ein enger Vertrauter des Präsidenten aus Donec'ker Zeiten, war in Russland aufgewachsen, war unter Kučma Chef der Steuerverwaltung, dann Mitbegründer der Partei der Regionen und in den beiden Kabinetten Janukovyč für die Finanzpolitik zuständig. Die Hälfte der Minister stammte aus den ostukrainischen Gebieten Donec'k und Luhans'k, der Machtbasis von Janukovyč, oder hatten ihre politische Karriere in Donec'k gemacht. Nicht aus dem «Stall» des Präsidenten kam der Finanzfachmann Serhij Tihipko, der bei den Präsidentschaftswahlen 13 % der Stimmen erreicht hatte. Er wurde einer der Stellvertreter des Ministerpräsidenten und nach der Fusion seiner Partei «Starke Ukraine» mit der Regierungspartei zwei Jahre später zweiter Vorsitzender der Partei der Regionen.

Janukovyč schaffte es, in etwas mehr als einem Monat eine bisher von keinem Präsidenten erreichte Machtfülle zu gewinnen. Der Präsident ging ohne Umschweife daran, wichtige Leitungsfunktionen mit Personen aus dem Osten und Süden des Landes, die der Partei der Regionen nahestanden, zu besetzen. Auch in der Regionalverwaltung wurden die wichtigsten Führungspositionen mit Anhängern Janukovyč' besetzt. Dies erleichterten die im Oktober 2010 durchgeführten, zum Teil irregulären Kommunalwahlen, aus denen die Partei der Regionen in allen Gebieten der Ukraine mit Ausnahme des Westens als

Siegerin hervorging. Um die Befugnisse des Präsidenten auszuweiten, entschied das Parlament, dass die Verfassungsreform von 2004/2006 verfassungswidrig erfolgt sei. Darauf setzte das Verfassungsgericht in einem umstrittenen Entscheid die Verfassung von 1996 wieder in Kraft. Damit kehrte die Ukraine zu einem System zurück, das dem Präsidenten mehr, dem Parlament weniger Befugnisse gab. So konnte der Präsident nun den Ministerpräsidenten wieder ohne Zustimmung des Parlaments ernennen und entlassen.

Journalisten klagten vermehrt über Eingriffe der Regierung in die Medienfreiheit und über eine zunehmende Zensur. Die politische Berichterstattung im Staatsfernsehen wurde auf den Präsidenten und seine Politik ausgerichtet. Der Geheimdienst SBU, dessen Kompetenzen erweitert wurden, und die Staatsanwaltschaft verfolgten Journalisten, Blogger, Historiker und politische Oppositionelle. Es hielt ein Klima der Angst Einzug, genährt durch Einschüchterungen, Vorladungen beim Geheimdienst und gezielte Verhaftungen. Auch einzelne Ausländer wie der Leiter des Auslandsbüros der Konrad-Adenauer-Stiftung in der Ukraine Nico Lange waren davon betroffen. Für Janukovyč hatten die Konsolidierung und der Ausbau seiner Machtstellung absolute Priorität. Er nutzte diese aber nicht dazu, um die Versprechen, die er der Bevölkerung im Süden und Osten des Landes gemacht hatte, einzulösen. An der Struktur der Ukraine als Einheitsstaat wurde nicht gerüttelt, die Regionen erhielten keine größeren Befugnisse, von Autonomie und Föderalisierung war nicht die Rede.

Das Versprechen, Russisch zur zweiten Staatssprache zu machen, wurde ebenfalls nicht eingelöst. Immerhin verabschiedete das Parlament im Juni 2012 ein von der Partei der Regionen eingebrachtes Sprachengesetz, das in den Regionen die Minderheitensprachen als zweite Amtssprachen neben dem Ukrainischen zuließ. Dies sollte für diejenigen Gebiete gelten, in denen nichtukrainische Minderheiten mehr als 10% der Bevölkerung ausmachten. Das traf für die Hälfte der Regionen zu und bezog sich fast ausschließlich auf das Russische. Die Opposition sah darin die De-facto-Erhebung des Russischen zur zweiten Amtssprache. Tatsächlich wurde damit das Russische im Osten und Süden des Landes offiziell zur herrschenden Regionalsprache in Behörden und Schulen. Zahlreiche Regional- und Stadträte erhoben noch im selben Jahr Russisch zur Regionalsprache. In einem Kreis Transkarpatiens, wo die Ungarn 12% der Bevölkerung stellten, erhielt auch das Ungarische den Status einer Regionalsprache. Die Krimtataren, die 12% der Bevölkerung auf der Halbinsel stellten, verlangten indessen ohne Erfolg die Erhebung ihrer Sprache zur Regionalsprache. Das Verhältnis der russischen Mehrheit auf der Krim zu den Krimtataren blieb gespannt, und im Dezember 2011 kam es zu Überfällen russischer Gruppen auf Einrichtungen der Krimtataren.

Ein zentrales Anliegen des Präsidenten war die Abrechnung mit seinen politischen Gegnern, die ihm in der Orangen Revolution eine demütigende Niederlage beigebracht hatten. Seit Mai 2010 wurden sie vielfältiger, teilweise grotesk anmutender Vergehen beschuldigt, mit einer Fülle von Gerichtsverfahren überzogen und teilweise zu Gefängnisstrafen verurteilt. An sich war ein entschiedenes Vorgehen gegen die endemische Korruption und Veruntreuung dringend notwendig, und ohne Zweifel hatten sich die meisten Vertreter der politischen Elite nicht immer an die Gesetze gehalten. Allerdings trafen die Maßnahmen fast ausschließlich Mitglieder des Teams von Julija Tymošenko. Es handelte sich also um eine selektive Justiz, die alle Zeichen eines persönlichen Rachefeldzuges Janukovyč' gegen seine Rivalin trug.

Unter den Opfern war der frühere Wirtschaftsminister Bohdan Danylyšyn, der der Veruntreuung öffentlicher Gelder angeklagt wurde, worauf er nach Tschechien flüchtete, wo er im Jahre 2011 politisches Asyl erhielt. Im Gegenzug wurden zwei tschechische Diplomaten des Landes verwiesen. Der ehemalige Umweltminister Heorhij Filipčuk wurde wegen eines angeblich illegalen Geschäfts im Zusammenhang mit der Ausbeutung der Bodenschätze im Schwarzen Meer zu drei Jahren Haft verurteilt. Mehr Aufsehen erregte der Fall des ehemaligen Innenministers Jurij Lucenko, gegen den seit November 2010 mehrere Strafverfahren eröffnet wurden. Unter den Anklagepunkten waren die Unterschlagung von Staatsvermögen und Amtsmissbrauch. Bizarr mutete der Vorwurf an, Lucenko habe dem Fahrer seines Dienstwagens zu einer Zusatzrente sowie einer Wohnung verholfen und bei Festen der Polizei zu viel Geld ausgegeben. Lucenko wurde im Dezember 2010 inhaftiert und im Februar 2012 zu vier Jahren Haft verurteilt. Der Europäische Gerichtshof für Menschenrechte verurteilte die Ukraine wegen der politisch motivierten Inhaftierung Lucenkos; seine Verhaftung sei «willkürlich» gewesen, weshalb ihm 15 000 Euro Entschädigung zustünden. Lucenko machte durch Hungerstreiks auf seinen Fall aufmerksam.

Janukovyč schreckte nicht davor zurück, mit den Methoden selektiver Justiz direkt gegen seine politische Widersacherin Julija Tymošenko, die ihm in der Präsidentenwahl knapp unterlegen war, vorzugehen. Schon im Mai 2010, drei Monate nach der Wahl, nahm die Generalstaatsanwaltschaft ein gegen sie im Jahr 2003 eröffnetes Korruptionsverfahren wieder auf. Im Dezember 2010 erhob man Anklage wegen Veruntreuung öffentlicher Mittel. Im März 2011 eröffnete die Generalstaatsanwaltschaft ein drittes Verfahren. Tymošenko wurde vorgeworfen, beim Abschluss der Gasverträge mit Russland zu Beginn des Jahres 2009 ihre Befugnisse überschritten und aus persönlichem Interesse einen zu hohen Gaspreis akzeptiert zu haben, wodurch der Ukraine ein Schaden in Höhe von 137 Millionen Dollar entstanden sei. Ein Kiever Bezirksgericht verurteilte die ehemalige Ministerpräsidentin am 11. Oktober 2011 wegen Amtsmissbrauchs zu sieben Jahren Freiheitsentzug. Das Ziel der von Janukovyč gesteuerten Verurteilung Tymošenkos war offensichtlich, sich seiner gefährlichsten Rivalin ein für alle Mal zu entledigen. Anhänger der Oppositionsparteien protestierten gegen das Urteil und versuchten, in das Gerichtsgebäude zu gelangen. Die Außenbeauftragte der EU Catherine Ashton und das Europäische Parlament kritisierten das Urteil ebenfalls.

Spätestens jetzt war «der Fall Tymošenko» zu einem Gegenstand der hohen Politik geworden. Infolge eines Rückenleidens verschlechterte sich der Gesundheitszustand der Politikerin, der man die Ausreise zur Behandlung in der Berliner Charité, wo sie einer Operation unterzogen werden sollte, verwehrte. Im Frühjahr und Herbst 2012 trat sie zweimal in einen mehrwöchigen Hungerstreik, um gegen ihre Haftbedingungen zu protestieren. Im April 2012 wurde ein weiteres Verfahren gegen sie eröffnet, in dem ihr Steuerhinterziehung und Veruntreuung vorgeworfen wurden. Der Europäische Gerichtshof für Menschenrechte rügte im April 2013 die Inhaftierung Tymošenkos, die «willkürlich und rechtswidrig» gewesen sei. Die Abrechnung mit Julija Tymošenko wurde dann zum Gegenstand der Verhandlungen um ein Assoziierungsabkommen der Ukraine mit der EU.

Vom 8. Juni bis 1. Juli 2012 wurden die Fußball-Europameisterschaften in Polen und der Ukraine ausgetragen. Das Land hatte sich lange darauf gefreut und alles gut vorbereitet, um die europäischen Gäste vorbildlich empfangen zu können. Im Vorfeld war die Ukraine allerdings kritisiert worden, so wegen der nicht fristgemäßen Inbetriebnahme der Stadien. Auch wurden Störungen der Spiele durch nationalistische ukrainische Hooligans vorausgesagt, die dann aber ausblieben. Schwerer wog die westliche Kritik an der politischen Entwicklung unter Janukovyč und besonders an der Inhaftierung Tymošenkos, die hochrangige Politiker veranlasste, ihre vorgesehenen Besuche abzusagen. Dennoch waren die Europameisterschaften im Ganzen ein Erfolg, und die zahlreichen Berichte der Medien aus der Ukraine ließen das Land etwas näher an das übrige Europa heranrücken.

Überraschend wurde im März 2011 im Fall des ermordeten Journalisten Gongadze ein Verfahren gegen Leonid Kučma, den früheren Präsidenten und Mentor Janukovyč', eröffnet. Es wurde aber im Dezember wieder eingestellt, und im Januar 2013, mehr als zwölf Jahre nach dem Verbrechen, wurde der ehemalige Chef der Hauptfahndungsabteilung wegen Mordes zu lebenslanger Haft verurteilt.

Im Oktober 2012 fanden fristgemäße Parlamentswahlen statt. Schon im Herbst 2011 hatte das alte Parlament ein neues Wahlgesetz angenommen, das die Wahlkampfzeit verkürzte, die Teilnahme von Wahlblöcken verbot und die Sperrklausel von 3 auf

5% erhöhte. Das seit 2006 geltende Proporzwahlrecht wurde durch ein gemischtes Wahlsystem ersetzt, das schon zwischen 1998 und 2006 in Kraft gewesen war. Die Hälfte der Sitze wurde nach dem Verhältniswahlrecht an die Parteien vergeben, die andere Hälfte nach dem Mehrheitswahlrecht an die Kandidatinnen und Kandidaten, die in einem Wahlkreis die Mehrheit der Stimmen erzielten. Das Majorzsystem eröffnete bessere Möglichkeiten für administrative und finanzielle Einmischung vonseiten des Staates und der Oligarchen.

Die Parlamentswahl vom 28. Oktober 2012 brachte einige Überraschungen. Stärkste Partei blieb die Partei der Regionen mit 30% der Stimmen (gegenüber 2007 ein Verlust von 4,4%) und 185 von 450 Mandaten, vor der aus dem BJUT Tymošenkos hervorgegangenen Partei «Allukrainische Vereinigung Vaterland» (Bat'kivščyna) mit 25,5% (– 5,2%) und 101 Mandaten. Juščenkos «Unsere Ukraine» sackte um 13% auf 1,1% ab und verschwand damit aus der Politik. Drittstärkste Partei wurde auf Anhieb die «ukrainische Demokratische Allianz für Reformen», abgekürzt UDAR (Schlag) des Ex-Boxers Vitalij Klyčko mit 14,0% und 40 Mandaten. Klyčko hatte zuvor zweimal erfolglos für das Amt des Bürgermeisters von Kiev kandidiert und sich in der Orangen Revolution engagiert. Es folgte die Kommunistische Partei, die mit 13,2% (+ 7,8%) und 32 Mandaten ein unerwartetes Comeback feierte. Überraschend war auch der Erfolg der nationalistischen «Allukrainischen Vereinigung Freiheit» (Svoboda), die 10,4% der Stimmen (+ 9,7%) und 40 Mandate erzielte. 7 Sitze gingen an andere Parteien, 43 an Kandidaten ohne Parteibindung. Da sich die Mehrzahl der ungebundenen Abgeordneten der Partei der Regionen anschloss und einige andere wie üblich die Seiten wechselten, kam das Regierungslager auf eine Mehrheit im Parlament, zusammen mit den Kommunisten sogar auf eine komfortable Mehrheit.

Die regionale Verteilung entsprach im Wesentlichen dem Muster der früheren Wahlen: Die Partei der Regionen wurde stärkste Kraft im Osten und Süden mit Spitzenwerten im Gebiet Donec'k, Tymošenkos «Vaterland» siegte im Zentrum, Norden und Westen. Die OSZE und die EU stellten zahlreiche

Unregelmäßigkeiten fest und kritisierten den Verlauf der Parlamentswahlen als nicht den internationalen Standards entsprechend.

Aufsehen erregten die bedeutenden Gewinne von Svoboda, die gut 10% der Stimmen erhielt und im Gebiet Lemberg (L'viv) sogar stärkste Partei wurde. Damit errang zum ersten Mal in der Geschichte der unabhängigen Ukraine eine rechtsextreme ethnonationalistische Partei mehr als 1% der Stimmen und bildete eine eigene Parlamentsfraktion. Zwar hatten schon 2009 die Regionalwahlen im galizischen Gebiet Ternopil', in denen Svoboda 35% der Stimmen erhalten hatte, Aufmerksamkeit erregt. Auch in den Kommunalwahlen von 2010 erreichte Svoboda in der Westukraine zum Teil hohe Zustimmung. Dass die Rechtsextremisten auch in anderen Teilen der Ukraine zahlreiche Stimmen erhielten und in der Hauptstadt Kiev sogar 17% erreichten, war für viele ein Schock. Die Plenartagung des Europäischen Parlaments reagierte umgehend und «erklärte sich besorgt über die zunehmende nationalistische Stimmung in der Ukraine, die in der Unterstützung für die Partei ›Svoboda‹ (Freiheit) zum Ausdruck kommt». Es gab immer wieder Gerüchte, dass Svoboda von Janukovyč finanziell unterstützt worden sei, um die Opposition zu spalten.

Vorläuferin von Svoboda war die schon 1991 begründete Sozial-nationale Partei der Ukraine, die mit Nazisymbolen in Erscheinung trat, in den Wahlen von 1998 aber lediglich 0,16% der Stimmen erreichte. Dennoch schaffte ihr Führer Oleh Tjahnybok als Einzelkandidat zweimal den Einzug ins Parlament. Er schloss sich dort Juščenkos Fraktion «Unsere Ukraine» an, wurde aber im Jahr 2004 wegen Äußerungen über die «moskowitisch-jüdische Mafia» ausgeschlossen. Er vollzog eine taktische Wende und gab der Partei den neuen Namen Freiheit (Svoboda). Die Partei mäßigte ihren Ton, was nicht ausschloss, dass einzelne Parteimitglieder weiter ungestraft antisemitische Parolen verbreiteten. Svoboda sah sich als Nachfolgerin der rechtsextremen OUN mit ihrem Führer Stepan Bandera und deren antisowjetischer (antirussischer) Ausrichtung und verfocht wie diese einen fundamentalistischen ethnischen Nationalismus.

Nach den Erfolgen in den galizischen Regionalwahlen nahmen die Mitgliederzahl und Medienpräsenz der Partei zu. Die wichtigste Ursache für ihren Erfolg in den Parlamentswahlen von 2012 lag im Vakuum, das durch den raschen Niedergang von Juščenko und seiner Partei entstanden war, die mit ihrer national-ukrainischen Politik vor allem in der Westukraine zahlreiche Anhänger gehabt hatten. Ein Teil der Menschen, die dem einstigen Helden der Orangen Revolution die Treue gehalten hatten, sah sich nach dessen verheerender Niederlage in den Präsidentschaftswahlen von 2010 ohne politische Heimat. Die einzige Partei, die dem zunehmend autoritären und russlandfreundlichen Präsidenten Janukovyč die Stirn zu bieten schien, war Svoboda. So wählten viele diese Partei aus taktischen Gründen und nahmen deren ideologische Ausrichtung in Kauf. Ihre Stammwählerschaft, die sich auf Galizien konzentrierte, wurde von Soziologen auf 3 % geschätzt. Dass sie damit richtiglagen, sollten die Präsidentenwahlen des Jahres 2014 zeigen.

Das neue Parlament bestätigte Azarov als Ministerpräsident. Janukovyč gelang es in den ersten dreieinhalb Jahren seiner Präsidentschaft, seine Machtstellung zu konsolidieren und sukzessive auszubauen. Zwar erhielt der Präsident die demokratische Rhetorik bei, doch wurde die Demokratie zusehends ausgehöhlt. Offensichtlich dienten Janukovyč der von ihm bewunderte Vladimir Putin und sein autoritäres Regime als Vorbild. Putin war es allerdings gelungen, die zuvor einflussreichen Oligarchen politisch weitgehend auszuschalten und die politische Macht in seinen Händen zu konzentrieren. Manches spricht dafür, dass Janukovyč auch hierin Putin folgte. Wie dieser versuchte er, immer mehr Macht in der Präsidialadministration zu konzentrieren, die zu einer zweiten, vom Parlament unabhängigen Regierung ausgebaut wurde.

Seit der Jahrhundertwende bestand in der Ukraine eine enge Beziehung zwischen der Politik und den Geschäften der Oligarchen. Die Regierung wurde von Oligarchen unterstützt und sicherte im Gegenzug deren Interessen. Da die Oligarchen miteinander konkurrierten, ergab sich daraus spätestens seit der Orangen Revolution ein politischer Pluralismus in einem labilen Gleichgewicht. Janukovyč war als Instrument des Donec'ker Clans an die Macht gekommen. Auch im 2012 gewählten Parlament vertrat ein bedeutender Teil der Abgeordneten die Interessen Achmetovs, des reichsten Ukrainers und Hauptsponsors der Partei der Regionen. Andere Oligarchen mit abweichenden Interessen und politischen Orientierungen mischten weiter in der Politik mit. So unterstützte Ihor' Kolomojs'kyj, dessen Unternehmen sich auf Dnipropetrovs'k konzentrierten und der als zweitreichster Ukrainer galt, zunächst Tymošenko, im Jahre 2012 dann Klyčkos UDAR. Janukovyč versuchte nun, die Oligarchen gegeneinander auszuspielen, um sich von deren bestimmendem Einfluss zu lösen. Dazu kam der Wunsch des Präsidenten, sich selbst zu bereichern, selbst zum Oligarchen zu werden.

Janukovyč baute einen ihm ergebenen Personenkreis auf, der in Politik und Wirtschaft an Einfluss gewann. In den ukrainischen Medien tauchte der Begriff «Familie» auf, um das Netzwerk der persönlichen Geschäftspartner des Präsidenten zu kennzeichnen. Eine führende Rolle kam Janukovyč' Sohn Oleksandr zu, der in kurzer Zeit zu einem der reichsten Männer der Ukraine wurde. Auch Janukovyč selber bereicherte sich maßlos, was ihm den Ruf des Kleptokraten einbrachte. Die «Familie» ging daran, sich der Oligarchen zusehends zu entledigen und mit einer kleinen Gruppe von Vertrauten das Land zu regieren. Janukovyč besetzte zahlreiche Posten in Regierung und Bürokratie mit meist jungen Fachleuten aus dem Umkreis seines Sohnes. Er verstärkte auch sukzessive seinen Einfluss auf die Medien. Damit erschütterte er die bisherige Balance zwischen Politik und Oligarchen. Da die Tage des Präsidenten schon gezählt waren, ist ungewiss, ob seine Rechnung aufgegangen wäre. Die Entfremdung zwischen Janukovyč und einigen Oligarchen trug allerdings bei zur Erschütterung seiner Position und zu seinem Sturz, als einige Oligarchen ihn fallen ließen.

Auch unter der gesamten Bevölkerung der Ukraine wuchs die Unzufriedenheit mit dem Präsidenten. Man war enttäuscht darüber, dass die versprochene Verbesserung der wirtschaftlichen und sozialen Situation ausblieb. Im Gegenteil führten die vom IWF geforderten sozialen und wirtschaftlichen Einschnitte zu neuen Belastungen besonders der Armen. Schon im Herbst 2010 kam es zu Demonstrationen gegen die Sozialpolitik. Im Juni 2011 gaben zwei Drittel der Bevölkerung, unter ihnen viele aus dem Osten und Süden, in einer Umfrage an, dass sie mit dem Präsidenten unzufrieden seien und die Ukraine sich auf einem falschen Weg befinde. Im Mai 2013 fand in Kiev eine von den Oppositionsparteien organisierte Demonstration unter dem Motto «Steh auf, Ukraine!» statt, an der nach Angaben der Organisatoren 50000 Menschen teilnahmen. Gleichzeitig demonstrierten in Kiev Anhänger der Partei der Regionen für den Präsidenten.

Janukovyč kam allerdings zugute, dass es der Opposition an überzeugenden personellen Alternativen fehlte. Julija Tymošenko saß gesundheitlich angeschlagen im Gefängnis und galt vielen als Vertreterin der alten Eliten, die das Land zugrunde gerichtet hätten. Viele setzten ihre Hoffnungen auf Vitalij Klyčko, der allerdings keine Regierungserfahrung hatte. So kam die spontane zivilgesellschaftliche Massenbewegung gegen das Regime Janukovyč', die sich im November 2013 daran entzündete, dass der Präsident im letzten Moment das Assoziierungsabkommen mit der EU nicht unterschrieb, überraschend. Sie stand am Beginn einer neuen Etappe der ukrainischen Geschichte.

Zwischen Russland und Europäischer Union: Die Außenpolitik der Ukraine in den Jahren 2005–2013

Nach der Orangen Revolution vollzog sich eine Wende in der ukrainischen Außenpolitik, die bisher zwischen Russland und dem Westen laviert hatte, hin auf eine klare Präferenz der Orientierung nach Westen. Schon Ende Januar 2005 besuchte Präsident Juščenko den Europarat und bekräftigte, dass die EU-Mitgliedschaft das strategische Ziel der Ukraine sei. Es folgten Besuche in Deutschland und den USA. Seit Polen, die Slowakei und Ungarn 2004 der Europäischen Union beigetreten waren, war die Ukraine direkter Nachbar der EU und damit Objekt von deren neuer Nachbarschaftspolitik. Die Ausweitung des Schengener Abkommens auf diese Länder verfestigte die Grenze zwischen Ukraine und Europäischer Union. Im Jahr 2005 schaffte die Ukraine die Visumpflicht für Bürger der EU ab; die reziproke Abschaffung der Visa für Ukrainer ist zwar immer wieder diskutiert, aber bis 2014 nicht eingeführt worden. Trotz der historisch belasteten Beziehungen wurde Polen nun zu einem Advokaten der Ukraine in der Europäischen Union.

Am 25. Februar 2005 wurde in Brüssel ein bilateraler EU-Aktionsplan (ohne Beitrittsperspektive) unterzeichnet, der das Partnerschaftsabkommen von 1994 ersetzte. Die weiteren Verhandlungen mit der Europäischen Union machten allerdings keine entscheidenden Fortschritte. Im Jahr 2008 wurde der Ukraine ein Assoziierungs- und Freihandelsabkommen lediglich in Aussicht gestellt, im Jahr darauf dann doch eine Agenda für die Vorbereitungen zur Unterzeichnung eines Abkommens beschlossen. Von der Ukraine erwartete man im Gegenzug Reformen in Politik und Wirtschaft. Die Enttäuschung in der Ukraine über die zögernde Haltung der EU war groß. Seit 2006 hatten beide großen politischen Lager, auch die Partei der Regionen, und die meisten Oligarchen den Kurs auf Europa unterstützt. Besonders die westorientierten Reformkräfte hatten sich erhofft, dass die Orange Revolution die Annäherung an die EU beschleunigen und damit den Transformationsprozess vorantreiben würde.

Nach fünfzehn Jahren Verhandlungen wurde die Ukraine im Mai 2008 in die Welthandelsorganisation (WTO) aufgenommen. Dies wurde als wichtiger Schritt zur Integration der Ukraine in den europäischen und globalen Markt und als Abwendung von der GUS und deren Wirtschaftsraum gewertet. Die Ukraine versuchte, mit einer Belebung des 1997 begründeten losen Zusammenschlusses der GUAM-Staaten (Georgien, Ukraine, Aserbaidschan, Moldova) ein Gegengewicht zur russischen Hegemonialpolitik im postsowjetischen Raum zu schaffen. Indirekt war die Ukraine schon lange in den Konflikt zwischen dem von Russland gestützten Transnistrien und der

Regierung der Republik Moldau involviert. Im Jahre 2005 erließ die Ukraine eine neue Zollregelung und bezog damit für Moldova und gegen Russland Stellung. Von Juščenko vorgelegte Vorschläge zur Lösung des Konflikts hatten keinen Erfolg. Russland reagierte auf die GUAM-Aktivitäten mit wirtschaftlichem Druck auf Georgien und die Moldau.

Gemeinsam mit Georgien strebte Präsident Juščenko energisch einen Beitritt der Ukraine zur NATO an. Er unterstrich schon im Februar 2005 das Interesse der Ukraine, mit der NATO einen Aktionsplan zur Mitgliedschaft abzuschließen. Im Gegensatz zur EU genoss die NATO allerdings wenig Popularität, und ein Beitritt der Ukraine wurde 2008 nur von einem Drittel der Bevölkerung befürwortet. Mit der Orientierung auf die NATO spaltete Juščenko das Land. Als die Ukraine bei der NATO einen Antrag auf einen Aktionsplan für eine Mitgliedschaft stellte, kam es zu zahlreichen Protestdemonstrationen. Die Abgeordneten der Partei der Regionen blockierten das Parlament, und erst als dieses beschlossen hatte, dass ein Beitrittsgesuch einem landesweiten Referendum zu unterwerfen sei, wurde die Krise beigelegt. Auch Russland reagierte heftig mit Drohungen und Warnungen. Ein NATO-Gipfel lehnte im Jahre 2008 den Antrag der Ukraine und Georgiens trotz amerikanischer Unterstützung vorläufig ab.

Trotz der Irritationen, die die Unterstützung Janukovyč' durch Russland hervorgerufen hatte, und des Prestigeverlustes, den Präsident Putin mit der Aufdeckung der Fälschungen zugunsten des von ihm unterstützten Kandidaten hatte einstecken müssen, machte Juščenko wie schon seine Vorgänger seinen ersten Auslandsbesuch in Moskau. Ein Gegenbesuch Präsident Putins in Kiev folgte im März 2005. Allerdings blieb das Verhältnis zu Russland gespannt und hob sich deutlich ab von den pragmatischen Beziehungen der Ära Kučma.

Russland nutzte die Abhängigkeit der Ukraine von russischen Energielieferungen, vor allem des wichtigsten Energieträgers Erdgas, weiter als politisches Druckmittel. Im März 2005 kündigte Gazprom die sukzessive Anhebung der Preise für Erdgas auf Weltmarktniveau an, das mehr als viermal höher lag als der zuvor entrichtete «Freundschaftspreis». Es folgten lange Verhandlungen, in denen die Ukraine erneut ihre Bedeutung als Transitland für die Pipelines nach Mittel- und Westeuropa ausspielte. Es kam zunächst zu keiner Einigung, und Anfang 2006 stoppte Gazprom die Gasexporte in die Ukraine. Die ukrainische Seite reagierte damit, dass sie für Westeuropa bestimmtes Erdgas zurückhielt, was dort für Irritationen sorgte. Unter Druck kam es nach wenigen Tagen zu einer Einigung, die eine Verdoppelung des Erdgaspreises von 50 auf 95 Dollar per 1000 Kubikmeter vorsah. Gleichzeitig hob die Ukraine die Transitgebühren für Gas an. Im Jahre 2007 wurde der Preis auf 130 Dollar per 1000 Kubikmeter, 2008 auf 180 Dollar angehoben. Im Februar 2008 kürzte Gazprom erneut seine Gaslieferungen, da die Ukraine ihre Schulden nicht beglichen hatte. Der Konflikt konnte in letzter Minute auf einem Treffen der beiden Staatspräsidenten beigelegt werden. Im folgenden Winter machte Gazprom seine Drohungen wahr und lieferte ab 1. Januar 2009 kein Gas mehr an die Ukraine. Vom Lieferstopp waren auch mehrere Länder im übrigen Europa betroffen, die über die Ukraine mit Erdgas versorgt wurden. Verhandlungen, in die auch die EU involviert war, führten am 19. Januar zu einem Liefer-Transitvertrag mit für die Ukraine ungünstigen Bedingungen. Am nächsten Tag wurden die Erdgaslieferungen wieder aufgenommen und in der Folge die Preise weiter erhöht. Die Erhöhung der Energiekosten, die nur mehr zu einem kleineren Teil durch Transitgebühren beglichen werden konnten, schuf Probleme für die ukrainische Industrie und für den Staatshaushalt, über den der Erdgaspreis für die Konsumenten subventioniert wurden.

Der bewaffnete Konflikt zwischen Georgien und Russland um Südossetien und der Einmarsch russischer Truppen in georgisches Gebiet im August 2008 wurden von den politischen Lagern in der Ukraine unterschiedlich bewertet. Janukovyč' Partei der Regionen bezog eine prorussische Position und forderte eine Anerkennung der Unabhängigkeit Abchasiens und Südossetiens durch die Ukraine. Ministerpräsidentin Tymošenko lavierte und hielt sich mit Äußerungen zurück, während Präsident Juščenko die russische Invasion als Bedrohung der Unabhängigkeit der Ukraine bezeichnete, als hätte er die Annexion der Krim im Februar 2014 vorausgeahnt. Er nahm klar Partei für Georgien und machte einen demonstrativen Besuch in Tbilisi.

Gleichzeitig griff er auch das heikle Thema der russischen Schwarzmeerflotte und ihrer Basis in Sevastopol' wieder auf, indem er ankündigte, die Kontrolle über die russischen Kriegsschiffe zu verstärken und den im Jahre 2017 auslaufenden Vertrag mit Russland nicht zu verlängern. Russland reagierte auf diese direkte Herausforderung heftig. Außenministerium und Parlament warfen der Ukraine vor, ihre Verpflichtungen, die sie im 1997 abgeschlossenen und 1999 ratifizierten Freundschaftsvertrag mit Russland eingegangen war, zu verletzen, indem sie eine russlandfeindliche Politik verfolge, sich der NATO annähere und die Russischsprachigen im Lande diskriminiere. Russland drohte damit, den Freundschaftsvertrag mit der Ukraine nicht zu verlängern, was auch den Status der Schwarzmeerflotte und die Anerkennung der territorialen Integrität der Ukraine tangiert hätte. Am 1. Oktober 2008 wurde dann der Freundschaftsvertrag doch um weitere zehn Jahre verlängert.

Die russisch-ukrainischen Beziehungen verschlechterten sich dennoch zusehends. Im August 2009 schickte der russische Präsident Dmitrij Medvedev einen Brief an seinen ukrainischen Amtskollegen Juščenko, in dem er ihm «eine russophobe Politik» vorwarf. Diese habe sich in der angeblichen militärischen Unterstützung Georgiens im Kaukasuskrieg und in der Verletzung von Bestimmungen des Vertrages über die Stationierung der Schwarzmeerflotte manifestiert. Medvedev protestierte auch gegen die zunehmende nationalistische Rhetorik Juščenkos und seine Geschichtspolitik. Dieser warf seinerseits Russland Einmischung in die inneren Angelegenheiten der Ukraine vor.

Der neue Präsident Janukovyč machte zwar seine erste Auslandsreise nach Brüssel und bekräftigte, den Kurs der Ukraine auf Integration in die Europäische Union bis hin zur Mitgliedschaft beizubehalten. Schon in seiner Antrittsrede knüpfte er aber an die «multivektorale» Außenpolitik Präsident Kučmas an und situierte die Ukraine als eigenständigen geopolitischen

Raum, «als zukünftige Brücke zwischen Ost und West, als integralen Teil Europas und gleichzeitig der ehemaligen UdSSR". Später bezeichnete er die Ukraine als europäischen blockfreien Staat. Das bedeutete eine Absage an das von seinem Vorgänger verfolgte Ziel eines NATO-Beitritts der Ukraine, das nicht konsensfähig war.

Das Verhältnis der Ukraine zu Russland verbesserte sich schlagartig. Bei seinem Antrittsbesuch in Moskau am 5. März 2010 kündigte Janukovyč eine «ernsthafte Revision der ukrainisch- russischen Beziehungen» an und lobte die politische Stabilität in Putins Russland als vorbildlich. Russland erklärte sich nun bereit, der Ukraine in der Frage der Erdgaslieferungen entgegenzukommen, forderte allerdings dafür einen politischen Preis. Die beiden Präsidenten unterzeichneten im April 2010 in Charkiv ein Abkommen. Demnach erhielt die Ukraine einen erheblichen Nachlass auf die Gaspreise: 100 US-Dollar bei einem Gaspreis von über 330 US-Dollar für 1000 Kubikmeter und 30% bei einem Gaspreis unter 330 US-Dollar. Im Gegenzug wurde der Pachtvertrag für die russische Schwarzmeerflotte auf der Krim um 25 Jahre bis 2042 verlängert. Als die Verchovna Rada das Abkommen bestätigte, kam es zu heftigen Protesten der Opposition. Allerdings führte der Vertrag trotz des Preisnachlasses nicht zu einer wesentlichen Senkung des Gaspreises, und Anfang 2013 beklagte sich die ukrainische Seite, für russisches Erdgas den höchsten Preis in Europa zu bezahlen. Folgerichtig intensivierte man die Erschließung von Schiefergasvorkommen vor allem im Donbass, und im Januar 2013 wurde zu diesem Zweck ein Abkommen mit dem Energiekonzern Royal Dutch Shell geschlossen, das in Russland negative Reaktionen hervorrief.

Gleichzeitig wurde der Prozess der Annäherung der Ukraine an die Europäische Union fortgesetzt. Janukovyč nannte das Assoziierungsabkommen, die Schaffung einer Freihandelszone und die Aufhebung der Visumspflicht als wichtigste außenpolitische Ziele. Die zunächst für November 2010 vorgesehene Unterzeichnung des Assoziierungsabkommens wurde zunächst auf das folgende Jahr verschoben. Auf dem EU-Ukraine-Gipfel von Dezember 2011 erklärten beide Seiten, dass die Verhandlungen zum Assoziierungsvertrag erfolgreich abgeschlossen worden seien. Dieser sah eine weitreichende Anbindung vor, wie sie die EU bisher keinem Nichtmitglied außerhalb des Europäischen Wirtschaftsraums in Aussicht gestellt hatte, insbesondere eine Freihandelszone, die eine schrittweise gegenseitige Öffnung der Märkte beinhaltete. Eine künftige Mitgliedschaft der Ukraine in der EU wurde in dem Vertrag nicht erwähnt, obwohl sich das Europäische Parlament schon im Februar 2010 für eine Beitrittsperspektive ausgesprochen hatte. Das Abkommen wurde allerdings noch nicht unterschrieben. Die EU nannte als wichtigsten Grund dafür die politisch motivierte Inhaftierung Tymošenkos. Zur selben Zeit erklärte Janukovyč erneut, dass die Ukraine Vollmitglied der EU werden wolle. Den meisten Umfragen der Jahre 2012 und 2013 zufolge sprach sich eine knappe Mehrheit der Ukrainerinnen und Ukrainer (55–57%) für eine Integration ihres Landes in die Europäische Union aus, während eine starke Minderheit eine Zollunion mit Russland favorisierte. In anderen Umfragen zeigte sich, dass ein beträchtlicher Teil der Befragten eine Annäherung sowohl an die EU wie an Russland befürwortete.

Am 30. April (endgültig am 19. Juli) 2012 wurde nach 21 Verhandlungsrunden das Assoziierungsabkommen zwischen der Ukraine und der EU paraphiert. An einem weiteren EU-Ukraine-Gipfel im Februar 2013 unterzeichneten Janukovyč und die Führer der EU-Delegation eine gemeinsame Erklärung, in der sie bekräftigten, dass ein Assoziierungsabkommen im November beim Gipfel der östlichen Partnerschaft in Vilnius unterzeichnet werde, wenn es bis dahin sichtbare Fortschritte in der Bekämpfung der selektiven Justiz und in der Verbesserung des Investitionsklimas gebe. Die Ukraine beschloss die meisten von der EU erwarteten Reformschritte, und Janukovyč begnadigte Lucenko und den ehemaligen Umweltschutzminister Filipčuk, die zu längeren Haftstrafen verurteilt worden waren. Julija Tymošenko blieb dagegen im Gefängnis, doch appellierte sie an die EU, die Unterzeichnung des Assoziierungsabkommens nicht ihretwegen platzen zu lassen.

In den Jahren 2010 bis 2013 trafen sich Präsident Janukovyč und Ministerpräsident Azarov regelmäßig mit ihren russischen Kollegen. Im Mai 2012 gratulierte Janukovyč Vladimir Putin zur gewonnenen Präsidentenwahl, die Stabilität für den Osten Europas bedeute. Neben den Erdgaslieferungen wurde über einen möglichen Beitritt der Ukraine zur Zollunion verhandelt, die Russland im Juli 2010 mit Kasachstan und Weißrussland eingegangen war. Die Ukraine hatte schon zuvor Freihandelsabkommen mit allen GUS-Staaten geschlossen. Vladimir Putin verfolgte mit der Zollunion das Ziel einer eurasischen Wirtschaftsunion unter russischer Hegemonie, die als Gegenmodell zur Europäischen Union möglichst viele ehemalige Sowjetrepubliken umfassen sollte. In diesem strategischen Masterplan kam der Ukraine eine Schlüsselrolle zu. Janukovyč und Ministerpräsident Azarov betonten mehrfach, dass für die Ukraine ein Beitritt zur Zollunion als auch zur Europäischen Union attraktiv sei. Im Mai 2013 wurde eigens für die Ukraine ein Beobachterstatus eingeführt, und Janukovyč nahm fortan als Beobachter ohne Stimmrecht an Sitzungen der Zollunion und des Hohen Eurasischen Wirtschaftsrates teil. Eine bindende schriftliche Vereinbarung mit der Zollunion blieb allerdings im Gegensatz zur vorgesehenen Assoziierung mit der EU aus.

Im April 2011 hatte der Präsident der Europäischen Kommission José Manuel Barroso erklärt, dass eine Integration der Ukraine in die Zollunion mit Russland, Kasachstan und Belarus mit einer Aufnahme in die Freihandelszone der EU nicht vereinbar sei. Der russische Präsident Medvedev konterte im Mai, indem er die Ukraine vor die Wahl «Freihandelszone mit der EU oder Zollunion mit Russland» stellte. Die Ukraine konnte zwar Freihandelsabkommen mit unterschiedlichen Partnerländern, so auch mit Russland, abschließen, aber nicht Mitglied verschiedener Zollunionen sein. Die für den 28./29. November 2013 angesetzte Unterzeichnung des Assoziierungsabkommens mit der EU bedeutete also eine wichtige Weichenstellung für die künftige geopolitische und wirtschaftliche Ausrichtung der Ukraine.

Die ukrainische Gesellschaft zu Beginn des 21. Jahrhunderts

Die dramatischen politischen Ereignisse am Ende des 20. und zu Beginn des 21. Jahrhunderts mit heiß umkämpften Präsidenten- und Parlamentswahlen, mit Machtkämpfen der Parteien, Personen und Seilschaften, mit gespannten Beziehungen zu Russland und einer langsamen Annäherung an die Europäische Union blieben, mit der Ausnahme der wenige Wochen währenden Orangen Revolution, die Angelegenheit kleiner Eliten. Zwar war die Ukraine nun ein unabhängiger Staat, der Kommunismus, Parteidiktatur und Planwirtschaft überwunden und zu politischem Pluralismus und Marktwirtschaft gefunden hatte. Allerdings blieb das sowjetische Erbe in manchen Bereichen noch immer lebendig. Wie Umfragen zeigten, interessierte sich die überwiegende Mehrheit der Bevölkerung wenig für Politik. Ihre Prioritäten lagen auf ihrer wirtschaftlichen und sozialen Situation, die auch nach zwei Jahrzehnten der Unabhängigkeit nicht ihren Erwartungen entsprach.

Immerhin war um die Jahrhundertwende die zehnjährige katastrophale wirtschaftliche Talfahrt aufgehalten worden, und die ökonomische und soziale Lage vieler Menschen verbesserte sich allmählich. Diese Verbesserungen müssen allerdings vor dem Hintergrund der desolaten Situation am Ende der 1990er Jahre gesehen werden. Das Bruttosozialprodukt war damals auf unter 40% des Niveaus von 1989 gesunken, die Arbeitslosigkeit stieg an und die realen Einkommen der Haushalte gingen immer mehr zurück. Der durchschnittliche Monatslohn betrug im Jahre 2001 nur mehr 67 Euro. Infolge der niedrigen und nur unregelmäßig ausbezahlten Löhne, Renten und Sozialleistungen kam ein beträchtlicher Teil der Bevölkerung, besonders ältere Menschen, Behinderte und Jugendliche, in große soziale Not. Die weit überwiegende Mehrheit der Ukrainer und Ukrainerinnen lebte damals in bitterer Armut. Dass es zu keinen Hungersnöten und größeren sozialen Verwerfungen kam, konnte nur durch Schattenwirtschaft, Schwarzmarkt und Tauschhandel verhindert werden, die nach Schätzungen damals über die Hälfte der ökonomischen Aktivitäten in der Ukraine ausmachten.

In den ersten Jahren des 21. Jahrhunderts erlebte die Ukraine ein starkes Wirtschaftswachstum, mit dem Maximum von 12,1% Wachstum des realen Bruttoinlandsprodukts im Jahr 2004. Nach einem Einbruch im Jahre 2005 erreichte es in den folgenden beiden Jahren wieder mehr als 7% pro Jahr. Dennoch konnten die gewaltigen Verluste der Neunzigerjahre nicht ganz wettgemacht werden, und das Bruttoinlandsprodukt erreichte bis Ende 2007 lediglich 70% des Niveaus von 1989. Wenn man das Bruttoinlandsprodukt pro Kopf zugrunde legt, lag es nach Kaufkraftparität im Jahre 2006 auf dem Stand von 1990 – eine Folge des Rückgangs der Bevölkerung.

Die Eisenerzförderung und die Stahlindustrie blieben die führenden Industriezweige mit über einem Drittel der Exporte. Die Ukraine war trotz eines Produktionsrückgangs im Jahr 2008 der drittgrößte Exporteur von Stahl weltweit, hinter China und Japan und gleichauf mit Deutschland und Russland. Für den Export arbeitete auch ein bedeutender Teil der Rüstungsindustrie, ukrainische Flugzeuge, Raketen und Panzer wurden vor allem in asiatische Länder exportiert. Die Ausgaben für das Militär blieben dagegen mit 1,7 Milliarden Dollar (1,4% des Bruttoinlandsprodukts) niedrig. Russland gab gleichzeitig das Fünfzigfache (85 Milliarden, 3,9%) aus. Der zweitwichtigste Zweig war die Chemische Industrie, vor allem die Erzeugung von Stickstoffdüngemitteln. Dynamisch entwickelte sich die Informationstechnologie, die Ukraine gehörte zu den führenden Ländern in diesem Bereich.

Nach einer achtjährigen Erholungsphase traf die globale Finanz- und Wirtschaftskrise die Ukraine mit voller Wucht. Im Jahre 2009 ging das reale Bruttoinlandsprodukt um 15% zurück, die Industrieproduktion sogar um 22% – der stärkste Rückgang von allen GUS-Staaten. Seit dem Herbst 2009 erholte sich die Wirtschaft allmählich wieder, doch erreichten weder das reale Bruttoinlandsprodukt noch die Industrieproduktion bis 2012 die Werte des Jahres 2008. In den Jahren 2012 und 2013 stagnierte die Wirtschaft sogar. Als die Ukraine an den Rand der

Zahlungsunfähigkeit gelangte, verabschiedete das Parlament im November 2008 einen Maßnahmenkatalog zur Bekämpfung der Wirtschaftskrise. Darauf genehmigte der Internationale Währungsfonds (IWF) der Ukraine einen Kredit über 16,4 Milliarden US-Dollar; ein Viertel wurde sofort freigegeben. Die Auszahlung der zweiten Tranche wurde im Februar 2009 verschoben und im Mai ausbezahlt, die dritte im Juli. Da die geforderten Reformen (Kürzung der Ausgaben, Erhöhung des Rentenalters und der Gaspreise) zunächst nicht durchgeführt wurden, stellte der IWF die Zahlungen ein. Im Juli 2010 beschloss er dennoch ein neues Programm und gewährte der Ukraine einen Kredit von 15,1 Milliarden Dollar, von dem die ersten beiden Tranchen 2010 ausbezahlt wurden. Unter den Bedingungen wurden erneut die Haushaltskonsolidierung und die Anhebung der Energiepreise genannt. Präsident Janukovyč machte sich nun daran, einige der unpopulären Sparauflagen umzusetzen. So wurde im August 2010 der Preis für Erdgas um 50% erhöht, und das Parlament verabschiedete im Juli 2011 eine Rentenreform, die das Eintrittsalter für Frauen von 55 auf 60 Jahre anhob.

Die ukrainische Wirtschaft schaffte es in den ersten 13 Jahren des 20. Jahrhunderts nicht, den Rückstand gegenüber weiter entwickelten Staaten aufzuholen. Verderblich war die auf einen Aufschwung folgende Krise von 2008/09. Doch waren dafür auch Strukturschwächen, schlechte institutionelle Rahmenbedingungen und eine wenig nachhaltige Wirtschaftspolitik in den Bereichen Geld und Währung verantwortlich. Die einseitige Konzentration auf die Schwerindustrie machte die Wirtschaft verwundbar. In der Erzeugung von Stahl lag die Ukraine weltweit auf Platz 8, 80% der Produktion gingen in den Export und machten bis zu 40% der Gesamtexporte aus. Der Handel mit der Europäischen Union und Russland hielten sich ungefähr die Waage. Unter Präsident Juščenko lag die EU vorn, unter Präsident Janukovyč dagegen Russland.

Die Landwirtschaft erholte sich allmählich vom sowjetischen Kolchossystem. Die Ukraine wurde bis zum Jahr 2008/09 zum 6. Weizenexporteur weltweit und damit ihrer traditionellen

Aufgabe als «Kornkammer Europas» allmählich wieder gerecht. Auch der hergebrachte Sonnenblumen-, Mais- und Zuckerrübenanbau nahm stark zu. Unzureichende Infrastruktur, Organisation und Effizienz schmälerten allerdings die Produktion, und die Agrarpolitik der Regierungen behinderte den Export, sodass das naturräumliche Potential der Ukraine nicht optimal genutzt wurde.

Reforminitiativen gingen in erster Linie vom Ausland, vor allem vom IWF, aus, während die einheimische Wirtschaftselite der Oligarchen mehrheitlich von der Beibehaltung des Status quo profitierte. Eine Schlüsselrolle spielte nach wie vor Achmetov mit seinem Donbass-Imperium aus Metallurgie, Chemie, Stromerzeugung und Kommunikation. Er war zwar an Exporten nach Russland interessiert, doch hielt er Distanz, da er die Konkurrenz russischer Oligarchen und die Beeinträchtigung seiner Geschäftsinteressen in der EU fürchtete. Dmytro Firtaš und Jurij Bojko, die die Gaslobby repräsentierten (Bojko war zweimal Energieminister), trugen Konflikte mit der Achmetov-Gruppe aus und waren stärker auf Moskau hin orientiert. Das Vermögen der Oligarchen stieg weiter an. Achmetov soll es zwischen 2010 und 2012 verdoppelt haben. Seine Gruppe Metinvest kaufte 2010 das Stahlwerk in Mariupol' und wurde damit zum größten Stahlproduzenten in der GUS. Unter den reichsten Ukrainern waren auch mehrere Mitglieder der Regierung.

In scharfem Kontrast zum unerhörten Reichtum der ukrainischen Milliardäre stand der nach wie vor sehr niedrige Lebensstandard der Masse der Bevölkerung. Zwar erhöhten sich die monatlichen Durchschnittslöhne von 67 Euro im Jahre 2001 auf 235 Euro im Jahre 2008 und nach einem Einbruch im Jahr 2009 auf 308 Euro im Jahre 2013. Die Durchschnittsrenten stiegen von 18 Euro im Jahr 2001 auf 139 Euro im Jahr 2013. Allerdings verstärkte sich zunächst die Inflation und erreichte Werte von über 10% pro Jahr, doch ging sie nach 2010 zurück. Dennoch erhöhten sich das Realeinkommen der Haushalte und die Renten und Sozialleistungen deutlich, sodass der Lebensstandard der meisten Menschen allmählich anstieg. Wie in anderen ökonomisch wenig entwickelten Gesellschaften entfiel ein großer Teil der Ausgaben auf Lebensmittel. In ländlichen Gebieten versorgten sich allerdings zahlreiche Menschen selbst mit Lebensmitteln, die sie selber anbauten. Die meisten Haushalte verfügten nun über einen Kühlschrank, eine Waschmaschine und einen Farbfernseher, und auch die Zahl der Autobesitzer nahm zu. Zwar stieg die durchschnittliche Wohnfläche pro Person langsam an, doch erhöhten sich auch die Kosten der zu 90% privaten Wohnungen, sodass die Wohnungssituation vor allem in den größeren Städten prekär blieb. Neue Belastungen brachte in den Jahren 2010 und 2011 die Verdoppelung der zuvor vom Staat subventionierten Gaspreise. Einige Gruppen wie alleinstehende Mütter mit ihren Kindern und Rentner profitierten wenig vom Wirtschaftswachstum.

Nicht vergessen darf man die großen Unterschiede der wirtschaftlichen Situation in den einzelnen Regionen der Ukraine. Relativ gut entwickelt waren die großen Städte mit Kiev an der Spitze und die hochindustrialisierten Gebiete im Osten mit den Zentren Donec'k, Dnipropetrovs'k und Charkiv. Ihnen standen rückständige ländliche Regionen in der Westukraine wie Wolhynien oder die Bukowina gegenüber. Während das durchschnittliche Monatseinkommen im Jahr 2012 in Kiev 416 Euro und in Donec'k 319 Euro betrug, mussten sich die Bewohner der Westukraine mit ungefähr 200 Euro begnügen. Allerdings war der industrialisierte Osten zusehends auf Subventionen aus dem Zentrum angewiesen. Dazu kamen eine hohe Umweltbelastung und ein schwaches ökologisches Bewusstsein. Im März 2012 wurde in Černobyl' mit dem vom Ausland finanzierten Bau einer neuen Schutzhülle um den 1986 explodierten vierten Reaktorblock begonnen, die im Jahr 2015 fertiggestellt werden soll. Trotz der Katastrophe von Černobyl' blieb die Ukraine auf Kernkraft angewiesen, und die vier Kraftwerke produzierten mehr als die Hälfte der Elektrizität. Internationale Programme unterstützten das Land in der Nachrüstung der Reaktoren und der Steigerung ihrer Sicherheit.

Die Ukraine war zu Beginn des 21. Jahrhunderts das zweitärmste Land Europas. Sie lag im Jahr 2013 mit einem (kaufkraftbereinigten) Bruttoinlandsprodukt von 7423 Dollar pro Kopf weltweit auf Platz 106, nur vor der Republik Moldau (Platz 135), aber klar hinter Polen (49) und Russland (58). Allerdings gaben diese Zahlen nicht die reale Wirtschaftsleistung wieder, da es noch immer eine bedeutende Schattenwirtschaft gab. Wie Umfragen zeigten, blieb die Mehrheit der Bevölkerung der Ukraine trotz der allmählichen Verbesserung der wirtschaftlichen und sozialen Lage unzufrieden mit dem Erreichten. Man fürchtete sich vor Inflation, Arbeitslosigkeit und den Auswirkungen des Kapitalismus, und die Oligarchen gerieten immer mehr in Misskredit. Die Finanzkrise von 2008/09 wirkte sich direkt auf zahlreiche Haushalte aus, die sich verschuldet hatten.

Die Sozialversicherung schützte nicht ausreichend gegen Einkommensausfälle infolge von Alter, Arbeitslosigkeit oder Krankheit. Besonders häufig kritisiert wurde die unzureichende Gesundheitsversorgung. Obwohl die Ukraine quantitativ gut mit Ärzten und Krankenhäusern versorgt war, ließ der Krankenversicherungsschutz zu wünschen übrig, Patienten mussten Medikamente oder größere Operationen meist selber bezahlen. Es kam häufig zu Arbeitsunfällen oder gar zu größeren Unglücken in den veralteten Kohlegruben des Donezbeckens und zu Explosionen von defekten Gasleitungen. Der schlimmste Unfall ereignete sich im November 2007, als bei einer Methangasexplosion in einer Donec'ker Grube in über 1000 Meter Tiefe mehr als hundert Bergleute ums Leben kamen. Angesichts dieser Probleme und der Unsicherheiten der sozialen und wirtschaftlichen Lage ist es nicht verwunderlich, dass vor allem im Osten und Süden und unter älteren Menschen Sowjetnostalgie verbreitet war. Die späte Sowjetzeit wurde hier als Zeit der Stabilität und der sozialen Sicherheit, nicht als Epoche der Parteidiktatur und Abhängigkeit von Moskau erinnert.

Weit verbreitet war weiterhin die Korruption, die als «Schmiermittel» fast aller wirtschaftlichen, gesellschaftlichen und politischen Handlungen diente. Sie betraf nicht nur Wirtschaftsunternehmen, Behörden, Polizei und Gerichte, sondern auch das Gesundheits- und Bildungswesen, das theoretisch für alle kostenlos sein sollte. Allerdings verdienten Ärzte, medizinisches Personal und Lehrer, die Mehrzahl von ihnen Frauen, so wenig, dass sie auf Zusatzeinkommen angewiesen waren. Die Korruption ersetzte den Staat und die schwachen Institutionen, die weder eine hinreichende Entlohnung noch einen funktionierenden Rechtsstaat garantierten. So kann man die Korruption als Element der Privatisierung und marktwirtschaftlichen Regulierung interpretieren. Sie wurde von einer Mehrheit der Bevölkerung als notwendiges Übel akzeptiert. In der Liste der korruptesten Länder lag die Ukraine immer weit oben. In der Regierungszeit von Janukovyč überholte sie sogar Russland, und im postsowjetischen Raum galten nur die vier zentralasiatischen Staaten als noch korrupter. Um den Forderungen der Europäischen Union nachzukommen, nahm das Parlament im Mai 2013 ein Antikorruptionsgesetz an, das die Strafen drastisch erhöhte.

Trotz der nach wie vor schwierigen wirtschaftlichen und sozialen Situation blieben Manifestationen sozialen Protestes selten. Die in den 1990er Jahren regelmäßig auftretenden Massenstreiks der Bergarbeiter im Osten des Landes ebbten ab. Gelegentlich demonstrierten Gruppen von Krimtataren für eine Verbesserung ihrer sozialen und wirtschaftlichen Lage, und es kam zu Zusammenstößen mit russischen Gruppen. Einzig die Aktivistinnen von FEMEN, die seit 2008 mit spektakulären barbusigen Auftritten auf die Benachteiligung der Frauen in Wirtschaft und Politik aufmerksam machten, erregten Aufsehen im In- und Ausland. Sie können als Ausleger der Orangen Revolution gelten, deren erstaunlich breite Selbstorganisation aber sonst rasch zurückging. Zivilgesellschaftliche Elemente wie NGOs und Vereine waren nach wie vor selten, Institutionen lokaler Selbstverwaltung wenig entwickelt. So kam die Massenbewegung des Euro-Majdan wie schon die der Orangen Revolution überraschend.

Die Bevölkerung der Ukraine nahm seit der Mitte der 1990er Jahre sukzessive ab und betrug im Jahre 2012 noch 45,5 Millionen gegenüber 51,5 Millionen im Jahre 1989. Die Bevölkerung der Großstädte stagnierte, mit Ausnahme der Hauptstadt Kiev, die um 8% zunahm. Kiev hatte im Jahr 2013 2,8 Millionen Einwohner vor Charkiv (1,4 Millionen), Odessa und Dnipropetrovs'k (je etwa 1 Million), Donec'k (960000), Zaporižžja (770000) und Lemberg (760000). Stark zurück ging die Bevölkerung der kleineren Städte und Dörfer. Der Bevölkerungsrückgang um nicht weniger als 11,6% in 24 Jahren ist einerseits wie in fast allen Industriestaaten auf eine abnehmende Geburtenrate zurückzuführen. Diese sank in den 1990er Jahren dramatisch ab, stieg aber seit 2001 wieder etwas an. Andererseits nahm die Sterberate zu. Die durchschnittliche Lebenserwartung ging in postsowjetischer Zeit von 72 auf 68 Jahre zurück und stieg erst seit 2009 wieder etwas an. Auffällig groß war der Unterschied zwischen den Geschlechtern. Frauen hatten im Jahr 2012 eine Lebenserwartung von 74,8 Jahren, Männer von 63,1; die Werte für Deutschland betrugen 82,6 bzw. 77,9. Wichtige Ursachen waren der unter Männern verbreitete Alkoholismus sowie Arbeitsunfälle. Besorgniserregend war der Anstieg von Infektionskrankheiten wie Tuberkulose und Aids. Dazu kam die Auswanderung, in erster Linie eine Arbeitsmigration nach Russland und Polen, aber auch nach Mittel-, Süd- und Westeuropa. Die Geldüberweisungen der Migranten in die Ukraine stellten eine wichtige Einkommensquelle dar. Arbeitsmigranten legten ihren Verdienst oft in Häusern an, die an den Stadträndern entstanden.

Die Orange Revolution brachte der Ukraine einen Demokratisierungsschub. Im Gegensatz zu Russland und den meisten anderen postsowjetischen Staaten herrschten seit 2005 in der Ukraine weitgehende Meinungs- und Medienfreiheit, die Wahlen wurden (mit gewissen Abstrichen) korrekt durchgeführt (oder korrigiert wie 2004/05), und allmählich bildete sich ein System von Parteien heraus, die sich um einzelne führende Politikerinnen und Politiker scharten. In einer internationalen Bewertung des Grades an Demokratie, Medienfreiheit, Menschenrechten und Zivilgesellschaft aus den Jahren 2007 und 2008 lag die Ukraine bei fast allen Parametern deutlich vor Russland und Weißrussland, aber hinter Polen und Rumänien. Unter Janukovyč verlor die Ukraine dann allerdings an Boden. Schlechte

Noten erhielt die Ukraine in den Bereichen Rechtsstaatlichkeit, Korruption und Effizienz der Verwaltung.

Die politische Kultur des Landes, Einstellungen und Werthaltungen waren noch immer stark in sowjetischen Traditionen verhaftet. Die Politiker selber gaben kein gutes Beispiel, indem sie oft demokratische Spielregeln verletzten und Verfassungsbestimmungen umgingen. Sie erschöpften sich in endlosen Machtkämpfen und zeigten sich unfähig, Kompromisse zu schließen. Informelle Prozeduren, persönliche Netzwerke, die Vermischung von Wirtschaft und Politik, Korruption und die Ausnahmestellung der Oligarchen und ihr Einfluss auf die Politik widersprachen westlichen Vorstellungen von Demokratie und Rechtsstaat.

Nicht gering zu veranschlagen ist auch, dass das Land im Gegensatz zu den meisten anderen postsowjetischen Staaten von gewaltsamen Konflikten und Blutvergießen verschont blieb. Dies sollte sich erst im Jahre 2014 dramatisch ändern. In der Orangen Revolution erreichte die ukrainische Bevölkerung einen durch friedliche Proteste erzwungenen Machtwechsel. Mit der Orangen Revolution schien die Ukraine aus dem Muster der Wiedererrichtung autoritärer Verhältnisse im postsowjetischen Raum ausgebrochen zu sein. Die Politik wurde nicht mehr ausschließlich vom Präsidenten gelenkt wie in Russland, sondern es formierte sich ein Pluralismus der Meinungen und Gruppierungen.

Diese Entwicklung zu mehr Demokratie und Meinungsfreiheit wurde seit 2010 zum Teil rückgängig gemacht. Präsident Janukovyč nahm sich das Russland Vladimir Putins zum Vorbild. Er schränkte die Medienfreiheit ein, verstärkte zusehends den Druck auf die politische Opposition und brachte das Parlament und die Justiz unter seine Kontrolle. In internationalen Rankings der Rechtsstaatlichkeit und Medienfreiheit sank die Ukraine wieder ab. Im Global Democracy Ranking verlor die Ukraine zwischen 2008 und 2012 zehn Plätze (von 53 auf 63), Russland fiel im gleichen Zeitraum von Platz 90 auf Platz 95 zurück. Dieser beträchtliche Unterschied zu Russland zeigte sich in der nach wie vor größeren Bewegungsfreiheit der Politiker,

Medien und gesellschaftlichen Organisationen. Dies war eine Voraussetzung für die neue spontane zivilgesellschaftliche Massenbewegung des Euro-Majdan.

Markant blieben die Unterschiede in der politischen Ausrichtung der Regionen der Ukraine. Man unterscheidet in der Regel (stark vereinfacht) vier Großregionen: die Schwerindustriegebiete des Ostens mit den Zentren Donec'k, Luhans'k, Charkiv und Dnipropetrovs'k; der Süden, der Raum nördlich des Schwarzen Meeres mit der Hafenstadt Odessa und der Halbinsel Krim; die zentrale und nördliche Ukraine auf beiden Seiten des Dnjepr mit der Hauptstadt Kiev, dem administrativen und wirtschaftlichen Zentrum des Landes; und die stärker ländlich geprägte Westukraine (Galizien, Westwolhynien, Bukowina und Transkarpatien). Die Ergebnisse aller Wahlen seit 1991 bestätigten die politische Polarisierung zwischen der Ost- und Südukraine auf der einen und der Westukraine auf der anderen Seite; die Zentralukraine stand dabei in der Mitte, neigte aber zusehends dem Westen zu. Die Mehrheit der Bevölkerung im Osten und Süden blieb auf Russland orientiert und der russischen Sprache und Kultur verbunden, während man dem Westen und vor allem der NATO Misstrauen entgegenbrachte. Die Bewohner der westlichen und teilweise auch der zentralen Regionen waren dagegen mehrheitlich auf den Westen ausgerichtet.

Wie mehrere Umfragen zeigten, standen bis zum Jahr 2013 mehr als 90% der Ukrainerinnen und Ukrainer Russland und den Russen positiv gegenüber. Das Verhältnis zu Russland galt als viel enger als das zu Deutschland oder den USA. Ähnlich positiv war das Verhältnis der Russen zu den Ukrainern, dem ukrainischen Staat stand allerdings im Jahre 2009, im letzten Jahr der Präsidentschaft Juščenkos, mehr als die Hälfte der Russen negativ gegenüber. Dies war auch eine Frucht der gezielt antiukrainischen Berichterstattung in den russischen Medien. Nach der Wahl Janukovyč' veränderte sich die Haltung der Medien und mit ihnen die der Bevölkerung Russlands rasch, und die Ukraine galt nun wieder als befreundetes Land.

Die skizzierten Regionen waren jedoch keineswegs geschlossen, sondern es gab zahlreiche Übergangszonen und Vermischungen. Mit einer simplen Ost-West-Polarisierung, die an Denkmuster des Kalten Krieges anknüpft, macht man es sich zu leicht. In den Wahlen seit 2004 verwischten sich die Grenzen etwas, und zwischen den Extremen Lemberg (L'viv) im Westen und Donec'k im Osten bildete sich um die Hauptstadt Kiev eine Großregion heraus, in denen beide politischen Lager Unterstützung fanden. Obwohl Julija Tymošenko eine der Wortführerinnen der westorientierten Orangen Revolution gewesen war, setzte sie stärker auf Ausgleich und gewann deshalb in dieser Region Mehrheiten. Auch die politischen Neigungen der Bevölkerung in der Westukraine waren nicht einheitlich. Transkarpatien zeigte sich erheblich weniger westorientiert als Galizien und Westwolhynien. Der ukrainische Schriftsteller Mykola Rjabčuk hat darauf aufmerksam gemacht, dass nicht nur die Regionen, sondern auch die Generationen für unterschiedliche Werte und Einstellungen standen, wobei die Älteren sich noch stark an der Sowjetunion, die jüngeren mehr auf den Westen ausrichteten.

Die politische Polarisierung fand ihre Entsprechung in sprachlichen und kulturellen Unterschieden, die angesichts zahlreicher hybrider Erscheinungsformen und Übergangszonen ebenfalls nicht überbewertet werden dürfen. Während die Bevölkerung in der Westukraine weit überwiegend aus ethnischen Ukrainern bestand, war in der Süd- und vor allem der Ostukraine die Zahl der ethnischen Russen groß, in den Gebieten Donec'k und Luhans'k stellten sie gegen 40, in den Gebieten Charkiv und Odessa 25,6 bzw. 20,7% der Bevölkerung (alle Zahlen von 2001). In der Stadt Donec'k und auf der Krim war die Zahl der ethnischen Russen sogar größer als die der ethnischen Ukrainer. Die Zahl der ethnischen Russen war in der Ukraine zwischen 1989 und 2001 von 12 Millionen (22%) auf 8,3 Millionen (17,3%) zurückgegangen, während der Anteil der ethnischen Ukrainer von 72,7 auf 77,8% anstieg. Da die Auswanderung der Russen keine großen Ausmaße hatte, dürfte dies darauf zurückzuführen sein, dass Personen, die sich in der späten Sowjetunion als Russen deklariert hatten, in der unabhängigen Ukraine das Bekenntnis zum Ukrainertum vorzogen. Das

Kriterium der ethnischen Gruppe geht auf die in der Sowjetunion offizielle Kategorie «Nationalität» zurück, die in der Regel vererbt wurde und nicht mit der kulturellen und sprachlichen Identifikation übereinstimmen musste.

So ergaben die Zahlen der Sprachzugehörigkeit ein anderes Bild: Der Anteil der Russischsprachigen in der Ukraine war erheblich höher als der der ethnischen Russen. Unterschieden wurde zusätzlich nach Muttersprache und Umgangssprache. Der Anteil derjenigen, die Russisch als Umgangssprache angaben, lag höher als der der Russisch-Muttersprachler. Obwohl das Ukrainische seit 1991 alleinige Staatssprache war, gewann es nur langsam an Boden. Gemäß Umfragen aus den Jahren 2008 und 2009 benutzte die Hälfte der Bevölkerung der Ukraine im Alltag das Russische, 44% das Ukrainische und 6% die dialektale Mischform des Suržyk. Unter der ländlichen Bevölkerung war der Anteil der Ukrainischsprachigen besonders hoch. Auch in den westukrainischen Gebieten sprach man fast ausschließlich Ukrainisch, während in der Zentralukraine etwa ein Drittel der Bevölkerung angab, Russisch als erste Umgangssprache zu verwenden. In der Süd- und Ostukraine dominierte dagegen die russische Umgangssprache mit über drei Vierteln; der Rest verteilte sich auf das Ukrainische und den Suržyk. Die großen Städte im Osten und Süden sowie die Krim waren fast ausschließlich russischsprachig. Die Zahlen über den Sprachgebrauch in den einzelnen Umfragen differierten beträchtlich und machten deutlich, dass sich die Sprachgruppen nicht klar voneinander abgrenzten. Die überwiegende Mehrheit der Bevölkerung der Ukraine war beider Sprachen mehr oder weniger mächtig, und viele wechselten je nach Situation von der einen in die andere Sprache oder unterhielten sich in beiden Sprachen oder im Suržyk.

Im Bildungswesen vollzog sich eine sanfte Ukrainisierung. Nachdem 1991 nur etwa die Hälfte der allgemeinbildenden Schulen der Ukraine ukrainischsprachig gewesen war, betrug ihr Anteil 2009 83%. Dies überstieg den Anteil der ethnischen Ukrainer an der Gesamtbevölkerung um 5%: Es wurden also auch Nichtukrainer in ukrainischsprachigen Schulen unterrichtet. Während die Schulen im Westen des Landes schon zu Beginn der 1990er Jahre fast durchwegs ukrainischsprachig gewesen waren, erhöhte sich jetzt deren Anteil im Zentrum, Süden und Nordosten. Das frappanteste Beispiel war die Hauptstadt Kiev mit einer Steigerung der ukrainischsprachigen Schulen von 31% im Jahre 1991 auf 96% im Jahre 2005. Ein starker Anstieg war auch in den Gebieten Dnipropetrovs'k (von 31 auf 78%), Odessa (von 25 auf 65%), und Charkiv (von 28 auf 71%) zu verzeichnen. Zwar gewannen ukrainischsprachige Schulen auch im Osten etwas an Boden, ohne aber die Dominanz des Russischen brechen zu können. So waren im Gebiet Donec'k 2005 nur 29% der Schulen ukrainischsprachig. Auf der Krim, die den Status einer Autonomen Republik hatte, dominierte das Russische fast vollständig. Nur gerade 5% der Schüler besuchten hier ukrainischsprachige Schulen (bei einem Bevölkerungsanteil der Ukrainer von 24%). Unterprivilegiert war dort auch das Krimtatarische (Bevölkerungsanteil 12%).

Trotz der offiziellen Förderung des Ukrainischen blieb der Anteil der Personen mit russischer Muttersprache hoch. Die russische Sprache behielt in den größeren Städten mit Ausnahme der Westukraine ihre starke Stellung als Umgangssprache. Auch in der Presse, in der Buchproduktion und in der Unterhaltungsbranche blieb die ukrainische Sprache unterrepräsentiert. Zeitungen, Bücher und TV-Programme aus Russland dominierten die ukrainischsprachigen mit Erfolg. Auch die schöne Literatur der Ukraine war in einen ukrainisch- und einen russischsprachigen Zweig geteilt, wie sie von den beiden im Westen wohl bekanntesten ukrainischen Schriftstellern Jurij Andruchovyč und Andrej Kurkov repräsentiert wurden.

Präsident Janukovyč machte sein an die Bevölkerung der Ost- und Südukraine gerichtetes Wahlversprechen teilweise wahr und verbesserte die Stellung des Russischen. Der neue Minister für Bildung und Wissenschaft Dmytro Tabačnyk trat für das Russische als Staatssprache ein, doch folgte ihm der Präsident nicht. Tabačnyk machte außerdem durch polemische Äußerungen über Galizien, das eigentlich nicht zur Ukraine gehöre, und über die «faschistische Tyrannei» der Regierung Juščenko/Tymošenko auf sich aufmerksam. Entgegen den Wahlversprechungen blieb das Ukrainische alleinige Staatsprache, doch wurde den Abiturienten nun erlaubt, ihre Prüfungen in der Regionalsprache (fast immer Russisch) abzulegen. Russische Filme mussten nun nicht mehr synchronisiert oder ukrainisch untertitelt werden. Das umstrittene Sprachengesetz von 2012 stärkte dann die Stellung des Russischen in den Regionen im Osten und Süden des Landes nachhaltig.

Die Kirchen der Ukraine waren ein wichtiger Träger der Identifikation und des konservativen Denkens. Dabei waren die Unterschiede zwischen den einzelnen Kirchen groß. Die Zugehörigkeit zur Ukrainischen Griechisch-Katholischen Kirche blieb für die Bevölkerung Galiziens und Transkarpatiens ein zentrales Element des Nationalbewusstseins. Die (nicht kanonische) Ukrainische Orthodoxe Kirche (Kiever Patriarchat) war die Kirche für die national bewusste Bevölkerung der Zentralukraine. Die größte Kirche, die Ukrainische Orthodoxe Kirche (Moskauer Patriarchat), war dagegen mit einer stärkeren Orientierung auf Russland verbunden. Juščenko unterstützte offen das Patriarchat Kiev, was sein Verhältnis zur Russischen Orthodoxen Kirche trübte. Janukovyč wurde dann von der Kirche des Moskauer Patriarchats unterstützt. Als der Moskauer Patriarch Kirill nach Janukovyč' Wahl die Ukraine besuchte, verlieh er dem Präsidenten einen hohen Orden.

In der unabhängigen Ukraine löste sich die ukrainische Kultur aus den Fesseln des sozialistischen Realismus, der Zensur und der Völkerfreundschaftsrhetorik. Gleichzeitig mussten sich die Schriftsteller in den neuen marktwirtschaftlichen Verhältnissen zurechtfinden, die nicht mehr wie in der Sowjetukraine den (linientreuen) Literaten offizielle Förderung und Privilegien zuteilwerden ließen. Einige Schriftsteller wie Ivan Drač hatten sich schon in spätsowjetischer Zeit politisch engagiert, und auch in der Folgezeit nahmen mehrere der bekanntesten Literaten aktiv teil an den politischen und gesellschaftlichen Debatten. Gleichzeitig nahmen sie zeitgenössische formale künstlerische Ausdrucksmittel wie den Postmodernismus auf und knüpften an ukrainische Traditionen der Satire und Groteske an.

Der prominenteste Vertreter der besonders lebendigen Literaturszene Galiziens war Jurij Andruchovyč (geb. 1960), dessen Romane die vergangene Welt Mitteleuropas und der Habsburger heraufbeschwören (Beispiel «Zwölf Ringe»); in *Moskoviada* entwirft er ein sarkastisches Bild des postsowjetischen Russland. Aus der intellektuellen Elite Kievs stammte Oksana Zabužko (geb. 1960), die mit ihren frechen feministischen «Feldstudien über ukrainischen Sex» Aufsehen erregte und sich mit dem großen Roman «Museum der vergessenen Geheimnisse», der kunstvoll mehrere Ebenen des ukrainischen historischen Gedächtnisses miteinander verknüpft, einen Platz in der Weltliteratur sicherte. Waren Andruchovyč und Zabužko in spätsowjetischer Zeit sozialisiert worden, repräsentierte der 1974 im Donbass geborene und in Charkiv lebende Serhij Žadan die jüngere postsowjetische Generation der Ostukraine. In seinen formal innovativen Romanen schildert er die trostlose Welt der Jugend in den Industriegebieten des Ostens (Beispiele *Depeche Mode*, *Anarchy in the UKR*). Zur ukrainischen Literatur zähle ich auch Werke ukrainischer Autoren, die in russischer Sprache verfasst wurden. Der Bekannteste unter ihnen war der in Kiev lebende Andrej Kurkov (geb. 1961), dessen humoristische und satirische Romane allgemeinmenschliche wie spezifisch postsowjetische Themen haben (Beispiele «Picknick auf dem Eis», «Die letzte Liebe des Präsidenten»). Allen vier genannten und zahlreichen anderen ukrainischen Schriftstellern war gemeinsam, dass sie sich nicht nur in ihren literarischen Werken, sondern auch publizistisch für Demokratie, Zivilgesellschaft und die Annäherung der Ukraine an Mittel- und Westeuropa einsetzten. Ihre Bücher wurden in zahlreiche Sprachen übersetzt und waren Botschafter der Ukraine im Ausland.

Erhebliche Unterschiede gab es in den kollektiven Gedächtnissen von West- und Ostukrainern. Aufschlussreich sind die Ergebnisse von Umfragen zur Einschätzung historischer Persönlichkeiten. Während Teile der Bevölkerung im Westen die Führer der OUN und UPA wie Bandera und Šuchevyč als Nationalhelden verehrten, galten sie der Mehrheit der Bevölkerung in der übrigen Ukraine als extreme Nationalisten und als Kollaborateure mit dem Nationalsozialismus. Gespalten waren die

Meinungen auch zu Symon Petljura, der in der Sowjetunion ebenfalls negativ bewertet worden war. Die einzige Figur, die in allen Regionen verehrt wurde, war der Nationaldichter Taras Ševčenko. Fast überall akzeptiert wurde auch Bohdan Chmel'-nyc'kyj, der dem nationalukrainischen Lager als Anführer des gegen Polen-Litauen gerichteten Kosakenaufstandes und als Begründer des Hetmanats galt; für die russophilen Kreise war er der Initiator der Vereinbarung von Perejaslav, die als erster Schritt zur Herrschaft Russlands über die Ukraine interpretiert wurde. Für alle Lager akzeptabel war auch Mychajlo Hruševs'kyj, Historiker und 1917 Vorsitzender der Ukrainischen Zentralrada. Dass in der Beliebtheitsskala Zar Peter der Große weit oben rangierte, zeigte, wie stark das russische Geschichtsbild in der Ukraine verankert war und dass die harsche Kritik der nationalen Historiographie an Peter von der Mehrheit der Bevölkerung nicht geteilt wurde. Immerhin fand Peters Gegenspieler Ivan Mazepa in allen Großregionen Zustimmung, wobei die Werte im Westen und im Osten allerdings auseinanderklafften.

Präsident Juščenko gründete ein «Ukrainisches Institut des Nationalen Gedenkens», das sich vor allem mit der Stalinzeit beschäftigen sollte. Der Holodomor, die schreckliche, von Stalin herbeigeführte Hungersnot von 1932/33, und ihre Deutung als Genozid am ukrainischen Volk wurden zu einem zentralen Element nationaler Erinnerung. Am 28. November 2006 verabschiedete das Parlament nach kontroverser Debatte das Gesetz «Über den Holodomor in der Ukraine», in dem die Anerkennung des Holodomor als «Genozid am ukrainischen Volk» gesetzlich festgeschrieben und seine Leugnung als widerrechtlich eingestuft wurde. Trotz der unterschiedlichen Einschätzung der Hungersot als Genozid nahm eine klare Mehrheit der Bevölkerung den (in der Sowjetzeit geleugneten) Holodomor als zentralen nationalen Erinnerungsort an. Er überwölbte regionale Differenzen, da er sowohl in der Zentral- wie in der Ostukraine sehr große Opfer gefordert hatte.

Besonders heftig waren die Auseinandersetzungen um die Deutung des Zweiten Weltkriegs, der von der Mehrheit der Ukrainer als «Großer Vaterländischer Krieg» erinnert wurde, in dem Russen und Ukrainer in der Sowjetarmee Hitlerdeutschland gemeinsam besiegten. Im Gegensatz dazu sahen Teile der westukrainischen Bevölkerung den Zweiten Weltkrieg als von der Ukrainischen Aufstandsarmee (UPA) geführten (misslungenen) antisowjetischen Befreiungskrieg. Anhänger rechter Gruppierungen forderten die vollständige Rehabilitierung der UPA und der Organisation ukrainischer Nationalisten (OUN). Präsident Juščenko, dem die Nationalgeschichte ein wichtiges Anliegen war, machte sich zum Anwalt der OUN und der UPA, als er 2007 deren Anführer Roman Šuchevyč und im Januar 2010, schon nach seiner Niederlage in der Präsidentenwahl, Stepan Bandera zu «Helden der Ukraine» ausrufen ließ. Damit leistete der Präsident einer Idealisierung und Verharmlosung der beiden Persönlichkeiten Vorschub, die nicht nur einen antisowjetischen Befreiungskampf führten, sondern zeitweise mit der deutschen Besatzungsmacht kollaborierten und an der Ermordung von Juden und Polen beteiligt waren. Diese geschichtspolitischen Maßnahmen nahmen keine Rücksicht auf die erheblichen Vorbehalte der Bevölkerungsmehrheit der Ukraine, Polens und Russlands sowie der Europäischen Union. Mit seiner nationalistischen Geschichtspolitik trug Juščenko so zur Spaltung des Landes bei und schadete dem internationalen Ansehen der Ukraine.

Juščenko bezog auch dezidiert für Mazepa und dessen Verbündeten, den schwedischen König Karl XII., Stellung, die beide für die meisten Russen (und viele Ukrainer) als Verräter bzw. Erzfeinde galten. Die polarisierten Meinungen zeigten sich in geschichtspolitischen Diskussionen um Jubiläen (etwa die Dreihundertjahrfeiern der Schlacht von Poltava 2009 oder den 100. Geburtstag von Šuchevyč 2007) und um Denkmäler (für Mazepa, Katharina II. oder Stepan Bandera). Das offizielle Russland reagierte wiederholt mit scharfer Kritik an der Geschichtspolitik des Präsidenten, am deutlichsten in dem schon erwähnten Schreiben des russischen Präsidenten Medvedev vom August 2009.

Unter Präsident Janukovyč vollzog sich eine Abwendung von der Geschichtspolitik Juščenkos. Der Präsident erklärte die Ernennung von Šuchevyč und Bandera zu Helden der Ukraine für ungültig. Sowjetnostalgische Tendenzen bekamen wieder Aufwind. Ein Symptom dafür war die Ernennung von Valerij Soldatenko, eines Mitglieds der Kommunistischen Partei, zum Leiter des «Instituts des nationalen Gedenkens». Im Mai 2010 wurde in Zaporižžja ein drei Meter hohes Stalindenkmal eingeweiht. Es war das erste Mal, dass in der unabhängigen Ukraine ein Denkmal für den Diktator errichtet wurde. Die Lehrbücher für Geschichte, die in der unabhängigen Ukraine das nationale Narrativ übernommen hatten, sollten erneut umgeschrieben werden, um die Epoche der Sowjetunion in positiverem Licht erscheinen zu lassen.

Die unterschiedlichen Erinnerungen, politischen und kulturellen Orientierungen in den Teilgebieten der Ukraine entsprachen in hohem Maß der unterschiedlichen Geschichte der Regionen. Galizien, als Kern der westorientierten Gebiete, gehörte während mehr als vier Jahrhunderten zu Polen-Litauen, dann fast 150 Jahre zu Österreich und zwei Jahrzehnte zu Polen und war erst seit 1939/45, also während weniger als einem halben Jahrhundert, Bestandteil der Sowjetunion. Die Regionen am rechten Ufer des Dnjepr hatten ebenfalls vier Jahrhunderte lang zum Großfürstentum Litauen und dann zu Polen-Litauen gehört, kamen mit den Teilungen Polens unter die Herrschaft Russlands und nach 1920 der Sowjetunion. Die linksufrige Ukraine mit Kiev gehörte während drei Jahrhunderten zu Polen-Litauen und seit 1654 zu Russland. Die Steppengebiete der Süd- und Ostukraine waren dagegen nie Bestandteil des Königreichs Polen-Litauen gewesen und nicht von den über Polen vermittelten westlichen Einflüssen geprägt worden. Sie wurden erst seit dem späten 18. Jahrhundert von Ukrainern, Russen und anderen ethnischen Gruppen besiedelt und gehörten ununterbrochen zum Russischen Reich und zur Sowjetunion. Die Krim schließlich war erst seit 1954 Bestandteil der Ukraine. Die Übereinstimmung der historischen Regionen und ihrer unterschiedlichen Prägungen mit den politischen und kulturellen Orientierungen in der heutigen Ukraine ist ein Beispiel dafür, dass die Geschichte, wie sie auch in diesem Buch erzählt wird, zur Erklärung der Gegenwart beitragen kann.

Die Unterschiede in der historischen Prägung, der politischen Einstellung, der sprachlichen und kulturellen Orientierung und den kollektiven Erinnerungen zwischen der West- und Zentralukraine und der Ost- und Südukraine führten immer wieder zu Spekulationen über eine Spaltung der Ukraine in einen nach Westen und einen nach Russland orientierten Teil. Solche Vorstellungen verkannten die Vielfalt der Ukraine, die sich nicht mit klaren territorialen Abgrenzungen fassen lässt. Zwar waren von einzelnen Politikern des Ostens gelegentlich separatistische Losungen zu hören. Es zeigte sich aber, dass dahinter kein breiter politischer Wille stand. Zwar besaß die Mehrheit der Bevölkerung im Osten und Süden ebenso wie die im Westen ein starkes Regionalbewusstsein. Der ukrainische Staat in seinen 1991 festgelegten Grenzen stand aber für die weit überwiegende Mehrheit der Bevölkerung, auch der Politiker und Oligarchen, nicht zur Debatte. 22 Jahre unabhängige Ukraine hatten neue Realitäten und Identifikationen geschaffen, die sich nicht zuletzt im Stolz auf ukrainische Sportler, wie die boxenden Brüder Klyčko und den Fußballer Andrij Ševčenko, oder auf Schlagerstars wie Ruslana, die 2004 den Eurovision Song Contest gewann, manifestierte.

In den interregionalen Auseinandersetzungen ging es um Machtfragen und darum, welche politische, wirtschaftliche und kulturelle Ausrichtung die Ukraine im 21. Jahrhundert haben sollte. Die wirtschaftlichen und politischen Eliten zogen es vor, in der Ukraine die erste als in Russland die zweite Geige zu spielen. Auch die überwiegende Mehrheit der ethnischen Russen und der ethnischen Ukrainer mit russischer Muttersprache waren keine Fünfte Kolonne Russlands, sondern ganz überwiegend loyale Staatsbürger der Ukraine, die sich allerdings teilweise für die Gleichberechtigung der russischen Sprache, die Bewahrung russischer kultureller Traditionen und gutnachbarlicher Beziehungen zu Russland einsetzten.

Das Verhältnis der Ukraine zu Russland war deshalb immer auch mit inneren Problemen der Ukraine verknüpft. Zahlreiche Ukrainer fühlten sich historisch und kulturell mit Russland eng verbunden und hatten viele persönliche Verbindungen über die

Grenzen hinweg. Die Probleme in den zwischenstaatlichen Beziehungen waren zu einem guten Teil darauf zurückzuführen, dass Russland die Ukraine nicht als gleichberechtigten Partner anerkannte. Russland hielt unter Präsident Vladimir Putin mehr denn je an seinem Anspruch fest, die postsowjetische Welt als exklusive eigene Hegemonialsphäre zu betrachten. Vorstellungen, die Ukrainer gehörten eigentlich zur russischen Nation und die Ukraine sei, so Vladimir Putin im Jahre 2008, «kein vollwertiger Staat», waren in Russland (und über Russland auch in Mittel- und Westeuropa) noch immer verbreitet. Russland mischte sich immer wieder in die inneren Angelegenheiten der Ukraine ein. Diese Politik und die herablassende Haltung wurden von national bewussten Ukrainern als Gefährdung der Unabhängigkeit und kulturellen Eigenständigkeit, als Fortsetzung der Unterdrückungspolitik der Zaren und Sowjets betrachtet. Sie behinderten eine nachhaltige Normalisierung des Verhältnisses zwischen den beiden territorial größten Staaten Europas.

Angesichts der sprachlich-kulturellen Vielfalt und der markanten Unterschiede der einzelnen Regionen kann die ukrainische Nation nicht primär auf ethnischen Kriterien, das heißt der ukrainischen Sprache und Kultur, sondern nur auf dem Konzept der politischen Nation von Staatsbürgern beruhen. Nicht ein exklusiver ethnischer Nationalismus, sondern die Prinzipien des Rechtsstaates, der Demokratie und der Zivilgesellschaft sind die tragenden Säulen des ukrainischen Staates. Die Priorität der politischen Nation von Staatsbürgern wurde von der ukrainischen Verfassung festgeschrieben, und die Orange Revolution hatte gezeigt, dass diese Werte nicht nur auf dem Papier standen. Als sich neun Jahre später die Ukrainer in einer erneuten zivilgesellschaftlichen Massenbewegung erhoben, im sogenannten Euro-Majdan für eine Orientierung ihres Landes nach Westen demonstrierten und schließlich einen Regimewechsel erzwangen, griff das Russland Vladimir Putins mit Gewalt ein und destabilisierte das Land nachhaltig, um seinen Einfluss auf die Ukraine nicht zu verlieren und um einer Fernwirkung des Euro-Majdan auf Russland vorzubeugen.

18. Der Euro-Majdan, die Einmischung Russlands und die Destabilisierung der Ukraine

Die Unterzeichnung des Assoziierungsabkommens mit der Ukraine stand auf der Tagesordnung des EU-Gipfels, der am 28./29. November 2013 in Vilnius stattfand. Nach mehrjährigen Verhandlungen waren am 19. Juli 2012 das vertiefte und umfassende Freihandelsabkommen zwischen der Europäischen Union und der Ukraine, das ein integraler Bestandteil des Assoziierungsabkommens ist, paraphiert und der Vertragstext fixiert worden. An einem EU-Ukraine-Gipfel im Februar 2013 waren die EU-Delegation und der Präsident der Ukraine Viktor Janukovyč übereingekommen, das Assoziierungsabkommen im November dieses Jahres zu unterschreiben. Zwar verlangte die EU noch immer mehrere Reformmaßnahmen, doch erfüllte die Ukraine im Lauf des Jahres die meisten Bedingungen. Lediglich der Forderung nach Freilassung von Julija Tymošenko kam Janukovyč nicht nach. Nachdem diese selbst die EU aufgefordert hatte, nicht an dieser Bedingung festzuhalten, schien einer Unterzeichnung nichts mehr im Wege zu stehen. Allerdings ließen die Außenminister der EU und auch die deutsche Bundeskanzlerin Angela Merkel bis Mitte November offen, ob sie bereit seien, das Assoziierungsabkommen zu unterschreiben.

Russland hatte sich schon wiederholt gegen eine Assoziierung der Ukraine an die EU gestellt, die den Plänen Vladimir Putins einer Eurasischen Union (unter Einschluss der Ukraine) zuwiderlief und Russlands Anspruch auf Hegemonie im postsowjetischen Raum gefährdete. Russland verstärkte im Sommer 2013 seinen Druck, um das Abkommen noch zu verhindern.

Ein Mittel war die Beschwörung der engen religiösen, kulturellen und historischen Bande zwischen Russland und der Ukraine. Im Juli 2013 nahmen die Präsidenten Putin und Janukovyč zusammen mit dem Moskauer Patriarchen Kirill und anderen hohen orthodoxen Geistlichen in Kiev an den Feiern zum 1025. Jahrestag der Taufe der Rus' teil. Bei dieser Gelegenheit erklärte Putin, dass die geistige Einheit der Völker Russlands und der Ukraine derart stabil sei, dass sie für keine politischen Erschütterungen anfällig sei. In einer Rede vor dem internationalen Valdaj-Forum im September 2013 betonte Putin erneut die Zugehörigkeit der Ukraine zur «russischen Welt»:

> «Die Ukraine ist ohne Zweifel ein unabhängiger Staat. So hat sich die Geschichte entwickelt. Aber lasst uns nicht vergessen, dass der heutige russische Staat seine Wurzeln am Dnjepr hat. Wir haben, wie wir zu sagen pflegen, im Dnjepr unser gemeinsames Taufbecken. Wir haben gemeinsame Traditionen, eine gemeinsame Mentalität, eine gemeinsame Geschichte und Kultur. Wir haben sehr ähnliche Sprachen. In dieser Hinsicht, ich wiederhole es, sind wir ein Volk. Natürlich haben das ukrainische Volk, die ukrainische Kultur und die ukrainische Sprache wundervolle Eigenschaften, die die Identität der ukrainischen Nation ausmachen. Und wir respektieren sie nicht nur, sondern, was mich betrifft, ich liebe sie. Die Ukraine ist ein Teil unserer großen russischen oder russisch-ukrainischen Welt. Doch die Geschichte hat mit sich gebracht, dass ihr Territorium heute ein unabhängiger Staat ist, und wir respektieren das.»

Im Herbst verstärkten die Medien die antiukrainische Propaganda. Der prominente Fernsehjournalist Dmitrij Kiselev malte in einer Sendung mit dem Titel «Euthanasie à l'Ukraine» die negativen Folgen einer Unterzeichnung des Assoziierungsabkommens mit der EU in den schwärzesten Farben und griff auf alte Stereotypen der verräterischen Ukraine zurück, indem er sie in Anspielung auf den Abfall des Hetmans Mazepa von Russland und sein Bündnis mit dem schwedischen König des «Neo-Mazepismus» beschuldigte.

Im Sommer 2013 begann Russland einen «Handelskrieg», der den Ukrainern vor Augen führen sollte, was sie bei einer Unterzeichnung des Assoziierungsabkommens mit der EU zu erwarten hätten. Zunächst wurden die Kontrollen für ukrainische

Waren verstärkt, dann stoppte Russland im August (und erneut im Oktober) eine Woche lang sämtliche Importe aus der Ukraine. Auch in der Folge wurden Importe aus der Ukraine stark behindert, wobei Kohle, Röhren, Waggons, Fleisch und Süßwaren (darunter Schokolade aus den Fabriken des Oligarchen Porošenko) besonders betroffen waren. Moskau erklärte, dass ein Abschluss des Assoziierungs- und Freihandelsabkommens mit der EU das liberale Zollregime mit Russland erschüttern würde. Gleichzeitig setzte man Armenien mit Erfolg unter Druck, das im Oktober eine Erklärung über seinen Eintritt in die Zollunion abgab. Im Oktober drohte man mit der Einführung der Visapflicht gegenüber der Ukraine, falls sie nicht der Zollunion beitrete. Eine solche Maßnahme hätte die wirtschaftliche Existenz der Hunderttausenden von Ukrainern, die in Russland arbeiteten, gefährdet. Das Europäische Parlament kritisierte schon im September den Druck Russlands, worauf sich die russische Staatsduma die «haltlosen Anschuldigungen» der EU verbat. Als positiven Anreiz gewährten russische Banken der Ukraine Ende September einen Kredit in Höhe von 750 Millionen Euro, und Gazprom stellte einen Preisnachlass in Aussicht.

Die ukrainische Führung sandte widersprüchliche Signale aus. In seiner Festtagsrede zum Unabhängigkeitstag am 24. August erklärte Janukovyč, das Assoziierungsabkommen sei ein wichtiger Schritt für die Ukraine, gleichzeitig solle aber auch die ökonomische Integration mit Russland und den eurasischen Staaten fortgeführt werden. Am 3. September rief Janukovyč das Parlament dazu auf, alle für die Unterzeichnung des Assoziierungsabkommens mit der EU notwendigen Gesetze zu verabschieden. In der Folge geschah dies mit wenigen Ausnahmen, wobei jeweils sowohl Regierungspartei wie Opposition zustimmten. Am 18. September sprach sich das Ministerkabinett der Ukraine offiziell für die Unterzeichnung des Assoziierungsabkommens aus. Am 11. Oktober erklärte Ministerpräsident Azarov gegenüber dem deutschen Außenminister Guido Westerwelle, dass weder er noch der Präsident die Absicht hätten, die Unterzeichnung des Abkommens im November zu behindern. Am 20. November 2013 meinte Azarov, dass in Bezug auf den Gipfel in Vilnius «alles nach Plan» laufe. Die Strategie der Ukraine habe sich nicht geändert.

Einen Tag später kam die Kehrtwende: Das ukrainische Ministerkabinett veröffentlichte einen Erlass, der die Aussetzung der Vorbereitungen für die Unterzeichnung des Assoziierungsabkommens mit der EU verkündete. Offensichtlich waren die russischen Wirtschaftssanktionen der Hauptgrund für diesen unerwarteten Rückzieher. Die Regierung erklärte ihre Entscheidung mit der Notwendigkeit, «das zurückgegangene Produktionsvolumen und die Ausrichtung der Handels- und Wirtschaftsbeziehungen auf Russland und die anderen Mitglieder der Gemeinschaft Unabhängiger Staaten wiederherzustellen». So sei der Handel mit Russland um ein Viertel zurückgegangen. «Der Hauptgrund für die Komplikationen in den Beziehungen mit Russland und für die Einführung von Schutzmaßnahmen seitens Russlands war die mögliche Schaffung eines Freihandelsregimes zwischen der Ukraine und der Europäischen Union». Azarov betonte, dass der «taktische Rückzug» ausschließlich aus wirtschaftlichen Gründen getroffen worden sei und die strategische Ausrichtung der Ukraine nicht verändere. Er schlug eine trilaterale Kommission aus Vertretern der Ukraine, Russlands und der EU vor, um die aufgetretenen gegenwärtigen Probleme zu lösen.

Vorausgegangen waren der Entscheidung vom 21. November mehrere Treffen des ukrainischen Präsidenten und Ministerpräsidenten mit ihren russischen Kollegen. Obwohl zunächst davon nicht die Rede war, ist anzunehmen, dass Russland schon zu diesem Zeitpunkt nicht nur die Peitsche der Wirtschaftssanktionen, sondern auch das Zuckerbrot finanzieller Zusagen einsetzte. Diese wurden erst am 17. Dezember bei einem Treffen Janukovyč' mit Putin in Moskau offiziell bekannt gegeben. Russland versprach einen Kredit von 15 Milliarden Dollar über den Ankauf ukrainischer Staatsanleihen, 3 Milliarden wurden sofort ausbezahlt. Außerdem sagte Gazprom eine zeitlich begrenzte Senkung des Gaspreises von 400 auf 270 Dollar pro Kubikmeter zu. Die Europäische Union hatte schon zuvor der

Ukraine finanzielle Unterstützung durch die EU und den Internationalen Währungsfonds zugesagt, wenn sie das Assoziierungsabkommen unterschreibe.

Die Revolution des Euro-Majdan

Schon am Abend des 21. November kam es in Kiev und Lemberg zu ersten Protesten gegen die Regierungserklärung. Soziale Netzwerke wie Facebook und Twitter riefen zu Demonstrationen auf, die nach dem Namen des Unabhängigkeitsplatzes in Kiev bald als Euro-Majdan bezeichnet wurden. Die Proteste griffen rasch um sich und erreichten am 24. November einen ersten Höhepunkt, als in Kiev Zehntausende (nach Angaben der Opposition mehr als 100000) auf die Straße gingen. Unter den Demonstranten waren, wie schon in der Orangen Revolution, zahlreiche Studierende und andere Vertreter der jungen Intelligenz. In einigen Städten der West- und Zentralukraine besetzten Demonstranten die Gebäude der Gebietsverwaltung. Die Regierung organisierte in Kiev eine Gegendemonstration mit einigen tausend Teilnehmern.

Am 28./29. November trafen sich die Regierungschefs der EU, wie vorgesehen, zu ihrem Gipfeltreffen. Janukovyč reiste nach Vilnius, unterzeichnete aber das Assoziierungsabkommen nicht. Er beteuerte, dass die Ukraine nach wie vor die Integration in die EU anstrebe. Vertreter der EU erklärten, die Türe bleibe für die Ukraine offen. Schon im Vorfeld hatte sich die EU aber gegen den Vorschlag trilateraler Gespräche mit Russland und der Ukraine ausgesprochen.

Nachdem sie die Nachrichten aus Vilnius erhalten hatten, versammelten sich in Kiev auf dem Unabhängigkeitsplatz, dem *Majdan nezaležnosti*, zahlreiche Demonstranten. In der Nacht auf den 30. November ließen bewaffnete Polizisten der Sondereinheit Berkut den Platz mit Gewalt räumen, und es gab Verletzte auf beiden Seiten. Trotz eines Versammlungsverbots strömten am Sonntag, dem 1. Dezember, zwischen 400000 und 700000 Menschen auf den Kiever Majdan. Als Reaktion auf das brutale Vorgehen der Polizei radikalisierte sich die Bewegung, und militante Aktivisten bewarfen die Polizei mit Pflastersteinen. Im Gegenstoß setzte die Polizei Tränengas und Prügel ein. Mehrere hundert Demonstranten und Passanten wurden verletzt. Maskierte bewaffnete Aktivisten versuchten ohne Erfolg, das Gebäude der Präsidialverwaltung zu stürmen. Die Demonstranten besetzten aber das Gebäude der Kiever Stadtverwaltung und (für mehr als zwei Monate) das Haus der Gewerkschaften. Von der Opposition wurde im Parlament ein Misstrauensvotum gegen die Regierung eingebracht, das von der regierungstreuen Mehrheit abgelehnt wurde. Darauf blockierten Demonstranten während zweier Tage das Parlament. Zahlreiche von ihnen wurden festgenommen.

Während die Orange Revolution weitgehend gewaltlos geblieben war, führte der brutale Einsatz der Ordnungskräfte gegen den Euro-Majdan schon früh zu gewaltsamen Reaktionen der Aktivisten. Die zivilgesellschaftliche Massenbewegung nahm revolutionären Charakter an. An die Stelle des Ziels der Unterzeichnung des Assoziierungsabkommens traten die Ziele des Sturzes der Regierung und des Präsidenten. Die Führer der drei wichtigsten Oppositionsparteien Arsenij Jacenjuk (Vaterland), Vitalij Klyčko (UDAR) und Oleh Tjahnybok (Freiheit) riefen zu friedlichen Demonstrationen auf. Sie blieben auch im Folgenden auf dem Majdan präsent, ohne aber den Einfluss und die Popularität zu erreichen, die Juščenko und Tymošenko in der Orangen Revolution genossen hatten. Der Euro-Majdan wurde von unten initiiert und organisiert, und nicht die Politiker, sondern der Majdan bestimmte den Gang der Ereignisse.

Am nächsten Sonntag, dem 8. Dezember, kamen im sogenannten Marsch der Millionen erneut mindestens 500000 (nach Angaben der Opposition bis zu eine Million) Menschen auf den Kiever Majdan. Etwa 15000 Menschen unterstützten in einer Gegenkundgebung den Präsidenten. Das Regierungsviertel wurde mit Barrikaden abgeriegelt, und vor dem Gebäude des Ministerkabinetts wurden Zelte errichtet. Am selben Tag stürzten und zerstörten rechtsgerichtete Gruppen das letzte noch verbliebene Lenindenkmal im Zentrum der Stadt. In den folgenden Tagen holte die Polizei zum Gegenschlag aus, eroberte das Gebäude der Stadtverwaltung zurück und führte Razzien in Büros der Opposition durch.

Die Demonstrationen griffen auf zahlreiche andere Städte über, vornehmlich im Westen, in geringerem Maß auch im Osten der Ukraine. Dort versammelte sich eine erheblich größere Anzahl von Menschen (70000 in Charkiv und 15000 in Donec'k), um die Regierung zu unterstützen. Der stärker auf Russland hin orientierte Osten der Ukraine stellte sich also mehrheitlich gegen den Euro-Majdan. Dagegen schlug sich der Milliardär Porošenko auf die Seite der Protestierenden und gewährleistete mit dem in seinem Besitz befindlichen Fernsehsender 5. Kanal eine objektive Berichterstattung über den Euro-Majdan.

In der Folge kam es zu gezielten Gewalttaten gegen einzelne Vertreterinnen und Vertreter des Euro-Majdan. Die Journalistin Tetjana Čornovol, die sich durch ihre Berichte über Korruption und organisiertes Verbrechen einen Namen gemacht hatte, wurde Ende Dezember aus ihrem Auto gezerrt und zusammengeschlagen. Ein Schlichtungsversuch der Expräsidenten Kravčuk und Kučma blieb erfolglos, da die Oppositionsführer sich weigerten, sich gemeinsam mit Janukovyč an einen «Runden Tisch» zu setzen. Immerhin erließ das Parlament eine Amnestie für die festgenommenen Aktivisten. Zehntausende von Demonstranten harrten im Dezember und Januar bei bitterer Kälte auf dem Majdan aus. Unterdessen hatten sie im Zentrum Kievs eine Zeltstadt errichtet. Die Bevölkerung versorgte sie mit Nahrungsmitteln, Brennmaterial, warmer Kleidung und heißem Tee.

Eine neue Eskalation wurde dadurch ausgelöst, dass das Parlament am 16. Januar 2014 eine Reihe von Gesetzen erließ, die das Demonstrationsrecht massiv einschränkten. Erstmals ging jetzt die Gewalt von den Demonstranten aus. Maskierte Aktivisten setzten Pflastersteine und Molotov-Cocktails ein und versuchten (ohne Erfolg) das Parlament zu stürmen. Die Polizei antwortete mit Wasserwerfern, Tränengas und Gummigeschossen. Dabei wurden 120 Demonstranten und 80 Polizisten verletzt. Auch in fast allen Städten der Westukraine und in mehreren der Zentralukraine fanden Demonstrationen statt und öffentliche Gebäude wurden besetzt. In einigen Städten im Osten und Süden misslangen solche Versuche.

Neue Zusammenstöße in Kiev forderten am 24. Januar erste Todesopfer, fünf Demonstranten und ein Polizist kamen ums Leben. Neben der Berkut traten von der Regierung bezahlte maskierte Schlägertrupps in Erscheinung, die sogenannten Tituškу, die Majdan-Aktivisten überfielen und verprügelten. Einzelne Aktivisten wurden entführt und, wie Ihor' Lucenko und Dmytro Bulatov, gefoltert oder, wie Jurij Verbyc'kyj, ermordet. Zum Schutz vor Gewalttaten stellte der Majdan eine Selbstverteidigung (Samooborona) auf, die in Kiev patrouillierte. Kleine Gruppen wie der ultranationalistische «Rechte Sektor» traten bewaffnet auf.

Gegen Ende Januar wich die Regierung zurück. Janukovyč bot Jacenjuk das Amt des Premierministers an, was dieser umgehend ablehnte. Am 28. Januar wurden die am 16. Januar erlassenen Gesetze zurückgenommen, und Ministerpräsident Azarov und die ganze Regierung traten zurück. Das Parlament beschloss erneut eine Amnestie für friedliche Demonstranten. Die Aktivisten gaben daraufhin einige besetzte Gebäude und Straßen frei. In der ersten Februarhälfte schien sich die Lage zu beruhigen. Doch blieben die zentralen Forderungen der Demonstranten unerfüllt, und der Majdan löste sich nicht auf. Es war eine Ruhe vor dem Sturm.

Wie reagierten die EU, die USA und Russland auf den Euro-Majdan? Schon früh besuchten eine ganze Reihe von Abgeordneten des Europäischen Parlaments und Politiker wie der deutsche Außenminister Westerwelle den Kiever Majdan und trafen mit Vertretern der Opposition zusammen. Die Repräsentantin der EU für Außenpolitik, Catherine Ashton, sagte der Ukraine unter der Bedingung von Wirtschaftsreformen finanzielle Unterstützung zu. Am 1. Februar trafen Jacenjuk und Klyčko bei der Münchner Sicherheitskonferenz mit Vertretern der EU und dem amerikanischen Außenminister Kerry zusammen. Als Reaktion auf Menschenrechtsverletzungen während der gewaltsamen Zusammenstöße erließen die EU und die USA Sanktionen gegen einzelne ukrainische Politiker.

Während also die EU und die USA die Opposition des Euro-Majdan als Gesprächspartner anerkannten, verurteilte Russland deren «ungesetzliche Aktionen» und protestierte gegen die «Einmischung westlicher Politiker». Die russischen Medien bezeichneten den Euro-Majdan als vom Ausland gesteuerte Aktion gekaufter Söldner. Offensichtlich beunruhigte die zivilgesellschaftliche Massenbewegung Putin und die russische Führung, die ein Übergreifen auf Russland befürchteten. Bei einem Treffen in Moskau am 21. Dezember 2013 berieten Janukovyč und Putin über den Beitritt der Ukraine zur Zollunion und, so Außenminister Lavrov, ihre Beteiligung «am eurasischen Integrationsprozess». Ende Januar führte Russland erneut strengere Zollkontrollen für die Einfuhr ukrainischer Waren ein.

Seit Anfang Februar forderten Demonstranten die Wiedereinführung der unter Janukovyč aufgehobenen Verfassung von 2004/06, die dem Parlament eine stärkere Stellung gegenüber dem Präsidenten eingeräumt hatte als die erste Verfassung von 1996. Am 18. Februar 2014 zogen sie in einem Marsch zum Parlament. Als dieses den Antrag auf Revision der Verfassung nicht entgegennahm, blockierten die Demonstranten das Parlamentsgebäude, und die Gewalt eskalierte. Die Polizei setzte Tränengas und Blendraketen ein und postierte Scharfschützen auf den Dächern, die Demonstranten warfen mit Steinen, Feuerwerkskörpern und Molotov-Cocktails und zerstörten das Hauptquartier der Partei der Regionen. Nach Ablauf eines Ultimatums stürmten Sicherheitskräfte den Majdan und setzten das Gewerkschaftshaus, das Hauptquartier des Protestes, in Flammen. Am folgenden Tag stürmten die Aufständischen Polizeistationen und Büros des Inlandsgeheimdienstes SBU. 25 Menschen, unter ihnen neun Polizisten, kamen ums Leben. Janukovyč erklärte sein Bedauern über die exzessive Anwendung von Gewalt und traf sich mehrfach mit den Führern der Opposition, ohne dass Ergebnisse erzielt worden wären. Auch in mehreren Städten der West- und Zentralukraine besetzten Demonstranten die Gebietsverwaltungen, und zahlreiche Vertreter der örtlichen Polizei wechselten die Seiten.

Am 20. Februar führten der SBU und das Innenministerium eine «Antiterroristische Aktion» durch. Die Armee kam nicht zum Einsatz, teilweise wegen Widerstandes in den eigenen Reihen. Auf Dächern und auf der Anhöhe über dem Unabhängigkeitsplatz postierte Scharfschützen des Berkut töteten zahlreiche Aktivisten und andere Demonstranten. Die Gesamtzahl der im Februar auf dem Majdan getöteten Menschen wurde auf über 100 geschätzt, unter ihnen 16 Polizisten.

Die «Antiterroristische Aktion» erreichte ihr Ziel, die Niederschlagung der Revolution des Euro-Majdan, nicht. Die brutale Anwendung von Gewalt gegenüber mehrheitlich unbewaffneten Demonstranten führte im Gegenteil dazu, dass das Regierungslager abbröckelte. Zum ersten Mal in der Geschichte der unabhängigen Ukraine ging die Regierung mit offener Gewalt gegen ihre Bürger vor. Damit verloren Janukovyč und sein Regime ihre Legitimation. Jetzt ging alles sehr schnell. Noch am 20. Februar verlangte das Parlament in einer Sondersitzung die Beendigung der «Antiterroristischen Aktion». Erstmals seit 2010 erlangte die Opposition eine Mehrheit, da sich ihr 35 Abgeordnete von Janukovyčs Partei der Regionen anschlossen. In den nächsten Tagen trat mehr als ein Drittel der Parlamentarier aus dieser Partei aus. Auch Einheiten der Polizei und Armee stellten sich auf die Seite des Majdan, ebenso wie einige einflussreiche Oligarchen. Das Überlaufen von Stützen des alten Regimes zur Protestbewegung war von großer Bedeutung für den raschen Sieg der Revolution.

Der letzte Versuch eines Ausgleichs fand am 21. Februar statt, als die Außenminister Deutschlands und Polens und ein hoher französischer Diplomat in Kiev eine Vereinbarung zwischen Janukovyč und den drei Oppositionsführern Jacenjuk, Klyčko und Tjahnybok zustande brachten, in der sich beide Seiten verpflichteten, die Gewalt einzustellen, die Verfassung von 2004 wieder einzuführen, eine Koalitionsregierung einzusetzen und bis Dezember 2014 Präsidentschaftswahlen durchzuführen.

Viele Vertreter des Euro-Majdan waren mit diesem Kompromiss nicht einverstanden. Sie fühlten sich von den politischen

Eliten übertölpelt, die wieder einmal über die Köpfe des «Volkes» hinweg einen Pakt schlossen. Aus ihrer Sicht waren auch die drei Führer der Oppositionsparteien Verräter an der Sache des Majdan. Die Aktivisten des Majdan stellten zwar ebenso wie die Regierungskräfte die Gewalt ein, doch waren sie nach dem Blutbad in Kiev nicht mehr bereit, Janukovyč weiter als Präsidenten zu dulden. Einige Gruppen erklärten, ihren Widerstand bis zum Rücktritt Janukovyč' aufrechtzuerhalten. Die Aktivisten des Majdan kontrollierten nun Kiev weitgehend. Janukovyč' Residenz wurde für das Publikum geöffnet, das sich über den Luxus empörte und über dessen extravaganten Geschmack wunderte.

Das 2012 gewählte Parlament, in dem die Opposition nun in der Mehrheit war, übernahm jetzt die Initiative. Am 21. Februar führte es die alte Verfassung von 2004/06 wieder ein und gab sich damit mehr Kompetenzen. Am Tag darauf wurde Oleksandr Turčynov, ein Vertrauter Julija Tymošenkos, der auf dem Majdan präsent gewesen war, zum Parlamentssprecher gewählt. Am selben Tag beschloss das Parlament mit großer Mehrheit, Präsident Janukovyč seines Amtes zu entheben und für den 25. Mai Neuwahlen auszuschreiben. Damit sprengte das Parlament zwar seine verfassungsmäßigen Vollmachten, die die Absetzung eines Präsidenten nur über ein langwieriges Amtsenthebungsverfahren ermöglicht hätte. Dieser Bruch der politischen Spielregeln war zwar an sich bedenklich, doch in der gegebenen Situation notwendig, um ein Machtvakuum zu verhindern und die Situation zu stabilisieren. Janukovyč' Amtsenthebung wurde von der Europäischen Union sofort anerkannt, nicht aber von Russland.

Janukovyč hatte schon seit dem 19. Februar Vorkehrungen für eine allfällige Flucht getroffen und einen Teil seines Vermögens außer Landes geschafft. Am Abend des 21. Februar, kurz nach der Vereinbarung mit der Opposition, floh er aus Kiev erst in die Ostukraine und dann nach Russland. Am 22. Februar erklärte er in einer Videobotschaft, dass er sich weiter als legitimen Präsidenten der Ukraine betrachte. Seine Widersacherin Julija Tymošenko wurde nach dreißig Monaten Haft aus dem

Gefängnis von Charkiv befreit und kam noch am selben Abend auf den Majdan, um zu ihren Anhängern zu sprechen.

Die Tatsache, dass das Parlament den Präsidenten mit großer Mehrheit absetzte, kann nicht darüber hinwegtäuschen, dass zahlreiche Politiker und Verwaltungsleute in der Ost- und Südukraine die Majdan-Revolution missbilligten und die Autorität des Parlaments infrage stellten. Wie Umfragen zeigen, hatte die überwiegende Mehrheit der Ost- und Südukrainer den Euro-Majdan von Anfang an abgelehnt. Besonderen Unmut weckte ein Beschluss des Parlaments vom 23. Februar, der das 2012 erlassene Sprachgesetz wieder aufhob, das den Regionalsprachen (vor allem dem Russischen) mehr Rechte eingeräumt hatte. Das neue Gesetz wurde zwar nicht in Kraft gesetzt, doch wurde es von Gegnern des Majdan benutzt, um die angebliche forcierte Ukrainisierung der Ost- und Südukraine durch die neue Regierung an die Wand zu malen.

Am 23. Februar wurde Turčynov zum kommissarischen Präsidenten gewählt, und am 27. Februar wählte das Parlament auf Vorschlag des Rates des Majdan Arsenij Jacenjuk zum Ministerpräsidenten. In seiner Übergangsregierung dominierten Vertreter der Partei Vaterland. Vitalij Klyčko und seine Partei UDAR verzichteten auf Regierungsämter. Immerhin stellte seine Partei mit Valentyn Nalyvajčenko den neuen Vorsitzenden des Geheimdienstes SBU. Nicht vertreten war Janukovyč' Partei der Regionen. Neben zahlreichen Parteilosen gehörten der Regierung auch vier Mitglieder (von 21) der nationalistischen Svoboda an, deren Vorsitzender Tjahnybok auf dem Majdan mit Jacenjuk und Klyčko gemeinsam aufgetreten war. Die Beteiligung einer rechtsextremistischen Partei an der Regierung weckte im Ausland Bedenken. Der Majdan war in der Regierung durch vier seiner hervorragenden parteilosen Aktivisten vertreten. Der «Kommandant» des Majdan Andrij Parubij, Parlamentsabgeordneter der Vaterland-Partei, wurde Sekretär des Rates für nationale Sicherheit und Verteidigung. Der Majdan hatte gesiegt. Der Kiever Majdan wurde zum Erinnerungsort, an dem mit Fotos, Kerzen und vielen Blumen der Opfer der Gewalt, der «himmlischen Hundertschaft», gedacht wurde.

Die Übergangsregierung stand zunächst vor der Aufgabe, ihre Macht zu konsolidieren. Sie strebte die möglichst rasche Unterzeichnung des Assoziierungsabkommens mit der EU an und leitete die dafür notwendigen Reformen der Justiz und der Staatsausgaben ein. Am 21. März 2014 wurde das Assoziierungsabkommen mit der EU unterschrieben und sein politischer Teil sofort in Kraft gesetzt. Damit war die ursprüngliche Forderung der Majdan-Revolution erfüllt. Es handelte sich um das umfassendste Abkommen, das die EU je mit einem Nicht-Mitglied abgeschlossen hatte. Zur Konsolidierung der neuen Regierung und zur Abwendung des drohenden Staatsbankrotts war die Ukraine auf westliche Hilfe angewiesen. Der IWF gewährte der Ukraine am 30. April einen Kredit von 17 Milliarden Dollar und überwies am 6. Mai die erste Tranche von 3,2 Milliarden. Dazu kamen beträchtliche Kredite der EU, der USA und der Weltbank. Unterdessen stand die ukrainische Regierung aber vor noch größeren Problemen, da Russland nun den territorialen Bestand des Staates bedrohte.

Nach der Orangen Revolution von 2004 führte in der Ukraine zum zweiten Mal eine zivilgesellschaftliche Massenbewegung zu einem Machtwechsel. In keinem anderen europäischen Land gab es seit der Revolution von 1989/91 einen vergleichbaren Massenprotest. Gerade in den anderen postsowjetischen Staaten (außer den drei baltischen) gab es ihn nicht einmal im Ansatz. Was waren die Gründe dafür? Wie funktionierte der Euro-Majdan? Wer waren seine Träger?

Der Euro-Majdan war von Beginn an eine spontane zivilgesellschaftliche Massenbewegung, die während drei Monaten ununterbrochen andauerte. Die Orange Revolution hatte dagegen nur 17 Tage gedauert. Im Gegensatz zur Orangen Revolution war der Euro-Majdan kein Projekt der Eliten, sondern breiter Kreise der Gesellschaft. Er entwickelte eigenständige Strukturen und Elemente einer Selbstverwaltung. Es gelang, mit friedlichen Mitteln den öffentlichen Raum der Hauptstadt zu besetzen, sichtbar in der Zeltstadt, in der Tausende auf dem Majdan den ganzen Winter lang Temperaturen von bis zu 20 Minusgraden trotzten. Dies war nur möglich dank der Unterstützung durch die Bevölkerung, die die Protestierenden mit Lebensmitteln versorgte, Suppenküchen einrichtete, medizinische Hilfe und Rechtsbeistand bot und sogar ein Wissenschaftscamp schuf, das Diskussionsforen und Vorträge organisierte.

Die Aktionen des Massenprotestes waren vielfältig und erfinderisch und reagierten flexibel auf die Aktionen der Regierung. Am Anfang überwogen Demonstrationen, später folgten Besetzungen öffentlicher Gebäude, die Errichtung von Barrikaden und Absperrungen, das Verbrennen von Autoreifen und die Blockade von Verkehrswegen. Hier spielte der sogenannte Auto-Majdan, der mit über 1000 Automobilen Kommunikation und Versorgung unterstützte, eine Rolle. Für die Koordination und Verbreitung des Widerstandes waren soziale Medien von zentraler Bedeutung, neben Facebook auch kleine Fernsehstationen.

Der Massenprotest war von Anfang an friedlich. Erst als die Regierung mit brutaler Gewalt gegen die Demonstranten vorging, reagierten einige Gruppen mit Gewalt, warfen Pflastersteine und Molotov-Cocktails und gebrauchten vereinzelt auch Schusswaffen. Die Anwendung bewaffneter Gewalt war ein wichtiger Unterschied zur Orangen Revolution. Die Ukrainer verwiesen immer stolz darauf, dass es in ihrem Land im Gegensatz zu Russland (Tschetschenien) und Georgien nach 1991 friedlich geblieben war. Die Polizei und in Reaktion darauf militante Aktivisten brachen erstmals dieses Tabu – mit weitreichenden Folgen. Ein abgehörtes Telefongespräch des estnischen Außenministers nährte die Vermutung, dass unter den Scharfschützen des 20. Februar auch Aktivisten des Majdan gewesen seien, die möglicherweise auf ihre eigenen Leute geschossen hätten, um eine weitere Eskalation der Gewalt zu provozieren. Diese schwerwiegende Anschuldigung konnte in der Folge nicht nachgewiesen werden, restlose Klarheit brachte aber auch eine Untersuchungskommission nicht. Ich halte es für wahrscheinlicher, dass es sich bei den Scharfschützen um *agents provocateurs* oder um eine gezielte Desinformation vonseiten der Regierung oder Russlands handelte.

Wer waren die Träger des Euro-Majdan? Ganz am Anfang spielten Studierende eine große Rolle, doch schon bald traten

Vertreter des Mittelstandes, Facharbeiter, Geschäftsleute, Beamte und Unternehmer in den Vordergrund. Dementsprechend war die Gruppe der 30- bis 40-jährigen am stärksten vertreten, im Unterschied zu den Aktivisten der Orangen Revolution, die erheblich jünger gewesen waren. Viele der Protestierenden des Euro-Majdan hatten sich schon in der Orangen Revolution engagiert und zogen daraus neun Jahre später ihre Konsequenzen. Während zu Beginn des Protestes Frauen und Männer gleichmäßig vertreten waren, stieg im Zug der Radikalisierung der Anteil der Männer stark an. Die überwiegende Mehrheit der Aktivisten kam aus Kiev, mit der Zeit nahm der Anteil der aus der Provinz, vor allem der Westukraine und aus Teilen der Zentralukraine nach Kiev gekommenen Aktivisten stark zu.

Der Euro-Majdan war im Kern eine basisdemokratische Bewegung. Die politischen Parteien spielten keine Führungsrolle, obwohl ihre Vorsitzenden Jacenjuk, Klyčko und Tjahnybok und auch andere Politiker wie Turčynov und Jurij Lucenko auf dem Majdan präsent waren. Sie lenkten aber die Ereignisse nicht, sondern wurden von der Massenbewegung getrieben. Die Ukrainische Griechisch-Katholische und die Ukrainische Orthodoxe Kirche (Kiever Patriarchat) unterstützten den Majdan, während sich die dem Moskauer Patriarchat unterstellte Ukrainische Orthodoxe Kirche zurückhielt. Die Führungsstrukturen des Majdan waren instabil. Gelegentlich wurde ein Volks-Veče (nach der Kiever Rus') oder eine Volks-Rada (nach kosakischem Vorbild) einberufen. In der Spätphase trat der Nationalist Andrij Parubij als «Kommandant» des Majdan in Erscheinung.

Umstritten ist die Rolle, die der sogenannte Rechte Sektor auf dem Majdan spielte. Der «Rechte Sektor» war erst Ende November 2013 entstanden als Zusammenschluss marginaler radikaler rechtsextremistischer Gruppen, die in ihrem Programm an die OUN und die Partisanen der UPA anknüpften. Zwar bestanden Verbindungen zur nationalistischen Partei Freiheit, doch blieben die Organisationen getrennt. Der von Dmytro Jaroš angeführte paramilitärische «Rechte Sektor» war mitverantwortlich für die Eskalation der Gewalt im Januar und Februar und trat in den Straßenkämpfen mit den Ordnungskräften hervor. Allerdings war der «Rechte Sektor» nur eine von mehreren Selbstverteidigungsgruppen, die der Regierung gewaltsamen Widerstand leisteten.

Wer waren die Gegner des Majdan? Das Regierungslager, das ganz von Präsident Janukovyč abhängig war, versuchte mit einer Mischung aus Gewalt und Entgegenkommen der Massenproteste Herr zu werden. Mit dem gewaltsamen Einsatz der Polizei und der Sondereinheit Berkut gegen die ersten Protestaktionen am 29./30. November verlor das Regierungslager seine Glaubwürdigkeit. Infolge der Eskalation der Gewalt im Februar büßte Janukovyč rasch seinen Rückhalt ein, und das Parlament, zahlreiche Oligarchen, Teile der Polizei und der Armee wechselten die Seiten.

Man darf allerdings nicht unterschlagen, dass der Euro-Majdan eine Sache der Ukrainer aus dem Westen und Zentrum blieb. Nur relativ wenige Ost- und Südukrainer beteiligten sich, während die Mehrheit der Protestbewegung ablehnend gegenüberstand. Sie organisierten Gegendemonstrationen, blieben aber im Ganzen gesehen passiv. Das bedeutet nicht, dass alle Janukovyč, der auch im Osten und Süden der Ukraine stark an Popularität eingebüßt hatte, die Treue hielten. Doch hatte im Osten und Süden, wie Umfragen zeigten, die Orientierung auf Russland und die Zollunion erheblich mehr Anhänger als die Integration in die Europäische Union. So war der Euro-Majdan von Anfang an nicht ihre Sache, sondern eine Veranstaltung der Kiever Oppositionspolitiker und der Westukrainer. Die russische Propaganda, die über das russische Fernsehen im Osten und Süden der Ukraine verbreitet wurde, trug zum Zerrbild bei, der Euro-Majdan sei ein vom Westen gesteuerter Umsturz von Faschisten. Obwohl sich in der Ukraine seit der Jahrhundertwende Tendenzen einer allmählichen Überwindung des Gegensatzes zwischen West/Nord und Ost/Süd und die Entstehung breiter Übergangszonen abgezeichnet hatte, öffnete der Euro-Majdan erneut Gräben zwischen den Regionen. Sie wurden in der Folge von Russland instrumentalisiert, um die Ukraine zu destabilisieren.

Wie in den anderen postsowjetischen Ländern (mit Ausnahme des Baltikums) gab es auch in der Ukraine keine längere Tradition von Demokratie und Zivilgesellschaft, aus denen sich der Widerstand speisen konnte. Welches waren die tieferen Wurzeln für die Euro-Majdan-Revolution? Bedeutsam waren das Vorbild und die Erfahrung der Orangen Revolution, die gezeigt hatte, dass zivilgesellschaftlicher Ungehorsam erfolgreich sein konnte. Genauso wichtig war allerdings auch die Erfahrung des raschen Zerfalls der orangen Kräfte und des Versagens seiner Protagonisten, die das Misstrauen gegenüber allen Politikern schürte und dazu beitrug, dass unter den Zielen nicht nur das Auswechseln der politischen Führung, sondern ein Systemwechsel in den Vordergrund trat. In diesem Sinn kann der Euro-Majdan mit größerer Berechtigung als Revolution bezeichnet werden als die Orange Revolution.

Erklärungen für das zweimalige Auftreten der zivilgesellschaftlichen Massenbewegungen in der Ukraine (und nur in der Ukraine!) könnte die Geschichte liefern. Es fällt auf, dass kosakische Symbole in beiden Bewegungen einen hohen Stellenwert hatten. Der Kosakenmythos von Gleichheit und Freiheit, von Rebellion gegen Ungerechtigkeit und von Anarchie, der in allen Teilen der Ukraine verbreitet war, ist als ideologische Triebkraft nicht zu unterschätzen. Die Selbstorganisation des Euro-Majdan berief sich explizit auf das Vorbild der Zaporožer Sič. Der Kosakenmythos war im Zentrum und Osten besonders verbreitet, dennoch waren die Westukrainer in beiden Revolutionen überdurchschnittlich repräsentiert. Dies verweist auf Fernwirkungen der österreichischen Herrschaft über Galizien, wo die Ukrainer im Gegensatz zu Russland Gelegenheit hatten, politische Parteien, Vereine und andere zivilgesellschaftliche Organisationen und eine eigene Nationalkirche zu begründen. Auch im Zwischenkriegspolen und im sowjetischen Untergrund überlebte diese Tradition. In der Westukraine verwurzelt war auch die Erfahrung des bewaffneten Kampfes gegen die polnische und die sowjetische Herrschaft. Die Erinnerung an die OUN (besonders an deren Führer Stepan Bandera) und an die UPA wurde von Teilen des Euro-Majdan gepflegt. Dass sich damit auch das Erbe eines radikalen Nationalismus verband, gehört zu den Hypotheken der neueren ukrainischen Geschichte. Entgegen der russischen Propaganda spielte aber der Antisemitismus im Euro-Majdan keine Rolle. Ganz im Gegenteil waren unter den Aktivisten auch Juden. Überhaupt war die Bewegung des Euro-Majdan nicht ethnisch-national geprägt, sondern zahlreiche ethnische Russen und Menschen anderer ethnischer Herkunft schlossen sich ihr an. Auf dem Kiever Unabhängigkeitsplatz wurde viel Russisch gesprochen.

Die Annexion der Krim

Russland hatte auf den Euro-Majdan von Anfang an negativ reagiert und behauptet, es handle sich um ein vom Westen inszeniertes, gegen Russland gerichtetes Komplott. Zunächst hielt man sich aber zurück, nicht zuletzt um die propagandistische Wirkung der Olympischen Winterspiele, die vom 7. bis 23. Februar 2014 im russischen Soči stattfanden, nicht zu schmälern. Der Sturz Präsident Janukovyč' alarmierte Präsident Putin, dem der Sieg des Majdan als Menetekel für Russland erschien. Mit seinem gesteigerten Druck hatte Russland schon im Herbst 2013 deutlich gemacht, dass es den Ausbruch der Ukraine aus seinem strategischen Vorfeld und aus der «russischen Welt» und ihre Hinwendung zur Europäischen Union nicht hinnehmen wollte. Der Sieg der zivilgesellschaftlichen Massenbewegung über den autokratischen Präsidenten im Februar 2014 und die mögliche Errichtung einer demokratischen parlamentarischen Herrschaftsordnung, die der Opposition in Russland als Vorbild dienen konnten, gaben dann den Ausschlag dafür, dass Russland in der Ukraine militärisch eingriff.

Am 19. Februar protestierte Russland gegen die «kriminellen Aktivitäten» der Opposition und ihre Versuche der illegalen Machtübernahme, gegen die «braune Revolution» in Kiev. Am 23. Februar, als die Würfel in Kiev gefallen und die Winterspiele beendet waren, wurde der russische Botschafter aus Kiev abberufen, und am Tag darauf folgten Erklärungen des russischen Außenministeriums und des Ministerpräsidenten Medvedev.

Die Majdan-Revolution wurde erneut als vom Westen geförderter Umsturz militanter Ultranationalisten hingestellt, die später auch als Neonazis, Antisemiten und dann pauschal als Faschisten bezeichnet wurden. Die Legitimität des Parlaments, seiner «Entscheidungen» und «Gesetze» und damit implizit auch der einige Tage später gewählten Regierung wurden bestritten. Die Interessen der Bevölkerung im Osten des Landes und auf der Krim müssten berücksichtigt werden, das Leben «unserer Landsleute» in der Ukraine sei bedroht, die russische Sprache sei «fast vollständig verboten» worden. Dies waren Argumente, die ein militärisches Eingreifen Russlands rechtfertigen sollten.

Vladimir Putin beschloss, die Gelegenheit beim Schopf zu ergreifen, um die Krim Russland einzuverleiben und damit die Ukraine zu destabilisieren. Die Halbinsel Krim bot sich für ein militärisches Eingreifen an, war sie doch seit 1991 die Achillesferse der Ukraine gewesen. Die Krim war die einzige Region des Landes, in der die ethnischen Russen die absolute Mehrheit der Bevölkerung stellten (58,5 % gegenüber 24,4 % Ukrainern und 12,1 % Krimtataren), und die Russischsprachigen machten etwa 80 % aus. Die Krim war historisch enger mit Russland als mit der Ukraine verbunden. Erst im Jahre 1954 war sie aus dem Bestand der Russischen Sowjetrepublik ausgegliedert und in die Ukrainische Sowjetrepublik eingegliedert worden. Seit ihrer Eroberung im Jahre 1783 hatte die Krim für Russland einen hohen Symbolwert gewonnen, fassbar in der zweimaligen Verteidigung der «Heldenstadt» Sevastopol' im Krimkrieg und im «Großen Vaterländischen Krieg». Die Krim war für die Russen ein exotisches südliches Arkadien, das in Dichtwerken besungen und als Urlaubsziel erlebt wurde.

Die Zuordnung zu einer Sowjetrepublik hatte keine große Bedeutung gehabt, doch nach 1991 wurden Staatsgrenzen gezogen. Russland hatte zwar die territoriale Integrität der Ukraine anerkannt, im Fall der Krim aber nur mit Zähneknirschen. Mehrere Jahre dauerte der Konflikt um das Erbe der sowjetischen Schwarzmeerflotte, bis sie 1997 zwischen Russland und der Ukraine aufgeteilt wurde, wobei Russland seinen Flottenstützpunkt in Sevastopol' zunächst bis zum Jahr 2017, in einer Vereinbarung von 2010 verlängert bis 2042, behielt. Von Anfang an regten sich auf der Krim separatistische Bestrebungen, die den Anschluss an Russland propagierten und von russischen Politikern und dem russischen Parlament unterstützt wurden. Die ukrainische Regierung reagierte damit, dass die Halbinsel als «Autonome Republik» gewisse Hoheitsrechte mit einem Parlament und einer Regierung erhielt.

Der Sieg des Euro-Majdan führte zur sofortigen Wiederbelebung des Separatismus auf der Krim. Schon am 23. Februar demonstrierten in Sevastopol' 20000 Personen gegen den Machtwechsel in Kiev und ersetzten den Bürgermeister der Stadt. Zwei Tage später blockierten prorussische Demonstranten das Parlamentsgebäude in der Krim-Hauptstadt Simferopol' und forderten ein Referendum über einen Anschluss an Russland. Am 27. Februar besetzten unbekannte Soldaten das Parlament und die Regierungsgebäude in Simferopol'. Darauf wurde die Regierung der Republik Krim gestürzt und mit Sergij Aksenov unter fragwürdigen Umständen ein neuer Ministerpräsident eingesetzt, der sogleich ein Referendum über die Unabhängigkeit der Krim ankündigte. In den nächsten Tagen wurde die Krim durch vermummte bewaffnete Soldaten ohne Hoheits- und Rangabzeichen, die sogenannten grünen Männchen, besetzt, zuerst der Flughafen, dann nach und nach die Einrichtungen der ukrainischen Armee. Es handelte sich einerseits um russische Soldaten der Flottenbasis Sevastopol', andererseits um gut ausgerüstete Spezialtruppen, die aus Russland auf die Krim verlegt wurden, im Ganzen über 20000 Mann. Die russischen Einheiten agierten gemeinsam mit örtlichen Bürgerwehren und Milizen, um den Anschein zu erwecken, dass der Umsturz von der Bevölkerung der Krim ausgegangen sei. Putin bestritt zunächst den Einsatz russischer Soldaten, gab ihn aber später unumwunden zu.

Am 1. März ersuchte der neu eingesetzte Aksenov Russland offiziell um militärisches Eingreifen, um die russischsprachige Bevölkerung zu schützen. Putin ließ sich nicht lange bitten, und das Parlament erteilte ihm am selben Tag die Vollmacht, die Armee auf dem Territorium der Ukraine einzusetzen. Am 6. März beschloss die russlandfreundliche Regierung der Krim den Anschluss an Russland und die Abhaltung eines Referendums am 16. März. Beobachtermissionen der OSZE wurde mehrfach der Zugang zur Krim verweigert. Im Referendum vom 17. März sprachen sich offiziellen Angaben zufolge 96,8% der Abstimmenden für «die Wiedervereinigung der Krim mit Russland» aus. Zwar widersprach die Abhaltung des Referendums den internationalen Standards, und zusätzlich wurden die Ergebnisse gefälscht, dennoch ist es wahrscheinlich, dass eine Mehrheit der Bevölkerung einen Anschluss an Russland befürwortete, viele in der Hoffnung auf einen höheren Lebensstandard. Am 18. März erklärte das Parlament die Krim zum unabhängigen Staat. Am selben Tag unterzeichneten der russische Präsident und die Vertreter der neuen Krimregierung in Moskau einen Vertrag über die Aufnahme der Krim in die Russländische Föderation, der am 20. März vom russischen Parlament ratifiziert wurde. Mehr als die Hälfte der ukrainischen Soldaten hatte sich der russischen Armee angeschlossen, die Übrigen wurden am 24. März aus der Krim abgezogen.

Die Krim wurde nun zügig in den russischen Staat integriert. Die Uhren wurden auf Moskauer Zeit umgestellt, bis Ende Mai der Rubel als Zahlungsmittel eingeführt. Die Wetterkarten des russischen Fernsehens schlossen die Krim umgehend in das Territorium Russlands ein. Die Bewohner der Krim erhielten die Staatsbürgerschaft Russlands, wer ukrainischer Staatsbürger bleiben wollte, hatte erhebliche Nachteile in Kauf zu nehmen. Die Krim wurde in die administrative Ordnung Russlands eingegliedert, und die russischen Gesetze wurden eingeführt. Die Krim wurde zur Sonderwirtschaftszone erklärt, um die zu erwartenden ökonomischen Schwierigkeiten zu meistern. Am 9. Mai reiste Präsident Putin auf die Krim, um dort den Jahrestag des Sieges über Nazideutschland zu feiern. Proukrainisch gesinnte Bewohner der Krim wurden Repressalien ausgesetzt, und viele von ihnen flüchteten. Das betraf besonders die Krimtataren, deren Vertreter mehrfach ihre Besorgnis äußerten, dass ihre Rechte in Russland nicht mehr geschützt würden. Anlass dazu gaben Übergriffe auf religiöse Gebäude, Drohungen und Schikanen und Bemühungen, den Krimtataren das Land wieder wegzunehmen, das sie nach der Rückkehr aus der zentralasiatischen Deportation wieder in Besitz genommen hatten. Den beiden wichtigsten krimtatarischen Persönlichkeiten, Mustafa Džemilev, seit 50 Jahren ihr unangefochtener Anführer, und Refat Čubarov, Oberhaupt des krimtatarischen Medschlis, wurde die Einreise auf die Krim verweigert. Zahlreiche Krimtataren wanderten aus und ließen sich in anderen Gebieten der Ukraine nieder.

Mit der Annexion der Krim vollzog Russland einen eklatanten Bruch des Völkerrechts und mehrerer Abkommen, in denen es die territoriale Integrität der Ukraine anerkannt hatte. So hatten Russland, die USA und Großbritannien im Jahre 1994 die Sicherheit des Landes garantiert, im Gegenzug zum Verzicht der Ukraine auf Kernwaffen. Damit wurden die im Jahre 1991 festgelegten Grenzen der postsowjetischen Staaten unter Anwendung von Gewalt verändert, und zum ersten Mal seit dem Zweiten Weltkrieg gliederte sich ein europäischer Staat völkerrechtswidrig das Gebiet eines souveränen Nachbarstaates ein. Damit überschritt Putin eine Linie, die er in früheren Konflikten, so 2008 in Südossetien, noch respektiert hatte. Man hat mit Berufung auf das Selbstbestimmungsrecht argumentiert, dass das Referendum den Anschluss der Krim legalisiert habe. Dem ist entgegenzuhalten, dass das Selbstbestimmungsrecht völkerrechtlich kein Recht auf Sezession beinhaltet. Zum anderen war das Referendum unter militärischem Druck fragwürdig durchgepeitscht worden. Die Rechtfertigungen der Annexion, vor allem das Argument des Schutzes der russischen Bürger und ihrer Sprache, entbehrten jeder Grundlage. Auf der Krim dominierte die russische Sprache das ganze Leben, und von einer realen Gefährdung der Bevölkerung durch die neue «faschistische» Kiever Regierung und ihre nationalistischen Banden, wie die Propaganda sie an die Wand malte, konnte schon gar nicht die Rede sein.

Die internationale Gemeinschaft verurteilte die völkerrechtswidrige Annexion der Krim fast einhellig. Dies führte zu einer internationalen Isolierung Russlands. Die USA und die EU verhängten Sanktionen, zunächst Einreiseverbote für einzelne Politiker Russlands und der Krim und die Einfrierung von Vermögenswerten. Russland wurde am 25. März 2014 demonstrativ aus der Gruppe der acht führenden Industrienationen (G-8) ausgeschlossen.

Präsident Putin schien das nicht zu kümmern. In Russland selber war nämlich die «Wiedervereinigung der Krim mit Russland» sehr populär, und Putins Umfragewerte erreichten ein einmaliges Hoch. Begleitet von einer groß angelegten Propagandakampagne, war es ihm gelungen, die Mehrheit der Bevölkerung patriotisch zu mobilisieren, wobei die ethnonationale Begründung, Russland müsse den vom neuen Regime in Kiev bedrohten Russen auf der Krim zu Hilfe kommen, besonderen Anklang fand. Diese wurden als «russische Bürger» und «Landsleute» bezeichnet, auch wenn es sich nicht um Staatsbürger Russlands handelte. Damit waren teilweise die ethnischen Russen gemeint, jene Kategorie, die in Fortführung der sowjetischen Kategorie der Nationalität diejenigen Staatsbürger der Ukraine meinte, die sich als Russen in einem kulturellen Sinn verstanden. Mit «Russen» konnten aber auch die ukrainischen Staatsbürger russischer Muttersprache gemeint sein, die etwa die Hälfte der Gesamtbevölkerung des Landes ausmachten. Wenn Russland versprach, den damit gemeinten Russen zu Hilfe zu kommen, betraf das die große Mehrheit der Bevölkerung in den Städten der Ost- und Südukraine und konnte als Rechtfertigung für das russische Eingreifen in diesen Regionen dienen. Putin knüpfte mit diesen Aufrufen an die alte Vorstellung von der «allrussischen Nation» an, die auch die Ukrainer in die «russische Welt» einschloss. Dass sich die politische Legitimation nicht bloß auf die Krim bezog, machte Putin schon Anfang März deutlich, als er verkündete, dass die russischen Streitkräfte in einem extremen Fall in anderen Teilen des Landes einschreiten könnten. Russland behalte sich alle Mittel zum Schutz der Russen in der Ukraine vor. «Wir werden nicht zusehen, wenn sie verfolgt und vernichtet werden.»

Das bewaffnete Eingreifen Russlands in der Ostukraine und die Destabilisierung des ukrainischen Staates

Nach der Krim wurde das Donezbecken, der Donbass, das primäre Ziel der Aggression Russlands, das den ukrainischen Staat weiter zu destabilisieren suchte. Der Donbass war im späten Zarenreich und in der Sowjetunion das wichtigste Zentrum der Schwerindustrie gewesen. Unter Stalin wurde er zum Modell des sozialistischen Aufbaus, seine zum Teil aus Russland zugewanderten Bergleute und Industriearbeiter erhielten Privilegien aller Art. Auch in der unabhängigen Ukraine blieb der Donbass mit seinen Zentren Donec'k, Luhans'k und Mariupol' die wirtschaftlich stärkste Region. Als der Steinkohlebergbau einen allmählichen Niedergang erlebte, erinnerte sich die Bevölkerung nostalgisch an die goldene Zeit der Sowjetunion. Der Donbass war die nach der Krim am stärksten russisch geprägte Region der Ukraine, mit gegen 40% ethnischen Russen und über 80, in den großen Städten über 90% russischen Muttersprachlern. Der Donbass war die Hochburg Janukovyč' und die Pfründe einiger Oligarchen mit Achmetov an der Spitze. Die Bevölkerung des Donbass war seit jeher auf Russland orientiert, eine klare Mehrheit favorisierte den Beitritt zur Eurasischen Zollunion gegenüber der EU. Folgerichtig stießen hier der Euro-Majdan und der Sturz Janukovyč' auf Ablehnung. Überwiegend russisch geprägt waren auch die Industriestädte Charkiv, Dnipropetrovs'k und Zaporižž'ja sowie die Südukraine um Odessa, doch trat hier neben einer Orientierung auf Russland ein starkes Regionalbewusstsein hervor. Dennoch kamen auch diese Gebiete ins Visier der russischen Propaganda und Einmischung.

Schon während der Besetzung der Krim mehrten sich die Anzeichen, dass Russland auch im Osten der Ukraine militärisch eingreifen werde. Anknüpfend an die Besetzung der Krim, führte Russland keinen offenen Krieg, sondern unterstützte separatistische Gruppen im Donbass mit Kriegsgerät aller Art, schleuste Spezialtruppen samt Offizieren des Auslandsgeheimdienstes sowie ganze Bataillone von Söldnern ein und ließ über die staatlich kontrollierten Medien mit einer Propagandaflut Desinformationen über die Kiever Regierung und ihre Politik verbreiten. Die täglichen Sendungen des russischen Fernsehens über die Ukraine wurden immer demagogischer und berichteten etwa von Konzentrationslagern für prorussische Aktivisten und von einem Genozid an den russischsprachigen Bewohnern der Ukraine. Diese Propaganda fiel bei zahlreichen Bewohnern der Ostukraine und in geringerem Maß auch der Südukraine auf fruchtbaren Boden, waren doch viele durch die Majdan-Revolution und den Sturz von Janukovyč, der als Interessenvertreter der Ostukraine angesehen wurde, verunsichert. Dennoch war, wie alle Umfragen noch im Frühjahr 2014 zeigten, eine Mehrheit für die Erhaltung einer unabhängigen Ukraine und gegen einen Anschluss an Russland. Viele verlangten aber eine größere Autonomie ihrer Regionen und die Berücksichtigung ihrer Anliegen, besonders eine Aufwertung der russischen Sprache. Wie schon im Fall der Krim stritt Russland jede militärische Einmischung ab, doch schwanden mit der Zeit alle Zweifel an seiner direkten Involvierung. Außerdem ließ Russland seit März an der Grenze zur Ukraine umfangreiche Truppen von bis zu 40000 Mann aufmarschieren, und in Kiev und im Westen befürchtete man den Einmarsch der russischen Armee in der Ostukraine.

Die Bevölkerung im Osten und Süden der Ukraine war während der Bewegung des Euro-Majdan überwiegend passiv geblieben. Kleinere Gruppen demonstrierten für den Majdan, gelegentliche Gegendemonstrationen wiesen aber eine größere Teilnehmerzahl auf, ohne die Zahlen der Majdan-Bewegung in Kiev und den Städten der Westukraine nur annähernd zu erreichen. Erst der Machtwechsel in Kiev löste eine Massenmobilisierung aus. Zunächst gab es (meist kleine) Solidaritätskundgebungen in Charkiv, Dnipropetrovs'k und Donec'k, bald gewannen aber die gegen den Euro-Majdan gerichteten prorussischen Kundgebungen die Oberhand. Die zunächst kleinen, höchstens einige tausend Aktivisten umfassenden Gruppen wurden zum Teil von den regionalen Funktionären der Partei der Regionen organisiert und durch Russland gesteuert. In den ersten Märzwochen, während der Machtübernahme Russlands auf der Krim, demonstrierten prorussische Kräfte in Charkiv, Donec'k, Luhans'k, Odessa und anderen Städten und sangen die russische Hymne. In einigen Städten besetzten sie Gebäude der Gebietsverwaltung und Polizeistationen, auf denen sie die russische Fahne hissten. Dabei kam es zu gewalttätigen Zusammenstößen mit kleineren Gruppen von Pro-Maidan-Demonstranten, die Hunderte von Verletzten und (am 13. und 14. März) die ersten Toten forderten. Als Erkennungszeichen diente auf prorussischer Seite das Sankt-Georgs-Band, ein schon im Zarenreich und in der Sowjetunion verwendetes militärisches Ehrenabzeichen, auf proukrainischer Seite ein Band mit dem Blau-Gelb der ukrainischen Fahne.

Die prorussischen Demonstranten riefen, der vom russischen Fernsehen verbreiteten Propaganda folgend, zum Widerstand gegen die «faschistische Junta» in Kiev auf, die angeblich mithilfe des «Rechten Sektors» und der USA den Ostukrainern die ukrainische Sprache aufzwingen wollte. Mit dem exzessiven Gebrauch der Faschismus-Keule appellierte die Propaganda erfolgreich an die Erinnerung an den «Großen Vaterländischen Krieg», als schon einmal Russen und Ukrainer gemeinsam die Aggression der «Faschisten» zurückschlagen mussten, und an die sowjetische Vorstellung einer bipolaren Welt, in der sich der Westen und Russland (die Sowjetunion) als unversöhnliche Feinde gegenüberstanden. Die Aktivisten forderten eine Föderalisierung der Ukraine, die Anerkennung des Russischen als zweite Staatssprache und ein Referendum über den künftigen Status der Ostukraine. Erstmals hörte man auch Stimmen, die Russland um direkte Hilfe baten.

In Donec'k wurde der junge Unternehmer Pavel Gubarev, ehemals Mitglied der größten nationalistischen und neonazistischen Organisation Russlands, der «Russischen Nationalen Einheit», zum «Volksgouverneur» ausgerufen, dann vorübergehend verhaftet und im Austausch gegen entführte ukrainische Offiziere wieder freigelassen. Die Regierung in Kiev versuchte ihre Stellung zu halten, indem sie den regionalen Oligarchen Serhij Taruta, der ein großes Stahlunternehmen des Donbass kontrollierte und dem Donec'ker Clan Achmetovs zugerechnet wurde, zum Gouverneur des Gebiets Donec'k ernannte. Mittlerweile hatten jedoch die Oligarchen ihren Einfluss eingebüßt, und Kiev verlor rasch die Kontrolle über die Ostukraine. Es gelang den von Russland unterstützten Aktivisten, einen Teil der bisher passiven Bevölkerung für ihre Ziele zu mobilisieren. Sie fanden Zustimmung vor allem unter benachteiligten Bevölkerungsgruppen, Rentnern, ehemaligen Soldaten und Arbeitslosen, die vom Kiever Regime enttäuscht waren und eine weitere Verschlechterung des Lebensstandards befürchteten, die der heilen Welt der Sowjetunion nachtrauerten und sich von Russland eine Verbesserung ihrer wirtschaftlichen und sozialen Situation erhofften. Die regionale Polizei, die durch aus dem Zentrum in den Osten geflüchtete Berkut-Einheiten verstärkt worden war, wehrte sich nur halbherzig gegen die Besetzung der Amtsgebäude, und nicht wenige wechselten dann die Seiten. Dass sich die Vertreter der staatlichen Ordnung den nicht zahlreichen Freischärlern oft kampflos ergaben, offenbarte die Schwäche des ukrainischen Staates in dieser Region.

Seit Anfang April 2014 setzten sich die prorussischen Aktivisten in den Städten des Donbass fest und richteten sich in den von ihnen besetzten Gebäuden der Regionalverwaltung, der Polizei und des Sicherheitsdienstes ein. Die Innenstädte glichen mit Barrikaden, Volksküchen und uniformierten Aktivisten dem Euro-Majdan in Kiev, allerdings in kleineren Dimensionen. Am 7. bzw. 27. April wurden in «Volksversammlungen» die «souveränen Volksrepubliken» Donec'k und Luhans'k ausgerufen. Sie ernannten sich zu Nachfolgerinnen der bisherigen Behörden, die sie für abgesetzt erklärten. Als «Staatschef der Republik Donec'k» trat der ehemalige Kleinunternehmer Denis Pušilin auf, dem enge Verbindungen zum Donec'ker Magnaten Achmetov nachgesagt wurden. Achmetov selbst versuchte am 11. Mai in einer Fernsehansprache zu vermitteln und mit dem Slogan «Ein glücklicher Donbass in einer vereinigten Ukraine» an das Regionalbewusstsein zu appellieren, doch blieb sein Ruf ungehört, und er verschwand aus dem Rampenlicht. Zu einer Hochburg der Separatisten wurde die nördlich von Donec'k gelegene, etwas über 100000 Einwohner zählende Industriestadt Slovjans'k unter dem «Volksbürgermeister» Vjačeslav Ponomarev, einem Afghanistan-Veteranen. Dieser ließ Militärbeobachter der OSZE gefangen nehmen und trat in Pressekonferenzen wiederholt an die Öffentlichkeit. Auch in anderen Städten wurden zahlreiche Personen entführt, unter ihnen mehrere Journalisten, und einzelne von ihnen wurden gefoltert und getötet. In mehreren Berichten zur Menschenrechtslage in der Ukraine erklärte das UN-Hochkommissariat für Menschenrechte, dass in Teilen der Ostukraine «ein Klima der Gesetzlosigkeit» herrsche, mit Tötungen, Folter, Entführungen und Einschüchterung durch bewaffnete Gruppen. Auch Kramatorsk, Horlivka, Al'čevs'k, Mariupol' und andere Städte des Donbass fielen in die Hände der Separatisten. Am 11. Mai wurde nach dem Vorbild der Krim ein Referendum durchgeführt, in dem sich nach zweifelhaften Angaben der Organisatoren 89 bzw. 96% der Abstimmenden für «die Selbständigkeit der Volksrepublik Donec'k bzw. Luhans'k» aussprachen. Das Referendum war völkerrechtlich illegal, und seine Vorbereitung und Durchführung entsprachen noch weniger den internationalen Standards als schon das Referendum auf der Krim.

Die prorussischen Aktivisten waren nie sehr zahlreich, verstanden es aber, mit ihren Parolen und ihren Waffen die Kontrolle über einige Städte des Donbass zu erringen und zu behaupten. Es waren meist junge Männer, die sich aus heterogenen Gruppen zusammensetzten. Unter ihnen waren Journalisten, Lokalpolitiker und Kleinunternehmer, Vertreter marginaler neo-stalinistischer prorussischer Bewegungen aus der Region, deklassierte gewaltbereite Abenteurer und ehemalige Kriminelle. Von Anfang an waren wie schon auf der Krim aus Russland eingeschleuste bewaffnete Sondertruppen beteiligt. Sie gewannen zusehends an Gewicht, zusammen mit Neo-Kosaken und Veteranen der sowjetischen, russischen und ukrainischen Armee, von denen viele ebenfalls aus Russland stammten. Einige Russen traten offen als Anführer der Milizen auf. Der Bekannteste unter ihnen war ein gewisser Igor' Strel'kov, der unter dem Namen Igor' Girkin schon in den Kriegen in Transnistrien, Tschetschenien und Bosnien gekämpft und es im russischen Geheimdienst bis zum Obersten gebracht hatte. Er löste in Slovjans'k Ponomarev ab. An die Spitze der Regierung der «Volksrepublik Donec'k» setzte sich mit Aleksandr Borodaj ein weiterer russischer Staatsbürger. Wie Strel'kov und Gubarev war er zuvor als extremer russischer Nationalist hervorgetreten. Zur Bekämpfung der «Faschisten» in Kiev wurden also aus Russland Mitglieder extremistischer nationalistischer Vereinigungen in die Ostukraine geschickt, die Fremdenhass propagierten und als faschistoid bezeichnet werden konnten. Die Einschleusung schwer bewaffneter Sondereinheiten hielt unvermindert an. Dazu kamen Söldner und Freiwillige; bekannt wurde das Bataillon Vostok (Osten), in dem auch Tschetschenen kämpften. Über die Grenze lieferte Russland den Separatisten zahlreiche Waffen und schweres Kriegsgerät. Wie prorussische Aktivisten später zugaben, hätten sie sich ohne Hilfe aus Russland nicht lange behaupten können.

Die Aktivitäten der prorussischen Aktivisten konzentrierten sich auf die beiden Gebiete Donec'k und Luhans'k im Donbass. Zwar kam es auch in anderen Städten des Ostens und Südens zu Demonstrationen gegen die Kiever Regierung und zu gewalttätigen Auseinandersetzungen, doch war die Stimmung der Bevölkerung hier weniger radikal, und immer wieder meldeten sich auch Befürworter des Euro-Majdan zu Wort.

Nachdem in Charkiv, der größten ostukrainischen Stadt, die prorussischen Kundgebungen zu Beginn große Ausmaße angenommen hatten, vorübergehend Verwaltungsgebäude besetzt und in Zusammenstößen mit proukrainischen Kräften zahlreiche Menschen verletzt worden waren, gelang es den regionalen Politikern und der Polizei in der Folge, die prorussischen Aktivisten im Zaum zu halten. Die Mehrzahl der Bewohner von Charkiv blieb abwartend und hielt Distanz zu den prorussischen Aktivisten und zur Kiever Regierung. Ähnlich verlief die Entwicklung in der Industriestadt Dnipropetrovs'k. Hier wurden im April Bürgerwehren aufgestellt, die sich den prorussischen Aktivisten entgegenstellten. Sie wurden teilweise vom Oligarchen Ihor' Kolomojs'kyj finanziert, der von der Regierung schon Anfang März als Gouverneur des Gebiets eingesetzt worden war. Es gelang, die Konflikte in Dnipropetrovs'k einzudämmen und die Loyalität ihrer Bevölkerungsmehrheit zum ukrainischen Staat zu gewährleisten.

Die Mehrheit der Bevölkerung der Städte der Süd-Ukraine stand dem Euro-Majdan und seiner proeuropäischen Orientierung ebenfalls skeptisch gegenüber, doch hatten hier auch die extremen prorussischen Aktivisten wenig Rückhalt. So folgte in Odessa auf eine Demonstration von Gegnern des Majdan am 1. März am folgenden Tag eine größere Kundgebung proukrainischer Kräfte. Allerdings kam es in Odessa am 2. Mai unter den Augen der weitgehend untätigen Polizei zu Zusammenstößen zwischen proukrainischen Demonstranten, unter ihnen gewaltbereite Fußballfans, mit prorussischen Gegendemonstranten. Eine Straßenschlacht forderte zahlreiche Verletzte und vier Tote. Die prorussischen Demonstranten flüchteten darauf in das Gewerkschaftshaus der Stadt. Dieses wurde von Molotov-Cocktails, die offensichtlich von Mitgliedern der proukrainischen Gruppen geworfen wurden, in Brand gesetzt. Über 40 Menschen kamen dabei ums Leben. Die Tragödie von Odessa wurde von der russischen Propaganda der Kiever Regierung angelastet, was zur Anheizung der Stimmung beitrug. Trotzdem beruhigte sich die Lage in Odessa in den folgenden Wochen.

Russland und die prorussischen Kräfte hatten damit gerechnet, dass sich nicht nur der Donbass, sondern auch die anderen Gebiete im Osten und Süden des Landes der separatistischen Bewegung anschließen würden. Die Bevölkerung war hier ebenfalls vorwiegend russischsprachig und hatte in der Präsidentenwahl von 2010 mehrheitlich Viktor Janukovyč ihre Stimme gegeben. Es stellte sich aber heraus, dass für die Mehrheit der Bevölkerung im Osten und Süden die Erhaltung des ukrainischen Staates Priorität hatte.

Die Machtübernahme der separatistischen Gruppen in den großen Städten des Donbass musste die Kiever Regierung aber hinnehmen. Gegenmaßnahmen wie Demonstrationsverbote und Verhaftungen blieben ohne größere Wirkung.

Es gelang auch nicht, die ukrainische Grenze zu Russland zu

kontrollieren, um das Einsickern von Bewaffneten und Kriegsmaterial zu verhindern. Mitte April startete man eine groß angelegte «Antiterror-Operation», um die Kontrolle über den Donbass zurückzugewinnen. Dazu wurden Einheiten der Armee und des Sicherheitsdienstes sowie der neu aus Freiwilligen rekrutierten Nationalgarde eingesetzt. Der militärische Gegenstoß brachte allerdings nur bescheidene Erfolge. Die ukrainischen Soldaten und Nationalgardisten hatten keine Kampferfahrung, waren ungenügend ausgerüstet und den gut bewaffneten Formationen der durch russische Kämpfer verstärkten Separatisten nicht gewachsen. Diese setzten Panzerabwehrgeschütze, Granatwerfer, Flugzeugabwehrraketen und zunehmend auch Kampfpanzer ein, die überwiegend von Russland geliefert wurden, zum Teil auch aus Beständen der ukrainischen Armee stammten, die von den Milizen erbeutet worden waren. Am 29. Mai schossen die Separatisten einen Helikopter der ukrainischen Armee ab, wobei zwölf Soldaten ums Leben kamen. In bewaffneten Auseinandersetzungen wurden zahlreiche Menschen, auch unter der Zivilbevölkerung, verletzt und getötet. Der Kampfeinsatz der ukrainischen Streitkräfte förderte die Antipathie breiter Teile der Bevölkerung gegenüber den «Kiever Faschisten». Der ukrainische Staat erschien gegen innen und außen als schwach und als unfähig, seine Souveränität durchzusetzen.

Auch auf der politischen Ebene blieb die Kiever Regierung ohne greifbare Erfolge. Man kam den Forderungen der Separatisten und weiter Teile der ostukrainischen Bevölkerung entgegen und bot einen «Runden Tisch» an, der über eine Dezentralisierung der Ukraine und eine Aufwertung der russischen Sprache diskutieren sollte. Man war allerdings nicht bereit, sich mit den Separatisten, die in Kiev als «Terroristen» bezeichnet wurden, an einen Tisch zu setzen.

Ein Problem blieb der Umgang mit den radikalen, teilweise immer noch bewaffneten Gruppen des Majdan und besonders des «Rechten Sektors». Die Polizei versuchte den «Rechten Sektor» zu entwaffnen. Als sich am 23./24. März Oleksandr Muzyčko (Pseudonym Saška Bilyj), ein Anführer des «Rechten

Sektors», dem gewaltsame Übergriffe zur Last gelegt wurden, seiner Verhaftung widersetzte, wurde er von der Polizei erschossen. Die vom Parlament am 1. April beschlossene und auch von westlichen Staaten geforderte Entwaffnung der paramilitärischen Gruppen konnte nicht vollständig durchgesetzt werden. Einzelne Verbände wie das «Bataillon Donbass» und das «Batallion Azov», in denen zahlreiche Rechtsextremisten kämpften, nahmen an den bewaffneten Auseinandersetzungen in der Ostukraine teil. Der «Rechte Sektor» erklärte sich zur politischen Partei, die einem militanten Nationalismus, nicht aber dem Antisemitismus anhing und demokratische Werte ablehnte. Die militanten extremistischen Gruppen, die sich aktiv am Euro-Majdan beteiligt hatten, waren zwar klein, stellten aber dennoch eine potentielle Gefahr für die demokratische Entwicklung der Ukraine dar.

Die Aktivitäten des paramilitärischen «Rechten Sektors» und anderer kleinerer nationalistischer Gruppen waren Wasser auf die Mühlen der russischen Propaganda gegen die «Kiever Faschisten». In einer Rede vom 18. März bezeichnete Präsident Putin die Vorgänge in der Ukraine als «Terror, Mord und Pogrome», ausgeführt von «Nationalisten, Antisemiten, Neonazis und Russophoben», der «geistigen Erben Banderas, Hitlers Handlangern im Zweiten Weltkrieg». Russland gab sich als Anwalt der Bevölkerung der Ostukraine, deren Forderung nach Föderalisierung es unterstützte, und besonders seiner dort lebenden «Landsleute», wobei auch jetzt unklar blieb, wer damit gemeint war: russische Staatsbürger, ethnisch russische oder russischsprachige ukrainische Staatsbürger. Ein Angriff auf «russische Bürger», so Außenminister Lavrov, sei ein Angriff auf die Russische Föderation.

Nach dem Sturz Janukovyč' nahm Russland nicht nur seine im Dezember gegebene Kreditzusage zurück, sondern brachte ein weiteres Mal die Frage der Erdgaslieferungen ins Spiel. Am 21. März gab Ministerpräsident Medvedev bekannt, dass der damals ausgehandelte Sonderpreis nicht mehr gelte. Außerdem machte Russland die Ukraine regelmäßig darauf aufmerksam, dass diese ihre Rechnungen für die Erdgaslieferungen nicht bezahlt habe. Im März waren die Zahlungsrückstände auf 1,5 Milliarden, Anfang Mai auf 3,4 Milliarden Dollar angewachsen. Lange Verhandlungen, in die auch die EU einbezogen wurde, brachten keine dauerhaften Ergebnisse. Immerhin konnte der ukrainische Versorger Naftogaz Ende Mai 800 Millionen Dollar an Gazprom überweisen. Dennoch ging der Streit weiter. Für Juni verlangte Gazprom eine Vorauszahlung von 1,9 Milliarden Dollar und stellte die Erdgaslieferungen an die Ukraine ein. Russland hatte mit dem Erdgas ein Instrument in der Hand, um nicht nur auf die Ukraine, sondern auch auf die EU Druck auszuüben. Die Ukraine begann nun, aus der EU Erdgas einzuführen, doch blieb die Abhängigkeit vom russischen Erdgas eine schwere wirtschaftliche und politische Belastung.

Die Unruhen des Euro-Majdan, der De-facto-Verlust der Krim, die bewaffneten Auseinandersetzungen im Industriegebiet des Donbass und allgemein die politische Unsicherheit verschärften die schon seit 2012 auftretende Krise der ukrainischen Wirtschaft. Die Steuereinnahmen und die Wirtschaftsleistung gingen zurück, und das Haushaltsdefizit stieg an. Schon im März war die Industrieproduktion im Vergleich zum Vorjahr um 6,8% gesunken, und dieser Trend setzte sich in den folgenden Monaten fort. Die Inflation stieg an, und das Bruttosozialprodukt ging 2014 um geschätzte 6% zurück. Die von den westlichen Kreditgebern verlangten Wirtschaftsreformen wurden zwar in Angriff genommen, die Gaspreise wurden erhöht, Sonderrenten gekürzt und 10% der Staatsbediensteten entlassen. Unter den instabilen Bedingungen konnten die Reformen, die soziale Belastungen mit sich brachten, jedoch nicht nachhaltig greifen. Immerhin konnte durch die Kredite aus dem Westen ein Staatsbankrott abgewendet werden.

Wie reagierte der Westen auf die militärische Einmischung Russlands in der Ostukraine? Die nach der Annexion der Krim begonnene Politik der Sanktionen wurde wiederaufgenommen und auf weitere Personengruppen, unter ihnen hochrangige russische Politiker, Vertreter der ostukrainischen Separatisten und einige russische Unternehmer, ausgeweitet, die mit Einreiseverboten und Kontensperrungen belegt wurden. Der Westen verlangte von Russland ein Ende der Einmischung und einen substantiellen Beitrag zur Deeskalation. Von der Annexion der Krim war schon nicht mehr die Rede, sie wurde de facto stillschweigend akzeptiert. Immer wieder wurde die Anhebung der Sanktionen auf eine dritte Stufe, die Wirtschaftssanktionen bedeutet hätte, angedroht, ohne dass sie vorerst beschlossen worden wäre. Zu groß waren die Befürchtungen vor den Auswirkungen der Sanktionen auf die Wirtschaft der westlichen Staaten, darunter die Gefährdung der Versorgung mit Erdgas, der Rückgang des Handels mit Russland und der russischen Touristen.

Die Sanktionen der EU und der USA gegenüber Russland blieben vergleichsweise milde, dennoch wirkten sie sich auf die wirtschaftliche Entwicklung Russlands negativ aus. Die ausländischen Investitionen und Importe gingen zurück, während große Kapitalmengen aus Russland abgezogen wurden. Der Finanzmarkt und die Banken waren besonders betroffen. Das Wirtschaftswachstum sank bis hin zu einem Nullwachstum, und das Rating Russlands wurde von den internationalen Agenturen zurückgestuft. Diese negative Wirkung der Sanktionen wurde verstärkt durch die allgemeine Unsicherheit und die internationale Isolierung Russlands. Am 21. März beschloss der Ständige Rat der Organisation für Sicherheit und Zusammenarbeit in Europa (OSZE), Beobachter in die Ukraine zu entsenden. Seit Ende April brachten bewaffnete Separatisten mehrfach ausländische Militärbeobachter und Teams der OSZE in ihre Gewalt und gaben sie erst nach wochenlangen Verhandlungen wieder frei. Dabei spielten russische Politiker eine Vermittlerrolle, was indirekt die Behauptung, Russland übe keinen Einfluss auf die Separatisten aus, konterkarierte.

Mehrere internationale Vermittlungsversuche zeitigten keine nachhaltigen Erfolge. Das galt für die «Genfer Gespräche» zwischen den Außenministern der USA, Russlands, den Außenbeauftragten der EU und dem Interimsaußenminister der Ukraine ebenso wie für den «Runden Tisch» unter der Schirmherrschaft der OSZE und der Moderation des deutschen Exdiplomaten Wolfgang Ischinger.

Ein Schwachpunkt der Stellung der Kiever Regierung im Innern des Landes und in der internationalen Politik war die nicht lupenreine Legitimation der Übergangsregierung Jacenjuk und des amtierenden Präsidenten Turčynov. Deshalb kam der auf den 25. Mai 2014 angesetzten Wahl eines neuen Präsidenten außergewöhnliche Bedeutung zu. Ihr Scheitern hätte die Destabilisierung des Landes weiter verstärkt. Im Vorfeld hatten viele Beobachter und die russische Regierung erklärt, dass unter den chaotischen bürgerkriegsähnlichen Bedingungen eine reguläre Wahl nicht möglich sei. Die Behörden gingen trotzdem unbeirrt daran, die Wahlen vorzubereiten. 23 Kandidatinnen und Kandidaten stellten sich zur Wahl, unter ihnen Julija Tymošenko, die Vorsitzenden der Parteien Freiheit Oleh Tjahnybok und «Rechter Sektor» Dmytro Jaroš und der Kommunist Petro Symonenko (der seine Kandidatur später zurückzog) sowie eine Reihe von Kandidaten, die der Partei der Regionen angehörten oder nahestanden, so der ehemalige Gouverneur des Gebiets Charkiv Mychajlo Dobkin (als offizieller Kandidat der Partei), der frühere Minister Serhij Tihipko sowie der ehemalige Parlamentspräsident Anatolij Hrycenko.

Als aussichtsreichster Kandidat galt Petro Porošenko (geb. 1965), ein Milliardär, der unter anderem einen Großkonzern der Süßwarenbranche und den Fernsehsender 5. Kanal besaß, der während des Majdan eine unabhängige Berichterstattung gewährleistet hatte. Porošenko hatte unter Präsident Juščenko hohe Ämter bekleidet, er war Außenminister und Direktor der Nationalbank, unter Janukovyč war er kurzfristig Wirtschaftsminister. Diese breite Erfahrung und politische Ausrichtung sowie die Tatsache, dass er seine Machtbasis in der Zentralukraine hatte, ließen ihn als Kompromisskandidaten erscheinen, der auch für die Menschen im Osten und Süden akzeptabel war. Porošenko war allerdings seit Langem ein energischer Befürworter einer Annäherung der Ukraine an die EU und hatte sich früh auf die Seite des Euro-Majdan gestellt. Der populäre Vitalij Klyčko, der ursprünglich selber kandidiert hatte, zog sich zugunsten von Porošenko zurück, wahrscheinlich um eine Wahl Tymošenkos zu verhindern.

Trotz aller Bedenken gelang es, die Präsidentenwahlen am

25. Mai regulär und demokratisch durchzuführen. Die Wahlbeteiligung lag bei fast 60% (ohne Krim). In den Gebieten Donec'k und Luhans'k verhinderten allerdings die separatistischen Milizen und der Boykott eines Teils der Wählerinnen und Wähler eine korrekte Wahl, und die Beteiligung betrug hier lediglich 15 bzw. 39%. Porošenko wurde im ersten Wahlgang mit 54,7% der Stimmen zum 5. Präsidenten der Ukraine gewählt. Weit abgeschlagen folgte mit 12,8% Julija Tymošenko, an dritter Stelle überraschend der bisher wenig bekannte Journalist Oleh Ljaško mit 8,3%, vor Hrycenko (5,5%) und Tihipko (5,2%). Tjahnybok und Jaroš, die Anführer der beiden nationalistischen Parteien, erreichten nur 1,2 bzw. 0,7% der Stimmen. Damit machten die ukrainischen Wählerinnen und Wähler klar, wie wenig die Etikettierung der Kiever Führung als «Faschisten» mit der Realität zu tun hatte. Allerdings stellte sich später heraus, dass Ljaško mindestens zum Teil die nationalistische Rolle übernahm. Er spielte den medienwirksamen Polit-Clown und trat mit militanten Forderungen und Aktionen hervor. So war er Mitbegründer des extremistischen Freiwilligenbataillons Azov und der Initiator des Bataillons Šachtar. Ljaško und seine Radikale Partei genossen, wie Umfragen bestätigten, auch später eine relativ breite Unterstützung. Porošenko war der erste Präsident der unabhängigen Ukraine, der nicht in die Stichwahl gehen musste. Er lag in allen Regionen der Ukraine an erster Stelle, auch im Osten und Süden. Dazu trug die Orientierungslosigkeit der Partei der Regionen bei, deren offizieller Kandidat Dobkin nur 3% der Stimmen erhielt. Am selben Tag wurde Klyčko zum Bürgermeister von Kiev gewählt.

Der überwältigende Wahlsieg Porošenkos zeigte, dass eine Mehrheit der Ukrainerinnen und Ukrainer in einer Situation der äußeren und inneren Gefährdung ihres Landes einsah, dass die Ukraine möglichst rasch einen legitim gewählten Präsidenten brauchte. Regionale oder sprachlich-ethnische Identifikationen traten zurück hinter dem Bekenntnis zur Staatsbürgernation. Manche der Wählerinnen und Wähler dürften keine Sympathisanten des Oligarchen Porošenko gewesen sein. Auch betrachteten Teile des Majdan die Wahl Porošenkos als neuen

Pakt der politischen Eliten über die Köpfe des Volkes hinweg. Einige seiner Aktivisten blieben deshalb vor Ort, um die weitere Entwicklung zu beobachten. Zunächst aber herrschte Erleichterung, dass nun kein zweiter Wahlgang nötig, sondern ein legitimer Präsident gewählt war. Am 7. Juni 2014 fand die feierliche Amtseinführung des neuen Präsidenten statt, an der zahlreiche hohe ausländische Staatsmänner teilnahmen.

Porošenko stand vor gewaltigen Aufgaben. Er musste die Legitimation seiner Regierung sichern, den bewaffneten Konflikt in der Ostukraine beenden und die staatliche Souveränität im gesamten Territorium wiederherstellen sowie die dringend notwendigen wirtschaftlichen und politischen Reformen weiterführen. Allerdings waren die Möglichkeiten des Präsidenten beschränkt, denn nach der wieder in Kraft gesetzten Verfassung von 2004/06 brauchte er für die Unterstützung der Reformen und die Ernennung der meisten Regierungsmitglieder die Unterstützung des Parlaments. Im Parlament fehlte ihm aber der Rückhalt einer eigenen Partei.

Zunächst präsentierte sich der neu gewählte Präsident im Ausland. Seine erste Reise führte ihn nach Warschau, wo er auch den US-Präsidenten Barack Obama traf, dann reiste er weiter nach Berlin und nahm schließlich am 6. Juni an der Gedenkfeier des 70. Jahrestags der alliierten Landung in der Normandie teil, wo er Präsident Putin traf. Damit wurde das von Russland bisher verweigerte direkte Gespräch mit der Ukraine wiederaufgenommen. In der Folge telefonierten die beiden Präsidenten regelmäßig miteinander. Am 27. Juni wurde in Brüssel der wirtschaftliche Teil des Assoziierungsabkommens der Ukraine mit der EU, dessen Kern ein Freihandelsabkommen war, unterzeichnet, sieben Monate nach dem ursprünglich vorgesehenen Termin, den Präsident Janukovyč hatte platzen lassen, was die Revolution des Euro-Majdan ausgelöst hatte. Gleichzeitig unterzeichnete die EU Assoziierungsabkommen mit Georgien und Moldau. Die Regierung Jacenjuk blieb im Amt.

Die wichtigsten und schwierigsten Aufgaben des neuen Präsidenten waren die Beendigung der bewaffneten Auseinandersetzungen in der Ostukraine und die Entmachtung der

Separatisten. Nach seiner Inauguration berief Porošenko eine Kontaktgruppe ein, die aus einer Vertreterin der OSZE, dem russischen Botschafter in der Ukraine und dem ukrainischen Außenminister bestand. Gleichzeitig wurde die Anti-Terror-Operation fortgesetzt, und es gelang, einen Teil der Grenze zu Russland zu sichern und Mariupol', die drittgrößte Stadt des Donbass, wieder unter Kontrolle zu bringen. Besonders heftig tobten Kämpfe um die Besetzung der Flughäfen der Region. Der Abschuss eines Militärtransportflugzeuges durch die Separatisten am 14. Juni, bei dem alle 59 Insassen ums Leben kamen, führte zur Aufheizung der öffentlichen Meinung in der Ukraine. Am 20. Juni präsentierte Porošenko dennoch einen Friedensplan, der unter anderem die Entwaffnung der Milizen und eine Amnestie für alle Separatisten, die sich keiner schweren Verbrechen schuldig gemacht hatten, vorsah. Außerdem wiederholte er die Zusage einer Dezentralisierung der Macht und eines besseren Zugriffs auf die wirtschaftlichen Ressourcen durch die Regionen. Westliche Politiker und der russische Präsident Putin signalisierten grundsätzliche Zustimmung, doch forderte Außenminister Lavrov weiter Verhandlungen mit den Separatisten. Diese lehnten indessen jeden Kompromiss ab. Trotz einer von Porošenko verkündeten einwöchigen einseitigen Feuerpause setzten sich die bewaffneten Auseinandersetzungen fort, und es kam erneut zu Blutvergießen. Die Sicherheitslage in den Städten des Donbass und die wirtschaftliche und soziale Lage ihrer Bevölkerung verschlechterten sich dramatisch, sodass eine Massenflucht einsetzte.

Nachdem alle Friedenspläne gescheitert waren, entschloss sich Porošenko Anfang Juli zu einer Verstärkung des militärischen Einsatzes im Donbass. Zunächst wechselte das Parlament auf seinen Vorschlag hin den Verteidigungsminister und den Generalstabschef aus. Schon Anfang Juli erzielten die ukrainischen Truppen mit der Eroberung der als Hochburg der Separatisten geltenden Stadt Slovjans'k und der Industriestadt Kramatorsk einen Teilerfolg. Die Separatisten zogen sich zurück, mit ihnen Igor' Girkin (Strel'kov), der in der Volksrepublik Donec'k die militärische Führung übernahm. Am 14. August trat er zurück und ging wahrscheinlich wieder nach Russland. Doch wieder kam die Offensive ins Stocken, und es gelang bis Mitte Juli nicht, den Widerstand der Separatisten zu brechen und in den Großstädten Donec'k und Luhans'k Fuß zu fassen. Die Auseinandersetzung nahm im Juli immer mehr den Charakter eines russisch-ukrainischen Krieges an, der zahlreiche Todesopfer, auch unter der Zivilbevölkerung, forderte. Es gelang nicht, die Grenze zu Russland lückenlos abzuriegeln, über die weiterhin bewaffnete Gruppen und Kriegsgerät eingeschleust wurden. Die USA und die EU reagierten am 16. Juli mit einer Verschärfung der Wirtschaftssanktionen gegen Russland, die jetzt auch große Banken, Energie- und Rüstungskonzerne betrafen. Russland antwortete mit einem Importverbot für Lebensmittel aus der EU, Norwegen, den USA, Kanada und Australien.

Einen neuen dramatischen Höhepunkt brachte der Absturz eines Verkehrsflugzeugs der Malaysian Airlines am 17. Juli in der Nähe der Kleinstadt Šachtars'k zwischen Donec'k und der ukrainisch-russischen Grenze. Alle 298 Insassen, die Mehrheit von ihnen Niederländer, kamen ums Leben. Die Indizien sprachen dafür, dass das Flugzeug abgeschossen wurde. Die von Russland sekundierten Separatisten der «Volksrepublik Donec'k» und die ukrainische Regierung gaben sich gegenseitig die Schuld an dem Unglück. Die Indizien sprachen eindeutig dafür, dass die Separatisten im Glauben, es handle sich um ein Flugzeug der ukrainischen Luftwaffe, die Boeing der Malaysian Airlines abschossen. Schon drei Tage zuvor hatten sie ein ukrainisches Transportflugzeug aus großer Höhe mit einer Rakete zum Absturz gebracht. Experten waren sich einig, dass nur russische Spezialisten fähig waren, mit den komplizierten Luftabwehr-Raketen umzugehen. Die Separatisten behinderten Vertreter der OSZE und anderer Organisationen, die die Unfallstelle inspizieren wollten, um Hinweise auf die Absturzursachen zu erhalten. Nach einigen Tagen übergaben sie dann die Leichen und die Flugschreiber den Vertretern der Niederlande und internationalen Ermittlern.

Im Sommer traten Spannungen im Regierungslager zutage.

Ende Juli schieden die Parteien UDAR und Svoboda aus der Regierungskoalition aus, worauf die Regierung Jacenjuk zurücktrat. Jacenjuk begründete seinen Rücktritt auch mit dem Scheitern mehrerer Budgetgesetze. Präsident Porošenko forderte Jacenjuk auf, im Amt zu bleiben, das Parlament lehnte seinen Rücktritt ab, und er blieb im Amt. Einen Monat später beschloss Porošenko die Auflösung des Parlaments und ebnete damit den Weg für vorgezogene Neuwahlen. Als Termin wurde der 26. Oktober in Aussicht genommen. Neuwahlen des Parlaments könnten zur Legitimierung der Kiever Regierung beitragen, die inmitten der Majdan-Revolution vom 2012 gewählten Parlament eingesetzt worden war und deren Rechtmäßigkeit von Russland bestritten wurde.

Die Kämpfe im Donbass gingen unvermindert weiter. Es waren nicht zwei Armeen, die sich gegenüberstanden, sondern auf beiden Seiten Gruppen, deren Aktionen oft unkoordiniert waren und die sich gewaltsame Übergriffe auf die Zivilbevölkerung zuschulden kommen ließen. Auf der Seite der durch russische Soldaten und Freiwillige wesentlich verstärkten Separatisten standen bunt zusammengewürfelte Milizen wie die Bataillons Vostok (Osten) und Oplot (Bollwerk) und extremistische Nationalisten wie die «Kämpfer der russisch-orthodoxen Armee». Auf der ukrainischen Seite kämpften neben Einheiten der regulären Armee und der Nationalgarde mehrere Freiwilligenverbände, unter ihnen russophobe Extremisten wie die Kämpfer des Bataillons Azov und die neonazistische «Sozialnationale Versammlung». Unter den Bedingungen des Krieges grenzte sich die offizielle Ukraine nicht eindeutig von diesen im Prinzip staatsfeindlichen Gruppen ab, was eine Hypothek für die Zukunft darstellt.

Die ukrainischen Truppen lancierten Ende Juli eine neue Offensive und rückten gegen Donec'k und Luhans'k, die Hochburgen der Separatisten, vor. Es gelang, die Industriestadt Severodonec'k und die Bergbaustadt Dzeržyns'k zurückzuerobern. Die Separatisten wurden zusehends eingekesselt, und die ukrainische Armee beschoss Donec'k und Luhans'k mit Raketen und Bomben, wobei auch viele Zivilisten getötet wurden.

Gegen Mitte August schien die Rückeroberung der beiden Städte unmittelbar bevorzustehen.

Die drohende Niederlage der Separatisten und die Gefahr, dass ihre Nachschubwege nach Russland abgeschnitten werden könnten, alarmierten Russland, das ab Mitte August seine Unterstützung der Rebellen mit Truppen und Kriegsmaterial, darunter erstmals auch schwere Artillerie, massiv verstärkte. Schlagartig wendete sich nun das Kriegsgeschehen. Die ukrainischen Truppen gerieten in Bedrängnis und mussten Positionen rund um Donec'k und Luhans'k räumen. Mehrere tausend ukrainische Soldaten wurden im Eisenbahnknotenpunkt Ilovajsk eingekesselt. Viele von ihnen kamen ums Leben, andere wurden gefangengenommen. In Donec'k wurden am ukrainischen Nationalfeiertag 40 gefangene ukrainische Soldaten gefesselt durch die Straßen der Stadt getrieben und dem Hohn der Öffentlichkeit ausgesetzt. Gegen Ende August eröffneten russische Einheiten ohne Hoheitszeichen und andere Identifikationsmerkmale eine zweite Front im Süden, wo die separatistischen Kräfte und die ukrainische Armee nur schwach präsent waren. Von der russisch-ukrainischen Grenze zog eine Panzerkolonne am Ufer des Schwarzen Meeres nach Westen, eroberte die Kleinstadt Novoazovs'k und erreichte am 5. September die Vorstädte der Industriemetropole Mariupol'. Die drittgrößte Stadt des Donbass war im Frühjahr in die Hand der Separatisten gefallen und Mitte Juni von der ukrainischen Armee zurückerobert worden.

Zur allgemeinen Verwirrung trug bei, dass Russland einen Hilfskonvoi von 280 Lastwagen an die ukrainische Grenze schickte, um die notleidende Bevölkerung im Donbass mit Nahrungsmitteln, Medikamenten und medizinischer Ausrüstung zu versorgen. Die ukrainischen Behörden und das Internationale Komitee vom Roten Kreuz (IKRK) forderten Sicherheitsgarantien, und die Zollbamten ließen den Konvoi nicht ohne Kontrolle über die Grenze. Darauf fuhr er ohne Einwilligung der Ukraine und des IKRK über einen von den Separatisten kontrollierten Grenzübergang in die Region Luhans'k. Der Konvoi kehrte nach kurzer Zeit wieder nach Russland zurück. Es blieb unklar, ob auch militärisches Material transportiert wurde. Russland erreichte mit dieser humanitären Aktion jedenfalls, dass es in den Augen der einheimischen Bevölkerung als uneigennütziger Helfer in der Not erschien. Unverzüglich schickte nun auch die ukrainische Regierung einen Hilfskonvoi von 75 Fahrzeugen in den Donbass.

Das offizielle Russland stritt weiterhin jede militärische Einmischung ab. Allerdings gab Aleksandr Zacharčenko, seit Anfang August anstelle des zurückgetretenen und nach Moskau zurückgekehrten Borodaj Ministerpräsident der «Volksrepublik Donec'k», am 16. August bekannt, dass er aus Russland 120 gepanzerte Fahrzeuge und 30 Kampfpanzer sowie 1200 in Russland ausgebildete Soldaten erwarte. Er stellte aber ebenfalls in Abrede, dass Russland reguläre Angehörige der Streitkräfte über die Grenzen schicke, räumte aber ein, dass 3000 bis 4000 russische Soldaten freiwillig in den Reihen der Separatisten kämpften: «Mit uns kämpfen auch russische Soldaten, die ihren Urlaub nicht am Strand verbringen wollen, sondern bei uns». Als zehn russische Fallschirmjäger in ukrainische Gefangenschaft fielen, erklärte die russische Nachrichtenagentur, diese hätten sich verirrt und versehentlich die Grenze zur Ukraine überschritten. Aus Russland kamen nun vermehrt Berichte über Särge mit toten Soldaten und über Verwundete in Militärkrankenhäusern. Diese wurden offiziell vertuscht, doch offensichtlich wurden Hunderte russischer Soldaten in der Ukraine getötet. Wie schon im Afghanistan- und Tschetschenienkrieg traten jetzt russische Soldatenmütter an die Öffentlichkeit, worauf sie sogleich als ausländische Agenten gebrandmarkt wurden. Anfang September wurde erstmals offiziell zugegeben, dass ein russischer Soldat in der Ukraine den Heldentod gestorben sei.

Trotz des zynischen Verwirrspiels, das an die Besetzung der Krim erinnerte, wurden nun die letzten Zweifel an einer direkten militärischen Einmischung russischer Truppenteile ausgeräumt. Der NATO-Generalsekretär Rasmussen sprach von einer offenen Invasion Russlands, der britische Premier Cameron von einer inakzeptablen Aggression, und die deutsche Bundeskanzlerin Angela Merkel von einer militärischen Intervention. Merkel hatte ihre Solidarität mit der Ukraine durch einen Besuch in Kiev zum Nationalfeiertag am 24. August bekundet.

Am 1. September trafen sich in Minsk erstmals Vertreter der Separatisten mit Vertretern der ukrainischen Regierung, Russlands und der OSZE, um über eine Waffenruhe zu beraten. Über die Ergebnisse wurde zunächst nichts bekannt. Präsident Putin, beflügelt durch die militärischen Erfolge und beunruhigt durch angedrohte neue Wirtschaftssanktionen, ergriff nun die Initiative und legte am 3. September nach einem Telefongespräch mit seinem ukrainischen Amtskollegen Porošenko einen Sechspunktevorschlag für eine Waffenruhe vor. Die Einsicht, dass die ukrainische Armee den in immer größerer Zahl eingeschleusten besser ausgerüsteten und ausgebildeten russischen Soldaten auf Dauer nicht gewachsen war, zwang die Ukraine an den Verhandlungstisch mit den Separatisten. Der frühere Präsident Leonid Kučma als Vertreter der Ukraine, zwei Vertreter der pro-russischen Separatisten, der russische Botschafter in der Ukraine und die OSZE als Vermittlerin einigten sich auf eine Waffenruhe, die am 5. September um 18 Uhr Ortszeit in Kraft trat. Die beiden Seiten vereinbarten einen Austausch von Gefangenen und eine Kontrolle der Feuerpause durch die OSZE.

Der Vorstoß russischer und separatistischer Truppen am Nordufer des Schwarzen Meeres weckte Befürchtungen, dass Russland danach trachten könnte, einen Landkorridor zur Krim zu errichten oder gar bis zur von der Republik Moldau abgefallenen, von Russland kontrollierten «Republik» Transnistrien vorzudringen. Diese Vermutungen erhielten Nahrung dadurch, dass im August von den Separatisten, der russischen Propaganda und Präsident Putin selbst immer häufiger der Begriff «Neurussland» (Novorossija) zur Bezeichnung der Teile der Ukraine verwendet wurde, die der Kiever Regierung entzogen werden sollten.

Der Begriff Neurussland war in der Zarenzeit die offizielle Bezeichnung der Territorien nördlich des Schwarzen Meeres, die Russland in der zweiten Hälfte des 18. Jahrhunderts erobert hatte. Es handelte sich um weitgehend unbewohntes Steppenland, das vom Khanat der Krimtataren kontrolliert wurde. Lediglich die Zaporožer Kosaken hatten schon im 16. Jahrhundert am unteren Dnjepr ihr befestigtes Lager, die Sič, errichtet, die in der Folge ein zentraler Erinnerungsort der ukrainischen Nation wurde. Nach den Siegen über die Osmanen und der Eroberung der Krim wurde Neurussland von ukrainischen und russischen Bauern, von serbischen, bulgarischen und deutschen Kolonisten und von Griechen und Juden, die sich vornehmlich in den Städten niederließen, besiedelt. Die Region Neurussland erstreckte sich von Bessarabien, der heutigen Republik Moldau, im Westen bis in den Donbass an der heutigen ukrainisch-russischen Grenze im Osten und bis zum heutigen Dnipropetrovs'k im Norden.

In der Sowjetunion, deren Territorium nach nationalen Kriterien gegliedert wurde, verschwand der Begriff Neurussland. Das Gebiet, in dem die Ukrainer die größte Bevölkerungsgruppe stellten, wurde folgerichtig in die Ukrainische Sowjetrepublik eingegliedert. Daran knüpfte Präsident Putin an, als er im April 2014 den Terminus Neurussland in die Politik einführte. Er hob hervor, dass dieses Gebiet zur Zarenzeit nicht zur Ukraine gehörte und erst von der Sowjetregierung der Ukraine zugeschlagen wurde. «Gott weiß, warum sie das tat... Aus unerfindlichen Gründen ist das Territorium zur Ukraine übergegangen, die Menschen aber sind dort geblieben.» Zwar räumte er ein, dass diese jetzt Bürger der Ukraine seien, dennoch erinnerte seine Argumentation fatal an die Legitimation der Annexion der Krim, die 1954 der Ukraine «geschenkt» worden sei und nun wieder zu Russland zurückkehren müsse. Im Mai bezeichneten die Separatisten den Zusammenschluss der beiden «Volksrepubliken» Donec'k und Luhans'k als Neurussland, doch weiteten sie in der Folge das damit bezeichnete Gebiet immer mehr aus. Als im August das offizielle Russland und Putin den Begriff verwendeten, war klar, dass damit ein imperiales Projekt gemeint war, das den ukrainischen Staat zu zerschlagen drohte. Ende August wandte sich Putin in einer Botschaft direkt an die Separatisten, die er als «Kämpfer für Neurussland» bezeichnete und deren Aktionen er als erfolgreich lobte. Die Botschaft war klar: Neurussland, die Ost- und Südukraine, sollten in den Schoß Russlands «zurückkehren». Das hieß nicht, dass Russland die Annexion dieses riesigen Territoriums vorbereitete, doch Putin machte unmissverständlich klar, dass es zu Russlands strategischem Vorfeld gehörte.

Die ständigen Gefechte zwischen ukrainischen Regierungstruppen auf der einen und russischen und separatistischen Kräften auf der anderen Seite verschlechterten die Situation der Zivilbevölkerung in den umkämpften Gebieten des Donbass dramatisch. Ihre Sicherheit war nicht nur durch den Beschuss der ukrainischen Artillerie und Luftwaffe und die Gegenaktionen der Separatisten gefährdet, sondern, wie das UN-Hochkommissariat für Menschenrechte festhielt, auch durch die Terrorherrschaft der bewaffneten Milizen. Damit waren die prorussischen Separatisten gemeint, doch begingen auch proukrainische Kämpfer Verbrechen gegen die Menschlichkeit. Vielfach brach die Versorgung mit Wasser, elektrischem Strom und Lebensmitteln zusammen. Viele Häuser wurden zerstört, die Menschen flohen vor den Bombardements und Granaten in die Keller. Die Massenflucht aus dem Donbass nahm immer größere Ausmaße an. Bis Ende August waren über eine Million Ukrainerinnen und Ukrainer auf der Flucht. 814000 flohen ins benachbarte Russland, 260000 in andere Regionen der Ukraine, kleinere Gruppen in weitere Länder. Der russisch-ukrainische Krieg forderte nach Angaben der UN bis Ende August 2014 2593 Todesopfer, darunter mindestens ein Drittel Zivilisten. Es ist zu befürchten, dass die Zahl in Wirklichkeit erheblich höher lag, wenn man die Hunderte getöteter russischer Soldaten und die besonders zahlreichen Opfer in der letzten Woche vor der Waffenruhe vom 5. September mit berücksichtigt. Es handelte sich jedenfalls um die größte militärische Auseinandersetzung in Europa seit dem Bosnienkrieg der Jahre 1991 bis 1995.

Die Situation in der Ukraine ist Anfang September 2014 weiter ungeklärt. Zwar ist die Ukraine als Staat seit der Wahl Porošenkos nicht mehr gefährdet, und die Souveränität über den größeren Teil des Territoriums ist gesichert. Vladimir Putin hat sein Ziel nicht erreicht, die Ukraine von einer Assoziierung an die EU abzuhalten und in die von Russland dominierte Eurasische Wirtschaftsunion zu zwingen. Im Gegenteil beschleunigte die russische Intervention die Hinwendung der Ukraine zum übrigen Europa. Die heterogenen politischen Kräfte, die die Einheit der Ukraine befürworteten, schlossen sich gegen den russischen Aggressor zusammen, und die Formierung einer Staatsnation aus ukrainisch- und russischsprachigen Bürgern schritt voran. Das Eingreifen Russlands führte auch zu einem Schulterschluss der Staaten der EU und der NATO.

Auf der anderen Seite gelang es Putin, den Osten der Ukraine nachhaltig zu destabilisieren. Mit der Annexion der Krim verlor die Ukraine de facto einen Teil ihres Territoriums, woran die verbalen Proteste der westlichen Staatenwelt nichts änderten. Die anhaltenden Kämpfe im Donbass lassen das Schicksal der Ostukraine als ungewiss erscheinen. Selbst wenn es gelingt, den Krieg zu beenden und die Separatisten aus den besetzten Gebieten zu vertreiben, steht die Regierung vor schwierigen Aufgaben. Zum einen müssen die großenteils zerstörte Industrie und Infrastruktur der Region, die schweren Schaden litten, neu aufgebaut werden. Etwa die Hälfte der über 100 Kohlegruben hat ihren Betrieb eingestellt, was die Energieversorgung auch anderer Regionen gefährdet. Zum anderen muss die Bevölkerung für Kiev gewonnen und auf einer neuen Basis in den Staat integriert werden. Hatte sich bis in den Frühsommer eine Mehrheit der Bewohner für die Zugehörigkeit des Donbass zur Ukraine ausgesprochen und die Aktionen der Separatisten nicht unterstützt, so erschütterten die Raketen- und Luftangriffe der ukrainischen Armee auch auf bewohnte Siedlungen, die viele zivile Opfer forderten, die Loyalität und schürten den Hass gegen den neuen Präsidenten und seine Regierung, die gegen ihre eigenen Landsleute Krieg führten. Auch die demagogische russische Propaganda hinterließ Spuren, und viele Ostukrainer glauben tatsächlich, dass die Kiever Politiker vom Westen aufgehetzte und bezahlte Faschisten seien, die danach trachteten, sie zu unterdrücken und gewaltsam zu ukrainisieren.

Obwohl Russland den Gang der Auseinandersetzung bestimmte und Präsident Putin seine Muskeln spielen ließ, birgt die Aggression gegen die Ukraine längerfristig auch Risiken für Putins Herrschaftssystem. Zum einen wirken sich die Sanktionen des Westens negativ auf die Wirtschaft aus, deren ständiges Wachstum eine der Säulen seiner Popularität ist. Auf der anderen Seite blieb der durch den Euro-Majdan geschaffene, auf den Westen hin orientierte ukrainische Staat als alternatives Modell zum autoritären Russland gefährlich. Die Annexion der Krim und die «brüderliche Hilfe» an die «russischen Landsleute» bescherten Putin zwar in Russland eine nie dagewesene Popularität, doch setzten sie ihn auch unter Zugzwang. Eine Niederlage der Separatisten oder gar der Verlust der Krim würden sein Prestige schwer beschädigen.

Zwischen ethnischen Russen und ethnischen Ukrainern ebenso wie zwischen West- und Ostukrainern gibt es oder gab es bis vor Kurzem auf der persönlichen Ebene kaum Antagonismen. Dieses freundschaftliche Verhältnis ist gefährdet, seit Russland in der Ostukraine militärisch eingriff und die russische Propaganda die ukrainische Regierung und die Demonstrierenden des Euro-Majdan als Söldlinge der USA und als Faschisten bezeichnete. «Der Hass, der von Russland aus geschaffen und geschürt wurde, setzt sich im Innern der Gesellschaft fort», so der ukrainische Schriftsteller Serhij Žadan, der aus dem ostukrainischen Luhans'k stammt. Damit wurden Gräben aufgerissen, die nicht leicht zu überbrücken sein werden. So liegt die vielleicht größte Tragik des Konflikts darin, dass das zwar nicht konfliktfreie, aber friedliche Zusammenleben von Russen und Ukrainern durch das bewusste Anstiften und Eingreifen Russlands gefährdet wurde.

Die Ukraine steht vor gewaltigen Aufgaben. Die Souveränität des Staates über das ganze Territorium muss wiederhergestellt und die auseinandergedriftete Bevölkerung muss in die Staatsbürgernation integriert werden. Für einen nationalen Konsens sind eine Verfassungsreform, eine Dezentralisierung und eine Verbesserung der Stellung der russischen Sprache notwendig. Die wirtschaftliche Talfahrt muss gestoppt, die politische und ökonomische Transformation fortgeführt, das sowjetische Erbe abgestreift und die sowjetische Mentalität überwunden werden.

Die immer noch stark auf Bergbau und Schwerindustrie beruhende Wirtschaft muss sich diversifizieren hin zu einer stärker technologisch und dienstleistungsorientierten Gesellschaft. Dazu sind tiefgreifende Reformen des Rechtssystems, der Verwaltung und des Wirtschaftssystems ebenso notwendig wie eine entschiedene Bekämpfung der Korruption. Nur so kann das berechtigte Misstrauen der Bevölkerung gegenüber den politischen Eliten, wie es im Euro-Majdan offen zutage getreten ist, abgebaut und die zivilgesellschaftliche Mobilisierung für das Gemeinwesen nutzbar gemacht werden.

Für die Entwicklung der Ukraine, dieses großen Landes zwischen Mitteleuropa und Russland, ist wie immer in seiner Geschichte das Verhalten der äußeren Akteure fundamental wichtig. Erst wenn Russland seine militärische und propagandistische Einmischung in die inneren Angelegenheiten der Ukraine einstellt, wenn es seinen Anspruch auf Hegemonie im postsowjetischen Raum und seine Rolle als Protektor «aller Russen» aufgibt, erst dann kann das Verhältnis der Ukraine zu seinem großen Nachbarn zu einem normalen Verhältnis zweier souveräner Staaten werden, kann aus «der kleinen Schwester» Russlands eine gleichberechtigte Partnerin werden. Die Ukraine braucht ein gutnachbarliches Verhältnis zu Russland, die Assoziierung an die EU muss durch wirtschaftliche und politische Beziehungen zu Russland und zur Eurasischen Zollunion ergänzt werden.

Gerade deswegen ist das Verhältnis der EU zur Ukraine von ausschlaggebender Bedeutung. Die EU hat sich auf die Seite der Euro-Majdan-Revolution gestellt, ein Assoziierungsabkommen mit der Ukraine abgeschlossen und damit eine Verpflichtung für die Zukunft des Landes übernommen. Dazu gehört die Sicherstellung der Unabhängigkeit des Landes ebenso wie die Förderung der dringend notwendigen Reformen. Ein wichtiger Faktor ist die öffentliche Meinung, die gerade in Deutschland dazu neigt, viel Verständnis für die Interessen Russlands und die Politik Putins aufzubringen, die Ukraine und ihre Interessen aber zu ignorieren und sie einem Denken in Großmachtkategorien unterzuordnen.

Die Ukrainer, die seit Jahrhunderten zu unterschiedlichen Staaten gehörten, leben seit mehr als zwanzig Jahren in einem souveränen Nationalstaat und können, wenn man sie nur in Ruhe lässt, selbst über ihr Schicksal bestimmen. Die Bewohner der Ukraine, die im 20. Jahrhundert die Schrecken der beiden Weltkriege, des russischen Bürgerkriegs, des Holodomor, des stalinistischen und nationalsozialistischen Terrors erleiden mussten, erhielten erstmals die Möglichkeit, in Frieden ein eigenes Gemeinwesen aufzubauen. Trotz vieler Hindernisse gelang es, einen Staat zu errichten, der einen gewissen politischen Pluralismus aufwies, mehrheitlich korrekte Wahlen durchführte, weitgehende Medienfreiheit verwirklichte und von der großen Mehrheit seiner Bürgerinnen und Bürger getragen wurde. Ungeachtet aller Rückschläge und ungelösten Probleme ist die Geschichte der unabhängigen Ukraine eine Erfolgsgeschichte. Diese friedliche Entwicklung ist durch die reaktionäre Politik Janukovyč' und die bewaffnete Einmischung Russlands infrage gestellt worden. Es liegt in unserem Interesse, dass der Konflikt rasch beendet wird, die Reformen weitergeführt werden und die Ukraine ihren Platz unter den Staaten und Nationen Europas endgültig finden wird. Die Ukrainerinnen und Ukrainer sind für die europäischen Werte auf die Barrikaden des Majdan gestiegen – wir dürfen sie nicht allein lassen.

Zeittafel

(Daten für den zum Russischen Reich gehörenden Teil der Ukraine bis zum 1. 2. 1918 nach dem Julianischen Kalender)

9.–Anfang 13. Jh.	Kiever Reich
988	Taufe der Kiever Rus' unter Fürst Vladimir (Volodymyr)
1036–1054	Fürst Jaroslav der Weise
1199	Vereinigung Galiziens und Wolhyniens zu einem Fürstentum
1234–1264	Fürst Daniel (Danylo) von Galizien-Wolhynien
1237–1240	Eroberung der Rus' durch die Mongolen
1253	Krönung Daniels zum rex Russiae
Mitte 14. Jh.	Aufteilung des Fürstentums Galizien-Wolhynien auf Polen und Litauen
1385/86	Personalunion zwischen dem Großfürstentum Litauen und dem Königreich Polen
1392–1430	Großfürst Vitovt (Witold) von Litauen
1356	Lemberg erhält das Magdeburger Stadtrecht
14. Jh.	Die meisten Gebiete der Ukraine mit Kiev (1362) fallen an das Großfürstentum Litauen
1458	Begründung einer von Moskau unabhängigen Metropolie Kiev und der ganzen Rus'
um 1500	Severische Fürstentümer (Černihiv, Perejaslav u. a.) fallen an das Moskauer Reich
1569	Polnisch-litauische Realunion von Lublin: Fast die ganze Ukraine kommt an das Königreich Polen
1570er Jahre	Erste Register-Kosaken im Dienste Polens
1526–1608	Fürst Vasyl'-Konstantyn Ostroz'kyj, Begründung der Akademie von Ostroh (um 1580)
1591–1596	Kosakenaufstände in der Ukraine
1596	Kirchenunion von Brest: Spaltung der orthodoxen Kirche in Polen-Litauen
1614–1622	Petro Konaševyč-Sahajdačnyj Hetman der Register-Kosaken
1620	Eintritt des Kosakenheeres in die 1615 begründete Kiever Bruderschaft
1632	Begründung des Kiever Kollegiums durch Petro Mohyla
1637/38	Kosakenaufstände in der Ukraine
1648	Kosaken- und Volksaufstand unter Führung von Bohdan Chmel'nyc'kyj (gest. 1657).

	Begründung des Hetmanats der Dnjepr-Kosaken
1649	Vertrag von Zboriv zwischen Chmel'nyc'kyj und Polen-Litauen
1654	Vereinbarung von Perejaslav und Moskau
1654–1677	Krieg zwischen dem Moskauer Reich und Polen-Litauen
1658	Vertrag von Hadjač zwischen den Kosaken und Polen-Litauen
1663	Malorossijskij Prikaz (Kleinrussische Kanzlei)
1667	Waffenstillstand von Andrusovo zwischen Polen-Litauen und Moskau, Teilung der Ukraine
1686	Unterstellung des Kiever Metropoliten unter das Moskauer Patriarchat
1686–1708	Hetman Ivan Mazepa
1689/1701	Kiever Kollegium wird Akademie
1699	Abschaffung des rechtsufrigen Hetmanats in Polen-Litauen
1708	Bündnis Mazepas mit Schweden gegen Russland
1708–1722	Hetman Ivan Skoropads'kyj
1709	Schlacht von Poltava, Tod Mazepas
1722	Malorossijskaja Kollegija (Kleinrussisches Kollegium)
1750–1764	Hetman Kyrylo Rozumovs'kyj
1764	Abschaffung des Hetman-Amtes
1768	Hajdamakenaufstände, Kolijivščyna
1772	Erste Teilung Polens: Galizien fällt an Österreich
1774	Frieden von Küçük-Kaynarca zwischen dem Russischen und Osmanischen Reich; danach verstärkte Besiedlung der Südukraine
1775	Zerstörung der Zaporožer Sič
1781	Einführung der Gouvernements-Verfassung im Hetmanat
1783	Annexion der Krim durch Russland
	Einführung der Leibeigenschaft in der linksufrigen Ukraine
1784	Begründung der Universität Lemberg
1785	Adelsprivilegien für die Kosaken-Oberschicht des Hetmanats
1793	Zweite Teilung Polens: Die rechtsufrige Ukraine fällt an Russland
1794	Begründung von Odessa
1798	*Eneida* von Ivan Kotljarevs'kyj erscheint
1805	Universität Charkiv (Char'kov) begründet
1808	Griechisch-katholische Metropolie von Halyč in Lemberg
1830/31	Polnischer November-Aufstand
Ab 1832	Ruthenische Triade (Rus'ka Trijcja) in Lemberg
1834	Universität Kiev begründet

1837	*Rusalka Dnistrovaja* erscheint
1839	Auflösung der Unierten Kirche im Russischen Reich
1840	*Kobzar* von Taras Ševčenko erscheint
1846	*Istorija Rusov* erscheint
1846–1847	Bruderschaft der Heiligen Kyrill und Method in Kiev
1848	Revolution in Österreich, Völkerfrühling in der Westukraine; Hauptrat der Ruthenen in Lemberg
	Abschaffung der Leibeigenschaft in Galizien
1860/61	Verfassung in Österreich
1861	Befreiung der leibeigenen Gutsbauern in Russland
	Tod Ševčenkos
	1. Kiever Hromada
1861/62	Zirkel um die Zeitschrift *Osnova* in Petersburg
1863/64	Polnischer Januaraufstand
1863, Juni	Zirkular des russischen Innenministers Valuev: teilweises Verbot ukrainischer Druckschriften
1865	Universität Odessa gegründet
1868	Prosvita-Verein in Galizien
1870–1876	2. Kiever Hromada: V. Antonovyč, M. Drahomanov
1873	Ševčenko-Gesellschaft in Lemberg
1876	Geheimer Akt von Ems: weitgehendes Verbot ukrainischer Schriften im Russischen Reich
1881	Judenpogrome in der Ukraine
1884	Eröffnung der «Katharinen-Eisenbahn» zwischen dem Donez-Becken und Kryvyj Rih
Ab Mitte der 1880er Jahre	Aufbau eines modernen Schwerindustriekomplexes in der Südukraine
1890/91	Ruthenische Radikale Partei (M. Pavlyk, I. Franko)
1894	Lehrstuhl für ukrainische Geschichte an der Universität Lemberg für M. Hruševs'kyj
1899	Nationaldemokratische Partei in Galizien
1900	Andrej Šeptyc'kyj Metropolit der Griechisch-Katholischen Kirche
	Revolutionäre Ukrainische Partei (RUP) in Russland, nach 1905 als Ukrainische Sozial-Demokratische Arbeiterpartei
1903/04	Ukrainische Demokratische und Radikale Partei in Russland
1905–1907	Revolution in Russland, Bauernaufstände, ukrainische Periodika und Organisationen
1906–1907	1. und 2. Duma in Petersburg, Ukrainische Hromada
1908	Ermordung des galizischen Statthalters Potocki
1914/15	Besetzung Ost-Galiziens durch Russland
1917	
25.–28. 2.	Februarrevolution
4. 3.	Ukrainische Zentralrada in Kiev
6.–8. 4.	Allukrainischer Zentraler Kongress in Kiev

10. 6.	1. Universal der Zentralrada
2. 7.	Zugeständnisse der Provisorischen Regierung an die Zentralrada
25. 10.	Oktoberrevolution in Petrograd
7. 11.	3. Universal: Ukrainische Volksrepublik im Rahmen Russlands
12. 12.	Ukrainische Sowjetregierung in Charkiv
1918	
12. 1.	4. Universal: Unabhängigkeitserklärung der Ukraine
26. 1.	Eroberung Kievs durch die Bolschewiki
Februar/März	Besetzung der Ukraine durch die Mittelmächte
3. 3.	Friede von Brest-Litovsk
29. 4.	Regierung unter Hetman P. Skoropads'kyj
13. 11.	Proklamation der Westukrainischen Volksrepublik
November	Besetzung der Nord-Bukowina durch Rumänien
21. 11.	Polnische Truppen erobern Lemberg
14. 12.	Direktorium der Ukrainischen Volksrepublik in Kiev
1919	
22. 1.	Vereinigung der Ukrainischen mit der Westukrainischen Volksrepublik
5. 2.	Rote Armee besetzt Kiev
11. 2.	Petljura Vorsitzender des Direktoriums
8. 5.	Karpaten-Ukraine fällt an die Tschechoslowakei
Sommer	General Denikin besetzt Teile der Ukraine
Sommer	Besetzung Galiziens durch Polen
10. 9.	Friede von St. Germain: Bukowina an Rumänien, Karpaten-Ukraine an die Tschechoslowakei
2. 12.	Petljura anerkennt polnische Herrschaft über Westukraine
6. 12.	Rote Armee besetzt Kiev
1920, 7. 5.	Kiev von polnischen und national-ukrainischen Truppen eingenommen
11. 6.	Rote Armee erobert Kiev
1921, 18. 3.	Frieden von Riga regelt Grenze zwischen Polen und der Sowjet-Ukraine
	Einführung der Neuen ökonomischen Politik in der UdSSR
	Beginn der Ukrainisierungspolitik
Oktober	Ukrainische Autokephale Orthodoxe Kirche
1922, Dezember	Gründung der UdSSR
1923, 14. 3.	Alliierte anerkennen polnische Herrschaft über Galizien
April	Beginn der Korenizacija in der Ukraine
1925, 11. 7.	Ukrainische National-Demokratische Union in Galizien
1926, 25. 5.	Ermordung Petljuras in Paris
September	Absetzung Šums'kyjs

1927/28	Erste «Säuberungsaktion» in der Sowjetukraine (Šums'kyj)
1929–1933	Erster Fünfjahresplan, Ausbau der Schwerindustrie in der Südukraine, Bau des Dnjepr-Kraftwerks
1929	Organisation Ukrainischer Nationalisten (OUN) in Wien
	Beginn der Zwangskollektivierung der Landwirtschaft in der Sowjetunion
1930, Januar	Abschaffung der Ukrainischen Autokephalen Orthodoxen Kirche
April	Prozess gegen den «Bund zur Befreiung der Ukraine»
	«Pazifikation» in Galizien
1932/33	Schreckliche Hungersnot in der Sowjet-Ukraine
1933	«Säuberungen» in der Ukraine; M. Skrypnyk begeht Selbstmord
1934, 15.6.	Ermordung des polnischen Innenministers Pieracki
1937/38	«Große Säuberungen» in der Sowjetunion
1938, 27.1.	Chruščev wird 1. Sekretär der Kommunistischen Partei der Ukraine
24.4.	Russisch wird Pflichtfach an ukrainischen Schulen
8.10.	Autonomie für Karpaten-Ukraine
1939, März	Karpaten-Ukraine nach Unabhängigkeitserklärung von Ungarn besetzt
23.8.	Deutsch-sowjetischer Nichtangriffspakt
1.9.	Beginn des Zweiten Weltkriegs
September	Besetzung Galiziens und West-Wolhyniens durch sowjetische Truppen
27.10./1.11.	Eingliederung der West-Ukraine in die Ukrainische SSR
1940, 10.2.	Spaltung der OUN in zwei Fraktionen (Melnyk, Bandera)
15.4.	Ukrainisches Zentralkomitee in Krakau
	Nord-Bukowina und Süd-Bessarabien fallen an die Ukrainische SSR
1941	Besetzung der Ukraine durch deutsche Truppen
30.6.	Proklamation eines ukrainischen Staates durch die OUN in Lemberg
20.8.	Reichskommissariat Ukraine unter Erich Koch
29./30.9.	Ermordung von über 30 000 Juden in Babyn Iar
1942/43	Ukrainische Aufstandsarmee (UPA)
1943, April	Waffen-SS-Division ‹Galizien›
	Rückeroberung der Ukraine durch die Sowjetarmee (27.3. Charkiv, 6.11. Kiev)
1944	Besetzung der Westukraine (6.8. Lemberg) und (erstmals) der Karpaten-Ukraine (24.10. Užhorod)
1945, 30.4.	Die Ukraine Gründungsmitglied der Vereinten Nationen
1946, März	Verbot und Verfolgung der Unierten Kirche in der Westukraine

1946/47, 1951/52	«Säuberungen» in der Ukraine, Kampf gegen «ukrainischen Nationalismus» und «jüdischen Kosmopolitismus»
1948–1950	Zwangskollektivierung in der Westukraine
1953	Tod Stalins
1954, 18. 1.	300-Jahr-Feier der «Wiedervereinigung der Ukraine mit Russland»
	Die Krim wird der Ukrainischen SSR angeschlossen
1956	XX. Parteitag der KPdSU, in der Folge Entlassung zahlreicher politischer Gefangener
1958/59	Schulreform
1963	Petro Šelest wird 1. Sekretär der ukrainischen KP
1965	«Internationalismus oder Russifizierung?» von I. Dzjuba
1966, November	Ukrainischer Schriftstellerkongress gegen Russifizierung
1972, Mai	Absetzung Šelests, Ščerbyc'kyj wird Parteichef
1972/73	«Säuberungen» in der Partei und unter den ukrainischen Intellektuellen
1976	Ukrainisches Helsinki-Komitee
1977–1984	Hartes Durchgreifen des KGB gegen die ukrainische Opposition; verstärkte Russifizierungspolitik
1985, 11. 3.	Amtsantritt Michail Gorbačevs als Generalsekretär der KPdSU
1986, 26. 4.	Katastrophe im Kernkraftwerk Černobyl'
1987	Ukrainischer Kulturologischer Club in Kiev
1988	Entlassung politischer Gefangener
	Massendemonstrationen in der West-Ukraine
	Wiederaufbau der Griechisch-Katholischen Kirche
1989, Juli	Bergarbeiterstreiks im Donbass
10. 9.	Volksbewegung der Ukraine für die Perestroijka (Ruch) gegründet
September	Rücktritt von Parteichef Ščerbyc'kyj
November	Wiederzulassung der Griechisch-Katholischen oder Ukrainischen Katholischen Kirche
1990	
1. 1.	Ukrainisch wird offiziell Staatssprache
März	Parlamentswahlen in der Ukraine
16. 7.	Souveränitätserklärung der Ukraine
23. 7.	Leonid Kravčuk wird Parlamentspräsident
19. 11.	Ukrainisch-russischer Vertrag
1991	
17. 3.	Referendum über den Erhalt der Sowjetunion
18.–21. 8.	Putschversuch reaktionärer Kräfte in Moskau
24. 8.	Unabhängigkeitserklärung der Ukraine
30. 8.	Verbot der Kommunistischen Partei der Ukraine
1. 12.	In einer Volksabstimmung sprechen sich 90% der Bürger für die Unabhängigkeit der Ukraine aus

	Wahl Kravčuks zum ersten Präsidenten
8./21.12.	Begründung der Gemeinschaft Unabhängiger Staaten (GUS)
25.12.	Rücktritt Präsident Gorbačevs
1992	
Januar	Beginn des Streits mit Russland um Schwarzmeerflotte und Krim
Mai	Abtransport der taktischen Atomwaffen nach Russland abgeschlossen
Mai	Freundschaftsvertrag mit Polen
Mai–August	Schlichtungsversuche mit Russland
30.6.	Weitgehende Autonomie für die Krim innerhalb der Ukraine
Oktober	Neue Regierung unter Ministerpräsident Leonid Kučma
November	Ausscheiden der Ukraine aus der Rubelzone
Dezember	Ruch erklärt sich zur politischen Partei
1993	
Januar	Treffen der Staatschefs der GUS, GUS-Statut von Ukraine nicht unterzeichnet
Mai	Wiederzulassung der Kommunistischen Partei in der Ukraine
Juni	Streikwelle, angeführt von den Bergarbeitern des Donbass
Juli	Russisches Parlament erklärt Sevastopol' zur russischen Stadt
3.9.	Verständigung über die Schwarzmeerflotte
September	Rücktritt Ministerpräsident Kučmas, Übernahme der Regierungsgewalt durch Präsident Kravčuk
1994	
Januar	Vernichtung der ukrainischen Kernwaffen in trilateralem Abkommen mit den USA und Russland festgelegt
Januar–April	Wahlen auf der Krim ergeben eine Mehrheit für eine Loslösung von der Ukraine, Konflikt im Juni beigelegt
März/April	Erste freie Parlamentswahlen bringen keine klaren Mehrheitsverhältnisse
1.6.	Vorläufiges Partnerschafts- und Kooperationsabkommen mit der Europäischen Union
Juni	Vitalij Masol neuer Ministerpräsident
10.7.	Leonid Kučma wird zum neuen Präsidenten gewählt; er setzt sich in der Stichwahl gegen Kravčuk durch
Oktober	Kučma stellt Programm marktwirtschaftlicher Reformen vor
November/ Dezember	Beitritt der Ukraine zum Atomwaffensperrvertrag (NPT) und zum Start-I-Vertrag
1995	
Januar	Handels- und Wirtschaftsabkommen mit Russland

März/April	Aufhebung der Verfassung und der Autonomie der Krim, teilweise Wiederherstellung im August
März/Juni	Leonid Marčuk neuer Ministerpräsident
31.5.	Neue Verfassung definiert die Krim als Bestandteil der Ukraine
8.6.	«Verfassungsvertrag» zwischen Präsident und Parlament
9.11.	Aufnahme der Ukraine in den Europarat
20.12.	Vereinbarung zur Stillegung des Kernkraftwerks Černobyl'
1996	
Februar, Juli	Streiks der Bergarbeiter
Mai/Juli	Pavlo Lazarenko neuer Ministerpräsident
1.6.	Ukraine zum atomwaffenfreien Staat erklärt
Juni	Privatisierung von Großunternehmen beschlossen
28.6.	Verabschiedung einer neuen Verfassung (Präsidialdemokratie)
September	Einführung der Hryvnja als neuer Währung
September/ Dezember	Parlament lehnt Reformprogramme ab
1997	
21.5.	Deklaration über Verständigung und Aussöhnung mit Polen
28.5.	Abkommen mit Russland über die Schwarzmeerflotte
31.5.	Vertrag über Freundschaft, gute Nachbarschaft und Zusammenarbeit mit Russland von den Präsidenten Jelzin und Kučma unterzeichnet
2.6.	Vertrag über gute Nachbarschaft und Kooperation mit Rumänien unterzeichnet
Juni	Streiks der Bergarbeiter
Juli	Valerij Pustovojtenko neuer Ministerpräsident
Juli	Unterzeichnung der Charta über «distinctive partnership» der Ukraine mit der NATO
1998	
Januar	Ratifizierung des Freundschaftsvertrags mit Russland durch die Verchovna Rada
März	Wahlen zum Parlament bringen Gewinne für die linken Parteien
Mai–Juli	Streiks der Bergarbeiter
September	Internationaler Währungsfonds (IWF) und Weltbank gewähren der Ukraine hohe Kredite
Dezember	Die russländische Duma ratifiziert den Freundschaftsvertrag mit der Ukraine, der Föderationsrat folgt im Februar 1999
1999	
Januar	Neue Verfassung der Krim tritt in Kraft
Februar/März	Spaltung der Ruch-Fraktion, Tod Čornovils

März	Abkommen mit Russland über Aufteilung der Schwarzmeerflotte vom ukrainischen Parlament ratifiziert
Mai	Erhöhung des Kredits des IWF an die Ukraine
14. 11.	Wiederwahl Kučmas als Präsident
Dezember	Viktor Juščenko neuer Ministerpräsident, Julija Tymošenko eine seiner StellvertreterInnen
2000	
Ab Januar	Auseinandersetzungen im Parlament zwischen pro-präsidentialer Mehrheit und linker Minderheit
April	Referendum stärkt die Stellung des Präsidenten
September	Ermordung des Journalisten Heorhij Gongadze
Winter 2000/01	Demonstrationen für eine «Ukraine ohne Kučma»
2001	
Januar	Entlassung und Inhaftierung Tymošenkos
April	Entlassung Juščenkos, Anatolij Kinach neuer Ministerpräsident
Juni	Besuch von Papst Johannes Paul II. in der Westukraine
2002	
31. 3.	Parlamentswahlen
November	Viktor Janukovyč Ministerpräsident
2003	
März	Massendemonstrationen gegen Präsident Kučma
November	Rosenrevolution in Georgien
2004	
Juni	Das größte Stahlwerk Kryvorižstal wird privatisiert
5. 9.	Giftanschlag auf Juščenko
31. 10.	Erster Wahlgang der Präsidentenwahlen
21. 11.	Zweiter Wahlgang der Präsidentenwahlen
22. 11.	Beginn von Massenprotesten (Orange Revolution)
4. 12.	Annullierung des gefälschten zweiten Wahlgangs
8. 12.	Änderung der Verfassung
26. 12.	In der Wiederholung der Stichwahl wird Juščenko gewählt
2005	
23. 1.	Inauguration Juščenkos
4. 2.	Bestätigung der Regierung Tymošenko durch das Parlament
25. 2.	Bilateraler EU-Aktionsplan mit der Ukraine (ohne Beitrittsperspektive)
8. 9.	Ministerpräsidentin Tymošenko wird entlassen und am 22. 9. durch Jurij Jechanurov ersetzt
Oktober	Kryvorižstal wird an den indischen Mittal-Konzern verkauft
2006	
1. 1.	Verfassungsänderung tritt in Kraft
1. 1.–4. 1.	Gazprom stoppt die Gaslieferungen in die Ukraine

26. 3.	Parlamentswahlen
4. 8.	Janukovyč wird Ministerpräsident
28. 11.	Gesetz «Über den Holodomor in der Ukraine».
2007	
2. 4.	Der Präsident löst die Verchovna Rada auf
30. 9.	Vorgezogene Neuwahlen des Parlaments
November	Schweres Unglück in einer Kohlegrube in Donec'k
18. 12.	Julija Tymošenko wird Ministerpräsidentin
2008	
April	Antrag der Ukraine auf einen Aktionsplan für eine NATO-Mitgliedschaft abgelehnt
Mai	Aufnahme der Ukraine in die Welthandelsorganisation (WTO).
August	Georgisch-russischer Konflikt um Süd-Ossetien
September	Bruch der regierenden Koalition
1. 10.	Verlängerung des Freundschaftsvertrags mit Russland um zehn Jahre
2009	
1. 1.	Gazprom liefert kein Gas mehr an die Ukraine; auch einige andere europäische Länder sind betroffen
19. 1.	Liefer- und Transitvertrag mit Gazprom
2010	
17. 1.	1. Wahlgang der Präsidentschaftswahlen.
22. 1.	Verleihung des Titels «Held der Ukraine» an Stepan Bandera
7. 2.	Aus dem zweiten Wahlgang der Präsidentschaftswahlen geht Janukovyč als Sieger hervor
11. 3.	Bildung einer Regierung unter Mykola Azarov
21. 4.	Abkommen zwischen der Ukraine und Russland zum Gashandel und über die Verlängerung des Pachtvertrags der russischen Schwarzmeerflotte
Oktober	Rückkehr zur Verfassung von 1996
31. 10.	Kommunalwahlen
Ab Dezember	Eröffnung mehrerer Strafverfahren gegen Tymošenko
2011	
5. 8.	Verhaftung von Tymošenko
11. 10.	Tymošenko wird zu sieben Jahren Freiheitsentzug verurteilt
17. 11.	Verabschiedung eines neuen Wahlgesetzes für das Parlament
19. 12.	Abschluss der Verhandlungen über ein Assoziierungsabkommen mit der EU
2012	
27. 2.	Verurteilung von Jurij Lucenko
3. 3.	Baubeginn einer neuen Schutzhülle in Černobyl'
30. 4./19. 7.	Paraphierung des Assoziierungsabkommens mit der EU
8. 6.–1. 7.	Fußball-Europameisterschaft in Polen und der Ukraine

10. 8.	Gesetz zur Verwendung von Minderheitensprachen in den Regionen
28. 10.	Parlamentswahlen
13. 12.	Azarov wird erneut Ministerpräsident
2013	
7. 4.	Begnadigung von Lucenko
14. 5.	Verabschiedung eines Antikorruptionsgesetzes
18. 9.	Offizielle Ankündigung der Regierung, das Assoziierungsabkommen mit der EU im November zu unterzeichnen
21. 11.	Die Regierung erklärt, die Vorbereitungen für die Unterzeichnung des Assoziierungsabkommens auszusetzen
21. 11.–24. 11.	Protestdemonstrationen in mehreren ukrainischen Städten
28./29. 11.	EU-Gipfeltreffen in Vilnius
29./30. 11.	Demonstration auf dem Kiever Majdan gewaltsam aufgelöst
1. 12.	Großdemonstration auf dem Majdan
8. 12.	«Marsch der Millionen»
17. 12.	Zusage von massiver Finanzhilfe Russlands an die Ukraine
2014	
16. 1.	Gesetz gegen die Demonstrationsfreiheit und Eskalation der Gewalt in Kiev
24. 1.	Erste Tote bei Zusammenstößen in Kiev
28. 1.	Rücktritt der Regierung Azarov
18. 2.	Bewaffnete Auseinandersetzungen in Kiev
19./20. 2.	«Antiterroristische Operation» der Regierungskräfte und Eskalation der Gewalt, zahlreiche Menschen sterben
20. 2.	Das Parlament beschließt die Einstellung der Gewalt
21. 2.	Vereinbarung Janukovyč' und der drei Oppositionsführer unter ausländischer Vermittlung
21. 2.	Wiedereinführung der Verfassung von 2004
21./22. 2.	Flucht Janukovyč' aus Kiev
22. 2.	Das Parlament enthebt Präsident Janukovyč seines Amtes
22. 2.	Befreiung Tymošenkos aus dem Gefängnis
23. 2.	Demonstration in Sevastopol'
24. 2.	Wahl Oleksandr Turčynovs zum kommissarischen Präsidenten
27. 2.	Wahl Arsenij Jacenjuks zum amtierenden Ministerpräsidenten
27. 2.	Besetzung des Krimparlaments in Simferopol'; Sturz der Regierung und Einsetzung eines neuen Ministerpräsidenten

1. 3.	Das russische Parlament erteilt Putin die Vollmacht, die Armee in der Ukraine einzusetzen
Ab 1. 3.	Prorussische Demonstranten besetzen Verwaltungsgebäude in der Ostukraine
17. 3.	Referendum über die «Wiedervereinigung der Krim mit Russland»
18./20. 3.	Aufnahme der Krim in die Russländische Föderation
21. 3.	Unterzeichnung des politischen Teils des Assoziierungsabkommens der Ukraine mit der EU
7. 4.	Ausrufung der «Volksrepublik Donec'k»
27. 4.	Ausrufung der «Volksrepublik Luhans'k»
30. 4.	Kreditzusage des IWF an die Ukraine
Ab April	Antiterror-Aktion der Regierungstruppen
11. 5.	Referendum über die Unabhängigkeit der beiden «Volksrepubliken»
2. 5.	Nach Zusammenstößen kommen in Odessa über 40 prorussische Demonstranten bei einem Brand ums Leben
25. 5.	Im ersten Wahlgang der Präsidentenwahlen wird Petro Porošenko gewählt
7. 6.	Amtseinführung Porošenkos
14. 6.	Abschuss eines ukrainischen Transportflugzeugs fordert 59 Tote
5. 7.	Eroberung von Slovjans'k durch ukrainische Truppen
17. 7.	Absturz eines malaysischen Verkehrsflugzeugs bei Donec'k fordert 298 Tote
Ende Juli/ Anfang August	Vorrücken der ukrainischen Armee gegen Donec'k und Luhans'k
31. 7.	Rücktritt der Regierung Jacenjuk vom Parlament abgelehnt
Ab Mitte August	Gegenoffensive russischer und separatistischer Kräfte
25. 8.	Auflösung des Parlaments, Neuwahlen am 26. 10. vorgesehen
Ab Ende August	Eröffnung einer Zweiten Front im Süden, Eroberung von Novoazovs'k durch russische und separatistische Truppen
5. 9.	Waffenruhe nach trilateralen Gesprächen zwischen der Ukraine, Russland und Vertretern der Separatisten

Glossar

Autokratie (samoderžavie, Selbstherrschaft)	Herrschaftsordnung des Moskauer und Russischen Reiches mit einer theoretisch unbeschränkten Machtfülle des Zaren.
Direktorium, Ukrainisches	Regierung der Ukrainischen Volksrepublik 1918–1920.
Donbass	Donezbecken, Industrieregion in der Ost-Ukraine
Duma (Gosudarstvennaja duma, Reichsduma)	Während der Revolution von 1905/06 von der Zarenregierung zugestandenes gewähltes Parlament.
Gouvernement (gubernija)	Grundlegende Verwaltungseinheit des Russischen Reiches.
Griechisch-Katholische Kirche	siehe Unierte Kirche.
Hajdamaken	Ukrainische Partisanenkämpfer/Räuber in Polen-Litauen.
Hetman (auch Ataman)	Führer des Kosakenheeres.
Hetmanat	Von Hetman B. Chmel'nyc'kyj und den Dnjepr-Kosaken 1649 begründeter Herrschaftsverband in der Ukraine; ab 1667 Gebiet der Ukraine am linken Dnjepr-Ufer (mit Kiev), mit (bis 1764) weitgehender Autonomie innerhalb des Moskauer und Russischen Reiches. Wiederbelebt im Jahre 1918 unter dem von den Mittelmächten eingesetzten Hetman P. Skoropads'kyj.
Hromada (ukrainisch Gemeinde)	Organisation der ukrainischen Nationalbewegung im 19. und frühen 20. Jahrhundert.
Kiever Akademie	Von P. Mohyla 1632 begründete Hochschule (Kollegium), die 1689/1701 offiziell zur Akademie erklärt wurde.
Kleinrussland (Malorossija)	Zunächst kirchliche, seit der Mitte des 17. Jahrhunderts offizielle russische Bezeichnung der Ukraine.
Kolonisten	Ausländische Siedler im Russischen Reich, besonders in der südlichen Ukraine, die sich bis zum Jahr 1871 als rechtlich und sozial privilegierte Gruppe von der einheimischen Landbevölkerung abhoben.
Kosaken	a) in erster Linie aus Ostslawen bestehende Bevölkerungsgruppe, die sich im 16. und 17. Jh. an der Steppengrenze, meist an Flussläufen (Dnjepr, Don, Wolga,

	Terek, Jaik) niederließ, von Kriegs- und Beutezügen, Fischerei und Viehzucht lebte, eine spezifische militärdemokratische Verfassung hatte und Aufgaben des Grenzschutzes für die polnisch-litauischen und russischen Herrscher erfüllte. Die ukrainischen Dnjepr-Kosaken wurden nach dem Volksaufstand von 1648 zum wichtigsten Träger des Hetmanats. b) Im Russischen Reich des 18. und 19. Jahrhunderts bildeten die militärdienstleistenden K. einen eigenen, in K.-Heeren organisierten Stand. Die ukrainischen Kosaken wurden dagegen zu Staatsbauern deklassiert, mit Ausnahme der Reste der Zaporožer Kosaken, die in das Schwarzmeerheer (später Kubanheer) eingegliedert wurden.
Narodniki	«Volksfreunde», Populisten; Vertreter der agrarsozialistischen Bewegung im Russischen Reich der zweiten Hälfte des 19. Jahrhunderts.
Neurussland (Novorossija)	Zeitgenössische russische Bezeichnung für die Südukraine, das Steppengebiet nördlich des Schwarzen und Asowschen Meeres.
NKVD (Narodnyj Kommissariat Vnutrennich Del)	Volkskommissariat für innere Angelegenheiten, 1934–1954 (mit Unterbrechungen) Bezeichnung der sowjetischen Geheimpolizei.
OUN	Organisation Ukrainischer Nationalisten, 1929 in Wien begründet, 1940 in zwei Fraktionen (Melnyk und Bandera) gespalten.
Prosvita (ukrainisch Aufklärung)	National-ukrainische kulturelle Organisation des 19. und frühen 20. Jahrhunderts, zunächst in Galizien, dann auch im Russischen Reich.
Register-Kosaken	Im Dienste des polnischen Königs stehende, besoldete Kosaken.
Ruch (ukrainisch Bewegung)	1989 begründete «Volksbewegung der Ukraine für die Perestrojka» (Narodnyj Ruch Ukrajiny za perebudovu), ab Oktober 1990 «Volksbewegung der Ukraine».
RUP	Revolutionäre Ukrainische Partei (im Jahre 1900 begründet).
Rus'	Selbstbezeichnung der Ostslawen im Mittelalter, von Teilen der Ukrainer bis weit in die Neuzeit hinein.
Rusynen, Rusyny	Selbstbezeichnung der Ukrainer bis ins 19. Jahrhundert, in der Westukraine, besonders in der Karpaten-Ukraine, bis heute.
Ruthenen	Offizielle Bezeichnung der Ukrainer im Habsburger Reich.
Sejm	Reichstag in Polen-Litauen.
Sič	siehe Zaporožer Sič.

Sloboda-Ukraine (ukrainisch Slobids'ka Ukrajina)	Region der Ost-Ukraine um Charkiv.
Staatsbauern	Unter Peter dem Großen im Russischen Reich geschaffene Kategorie von lastenpflichtigen Bauern, die nicht von privaten Grundbesitzern, sondern direkt vom Staat abhängig waren und im Gegensatz zu den Leibeigenen persönlich frei blieben. In die Kategorie der Staatsbauern wurden die ukrainischen Kosaken eingegliedert.
Stände (soslovija, sostojanija)	Im Laufe des 18. und 19. Jh. von der russischen Regierung geschaffene rechtliche Kategorien: erbliche Adlige, persönliche Adlige, Geistliche, erbliche Ehrenbürger, persönliche Ehrenbürger, Kaufleute, meščane, Bauern und als Sondergruppen die inorodcy und Kosaken.
Staršyna	Offiziere, dann Oberschicht der Dnjepr-Kosaken.
Szlachta	Adel in Polen-Litauen.
Ukrainische Autokephale Orthodoxe Kirche (UAOK)	1921 bis 1930 und wieder ab 1990 wirkende, vom Moskauer Patriarchat getrennte Kirche.
Ukrainische Volksrepublik (Ukrajins'ka Narodna Respublika, UNR)	Ukrainischer Staat in den Jahren 1918 bis 1920.
Unierte Kirche	In der Union von Brest (1596) begründete römische Kirche des östlichen Ritus', die den Papst und die römisch-katholischen Dogmen anerkennt, jedoch orthodoxe Riten und die kirchenslawische Sprache beibehalten hat; seit 1764 auch Griechisch-Katholische Kirche, im 20. Jh. auch Ukrainische Katholische Kirche.
UPA (Ukrains'ka Povstans'ka Armija)	Ukrainische Aufstandsarmee, 1942 gebildete Guerilla-Armee.
Verchovna Rada	Oberster Rat, Parlament der unabhängigen Ukraine
Zaporožer Sič	Befestigtes Zentrum der Dnjepr-Kosaken, wo sich ihre traditionelle Lebensweise und ihre militärdemokratische Ordnung bis zu seiner Auflösung im Jahre 1775 hielten.
Zemstvo	Bezeichnung für die 1864 in den zentralen Regionen des Russischen Reiches eingeführte regionale und lokale Selbstverwaltung.
Zentral-Rada, Ukrainische	Im März 1917 begründete national-ukrainische Organisation (bis April 1918), mit einem Generalsekretariat als Exekutive.

Literaturverzeichnis

Es werden nur Werke in deutscher, englischer und französischer Sprache angeführt, obwohl ich auch ukrainisch-, russisch- und polnischsprachige Arbeiten mit Gewinn benutzt habe.

1. Hilfsmittel und Nachschlagewerke

Encyclopaedia of Ukraine. Bd. 1–5. Toronto u. a. 1984–1993.
Zenon E. Kohut u. a.: Historical Dictionary of Ukraine. Lanham 2005.
Ernst Lüdemann: Ukraine. 3. Aufl. München 2006.
Paul Robert Magocsi: Ukraine. A Historical Atlas. Toronto 1985.

2. Gesamtdarstellungen und zeitlich übergreifende Literatur

Katrin Boeckh, Ekkehard Völkl: Ukraine. Von der Roten zur Orangenen Revolution. Regensburg/München 2007.
Frank Golczewski (Hg.): Geschichte der Ukraine. Göttingen 1993.
Kerstin S. Jobst: Geschichte der Ukraine. Stuttgart 2010.
Borys Krupnyckyj: Geschichte der Ukraine von den Anfängen bis zum Jahre 1920. 3. Aufl. Wiesbaden 1963.
Paul R. Magocsi: A History of Ukraine. The Land and its Peoples. 2. Aufl. Toronto u. a. 2010.
Paul R. Magocsi: Ukraine. An Illustrated History. Seattle 2007.
Natalija Polonska-Vasylenko: Geschichte der Ukraine. Von den Anfängen bis 1923. München 1988.
Orest Subtelny: Ukraine. A History. 3. Aufl. Toronto u. a. 2009.
Andrew Wilson: The Ukrainians. Unexpected Nation. 3. Aufl. New Haven u. a. 2009.
Serhy Yekelchyk: Ukraine. Birth of a Modern Nation. Oxford 2007.
Guido Hausmann, Andreas Kappeler (Hg.): Ukraine: Gegenwart und Geschichte eines neuen Staates. Baden-Baden 1993.
Zenon, E. Kohut: Making Ukraine. Studies on Political Culture, Historical Narrative, and Identity. Edmonton u. a. 2011.
Ivan L. Rudnytsky: Essays in Modern Ukrainian History. Edmonton 1987.
Ivan L. Rudnytsky (Hg.): Rethinking Ukrainian History. Edmonton 1981.

Quellen:
Ralph Lindheim, George S. N. Luckyj (Hg.): Towards an Intellectual History of Ukraine. An Anthology of Ukrainian Thought from 1710 to 1995. Toronto u. a. 1996.

3. Historische Teilbereiche

Salo W. Baron: The Russian Jew under Tsars and Soviets. New York/London 1964.

Dmytro Čyževs'kyj: A History of Ukrainian Literature from the 11th to the End of the 19th Centuries. With an Overview of the 20th Century. 2. Aufl. New York u. a. 1997.

Dmytro Doroshenko: A Survey of Ukrainian Historiography = Annals of the Ukrainian Academy of Arts and Sciences in the United States 5/6 (1957).

Heiko Haumann: Geschichte der Ostjuden. 6. Aufl. München 2011.

Friedrich Heyer: Kirchengeschichte der Ukraine im 20. Jahrhundert. Von der Epochenwende des Ersten Weltkrieges bis zu den Anfängen in einem unabhängigen ukrainischen Staat. Göttingen 2003.

Andreas Kappeler: Die Kosaken. Geschichte und Legenden. München 2013.

Andreas Kappeler (Hg.): Die Ukraine. Prozesse der Nationsbildung. Köln u. a. 2011.

Georgiy Kasianov, Philipp Ther (Hg.): A Laboratory of Transnational History: Ukraine and Recent Ukrainian Historiography. Budapest 2009.

Yohanan Petrovsky-Shtern (Hg.): Jews and Ukrainians. Oxford u. a. 2014.

Serhii Plokhy: Unmaking Imperial Russia. Mykhailo Hrushevsky and the Writing of Ukrainian History. Toronto 2005.

Peter J. Potichnyj, Howard Aster (Hg.): Ukrainian-Jewish Relations in Historical Perspective. Edmonton 1988.

George Y. Shevelov: Die ukrainische Schriftsprache 1798–1965. Ihre Entwicklung unter dem Einfluss der Dialekte. Wiesbaden 1966.

Stephen Velychenko: National History as Cultural Process. A Survey of the Interpretations of Ukraine's Past in Polish, Russian, and Ukrainian Historical Writing from the Earliest Times to 1914. Edmonton 1992.

Stephen Velychenko: Shaping Identity in Eastern Europe and Russia. Soviet-Russian and Polish Accounts of Ukrainian History 1914–1991. New York 1993.

4. Teilregionen (zeitlich übergreifend)

John Czaplicka (Hg.): Lviv. A City in the Crosscurrents of Culture. Cambridge, Mass. 2005.

Peter Fäßler u. a. (Hg.): Lemberg–Lwów–Lviv. Eine Stadt im Schnittpunkt europäischer Kulturen. Köln u. a. 1993.

Chris Hann, Paul Robert Magocsi (Hg.): Galicia. A Multicultured Land. Toronto u. a. 2005.

Hiroaki Kuromiya: Freedom and Terror in the Donbas. A Ukrainian-Russian Borderland 1870 s–1990 s. Cambridge 1998.

Paul Robert Magocsi: Galicia. A Historical Survey and Bibliographic Guide. Toronto u. a. 1993.

Paul Robert Magocsi: The Shaping of a National Identity. Subcarpathian Rus 1848–1948. Cambridge, Mass. 1978.

Isabel Röskau-Rydel (Hg.): Deutsche Geschichte im Osten Europas: Galizien, Bukowina, Moldau. Berlin 1999.
Emanuel Turczynski: Geschichte der Bukowina in der Neuzeit. Zur Sozial- und Kulturgeschichte einer mitteleuropäisch geprägten Landschaft. Wiesbaden 1993.

5. Die Ukraine und ihre Nachbarn

Manfred Alexander: Kleine Geschichte Polens. Stuttgart 2003.
Dietrich Beyrau u. a. (Hg.): Handbuch der Geschichte Weißrußlands. Göttingen 2001.
Klaus Bochmann u. a. (Hg.): Die Republik Moldau. Ein Handbuch. Leipzig 2012.
Alan Fisher: The Crimean Tatars. Stanford 1978.
Carsten Goehrke: Russland. Eine Strukturgeschichte. Paderborn 2010.
Heiko Haumann: Geschichte Russlands. 2. Aufl. Zürich 2003.
Andreas Kappeler u. a. (Hg.): Culture, Nation, and Identity: The Ukrainian-Russian Encounter (1600–1945). Edmonton/Toronto 2003.
Andreas Kappeler: «Great Russians» and «Little Russians»: Russian-Ukrainian Relations and Perceptions in Historical Perspective. Seattle 2003, = The Donald W. Treadgold Papers in Russian, East European, and Central Asian Studies No. 39.
Andreas Kappeler: Russland als Vielvölkerreich. Entstehung, Geschichte, Zerfall. 4. Aufl. München 2008.
Andreas Kappeler: Russland und die Ukraine. Verflochtene Biographien und Geschichten. Wien u. a. 2012.
Serhii Plokhy: Ukraine and Russia. Representations of the Past. Toronto u. a. 2008.
Peter J. Potichnyj (Hg.): Poland and Ukraine. Past and Present. Edmonton u. a. 1980.
Peter J. Potichnyj u. a. (Hg.): Ukraine and Russia in their Historical Encounter. Edmonton 1992.
Günther Stökl, Manfred Alexander: Russische Geschichte. 7. Aufl. Stuttgart 2009.
Hans-Joachim Torke, John-Paul Himka (Hg.): German-Ukrainian Relations in Historical Perspective. Edmonton/Toronto 1994.

6. Die Ukraine bis zur Mitte des 18. Jahrhunderts

Rudolf Bächtold: Südwestrußland im Spätmittelalter. Basel 1951.
John Basarab: Pereiaslav 1654: A Historiographical Study. Edmonton 1982.
Simon Franklin, Jonathan Shepard: The Emergence of Rus 750–1200. London/New York 1996.
David Frick: Meletij Smotryc'kyj. Cambridge, Mass. 1995.
Linda Gordon: Cossack Rebellions. Social Turmoil in the Sixteenth Century. Albany 1983.
Borys A. Gudziak: Crisis and Reform. The Kyivan Metropolinate, the Patriar-

chate of Constantinople, and the Genesis of the Union of Brest. Cambridge, Mass. 1998
Manfred Hellmann (Hg.): Handbuch der Geschichte Russlands. Bd. 1: Von der Kiever Reichsbildung zum Moskauer Zartum (Anfänge bis 1613). Stuttgart 1976–1988.
Michael Hruševs'kyj: Geschichte des ukrainischen (ruthenischen) Volkes. Bd. 1. Urgeschichte des Landes und des Volkes. Anfänge des Kijever Staates. Leipzig 1906.
Myhailo Hrushevsky: History of Ukraine-Rus'. Vol. 1 ff., Edmonton u. a. 1997.
Iaroslav Isaievych: Voluntary Brotherhood. Confraternities of Laymen in Early Modern Ukraine. Edmonton 2006.
Carsten Kumke: Führer und Geführte bei den Zaporoger Kosaken. Struktur und Geschichte kosakischer Verbände im polnisch-litauischen Grenzland (1550–1648). Wiesbaden 1993 (= Forschungen zur osteuropäischen Geschichte 49).
Bickford C. O'Brien: Muscovy and the Ukraine. From the Pereiaslavl Agreement to the Truce of Andrusovo, 1654–1667. Berkeley u. a. 1963.
Leo Okinshevich: Ukrainian Society and Government 1648–1781. Munich 1978.
Heidemarie Petersen: Juden und Stadtgemeinde in Polen. Lemberg 1356–1581, Wiesbaden 2003 (= Forschungen zur osteuropäischen Geschichte 61).
Serhii Plokhy (Hg.): Poltava 1709. The Battle and the Myth. Cambridge, Mass. 2012.
Serhii Plokhy: The Cossacks and Religion in Early Modern Ukraine. Oxford 2001.
Serhii Plokhy: The Origins of the Slavic Nations: Premodern Identities in Russia, Ukraine, and Belarus. New York u. a. 2006.
Rohdewald, Stefan u. a. (Hg.): Litauen und Ruthenien. Studien zu einer transkulturellen Kommunikationsregion (15.–18. Jahrhundert). Wiesbaden 2007 (= Forschungen zur osteuropäischen Geschichte 71).
Sophia Senyk: A History of the Church in Ukraine 1300 to the Union of Brest. Roma 2011.
Ihor Ševčenko: Ukraine between East and West. Essays on Cultural History to the Early Eighteenth Century. Edmonton u. a. 1996.
Günther Stökl: Die Entstehung des Kosakentums. München 1953.
Frank E. Sysyn: Between Poland and Ukraine. The Dilemma of Adam Kisil 1600–1653. Cambridge, Mass. 1985.
Bernard D. Weinryb: The Jews of Poland. A Social and Economic History of the Jewish Community in Poland from 1100 to 1800. Philadelphia 1973.
Christophe von Werdt: Stadt und Gemeindebildung in Ruthenien. Okzidentalisierung der Ukraine und Weißrusslands im Spätmittelalter und in der frühen Neuzeit. Wiesbaden 2006 (= Forschungen zur osteuropäischen Geschichte 66).
Thomas Wünsch, Andrzej Janeczek (Hg.): On the Frontier of Latin Europe. Integration and Segregation in Red Ruthenia, 1350–1600. Warsaw 2004.
Dymitri Zlepko: Der große Kosakenaufstand 1648 gegen die polnische Herrschaft. Wiesbaden 1980.

Quellen:
(Guillaume le Vasseur) Sieur de Beauplan: Description d'Ukraine. Rouen 1660 (reprint Rouen 1985).
Handbuch zur Nestorchronik. Hg. von Ludolf Müller. Bd. 1–4. München 1977–2001.
Nathan Hanover: Abyss of Despair (Yeven Metzulah). The Famous 17th Century Chronicle Depicting Jewish Life in Russia and Poland during the Chmelnicki Massacres of 1648–1649. New Brunswick u.a. 1983.
Tagebuch des Erich Lassota von Steblau. Hg. von Reinhold Schottin. Halle 1866.
Hans Rothe (Hg.): Sinopsis. Kiev 1681. Facsimile mit einer Einleitung. Köln u.a. 1983.

7. Die Ukraine vom 18. Jahrhundert bis zum 1. Weltkrieg

Daniel Beauvois: La bataille de la terre en Ukraine 1863–1914. Les Polonais et les conflits socio-ethniques. Lille 1993.
Daniel Beauvois: Le noble, le serf et le révizor. La noblesse polonaise entre le tsarisme et les masses ukrainiennes (1831–1863). Paris 1985.
Daniel Beauvois: Pouvoir russe et noblesse polonaise en Ukraine 1793–1830. Paris 2003.
Serhii Bilenky: Romantic Idealism in Eastern Europe. Russian, Polish and Ukrainian Political Imaginations. Stanford 2012.
Detlev Brandes: Von den Zaren adoptiert. Die deutschen Kolonisten und die Balkansiedler in Neurußland und Bessarabien 1751–1914. München 1993.
Jörg Ganzenmüller: Russische Staatsgewalt und polnischer Adel. Eliteintegration und Staatsausbau im Westen des Zarenreiches (1772–1850). Köln u.a. 2013.
Michael F. Hamm: Kiev. A Portrait, 1800–1917. Princeton 1993.
Guido Hausmann: Universität und städtische Gesellschaft in Odessa, 1865–1917. Soziale und nationale Selbstorganisation an der Peripherie des Zarenreiches. Stuttgart 1998.
Patricia Herlihy: Odessa. A History, 1794–1914. Cambridge, Mass. 1986.
Alexis Hofmeister: Selbstorganisation und Bürgerlichkeit. Jüdisches Vereinswesen in Odessa um 1900. Göttingen 2007.
Andreas Kappeler: Der schwierige Weg zur Nation. Beiträge zur neueren Geschichte der Ukraine. Wien u.a. 2003.
John D. Klier, Shlomo Lambroza (Hg.): Pogroms: Anti-Jewish Violence in Modern Russian History. Cambridge 1992.
Zenon E. Kohut: Russian Centralism and Ukrainian Autonomy. Imperial Absorption of the Hetmanate 1760s-1830s. Cambridge, Mass. 1988.
Rainer Lindner: Unternehmer und Stadt in der Ukraine, 1860–1914. Industrialisierung und soziale Kommunikation im südlichen Zarenreich. Konstanz 2006.
George S. N. Luckyj: Young Ukraine. The Brotherhood of Saints Cyril and Methodius, 1845–1847. Ottawa u.a. 1991.

Aleksei Miller: The Ukrainian Question. Russian Nationalism in the 19th Century. Budapest 2003.
Dietmar Neutatz: Die «deutsche Frage» im Schwarzmeergebiet und in Wolhynien. Politik, Wirtschaft und Alltag im Spannungsfeld von Nationalismus und Modernisierung (1856–1914). Stuttgart 1993.
Serhii Plokhy: The Cossack Myth. History and Nationhood. Politics in the Age of Empires. Cambridge u. a. 2012
Thomas M. Prymak: Mykola Kostomarov. A Biography. Toronto u. a. 1996.
Thomas M. Prymak: Mykhailo Hrushevsky. The Politics of National Culture. Toronto u. a. 1987.
David Saunders: The Ukrainian Impact on Russian Culture 1750–1850. Edmonton 1985.
Edward S. Thaden: Russia's Western Borderlands, 1710–1870. Princeton 1984.
Ricarda Vulpius: Nationalisierung der Religion. Russifizierungspolitik und ukrainische Nationsbildung 1860–1920. Wiesbaden 2005 (= Forschungen zur osteuropäischen Geschichte 64).
Robert Weinberg: The Revolution of 1905 in Odessa. Blood on the Steps. Bloomington, Indianapolis 1993.
Charters Wynn: Workers, Strikes and Pogroms. The Donbass-Dnepr-Bend in Late Imperial Russia, 1870–1905. Princeton 1992.
Steven J. Zipperstein: The Jews of Odessa. A Cultural History. Stanford 1986.

Quellen:
Serhiy Bilenky (Hg.): Fashioning Modern Ukraine. Selected Writings of Mykola Kostomarov, Volodymyr Antonovych and Mykhailo Drahomanov. Edmonton u. a. 2013.

8. Galizien und die Bukowina unter österreichischer Herrschaft

Paulus Adelsgruber, Laurie Cohen, Börries Kuzmany: Getrennt und doch verbunden. Galizische Grenzstädte zwischen Österreich und Russland 1772–1918. Wien u. a. 2011.
Christoph Augustynowicz u. a. (Hg.): Die galizische Grenze 1772–1867. Kommunikation oder Isolation? Wien 2007.
Omer Bartov: Erased. Vanishing Traces of Jewish Galicia in Present-day Ukraine. Princeton, NJ u. a. 2007.
Harald Binder: Galizien in Wien. Parteien, Wahlen, Fraktionen und Abgeordnete im Übergang zur Massenpolitik. Wien 2005.
Martha Bohachevsky-Chomjak: Feminists Despite Themselves. Women in Ukrainian Community Life, 1884–1939. Edmonton 1988.
Tim Buchen: Antisemitismus in Galizien: Agitation, Gewalt und Politik gegen Juden in der Habsburgermonarchie um 1900. Berlin 2012.
Alison Frank: Oil Empire: Visions of Prosperity in Austrian Galicia. Cambridge, Mass. 2005.
John-Paul Himka: Galician Villagers and the Ukrainian National Movement in the Nineteenth Century. Basingstoke/London 1988.
John-Paul Himka: Religion and Nationality in Western Ukraine. The Greek

Catholic Church and the Ruthenian National Movement in Galicia, 1867–1900. Montreal u. a. 1999.
Stella Hryniuk: Peasants with Promise. Ukrainians in Southeastern Galicia 1880–1900. Edmonton 1991.
Dietlind Hüchtker: Geschichte als Performance. Politische Bewegungen in Galizien um 1900. Frankfurt am Main 2014.
Kerstin Jobst: Zwischen Nationalismus und Internationalismus. Die polnische und ukrainische Sozialdemokratie in Galizien von 1890 bis 1914. Ein Beitrag zur Nationalitätenfrage im Habsburgerreich. Hamburg 1996.
Jan Kozik: The Ukrainian National Movement in Galicia 1815–1848. Edmonton 1986.
Börries Kuzmany: Brody. Eine galizische Grenzstadt im langen 19. Jahrhundert. Wien u. a. 2011.
Hans-Christian Maner: Galizien. Eine Grenzregion im Kalkül der Donaumonarchie im 18. und 19. Jahrhundert. München 2007.
Paul R. Magocsi (Hg.): Morality and Reality. The Life and Times of Andrei Sheptyts'kyi. Edmonton 1989.
Paul R. Magocsi: The Roots of Ukrainian Nationalism. Galicia as Ukraine's Piedmont. Toronto u. a. 2002.
Rudolf A. Mark: Galizien unter österreichischer Herrschaft. Verwaltung – Kirche – Bevölkerung. Marburg 1994.
Andrei S. Markovits u. a. (Hg.): Nationbuilding and the Politics of Nationalism. Essays on Austrian Galicia. Cambridge, Mass. 1982.
Svjatoslav Pacholkiv: Emanzipation durch Bildung. Entwicklung und gesellschaftliche Rolle der ukrainischen Intelligenz im habsburgischen Galizien (1890–1914). Wien u. a. 2002.
David Rechter: Becoming Habsburg. The Jews of Austrian Bukovina, 1774–1918. Oxford u. a. 2013.
Kurt Scharr: Die Landschaft Bukowina. Das Werden einer Region an der Peripherie 1774–1918. Wien u. a. 2010.
Veronika Wendland: Die Russophilen in Galizien. Ukrainische Konservative zwischen Österreich und Rußland, 1848–1915. Wien 2000.
Larry Wolff: The Idea of Galicia: History and Fantasy in Habsburg Political Culture. Stanford, Calif. 2010.
Andriy Zayarnyuk: Framing the Ukrainian Peasantry in Habsburg Galicia 1846–1914. Edmonton 2013.

9. Die Ukraine im «kurzen 20. Jahrhundert»

Henry Abramson: A Prayer for the Government. Ukrainians and Jews in Revolutionary Times, 1917–1920. Cambridge, Mass. 1999.
John A. Armstrong: Ukrainian Nationalism. 3rd ed. Engelwood, N.J. 2000.
Karel C. Berkhoff: Harvest of Despair. Life and Death in Ukraine under Nazi Rule. Cambridge, Mass. 2004.
Yaroslav Bilinsky: The Second Soviet Republic: The Ukraine after World War II. New Brunswick 1964.

Jaroslaw Bilocerkowycz: Soviet Ukrainian Dissent. A Study of Political Alienation. Boulder u. a. 1988.
Bohdan Bociurkiw: The Ukrainian Greek Catholic Church and the Soviet State (1939–1950). Edmonton, Toronto 1996.
Kathrin Boeckh: Stalinismus in der Ukraine. Die Rekonstruktion des sowjetischen Systems nach dem Zweiten Weltkrieg. Wiesbaden 2007.
Jurij Borys: The Sovietization of Ukraine 1917–1923. The Communist Doctrine and Practice of National Self-Determination. Edmonton 1980.
Ray Brandon (Hg.): The Shoah in Ukraine: History, Testimony, Memorialization. Bloomington, Ind. u. a. 2008.
Franziska Bruder: «Den ukrainischen Staat erkämpfen oder sterben!» Die Organisation Ukrainischer Nationalisten (OUN) 1929–1948. Berlin 2007.
Robert Conquest: Ernte des Todes. Stalins Holocaust in der Ukraine 1929–1933. Berlin 1990.
Martin Dean: Collaboration in the Holocaust. Crimes of the Local Police in Belorussia and Ukraine, 1941–44. Basingstoke u. a. 2000.
Patrick Desbois: Der vergessene Holocaust. Die Ermordung der ukrainischen Juden. Eine Spurensuche. Berlin 2009.
Wolfram Dornik: Die Ukraine: zwischen Selbstbestimmung und Fremdherrschaft 1917–1922 Graz 2011.
Kenneth C. Farmer: Ukrainian Nationalism in the Post-Stalin Era. Myth, Symbols and Ideology in Soviet Nationalities Policy. The Hague u. a. 1980.
Frank Golczewski: Deutsche und Ukrainer 1914–1939. Paderborn u. a. 2010.
Andrea Graziosi: The Great Soviet Peasant War. Bolsheviks and Peasants, 1917–1933. Cambridge, Mass. 1996.
Frank Grelka: Die ukrainische Nationsbildung unter deutscher Besatzungsherrschaft 1918 und 1941/42. Wiesbaden 2005.
Jan Tomasz Gross: Revolution from Abroad. The Soviet Conquest of Poland's Western Ukraine and Western Belorussia. 2. Aufl. Princeton 2002.
Mark von Hagen: War in a European Borderland. Occupations and Occupational Plans in Galicia and Ukraine, 1914–1918. Seattle 2007.
Philipp Hofeneder: Die mehrsprachige Ukraine: Übersetzungspolitik in der Sowjetunion von 1917 bis 1991. Wien u. a. 2013.
Taras Hunczak (Hg.): The Ukraine 1917–1921. A Study in Revolution. Cambridge, Mass. 1977.
Roman Ilnitzkyj: Deutschland und die Ukraine 1934–1945. Tatsachen europäischer Ostpolitik. Ein Vorbericht. Bd. 1–2. München 1958.
Bohdan Krawchenko: Social Change and National Consciousness in Twentieth Century Ukraine. Oxford 1985.
Bohdan Krawchenko (Hg.): Ukraine after Shelest. Edmonton 1983.
Taras Kuzio, Andrew Wilson: Ukraine: Perestroika to Independence. Houndmills 1994.
Borys Lewytzkyj: Die Sowjetukraine 1944–1963. Köln 1963.
Borys Lewytzkyj: Politics and Society in Soviet Ukraine 1953–1980. Edmonton 1980.
George O. Liber: Soviet Nationality Policy, Urban Growth, and Identity Change in the Ukrainian SSR 1923–1934. Cambridge 1992.

Ernst Lüdemann: Zur «Lösung der Nationalen Frage» in der sowjetukrainischen Geschichtsschreibung, in: Forschungen zur osteuropäischen Geschichte 40 (1986), S. 229–395.
James A. Mace: Communism and the Dilemmas of National Liberation: National Communism in Soviet Ukraine, 1918–1933. Cambridge, Mass. 1983.
Rudolf A. Mark: Symon Petljura und die UNR. Vom Sturz des Hetmans Skoropads'kyj bis zum Exil in Polen, in: Forschungen zur Osteuropäischen Geschichte 40 (1988), S. 7–228.
David R. Marples: Stalinism in Ukraine in the 1940 s. New York 1992.
David R. Marples: Ukraine under Perestroika. Ecology, Economics and the Workers' Revolt. Basingstoke u. a. 1991.
Terry Martin: The Affirmative Action Empire: Nations and Nationalism in the Soviet Union, 1923–1939. Ithaca, London 2001.
Alexander Motyl: The Turn to the Right. The Ideological Origins and Development of Ukrainian Nationalism, 1919–1929. Boulder, Co. 1980.
Tanja Penter: Kohle für Stalin und Hitler. Arbeiten und Leben im Donbass 1929–1953. Essen 2010.
Tanja Penter: Odessa 1917. Die Revolution aus der Perspektive der Peripherie. Köln u. a. 2000.
Dieter Pohl: Nationalsozialistische Judenverfolgung in Ostgalizien 1941–1944. Organisation und Durchführung eines staatlichen Massenverbrechens. München 1996.
Shimon Redlich: Together and Apart in Brzeżany: Poles, Jews, and Ukrainians, 1919–1945. Bloomington 2002.
John S. Reshetar, Jr.: The Ukrainian Revolution 1917–1920. A Study in Nationalism. Princeton, N.J. 1952.
Felix Schnell: Räume des Schreckens. Gewalträume und Gruppenmilitanz in der Ukraine, 1905–1933. Hamburg 2012.
Gerhard Simon: Nationalismus und Nationalitätenpolitik in der Sowjetunion. Von der totalitären Diktatur zur nachstalinschen Gesellschaft. Baden-Baden 1986.
Timothy Snyder: Bloodlands. Europa zwischen Hitler und Stalin. München 2011.
Roman Solchanyk (Hg.): Ukraine. From Chernobyl' to Sovereignty. London 1992.
Roman Szporluk: Russia, Ukraine, and the Breakup of the Soviet Union. Stanford 2000.
Stephen Velychenko: State Building in Revolutionary Ukraine. A Comparative Study of Governments and Bureaucrats. Toronto 2011.
Vernichtung durch Hunger. Der Holodomor in der Ukraine und der UdSSR, = Osteuropa 54 (2004), 12.
Torsten Wehrhahn: Die Westukrainische Volksrepublik. Zu den polnisch-ukrainischen Beziehungen und dem Problem der ukrainischen Staatlichkeit in den Jahren 1918 bis 1923. Berlin 2004.
Serhy Yekelchyk: Stalin's Empire of Memory. Russian-Ukrainian Relations in the Soviet Historical Imagination. Toronto u. a. 2004.

10. Der unabhängige ukrainische Staat

Juri Andruchowytsch (Hg.): Euromaidan. Was in der Ukraine auf dem Spiel steht. Berlin 2014.

Anders Åslund u. a. (Hg.): Revolution in Orange. The Origins of Ukraine's Democratic Breakthrough. Washington, D.C. 2006.

Juliane Besters-Dilger (Hg.): Die Ukraine auf dem Weg nach Europa: die Ära Juschtschenko. Frankfurt am Main u. a. 2011.

Juliane Besters-Dilger (Hg.): Die Ukraine in Europa. Aktuelle Lage, Hintergründe und Perspektiven Wien u. a. 2003.

Juliane Besters-Dilger (Hg.): Language Policy and Language Situation in Ukraine. Analysis and Recommendations. Frankfurt a. M. 2009.

Ingmar Bredies (Hg.): Zur Anatomie der Orangen Revolution in der Ukraine. Wechsel des Elitenregimes oder Triumph des Parlamentarismus? Stuttgart 2005.

Jana Bürgers: Kosakenmythos und Nationsbildung in der postsowjetischen Ukraine. Konstanz 2006.

Paul D'Anieri: Orange Revolution and Aftermath: Mobilisation, Apathy, and the State in Ukraine. Baltimore 2011.

Claudia Dathe (Hg.): MAJDAN! Ukraine, Europa. Berlin 2014.

Simon Geissbühler (Hg.): Kiew – Revolution 3.0. Der Euromaidan 2013/14 und die Zukunftsperspektiven der Ukraine. Stuttgart 2014.

Steffen Höhne, Justus H. Ulbricht (Hg.): Wo liegt die Ukraine? Standortbestimnmung einer europäischen Kultur. Köln u. a. 2009.

Andrej Kurkow: Ukrainisches Tagebuch. Aufzeichnungen aus dem Herzen des Protests. Innsbruck u. a. 2014.

Taras Kuzio: Ukraine-Crimea-Russia. Triangle of Conflict. Stuttgart 2007.

Taras Kuzio: Ukraine under Kuchma. Political Reform, Economic Transformation and Security Policy in Independent Ukraine. New York 1997.

David R. Marples: Heroes and Villains. Creating National History in Contemporary Ukraine. Budapest/New York 2007.

Alexander Ott: Parteien und Machtstrukturen in der Ukraine von 1991 bis 1998. Köln 1999.

Heiko Pleines: Ukrainische Seilschaften. Informelle Einflussnahme in der ukrainischen Wirtschaftspolitik 1992–2004. Münster 2005.

Mykola Rjabtschuk: Die reale und die imaginierte Ukraine. Essay. Frankfurt a. M. 2005.

Manfred Sapper u. a. (Hg.): Schichtwechsel. Politische Metamorphosen in der Ukraine. Berlin 2010 = Osteuropa 60 (2010), S. 2–4.

Manfred Sapper u. a. (Hg.): Zerreißprobe. Ukraine: Konflikt, Krise, Krieg = Osteuropa 64 (2014), S. 5–6.

Gwendolyn Sasse: The Crimea Question. Identity, Transition, and Conflict. Cambridge, Mass. 2007.

Winfried Schneider-Deters: Die Ukraine: Machtvakuum zwischen Russland und der Europäischen Union. Berlin 2012.

Konrad Schuller: Ukraine. Chronik einer Revolution. Berlin 2014.

Gerhard Simon (Hg.): Die neue Ukraine. Gesellschaft–Wirtschaft–Politik 1991–2001. Köln u. a. 2002.

Roman Solchanyk: Ukraine and Russia. The Post-Soviet Transition. Lanham 2001.

Ukraine. Geographie – Ethnische Struktur – Geschichte – Sprache und Literatur – Politik – Wirtschaft – Recht. Hg. von Peter Jordan u. a. Wien 2001 = Österreichische Osthefte 42 (2000), S. 3–4.

Andrew Wilson: Ukraine's Orange Revolution. New Haven 2005.

Andrew Wilson: Ukrainian Nationalism in the 1990's. A Minority Faith. Cambridge 1997.

Andreas Wittkowsky: Fünf Jahre ohne Plan. Nationalstaatsbildung, Wirtschaft und Eliten in der Ukraine 1991–1996. Hamburg 1998.

Tatiana Zhurzhenko: Borderlands into Bordered Lands. Geopolitics of Identity in Post-Soviet Ukraine. Stuttgart 2010.

Kerstin Zimmer: Machteliten im ukrainischen Donbass. Bedingungen und Konsequenzen der Transformation einer alten Industrieregion. Berlin 2006.

Ukraine-Analysen, hg. von der Forschungsstelle Osteuropa an der Universität Bremen und der Deutschen Gesellschaft für Osteuropakunde. 2006–2014; www.ukraine-analysen.de

Personenregister

Karten

Bug
Dnjepr
Pripjet
POLESIEN
WOLHYNIEN
GALIZIEN
Kiev (Kyïv)
Lemberg (L´viv)
PODOLIEN
KARPATEN-UKRAINE
BUKOWINA
Theiß
BESSARABIEN
Pruth
Dnjestr
Odessa
Gegenwärtige Grenze
der Ukraine
Donau
N
0
100
200
300
400
500 km

Die Ukraine

Desna
Don
Charkiv
Donez
DONEZ-
BECKEN
Don
Südl. Bug
Dnjepr
Asowsches Meer
Kuban
Krim
Schwarzes Meer

Die Ukraine um 1700

Desna
Don
RUSSISCHES REICH
HETMANAT
SLOBODA-UKRAINE
Hadjač
Belgorod
Perejaslav
Donez
Poltava
Dnjepr
ZAPOROŽER SIČ
Südl. Bug
KRIM-KHANAT
Asowsches Meer
Kuban
Schwarzes Meer

Die Ukraine um 1900

S C H E S
Černigov
Desna
R E I C H
Poltava
Char'kov
Donez
Dnjepr
Cherson
Ekaterinoslav
Juzovka
Kryvyj
Rih
Don
Taurien
Asowsches
Meer
Kuban
Schwarzes Meer

Die Ukraine zwischen den Weltkriegen

Russische SFSR
Don
Desna
JETUNION
Charkiv
Donez
Ukrainische SSR
Dnipropetrovs'k
Donec'k
(Stalino)
Dnjepr
Asowsches Meer
Krim ASSR
Kuban
Schwarzes Meer

Die Ukraine heute

Rußland
Desna
Desna
Don
Don
Don
Charkiv
Vorskla
Donez
Donez
Dnjepr
Dnjepr
Dnipropetrovs'k
Donec'k
Südl. Bug
Asowsches Meer
Kuban
Simferopol'
Schwarzes Meer